Stefan Altmeyer/Gottfried Bitter/Joachim Theis (Hrsg.)

Religiöse Bildung – Optionen, Diskurse, Ziele

Kohlhammer

Praktische Theologie heute

Herausgegeben von
Gottfried Bitter
Kristian Fechtner
Ottmar Fuchs
Albert Gerhards
Thomas Klie
Helga Kohler-Spiegel
Isabelle Noth
Ulrike Wagner-Rau

Band 132

Stefan Altmeyer
Gottfried Bitter
Joachim Theis (Hrsg.)

Religiöse Bildung – Optionen, Diskurse, Ziele

Verlag W. Kohlhammer

Die Herausgeber bedanken sich herzlich für großzügige
Druckkostenzuschüsse der Deutschen Bischofskonferenz,
der pädagogischen Stiftung Cassianeum, der Diözesen
Trier und Köln sowie der Pax-Bank Köln.

Umschlag: Gestaltungskonzept Peter Horlacher
Gesamtherstellung:
W. Kohlhammer Druckerei GmbH + Co. KG, Stuttgart
Printed in Germany

ISBN 978-3-17-023467-3

Inhaltsverzeichnis

Zur Einführung: ‚Gretchenfragen' religiöser Bildung

Religion ist heute ein Alltagswort geworden mit vielen Farben und Formen. Religion wird in unserer Gesellschaft von den einen gesucht, von den anderen gemieden. Religion ist heute bunt und vielfältig, relevant und aktuell, in allem aber plural. Religiöse Phänomene finden ein breites mediales Interesse, alltagswirksame Religion wandert in den Intimbereich. Christentum und Kirche sind nur noch ein Teil der öffentlichen Religion. *Bildung* ist heute zwar zu einer Leitkategorie im öffentlichen und privaten Leben geworden, jedoch mit einem spärlichen semantischen Kern. Schon die Vielzahl der Wortverbindungen macht stutzig: von Bildungsmisere über Bildungsreform bis Bildungsgerechtigkeit. Die Antworten auf die Frage, was hier jeweils mit Bildung gemeint sein soll, sind so zahlreich und unterschiedlich wie die vielen Wortverbindungen.

Diese Symptome einer sich verändernden Gesellschaft sind keineswegs neu, und doch zeigen sie gegenwärtig erst ihre weitreichenden Konsequenzen für die *religiöse Bildung*: Der islamische Religionsunterricht stellt indirekt dem christlichen die Frage nach seiner Position. Kirchliche Bildungsverantwortliche fragen nach dem christlichen Gesicht der vielfältigen kirchlichen Bildungsangebote. Universitäten fragen nach Rolle und Stellenwert ihrer theologischen Fakultäten für ihre forschungspolitische Profilbildung – um nur einige Beispiele zu nennen. Hierin wird deutlich: *Religiöse Bildung ist heute grundsätzlich angefragt.*

- Warum soll Religion ein empfohlenes Bildungsgut für die nachwachsende Generation sein, vor allem in Schulen in der Form des Religionsunterrichts?
- Wenn ja: als allgemein gültiges Kulturgut und/oder als kosmischer und ethischer Orientierungsrahmen, als Postulat einer praktischen Vernunft im Kontext der späten Moderne in einer ansonsten nachreligiösen Gesellschaft?
- Und endlich: Wie viel ‚Gott', wie viel Gottesvorstellung in einer religiös hoch pluralisierten Gesellschaft, wie viel Gotteskritik und Gottesempfehlung sind erwünscht oder zugelassen?

Solche fundamentalen Anfragen, denen eigentlich nicht aus dem Weg gehen kann, wem die Frage nach Religion, Gott und Mensch ein Anliegen ist, können mit Recht *Gretchenfragen* genannt werden. Der hier vorgelegte Band stellt sich die Aufgabe, die drängendsten dieser aktuellen Fragen zur religiösen Bildung in einer fragmentierten Gesellschaft anzugehen und zwar in einem dreifachen Interesse: in *heuristischem Interesse* einer kritisch-konstruktiven Religionspädagogik, damit sie bereitwillig Auskunft über ihr Selbstverständnis und ihre Zielvorstellungen gibt. Außerdem möchten sich hier einzelne Stimmen ihrer *Rechtfertigungspflicht* gegenüber den Schülerinnen und Schülern sowie den Bildungsbemühungen der Öffentlichkeit stellen und ihre religionspädagogische Praxis und Theorie vorstellen. Endlich haben die hier versammelten Beiträge als *Freundesgabe* an *Rudolf Englert* das vielleicht etwas unbescheidene Ziel, einige *selbstkritische* und zugleich *inspirierende Impulse* auszustreuen, die zeigen, wo religiöse

Bildung heute steht, wohin ihre Diskurse, Optionen und Ziele deuten. Aus dieser Zielsetzung ergibt sich eine vierteilige Gliederung.

Der Fragenfächer wird eröffnet mit einer ersten Prüfung: *Religionspädagogik und ihre Rede von Gott.* Denn überall, wo Menschen sich Gedanken über sich und ihre Welt machen, prüfen sie auch Gottesvermutungen, Gottesvorstellungen; und in allen kulturgeschichtlichen Umschauen stößt man auf Religionen oder religionsähnliche Phänomene. Darum muss sich eine Religionspädagogik, die sich als wissenschaftliche Reflexion religiöser Lernprozesse versteht, sowohl selbstkritisch in ihren verschiedenen Konzeptionen fragen, was sie unter Religion versteht und welche Religionsvorstellung sie vermitteln will, als auch ihren Gottesbegriff offen legen und jene Gottesbilder prüfen, die sie Jugendlichen und Erwachsenen zeigen möchte.

Der zweite Teil breitet Überlegungen zu *Zielen religiöser Bildung* aus. Allein schon in der Überschrift tun sich zwei sowohl inhaltsleere als auch zugleich zwei inhaltsschwere Begriffe zusammen und das zu einer höchst strittigen Unternehmung: religiöse Bildung. Denn Bildung ist seit mehr als zweihundert Jahren gleichsam ein Leitbegriff geworden, in dem sich die verschiedenen Gesellschaften selbst darstellen in ihren Erinnerungen und Erwartungen, in ihren Ängsten und Hoffnungen. Welche neue Füllung dieser Leitbegriffe ist heute angesagt bzw. gilt es inmitten der laufenden Neubestimmungen zu bewahren?

Der dritte Teil trägt *Fragen aus dem und an den Religionsunterricht* vor. Angesichts der Veränderungen des familialen und gemeindlichen Lebens und ihrer religiösen Sozialisationskräfte wird der schulische Religionsunterricht zunehmend zum einzigen Ort religiöser Information und Urteilsbildung der Kinder und Jugendlichen. Darum werden herkömmliche und bewährte Formen des Religionsunterrichts genauso geprüft, wie neue Konzepte sich zu rechtfertigen haben – auch in ihrem Werben für ein Übernehmen von sozialer und politischer Verantwortung aus religiöser Motivation.

Der vierte Teil stellt verständlicherweise die schärfsten Gretchenfragen unter der Überschrift *Fragen an das Selbstverständnis der Religionspädagogik.* Denn auch die Religionspädagogik als Teildisziplin der Praktischen Theologie stellt sich heute ziemlich vielstimmig dar: Hier versteht man sich als Brückenwissenschaft zur Erziehungswissenschaft und dort als Partner der Kultur- und Religionswissenschaften, hier werden eher informative und dort performative Konzepte bevorzugt; und alle Konzepte sind herausgefordert von der Notwendigkeit interreligiösen Lernens.

Gewiss wird jede Religionspädagogin, jeder Religionspädagoge dem Leitsatz von *Helmut Peukert* zustimmen: „Bildung *ist* Bewusstsein von Differenz“[1]. Dies gilt heute ganz ausdrücklich für alle Formen religiöser Bildung. Wenn also in den verschiedenen Beiträgen dieser Freundesgabe an *Rudolf Englert* Antworten auf ernste Gretchenfragen erkennbar werden, so kann dies insgesamt dazu beitragen, das Profil religiöser Bildung zu schärfen, so meinen jedenfalls die Herausgeber und wünschen dies auch allen interessierten Leserinnen und Lesern.

Stefan Altmeyer *Gottfried Bitter* *Joachim Theis*

[1] *Helmut Peukert*, Über die Zukunft der Bildung, in: Frankfurter Hefte extra 6 (1984) 129-137, 134 und weiterführend: *ders.*, Reflexionen über die Zukunft der Bildung, in: ZP 46 (2000) 507-524.

Teil I:
Religionspädagogik und ihre Rede von Gott

Abb. 1: Schlüsselwörter der Beiträge aus Teil I dieses Bandes

‚Glaubst du auch wirklich, was du da sagst?' – eine alltägliche Frage vielleicht, aber sicher keine harmlose Frage. Wo sie gestellt wird, und noch mehr: wo sie gehört wird, kommt auch die routinierte wissenschaftliche Rede von Gott ins Stocken. Schon ein kurzer Dialog auf wenigen Zeilen, wie ihn *Dominik Blum* in seiner Alltagsminiatur religiöser Bildung eingefangen hat (vgl. S. 23), wirft mit aller Deutlichkeit die Frage auf, wie Theologie und Religionspädagogik es eigentlich mit ihrem zentralen Gegenstand halten – der Gottesrede. In der Frage, wie so von dem Gott Israels und der Christen gesprochen werden kann, dass darin der lebenstragende Grund dieser Worte hörbar wird (Lk 1,4), sind heute über die stereotypen Grenzen zwischen Theorie und Praxis hinaus viele miteinander verbunden.

„Die Religion leidet nicht zuletzt deshalb an ihrer Sprache, weil sie sich über ihre eigene Vernunft im unklaren ist; und weil die Religion keine rechte Sprache für den Zweifel hat und eine soziologische Erscheinung wie die distanzierte Identifikation im Raum der Religion ihre *religiöse* Sprache erst noch finden muß, läßt die Bereitschaft und das Vermögen vieler zu einer religiösen Selbst- und Weltinterpretation zusehends nach."[1]

Was hier *Rudolf Englert* schon in seiner Diplomarbeit über die Wahrhaftigkeit religiöser Bildung schreibt, ist heute nicht weniger dringlich in Erinnerung zu rufen: ‚Glaubst du das also wirklich, oder weißt du es nur?'

Die Beiträge im ersten Teil dieses Buches stellen sich dieser Anfrage an die religiöse Bildung aus unterschiedlichen Perspektiven. Die auf der vorherigen Seite visualisierten Schlüsselwörter spiegeln die dabei gesetzten Schwerpunkte wider. *Ralf Miggelbrink* bringt als Systematiker den theologischen Optimismus des Zweiten Vatikanischen Konzils in Erinnerung, um für eine offene, hörende und dialogische Gottesrede im Dienst an den Menschen zu plädieren. Welche Vielfalt kontextueller Theologien sich aus einer solchen angstfreien Haltung entwickeln lassen, lässt sich im Beitrag von *Norbert Mette* lebendig entdecken. Wie sehr Vereinheitlichungs- und Normierungsbestrebungen dieses Anliegen durchkreuzen, zeigt *Werner Simon* in seiner historischen Detailaufnahme über das vom Ersten Vatikanischen Konzil angestoßene Projekt eines ‚Welteinheitskatechismus'. Die Auseinandersetzungen aus dem beginnenden 20. Jahrhundert zeigen, wie hier das Anliegen der Inkulturation der Gottesrede mit einer als ‚kulturneutral' gedachten und formulierten Glaubensüberlieferung kollidieren.

Ein demgegenüber umgekehrtes Anliegen verfolgen die übrigen Beiträge, aus denen sich die Suche nach einer gegenwärtigen Gestalt des Christlichen herauslesen lässt, nach Formen und Bildern, die nicht bereits festliegen und doch ansprechen, vielleicht gar überzeugen können. *David Hober* beschreibt in seiner Miniatur literarisch eine solche alltägliche Entdeckung (vgl. S. 49). Konkrete Qualitätsmerkmale einer Darstellung des Christlichen lassen sich dann bei *Gottfried Adam* nachlesen. Anhand des zentralen und zugleich prekären Beispiels ‚Gottesbild' erarbeitet und demonstriert er Kriterien der Illustration von Kinderbibeln. *Rita Burrichter* spürt Aneignungen und Transformationen des Christlichen in Fotoarbeiten der Gegenwartskünstlerin *Judith Samen* auf. Hier wird deutlich, was schließlich *Joachim Windolph* explizit und kritisch in seinem Beitrag zur Gottesrede in den Ohren von Jugendlichen formuliert und als Haltung einfordert: Religiöse Bildung verlangt heute die Bereitschaft, gemeinsam mit den Zeitgenossinnen und Zeitgenossen, gemeinsam mit den Lernenden zu lernen, was es heißt, wahrhaftig von Gott zu reden.

---

[1] *Rudolf Englert*, Die Sprache der Religion als Herausforderung an die Wahrhaftigkeit des Religionspädagogen. Diplomarbeit, Würzburg 1978, 2.

Gottesdiskurse im Bildungszusammenhang

RALF MIGGELBRINK

Die neuere Religionspädagogik hat mit großem Eifer um die Wahrnehmung und das Verständnis ihrer jeweiligen gesellschaftlichen Gegenwart gerungen. Wie kaum eine andere theologische Disziplin hat sie ihr Sensorium für die ‚Zeichen der Zeit' verfeinert. Mit Recht mag man sie so mit dem gelehrten Doktor Faust assoziieren.

Die Fähigkeit der Religionspädagogen im Fernen und Nahen das verborgen Religiöse mehr zu ahnen denn zu erkennen, erinnert schon an Fausts schwärmerisch-pantheistische Bekenntnisrede[1], mit der sich aber das durch reichliche Kirchgänge verfeinerte Gespür des begehrten Liebchens[2] nicht zufrieden geben mag. Wenn die belächelte „Puppe"[3] das klare Bekenntnis zum „Christentum" in der gebildeten Rede des Doktors vermisst[4], so erweist sie sich auch darin als „ahnungsvoller Engel"[5], weil ja Faust mit dem Wortreichtum seines reichlich globalen Pantheismus wissend auf die Verführung der „Dirne"[6] abzielt und in dieser Zielstrebigkeit gar dem Teufel selbst vorkommt wie „Hans Liederlich"[7].

Natürlich überziehe ich mit dieser Auslegung der Metapher von der Gretchenfrage. Aber was sind Metaphern wert, deren Aussagereichtum nicht prinzipiell unerschöpflich ist und bei deren Auslegung mithin nicht überzogen werden kann, deren richtiges Verständnis sich erst erschließt, wo die Bilder als Wege genommen werden, die zu gehen die Gefahr des Abwegigen allemal einschließt. Die Rolle des Gretchens also muss der Systematiker nicht empört zurückweisen. Gretchens Mangel an Bildung befähigt sie, mindestens zu ahnen, was mit dem weiten Religionsbegriff des Doktor Faustus nicht gesagt und nicht verstanden wird. In der Rolle des Gretchens fiele der Systematik im innertheologischen Gespräch dann die Rolle dessen zu, notorisch nach dem Einen und Verbindenden aller theologischen Rede zu fragen und die Religionspädagogik so zu erinnern an ihre *theo*-logische Identität.

1. Der Auftrag aller Theologie

Niemand kennt die Zukunft. Prognostiker schreiben in der Regel die erlebte Gegenwart fort. Ihre Prognosen reichen nur in den überschaubaren Bereich der

---

[1] Vgl. *Johann Wolfgang von Goethe*, Faust I, 3426-3458, Hamburger Ausgabe, Bd. 3, München ^{12}1982, 109f.

[2] Vgl. ebd., V. 3426, 109.

[3] Ebd., V. 3476, 110.

[4] Vgl. ebd., V. 3467f., 110.

[5] Ebd., V. 3494, 111.

[6] Ebd., V. 2618, 84.

[7] Ebd., V. 2628, 85.

im Wesentlichen gleichbleibenden Bedingungen. Die Bedingungen gesellschaftlicher Gegenwart werden von den Sozialwissenschaften mit Begriffen wie Pluralisierung, Individualisierung und Virtualisierung skizziert. Alle drei Begriffe markieren für das traditionelle römisch-katholische Verständnis der Theologie als *sacra doctrina* erhebliche Schwierigkeiten. An die Stelle des hierarchisch geordneten Systems von Sätzen tritt gesellschaftlich eher die Erwartung einer nach Themen und Adressaten sich differenzierenden Diskurspluralität. Wo Kirchen und Theologie dieser Situation ausweichen, steuern sie schnell in die Gesellschaftsferne traditionsorientierter Milieus. Hier werden die tradierten Fragestellungen und Sprachspiele noch verstanden. Sie bleiben jedoch gebunden an ein sich selbst bestätigendes soziales System und verfehlen die gesellschaftliche Verwirklichung der geglaubten Universalität, deren Inhalte umso partikularer erscheinen, je unvermittelter sie als universale behauptet werden.

Statt aus Prognosen kann eine Haltung gegenüber der Zukunft aus der prinzipienorientierten Überzeugung entwickelt werden, dass wahre Einsicht sich geschichtlich durchsetzen wird. Eine solche optimistische Haltung gegenüber der menschlichen Vernunft und der Geschichte hat das Zweite Vatikanische Konzil eingenommen. Das Konzil erteilt in seiner dogmatischen Konstitution über die Kirche dem Programm des Strukturkonservatismus eine Absage und definiert die Kirche Jesu Christi teleologisch als Werkzeug der Einheit unter den Menschen und der Menschheit mit Gott (LG 1). Mit seiner Pastoralkonstitution weist es den Weg, Theologie anschlussfähig zu gestalten für die Suchprozesse, in denen die *„familia gentium"* (GS 1) nach einer politischen, sozialen und wirtschaftlichen Ordnung strebt, die einzelnen und Gruppen hilft, „die ihnen eigene Würde zu behaupten und auszubilden" (GS 9,1). Die freie Gestaltung des Lebens ist Möglichkeitsbedingung der „Hinwendung zum Guten" und so als politisches Ziel legitimiert (GS 17,1). Das Konzil fordert von der Kirche die Erforschung der „Zeichen der Zeit", „so dass sie in einer der jeweiligen Generation angemessenen Weise auf die beständigen Fragen der Menschen nach dem Sinn des gegenwärtigen und des zukünftigen Lebens antworten kann." (GS 4,2) Das Konzil sieht dabei, dass die Kirche nicht nur einer fragenden Menschheit gegenübersteht, sondern auch vielfältigsten Antworten. Es weist der Kirche den Weg des ernsthaften Dialoges mit den getrennten christlichen Kirchen, der jüdischen Ursprungsreligion, dem Islam, den verschiedenen Religionen und Weltanschauungen.

Die Kirche der Isolation und der systemischen Selbstaffirmation wurde neu begründet. Sie versteht sich nun als Trägerin eines universalen Auftrages, der nur unter der Bedingung der dialogischen Selbstrelativierung verwirklicht werden kann. Der damit eingeschlagene Weg führte den Katholizismus immer wieder in das Relevanz-Identitäts-Dilemma: Führt es nicht zum Selbstverlust, allen alles werden zu wollen? Manche kirchliche Reaktion scheint genau dieser Angst vor der eigenen konziliaren Courage zu entspringen. Sie erklärt auch den eigenartigen Schlingerkurs der katholischen Kirche in den letzten fünfzig Jahren.

2. Gott als Formalobjekt der Theologie

Die katholische Theologie ist nachhaltig ihrem scholastischen Erbe verbunden und mit ihm den Universitäten, die ab dem 12. Jahrhundert die neue Art des an Widerspruchsfreiheit orientierten Nachdenkens über Gott kultivierten. Thomas von Aquin definiert Theologie als *Wissenschaft über Gott*, indem er Gott als das *„obiectum formale"* der Theologie bestimmt: Die Theologie ist nicht durch spezielle materiale Gegenstände bestimmt wie die Biologie. Ihr genuiner wissenschaftlicher Beitrag in der Universität besteht darin, *alle* Gegenstände *„sub ratione Dei"* zu erforschen.[8] Eine erste Variante dieser Frage lautete: Welches ist der erste Ursprung und das letzte Ziel von allem?

Heute wie im 13. Jahrhundert ist die erste Aufgabe der Theologie, diese Frage zu stellen und sie *offen* zu halten. Ein ideologisch überformtes Wissenschaftsverständnis wehrt sich gegen die Offenheit dieser Frage. Ein positivistisches Wissenschaftsverständnis wehrt sich gegen die Relevanz prinzipiell offener Fragen. Gegen beide muss die Theologie die spezifische Dignität ihres eigenartigen *logos* behaupten. Einer ihrer traditionellen Wege ist die *via negativa*: Zwar können wir über Gott keine überprüfbaren Aussagen machen. Was aber würde es bedeuten, wenn wir diese Erfahrung zum Anlass nähmen, Diskurse über das letzte Ziel von allem in den Einrichtungen zur Bildung der nachwachsenden Generation entweder prinzipiell zu verweigern oder sie durch ideologische Setzung abzuschließen? Die Antwort auf die so gestellten zwei Fragen lässt sich mancherorts bereits beobachten: Die Frage nach dem letzten Grund und Ziel von allem würde nicht verstummen. Sie würde nur auswandern. Sie würde mehr oder weniger ohne das Methodenbewusstsein der Wissenschaft weiterverfolgt und entsprechend ideologieanfällig. Die Wissenschaft verlöre im eigenen Betrieb den Bezug zum Leben der Menschen, die immer wieder in ihrem Leben die Frage nach dem letzten Grund und Ziel allen Seins stellen. Der lebensweltliche Bezug von Wissenschaft erfordert es, *in der* Wissenschaft die Gottesfrage lebendig zu halten, weil die Frage nach Ziel und Sinn von allem da unabweisbar wird, wo alltäglich unter der Voraussetzung von Sinn und Zusammenhang geforscht und gedacht wird.

Die traditionelle Stellung des hier gemeinten Gottesdiskurses ist insbesondere in der katholischen Theologie diejenige der *prima philosophia*, die die metaphysischen Grundlagen von Erkenntnis reflektiert. Die Reformation hat diese selbstbewusste Position der Theologie durch die Bindung ihrer Inhalte an den persönlichen Glauben der Christen in Frage gestellt. Die Religionskritik der Aufklärung hat das Modell einer arbeitsteiligen Bereitstellung endgültiger Antworten auf letzte Fragen durch theologische Fakultäten abgelöst. Im Pluralismus der philosophischen und theologischen Gegenwartslandschaft ist die Frage nach dem letzten Sinn nur mehr in einer Pluralität von Diskursen zu bedenken. Die immer schon illusorische Sicherheit der scholastischen Gottesbeweise ist damit als Sicherheit endgültig verloren. An ihre Stelle muss eine neue tolerantere und

---

[8] *Thomas de Aquino,* Summa theologica I, q. 1, a. 7.

pluralitätsoffenere, aber auch selbstbewusst eigene Denktraditionen pflegende Theologie treten, die lebens- und wissenschaftsnahe Sprachspiele und Diskurse einübt und pflegt, und so die Frage wachhält nach dem letzten Ziel aller Wirklichkeit.

Mit diesen Diskursen leistet die Theologie einen Dienst für die lebensweltliche Pflege wissenschaftlicher Wahrheitsorientierung. Wissenschaftliche Wahrheitsorientierung kann sich schlecht mit den axiomatischen Setzungen bescheiden, jenseits derer das vernünftige Denken keine Wege mehr fände. Gottesdiskurse halten die Frage nach letzten Gründen und Zielen virulent und wirken damit sowohl Skeptizismus als auch Dogmatismus entgegen.

3. Gottesdiskurse in der pluralen Öffentlichkeit

Von *‚Gottesdiskursen'* zu sprechen, muss seriöse Kreise abschrecken. Verlangt nicht das biblische Grundbekenntnis zu dem *einen* Gott eine ihm entsprechende, an Wahrheit und Einheit orientierte Theologie? Steht das postmoderne Modell der Diskurspluralität nicht dem Gottesbekenntnis diametral entgegen, zumindest dann, wenn Gott als *obiectum formale* aller Wissenschaft gedacht wird? Lässt sich denn scholastisches Seinsdenken versöhnen mit demokratischem Pluralismus?

Politisch-strategisch erscheint die Maxime zwingend: Die einheitsstiftende Wirkung Gottes kann nur auf den Wegen faktisch gegebener Vielheit zur Geltung gebracht werden. Positiv theologisch lässt sich die synchrone wie diachrone, harmonische wie kontroverse Pluralität der biblischen Gottesdiskurse anführen. Spekulativ-theologisch lässt sich die Vielfalt der Menschenleben in der Bedingtheit ihrer Herkünfte deuten als von Gott gewollte leibliche Schöpfung in ihrer biblisch so genannten Fleischlichkeit und der durch sie bedingten Individualität und Diversität. Einheit unter all diesen Menschen gibt es nicht anders als in bereichernden, aber auch mühsamen Verständigungsprozessen, in denen im Gelingensfall die bleibende Differenz als Glück der Bereicherung statt als Einschränkung der Gemeinschaft erlebt wird. Solche Verständigung bedarf der Wertschätzung des Fremden. Diese wiederum beruht auf der Haltung der biblischen Tugend der *Gerechtigkeit*, die jedem Menschen sein Recht auf sein leiblich-distinktes Sein und mithin auf seine Verschiedenheit und Besonderheit zuerkennt. Der ethischen Tugend der Gerechtigkeit entspricht theologisch die göttliche *chäsäd*, das liebevolle Wohlwollen Gottes als Grund allen Seins.

Die Theologie deckt durch ihren Gottesbezug die Untrennbarkeit von theoretischer und praktischer Vernunft auf, indem sie jede Weltdeutung theoretischer Art als praktisches Sichverhalten gegenüber dem Daseinsgrund deutet. Sie sensibilisiert so für die Einsicht in die Untrennbarkeit von wissenschaftlich-technischer Einsicht und lebensweltlichem Vollzug und verteidigt so die Möglichkeit humaner Sinnbestimmung wissenschaftlicher Forschung. Verstehen und Erkennen des Vielen und Besonderen ist nur möglich, wo dem Vielen und Besonderen mit grundlegender Wertschätzung begegnet wird. Pluralismus beruht so auf dem biblischen Ideal von Recht und Gerechtigkeit *(mišpât wᵉ zᵉdâqâh)*.

Den Pluralismus ermöglicht der Monismus der ethischen Wertschätzung des Vielen.

Benedikt XVI. eröffnet seine Verteidigung der theologischen Vernunft vor dem Forum der demokratischen Öffentlichkeit unter Berufung auf die Bitte Salomos um ein „hörendes Herz“ (*lêb šomê*)[9]: Am Anfang der Weisheit wie der Pluralitätsgerechtigkeit steht die Fähigkeit, sich in der Mitte des eigenen Selbst, im Herzen, berühren zu lassen von dem, was den anderen in seinem Herzen berührt. Die Ketzerpolemik vom Altertum an mit ihren drastischen Beschimpfungen des jeweiligen Gegners lässt sich lesen als Spiegel der Unfähigkeit, den anderen in seinen innersten Motiven mit dem Herzen der eigenen Lebensmitte zu begreifen.

Eine Theologie für die Zukunft muss dagegen Menschen heranbilden, die in der Mitte ihrer eigenen Existenz, derer sie im Angesicht Gottes überhaupt erst inne werden, eine hörende Offenheit entwickeln für die suchenden Herzen ihrer pluralen Mitwelt. Wo das geschieht, werden offene und dennoch verbindliche und verbindende Gespräche möglich über die unabweisbare Frage nach dem letzten Ziel und Sinn aller Wirklichkeit. Die Aufspaltung der Theologie in Teildisziplinen entspricht demgegenüber eher einer Epoche, in der die Theologie sich selbstgenügsam mit ihrer immanenten Pluralität beschäftigen mochte. Der Ursprungsort der patristischen Theologie, das Forum der Öffentlichkeit, hat heute die Gestalt der vielfältigsten Foren, in denen eine Vielfalt von Gottesdiskursen geführt wird.

4. Materiale Traditionsgehalte der Theologie

Diskurse über das letzte Ziel beinhalten in sich bereits eine Dynamik hin zu verbindenden und einheitsstiftenden Einsichten und bleiben so nicht einfach nur plural. Wo Theologie sich als Inauguratorin und Moderatorin solcher Diskurse begreift, ist schon viel gewonnen. Ihre eigene Tradition macht sie jedoch zugleich zur, unter Umständen auch kontroversen, Teilnehmerin an öffentlichen Diskursen. Theologieimmanent wird man für die entsprechenden Traditionsgehalte den Begriff der *Offenbarung* reklamieren. In den zeitgenössischen Foren wird der Anspruch der entsprechenden Traditonsgehalte durch den Begriff ‚Offenbarung‘ eher obskurer denn plausibler. Mehr als eine experimentelle hermeneutische Benevolenz wird den Traditionsgehalten des Christentums schwerlich entgegengebracht. Umgekehrt ergibt sich daraus die Forderung, Kerngehalte biblischer Überlieferung so zu formulieren, dass ihr kritisch-korrigierender und inspirierender Gehalt für einen hermeneutisch wohlwollenden Menschen nachvollziehbar wird. Dabei geht es durchaus nicht um einen rein pastoralstrategischen Vermittlungsprozess, sondern um den für die Theologie selbst kardinalen Prozess des Verstehens der eigenen Inhalte. Die Trennung nämlich zwischen einer theologischen Rede *ad intra* und *ad extra*, die die einschlägigen Veröffent-

[9] *Benedikt XVI.*, Rede vor dem Deutschen Bundestag am 22. September 2011.

lichungen wie selbstverständlich durchzieht[10], verliert in einer pluralen Weltzivilisation zunehmend an Realitätsgehalt.[11] Das *Innen*, wenn es ein solches je gab, zeigt sich als Pluralität verschiedener Innenräume, die jeweils durch anders pointierte Grundintuitionen bestimmt sind.

Die theologische Tradition kennt jedoch nicht alleine die Pluralität als Verstehenshindernis, sondern beschreibt das Glaubensverstehen als alleine durch Gottes Gnade ermöglichten Akt. Verstehen der inneren Traditionsgehalte des Christentums bezeichnet einen von Gott selbst getragenen und ermöglichten Prozess der wachsenden Verbindung zwischen einem Menschen in seinem Lebenslauf und dem sich ihm mitteilenden Gott. In der katholischen Theologie entspricht dieser Prozess dem semantischen Gehalt des theologischen Geheimnisbegriffes: Geheimnisse des Glaubens werden in dem Maße verstanden, in dem sie im Prozess der gnadenermöglichten Biographie von Gläubigen zu deren Existenz bestimmenden Größen werden.[12] Dabei steht der einzelne Mensch im Spannungsfeld von Sünde und Gnade. Mit Hinblick auf die Foren der zeitgenössischen Gottesdiskurse bedeutet dies zumindest, dass das Verstehen christlicher Traditionsgehalte eine zweiseitige Bewegung bezeichnet: Verstehen heißt nicht nur Akkommodation theologischer Gehalte an zeitgenössische Verstehenshorizonte, sondern auch deren dramatische Profilierung als Möglichkeitsbedingung des Sich-Änderns der Rezipienten an ihrem Gegenstand.

Dramatische Profilierung ist das seit biblischen Zeiten zu beobachtende Verfahren, in dem gläubige Menschen Traditionsgehalte in bewusste Kontrastierung zum Bewusstsein ihrer Adressaten vortragen. Das Ziel ist dabei, eine heilshafte Veränderung des Adressaten als Möglichkeitsbedingung des Verstehens von Gehalten anzubahnen. Bedingung dafür ist das theologische Urteil über die Gegenwart als Sünde. Dazu muss begründbar sein, warum welche Momente der Gegenwart Momente der Widerständigkeit gegen Gott sein sollen. Der globale Sündhaftigkeitsverdacht führt in die Borniertheit der Bigotten.

Theologie als Tradentin des sich offenbarenden Gottes ist einerseits die willkommene Freudenbotin (Jes 52,7), die Gottes Rechtfertigungsdynamik als die

---

[10] Eine erhellende Problematisierung der Diskussion über das Verständnis geschichtlich verfasster Gesellschaft als *locus theologicus alienus* auf der einen und Kirche als *locus theologicus proprius* auf der anderen Seite leistet *Christoph Böttigheimer*, Thematische Hinführung, in: ders. (Hg.), Glaubensverantwortung im Horizont der Zeichen der Zeit, Freiburg 2012, 11-28, hier: 15-18. Böttigheimer schlägt eine Synthese vor zwischen einem inkarnationstheologisch-kairologischen Modell auf der einen und einem topologischen Modell auf der andern Seite: Wo die Welt einfach nur theologisch als Ereignis der Inkarnation postuliert wird, bleibt eine solch globale Aufwertung der Welt theologisch in einer ratlosen Blindheit, weil aus ihr ja keineswegs folgt, dass alle geschichtlichen Entwicklungen und Ereignisse unterscheidungslos als göttlicher *kairós* zu gelten hätten. So stellt sich also für ein inkarnationstheologisches Verständnis der Zeit das methodische Problem, das Böttigheimer als Problem der Bewusstwerdung deutet. Bewusstwerdung meint jenen intersubjektiven Prozess, in dem aus Fakten überhaupt erst lesbare Zeichen werden, die auf Gott hindeuten.

[11] Vgl. *Karl Rahner,* Häresien in der Kirche heute?, in: ders., Schriften zur Theologie. Bd. 9, Einsiedeln 1970, 453-478.

[12] Vgl. *Karl Rahner,* Erkenntnis des Gott-Geheimnisses, in: Ralf Miggelbrink (Hg.), Karl Rahner 1904-1984: Was hat er uns gegeben? – Was haben wir genommen?, Auseinandersetzung mit Karl Rahner, Münster 2009, 149-182.

Wahrheit des Gesetzes ausrichtet. Theologie als Tradentin des sich offenbarenden Gottes steht andererseits unter dem Verdikt des Jeremia über die leichtfertigen Heilspropheten (Jer 6,14) und ist verpflichtet zu einer Zeitdiagnose, die das Angesicht des zornigen Gottes entbirgt.[13]

Als solchermaßen zur dialektischen Zeitanalyse berufene hat Theologie die Frage zu verfolgen: Wo sind in der gesellschaftlichen Gegenwart die Bewegungen, die dem qualifizierten göttlichen Heil entsprechen? Welche gesellschaftlichen Prozesse aber sind solche der Sünde, gegen die sich Gottes Wort nicht anders als im strittigen Widerspruch durchsetzt? Die schlimmste Versuchung der so in ihrer Notwendigkeit erkannten theologischen Zeitdiagnostik ist der gedankenlose Kurzschluss. Er führt nahezu immer in die Häresie des Konservatismus, der glaubt, das Christentum bewahren zu können im Erhalt des Immergleichen. Wie aber kann eine theologische Zeitdiagnostik aussehen?

5. Theologische Zeitdiagnostik

Das Konzil fordert die Erforschung der ‚Zeichen der Zeit'. Die lehramtliche Verwendung dieser Formel findet sich erstmals in der Enzyklika *„Pacem in Terris"* von Johannes XXIII.: Der Papst deutet in dieser Enzyklika die ‚Zeichen der Zeit' anders als Lukas nicht als Zeichen der apokalyptischen Katastrophe, sondern als Zeichen einer innergeschichtlich wirksamen, präsentischen Eschatologie. Drei Spuren heilvoller Entwicklung in der Geschichte erkennt der Papst: In der Emanzipation der Arbeiterschaft und der Frauen sowie im Streben der Völker nach Selbstbestimmung sieht er *mit der Freiheit* auch Gottes Heilsgegenwart wachsen.[14] Theologische Zeitdiagnostik verfolgt nicht opportunistisch die Frage, an welche Gegenwart sich Kirche und Theologie anpassen müssen. Sie verfolgt die Frage: Was an der Gegenwart entspricht der Entwicklungsdynamik des Evangeliums und fordert unsere Solidarität? Die indonesische Benediktinerin Sister Mary John Mananzan schildert es anlässlich einer Gastvorlesung an der Universität Duisburg-Essen im Dezember 2002 als geistliche Bekehrung, wie sie angesichts der Gewalt gegen streikende Arbeiter während der Markos-Diktatur auf den Philippinen lernte, dass Christsein sich als konkrete, risikobereite Solidarität mit den Streikenden realisiert. Ihre Erzählung ist beispielhaft für den Entwicklungsweg vieler Vertreter der Befreiungstheologie.

Die Politische Theologie katholischer Prägung bewegte sich dagegen eher auf einer *via negativa*. Im Blick auf die westlichen Demokratien war nicht die beherrschende Frage: Wo ist die geschichtliche Spur des eschatologischen Wirkens Gottes, sondern vielmehr: Wo sind die *Mächte und Gewalten*, die die Geschichte nach wie vor immer wieder nach Golgatha führen? Johann Baptist Metz zeigte die Einschränkungen universaler Solidarität in den modernen Gesellschaften auf, angefangen von den halbierten Freiheitsversprechen der bürgerlichen

---

[13] Vgl. *Ralf Miggelbrink,* Der zornige Gott, Darmstadt 2002.

[14] Vgl. *Johannes XXIII.,* Pacem in Terris, 21-24.

Emanzipation über die Apathie der Fortschrittszivilisation gegenüber allem, was unter ihr zurückgelassen wird, bis hin zur Verweigerung anamnetischer Solidarität mit den Toten. Theologie wurde hier geradezu bestimmt als *memoria passionis*, als Schrei, dessen Ursprung im Fühlen und Denken der Menschen die Theologie zu pflegen hat, um ihrem ureigenen Gehalt von der universalen Gerechtigkeit Gottes zu entsprechen.[15]

Die Dramatische Theologie bedient sich bei der theologischen Zeitdiagnostik eines an der griechischen Tragödienarchitektur angelehnten Schemas aus fünf Schritten: (1) Gott wirkt in der Welt als Leben ermöglichende, Freiheit und Gerechtigkeit in Frieden verbürgende Dynamik. (2) Diese Dynamik trifft immer auf den sündhaften Widerstand von Menschen. (3) Die so entstehende gewalttätige Krise lösen Christen durch ihr opferbereites Vertrauen in die größere Lebensmacht Gottes. (4) Damit erschließen sie eine an ihnen selbst sich offenbarende machtvolle Dynamik Gottes. (5) Diese so gestärkte österliche Dynamik wirkt pfingstlich weiter, hin auf die universale Versöhnung aller Menschen.[16]

Politische Theologie wie Dramatische Theologie sehen Theologie als Selbstsetzung von Menschen im gesellschaftlich-politischen Prozess. So gesehen gibt es keine Theologie ohne Glauben, nur eben dass Glaube nicht als konfessionelle Zustimmung definiert ist, sondern als gesellschaftliche Praxis (Orthopraxie).

Im angelsächsischen Bereich hat sich vor allem auf evangelischer Seite und vor allem im Anschluss an die Rezeption der Theorie ‚Kommunikativen Handelns' von Jürgen Habermas in der Nachfolge des Princeton-Theologen Max L. Stackhouse das Programm von *Public Theology* herausgeschält.[17] Hier geht es darum, theologische Gehalte für die Diskurse einer weder staatlich noch kirchlich gebundenen Öffentlichkeit anschlussfähig zu machen. Dazu muss Öffentliche Theologie sich zu einer mehrfachen Selbstbeschränkung bereitfinden: (1) Die Öffentlichkeit interessiert sich vorzugsweise für ethische und sozialethische Gehalte der Theologie. (2) Die Öffentlichkeit ermittelt die Bindungskraft von Gehalten in offenen und pluralen Diskursen. (3) Die Öffentlichkeit muss von der prinzipiellen epistemologischen Gleichrangigkeit aller vernünftigen Diskursteilnehmer ausgehen und begegnet deshalb privilegierten Erkenntniswegen mit apriorischer Skepsis. Alle drei Selbstbeschränkungen bereiten im Katholizismus Schwierigkeiten: Die Theologie aber muss sich davor hüten, ihre gesellschaftliche Anschlussfähigkeit an eine ihrer Teildisziplinen zu delegieren, sei es die Sozialethik oder die Religionspädagogik: (1) Der bequemen Konservie-

---

[15] Vgl. *Johann Baptist Metz,* Memoria passionis. Ein provozierendes Gedächtnis in pluralistischer Gesellschaft. In Zusammenarbeit mit Johann Reikerstorfer, Freiburg 2006.

[16] Vgl. *Raymund Schwager,* Jesus im Heilsdrama. Entwurf einer biblischen Erlösungslehre, Innsbruck ^{2}1996.

[17] Zur Geschichte und aktuellen angelsächsischen Diskussion: *William Storrar / Andrew Morton* (Hg.), Public Theology for the 21st Century, London – New York 2004; *Paul S. Chung*, Public Theology in an Age of World Christianity. God´s Mission as Word-Event, New York 2010; eine richtungweisende katholische deutsche Rezeption der Programmatik: *Edmund Arens*, Kritisch, kirchlich, kommunikativ. Fundamentaltheologie als öffentliche Theologie, in: Böttigheimer (Hg.) 2012 [Anm. 10], 432-453, hier: 433-438; ein aktueller Literaturbericht: *Ralf Miggelbrink*, Öffentliche Theologie, in: ThRv 107 (2011) 443-455; aktuelle Vorgänge: http://www.public-theology.de/.

rung eines innersten theologischen Bereiches der gesellschaftlich unberührten Authentizität entsprechen die zunehmende Unverständlichkeit des theologischen *intra* und die zunehmende Entfremdung von genuin theologischen Kategorien *ad extra.* Systematische Theologie muss im deutlich verstärkten Maße gesellschaftliche Problemlagen aufspüren und aus der Mitte der christlichen Tradition öffentliche Gottesdiskurse anstoßen, moderieren und bereichern. Wo dies geschieht, trägt sie dazu bei, dass Gottesdiskurse auch in den Bildungseinrichtungen der nachwachsenden Generation bedeutsam werden. (2) Traditionell operiert die katholische Theologie mit einem konvergenztheoretischen Verständnis von Wahrheit. Ihre bemerkenswerte Öffnung auf dem Zweiten Vatikanischen Konzil beruht in allen Teilen auf der Zuversicht, dass die Wahrheit Gottes selbst sich geschichtlich durchsetzen wird, dass die Kirche der göttlichen Wahrheit in ihrer ontologischen Mächtigkeit lediglich zu *dienen* hat, indem es auf diese selbst verweist. Der bedrohliche Verlust innerkirchlicher Gelassenheit, den wir derzeit im Katholizismus erleben, hat möglicherweise mit einem nachlassenden Vertrauen in die ontologische Mächtigkeit sich selbst explizierender Wahrheit zu tun. Dieser Vertrauensverlust hängt insbesondere in Deutschland mit der Krise klassischer Metaphysik zusammen. (3) Hinsichtlich der innerkirchlichen Autorität erleben wir derzeit eine destruktive Spreizung: Einerseits wird Lehrautorität in Glaubensfragen zunehmend theologisch bestritten. Andererseits wird sie trotzig beansprucht. Dabei bietet gerade eine plurale Öffentlichkeit die Chance, *geistliche Autorität* als prinzipiell einleuchtende geistliche Kompetenz entfalten zu können. Diese Entfaltung wird durch rechtsförmige Beanspruchung von Autorität eher behindert.

6. Der Dienstcharakter als Zukunft von Theologie und Kirche

Das Lukasevangelium berichtet von einem zunächst in mehrfacher Hinsicht abstoßenden Wort Jesu, der sagt:

„Wenn ihr alles getan habt,
was euch befohlen wurde, sollt ihr sagen:
Wir sind unnütze Sklaven;
wir haben nur unsere Schuldigkeit getan." (Lk 17,10)

Mir scheint, der Vers protokolliert eine Grunderfahrung: Wirkung entfaltet in dieser Welt nur diejenige Überzeugung, die mit Energie um ihrer selbst willen verfolgt wird und mit der sich keine Erfolgsaussichten für denjenigen verbinden, der sie verfolgt. Wir kennen diese Grunderfahrung aus Politik, Wirtschaft und Wissenschaft. Der Theologie ist prinzipiell der Durchblick auf den soteriologischen Grund dieser Erfahrung gegeben: Nachhaltige Wirksamkeit als Teilhabe am messianischen Ostern wird in der Welt nur entfalten, wer die Gestalt des Ausgelieferten und Hingegebenen annimmt. Nur in der Hingabe an Gottes Mitteilungswillen haben Kirche und Theologie Anteil an der eschatologischen Dynamik Gottes. Das Zweite Vatikanische Konzil entspricht dieser Einsicht mit seiner Christologie und Ekklesiologie des Dienstes: Als Dienerin der Gegenwart Gottes unter den Menschen ist die Kirche Werkzeug, das den Dienst des dienenden Christus fortsetzt und dem verheißen ist, Anteil zu gewinnen an seiner österlichen Lebensfülle.

Ein privilegierter Ort des Dienstes ist der Religionsunterricht, der junge Menschen begleitet hinein in eine Zukunft, die zunehmend mit wissenschaftsförmiger Systematik gestaltet wird und die so einer wissenschaftsförmigen Gestalt der Frage nach dem letzten Ziel und dem ersten Ursprung aller Wirklichkeit in seiner geschichtlichen und biographischen Relevanz bedarf.

Gretchenfragen? Alltäglich!

Glauben oder Wissen?

„In echt?!". Gina Lisa steht vor mir, die Hände in die Hüften gestemmt. 3. Schuljahr, 9 Jahre alt, Glitzer-T-Shirt und eine ziemlich kurze Hose. Erstkommunionvorbereitung irgendwo in Niedersachsen. „In echt jetzt, sag mal!?"

„In echt!" antworte ich ihr. Wir hatten über Ostern gesprochen. Dass Jesus nicht im Tod geblieben ist – und seine Freunde das leere Grab gefunden hatten. Und dass die Frauen und die Männer ganz froh waren und allen davon erzählen mussten.

Aber die Kleine lässt nicht locker. Sie zieht die Nase kraus und richtet ihren Buntstift auf mich: *„Weißt* du das wirklich, oder *glaubst* du das nur?"

Coole Frage, denke ich. Der Buntstift zeigt immer noch auf meinen Bauchnabel, ein bisschen bedrohlich, aber auch neugierig. Jetzt nichts Falsches sagen. „Ich *glaube* das *wirklich*."

Gina Lisa mustert mich von oben bis unten „Na, dann ist ja gut." Ganz ohne Spott sagt sie das. Dreht sich um und geht.

Dominik Blum

Kontextuell geerdete Rede von Gott. Religionspädagogische Lektüre von „Quest for the Living God" von Elizabeth A. Johnson

NORBERT METTE

1. Zur Einführung

Der schulische Religionsunterricht steht und fällt damit, dass in ihm zentral die Gottesfrage behandelt wird.[1] Nur – das ist einfacher gesagt als getan. Denn geht es doch hierbei um eine der ältesten und zugleich schwierigsten Fragen der Menschheit, die zudem immer wieder dem Widerspruch ausgesetzt war und ist, dass es sich um gar keine sinnvolle Frage handele, weil es gar keinen Gott gebe. Wie ist vor diesem Hintergrund mit diesem Thema heute verantwortet in der Schule umzugehen? Soviel ist klar: Bevor das Thema direkt für den Unterricht didaktisch und methodisch erschlossen wird, muss sein ganzes Umfeld vermessen werden, angefangen bei der Vergewisserung über den Stand der theologischen Forschung vor allem in der alt- und neutestamentlichen Exegese und in der systematischen Theologie, wobei unter den Bedingungen der heutigen Pluralität unweigerlich auch die anderen Religionen und Weltanschauungen berücksichtigt werden müssen, über die Auseinandersetzung mit den Fragen aus anderen Wissenschaften, vor allem den Naturwissenschaften, die das heutige Bewusstsein weithin prägen, bis hin zur Erkundung der Verstehensvoraussetzungen bei den heutigen Kindern und Jugendlichen angesichts einer zu einem großen Teil gottfern erfolgenden Sozialisation. Bei all dem darf nicht vergessen werden, dass das Wort ‚Gott' im Laufe der Geschichte bis in die Gegenwart für die verschiedensten Interessen in Anspruch genommen worden ist und wird. Wann immer ich in unterschiedlichen Konstellationen auf dieses umfassende Themenspektrum zurückkam, zeigte sich ein weiteres Mal: Sich mit der Gottesthematik zu befassen, ist ein spannendes Unternehmen.

Diese Erfahrung wiederholte sich für mich jüngst bei der Lektüre eines Buches einer US-amerikanischen Theologin mit dem Titel „Quest for the Living

---

[1] Diese leitende Überzeugung verbindet mich mit *Rudolf Englert*. Zweimal haben wir in Projekten zusammengearbeitet, in denen es um die Frage ging, wie die Rede von Gott im heutigen Religionsunterricht ansetzen und praktiziert werden kann. Das eine Mal geschah das bei der Planung und Durchführung der Herausgabe des Bandes 25 des Jahrbuchs für Religionspädagogik, der unter dem Titel „Gott im Religionsunterricht" projektiert worden und erschienen ist (Neukirchen-Vluyn 2009, hg. mit *Helga Kohler-Spiegel*, *Folkert Rickers* und *Friedrich Schweitzer*). Die zweite Kooperation wurde angestoßen durch die Idee der Arbeitsgruppe „Religionspädagogische Jahresbibliographie" im Comenius-Institut (Münster, zu der des Weiteren *Gottfried Adam* und *Rainer Lachmann* gehören), einen weiteren Reader zu religionspädagogisch und –didaktisch relevanten Themen aus bereits vorliegenden Artikeln zusammenzustellen, und zwar zur Gottesfrage (Erschienen unter dem Titel: Gott – ein religionspädagogischer Reader, Münster 2013).

God". Verfasst worden ist es von Elizabeth A. Johnson.[2] Sie gehört der Gemeinschaft der Sisters of Saint Joseph of Brentwood an und ist seit 1991 Distinguished Professor, inzwischen ausgezeichnet mit mehreren Ehrendoktoraten und Awards, an der Jesuiten-Universität Fordham in New York City.[3] Im vergangenen Jahr ist das Buch „Quest for the Living God" von der Glaubenskommission der Katholischen Bischofskonferenz der USA als für die Darlegung des katholischen Verständnisses von Gott nicht adäquat indiziert worden.[4]

Im Folgenden sollen, soweit das in der Kürze des Beitrags möglich ist, die Leseerfahrungen mit diesem Buch mitgeteilt werden, um daran anschließend ein Resümee aus religionspädagogischer Sicht zu ziehen.

2. Entdeckungen der Präsenz Gottes in unterschiedlichen Kontexten

Was Johnson in ihrem Buch ausführen möchte, legt sie zu Beginn wie folgt dar:

> „Seit der Mitte des 20. Jahrhunderts hat sich eine neu sprießende Renaissance, Erkenntnis Gottes zu gewinnen, ereignet. In der ganzen Welt haben verschiedene Gruppen des christlichen Volks, herausgefordert durch bestimmte historische Umstände, auf frische und unerwartete Weisen verschiedene Blicke auf die lebendige Gottheit aufgetan. Diese Einsichten sind so verlockend, dass sie, statt von den lokalen Gemeinschaften, die sie zuerst gemacht haben, gehortet zu werden, als Geschenk und Herausforderung der weltweiten Kirche angeboten werden. Wir leben im goldenen Zeitalter der Entdeckung, bis hin zu dem Punkt, wo Theologen und Theologinnen zu sagen pflegen, dass wir Zeugen und Zeuginnen sind von nichts weniger als einer ‚Revolution' in der Theologie von Gott."[5]

Es sei nicht so, so ergänzt Johnson, dass ein Gott entdeckt würde, die[6] von dem Einen, an den in früheren Generationen geglaubt worden sei, völlig verschieden sei. Christlicher Glaube heute glaube nicht an eine neuartige Gottheit, sondern suche, sich selbst in einer unterschiedlichen Situation vorfindend, die aktive Präsenz des göttlichen Geistes genau mitten darin. Lange vergessene Aspekte würden in eine neue Beziehung zu den neuen Ereignissen gesetzt mit dem Er-

---

[2] Vgl. *Elizabeth A. Johnson*, Quest for the Living God. Mapping Frontiers in the Theology of God, New York 2007 (Paperback edition 2011).

[3] Weitere Angaben finden sich im Internet unter Fordham-University sowie Wikipedia. Vgl. zu den früheren Veröffentlichungen von Sr. Johnson auch *Aurica Nutt*, Gott, Geschlecht und Leiden. Die feministische Theologie Elizabeth A. Johnsons im Vergleich mit den Theologien David Tracys und Mary Dalys, Berlin 2010, 115-191.

[4] Die beiden Dokumente der Glaubenskommission vom April und Oktober 2011 sind zu finden unter der Homepage der United States Conference of Catholic Bishops, die Stellungnahmen von Sr. Johnson unter der Homepage des National Catholic Reporters. – Auf die Auseinandersetzung kann hier nicht näher eingegangen werden. Nur soviel: Es kann nur noch als Fanal bezeichnet werden, dass auf der Leitungsebene in der katholischen Kirche weiterhin dem Prinzip gefolgt wird, dass in der Auseinandersetzung um Wahrheitsfragen letztlich ausschlaggebend ist, wer die Macht innehat.

[5] *Johnson* 2011 [Anm. 2], 1 (eigene Übersetzung; das gilt für alle weiteren wörtlichen Zitate).

[6] Ich folge E. Johnson, die entweder keinen Artikel beim Gottesbegriff verwendet oder von Gott als ‚sie' schreibt. Um das im Deutschen übernehmen zu können, wird hilfsweise der Begriff ‚Gottheit' verwendet, wo im amerikanischen Original ‚God' steht.

gebnis, dass die Tiefen des göttlichen Mitleidens (compassion) auf verschiedene Weise geschätzt würden, wie man es sich früher nicht hätte vorstellen können. Diesen Entdeckungen möchte Johnson in den verschiedenen Kapiteln ihres Buches nachgehen. Dabei macht sie auf die Eigenart mancher zur Sprache kommenden theologischen Ansätze aufmerksam, die darin bestehe, dass sie im Engagement von christlichen Gruppen und Bewegungen ihren ‚Sitz im Leben' hätten, aus den dabei gemachten Erfahrungen erwüchsen und also nicht akademischen Ursprungs seien.[7]

2.1. *Kritik am modernen Theismus*

Zu Beginn ihres Buches markiert Johnson den ‚modernen Theismus' als die Form des Gottesverständnisses, die sich in der Auseinandersetzung mit der Aufklärung herausgebildet habe und über Generationen hinweg maßgeblich für das katholische Bewusstsein geworden sei, bis hin zu dem der einfachen Gläubigen.[8] Dieser Theismus sei dadurch gekennzeichnet, dass auf philosophischer Grundlage die Existenz Gottes zu er- bzw. beweisen versucht worden sei. Gott werde dabei gedacht als die höchste Komponente innerhalb der Welt, wie man sie sich vorstellte, erhaben über deren andere Mächte, ausgestattetet mit Attributen wie allmächtig, allwissend, unendlich u.a., im Unterschied zu den Geschöpfen, die in ihrer Macht, ihrem Wissen und ihrer Lebenszeit begrenzt seien. Dass Gott so gut wie möglich auf dem Wege der Vernunft erkannt zu werden versucht wird, ist nach Johnson grundsätzlich richtig. Aber wenn dabei allein die Vernunft ausschlaggebend werde und alle anderen Quellen wie die Bibel, die Tradition, das dogmatische Wissen ausgeschlossen würden, wie das im ‚modernen Theismus' der Fall sei, drohe Gott zu einem reinen gedanklichen Konstrukt, zu einer Idee zu werden, die, wenn sie zudem noch für den Glauben der Leute simplifiziert würde, unweigerlich ihr Gegenteil, den Atheismus, auf den Plan rufe. Vor diesem Hintergrund und in klarer Absetzung davon besteht Johnson zufolge die gemeinsame Eigenart der von ihr behandelten neueren theologischen Ansätze darin, dass sie Gott nicht irgendwo ‚fernoben' lokalisieren, sondern auf ihre tiefe Beziehung zur Welt abheben würden. Sie schreibt:

„In ihrem Denken setzen sie voraus, dass die göttliche Transzendenz ein Jenseits des Jenseitigen ausmacht, nicht dem Grade, sondern der Art nach unterschieden von der ganzen Welt. Deshalb kann Gott nicht unter anderen Dingen oder Handelnden oder als näher oder weiter weg klassifiziert werden. Aufgrund dieser Transzendenz kann Gott auch höchst immanent überall gegenwärtig sein, in der Welt, aber nicht in ihr enthalten oder durch sie begrenzt, uns näher, als wir es uns selbst sind. In dem sie in gleichem Maße radikale Transzendenz und radikale Immanenz geltend machen, statt sie wie in einem Null-Summen-Spiel gegenüberzustellen, betrachten zeitgenössische Theologen und Theologinnen die nicht begreifbare Gottheit als den wahren Grund nicht nur der Existenz der Welt, sondern auch ihrer fragmentarischen Entwicklung und Hoffnung wider ihre Gebrochenheit. Sie wechseln ihre Aufmerksamkeit hin zu Orten an der Grenze, zu den Rändern der herrschenden Macht, wo Gott in der Gestalt der mitleidvollen und befreienden Liebe erscheint, näher zur Geschichte und zum

---

[7] Vgl. ebd., 2.
[8] Vgl. ebd., 14ff.

Durcheinander der Welt. Sie weiten die göttliche Barmherzigkeit weit über die Grenzen des Christentums aus, um alle Menschen in sie einzubeziehen, und auch über die Menschheit aus, um die ganze natürliche Welt zu inkludieren. Wenn es möglich wäre, ihre Wiederentdeckungen in einer Metapher zusammenzufassen, so wäre es der klassische christliche Glaube, dass ‚Gott Liebe ist' (1 Jo 4,16)."[9]

Belehrt durch den Irrweg des ‚modernen Theismus' stellt Johnson ihren weiteren Ausführungen drei hermeneutische Grundregeln für alles menschliche Denken und Sprechen über Gott voraus, anhand derer auch die neueren Ansätze überprüft werden können:[10]

(1) Die Realität der lebendigen Gottheit ist ein unaussprechbares Geheimnis, das über alle Möglichkeiten, es sprachlich erfassen zu wollen, hinausgeht.

(2) Kein Ausdruck für Gott kann wörtlich genommen werden. Johnson verweist auf den Lehrsatz des 4. Laterankonzils (1215): „Zwischen Schöpfer und Geschöpf gibt es keine Ähnlichkeit, ohne dass diese von einer noch größeren Unähnlichkeit begleitet wäre." (DH 806)

(3) Daraus ergibt sich die Notwendigkeit, Gott viele Namen zu geben, wie es die Bibel vormacht.

2.2. Anthropologisch gewendete Gottesrede

Ihre Erkundungsreise zu neueren theologischen Ansätzen beginnt Johnson dann bei Karl Rahner.[11] Sie würdigt ihn als den Theologen, der sich als einer der ersten im 20. Jahrhundert auf katholischer Seite konsequent den Herausforderungen der sich säkularisierenden Welt und deren Konsequenzen für Glauben und Kirche gestellt hat. Im kritischen Dialog mit der Philosophie der Moderne und in Auseinandersetzung mit dem Atheismus habe er zu einem zeitgemäßen Denken und Sprechen über Gott einen entscheidenden Beitrag geleistet. Seinen Ausgangspunkt bilde die ‚Wende zum Subjekt', die den Menschen nicht länger als Objekt auffasse, sondern als ein menschliches Subjekt mit einem Inneren, einem denkenden Bewusstsein, mit der Freiheit zu wählen. Auf sehr verständliche Weise rekonstruiert Johnson, wie Rahner in seinem Frühwerk einer Eigenart des Menschen, nämlich dass er ein Wesen sei, das Fragen stellt, Schritt für Schritt nachgegangen sei, um herauszuarbeiten, dass sich damit eine Dynamik des Fragens eröffne, die zu immer weiteren Fragen führe. Der Mensch gelange dabei zu der radikalen Erfahrung seiner eigenen Begrenztheit, wobei er mit seinem Fragen zugleich diese Grenzen überschreite, sich selbst transzendiere und somit die Frage nach dem Wohin dieses Transzendierens aufbreche. In diesem Zusammenhang führe Rahner den Begriff des ‚heiligen Geheimnisses' ein, womit in anthropologischer Hinsicht die Einsicht Ausdruck finde, dass das Wohin der menschlichen Transzendenz für den Menschen selbst prinzipiell unbegreiflich bleibe. In theologischer Hinsicht lasse sich nach Rahner die Rede vom ‚heiligen Geheimnis' mit dem in Ver-

---

[9] Ebd., 16f.

[10] Vgl. ebd., 17-22.

[11] Vgl. das Kap. 2 mit dem Titel „Gracious Mystery, Ever Greater, Ever Nearer", ebd., 25-47.

bindung bringen, was in der herkömmlichen Sprache Gott genannt werde. Johnson bringt den gedanklichen Weg Rahners auf den Punkt:

„Rahners Beitrag besteht darin, zu dieser Einsicht (sc. Gottes) von der Dynamik der menschlichen Erfahrung her zu gelangen, dass Gottes unbegreifliches heiliges Mysterium die wahre Bedingung für die Möglichkeit ist, dass der menschliche Geist funktioniert. Die Erfahrung der Transzendenz führt jeden Akt der Erkenntnis und der Liebe über sich hinaus in die Gegenwart des Geheimnisses. Ob wir uns dessen bewusst sind oder nicht, ob wir offen sind für diese Wahrheit sind oder sie unterdrücken, unser ganzer Geist, Intellekt und ganzes Gefühlsleben sind auf das heilige Mysterium hin orientiert, welches die Basis unserer Existenz ist.“[12]

Das zeitige, so fährt Johnson fort, erhebliche Konsequenzen: Wenn wir uns dessen bewusst und es uns zugestehen würden, von Gott auf solche Weise umfangen zu sein, dann sei unser Nichtwissen von Gott, die ein grenzenloses Geheimnis sei, nicht – und hier zitiert sie Rahner – „eine reine Negation, nicht einfach eine leere Abwesenheit, sondern eine positive Kennzeichnung der Beziehung zwischen einem Subjekt und einem anderen“[13]. Solch ein unbegreifliches Geheimnis schaffe die Bedingung für eine religiöse Beziehung, die gleichzeitig Heimat bilde und zu einem endlosen Abenteuer werde bei der Erkundung des menschlichen Sehnens und Suchens, Weinens und Lachens, des Wissens, Liebens und Hoffens.

Diese Hinweise zu Rahners Grundansatz in der Interpretation von Johnson, die sie noch weiter ausführt, mögen genügen, um deutlich werden zu lassen, wie dieser Theologe es in einer völlig veränderten geistesgeschichtlichen Situation mithilfe eines anthropologisch gewendeten theologischen Denkens versucht und wohl auch vermocht hat, einen für Zeitgenossen und -genossinnen nachvollziehbaren Weg zum Geheimnis Gottes zu eröffnen.

2.3. Gottesrede ‚nach Auschwitz‘

Im nächsten Kapitel[14] nimmt Johnson das Gespräch mit einer Theologin und zwei Theologen auf: Dorothee Sölle, Johann Baptist Metz und Jürgen Moltmann. Diese Namen stehen für eine theologische Generation aus Deutschland, die unter der nationalsozialistischen Diktatur aufgewachsen ist und im jungen Alter dessen grausame und mörderische Schreckensherrschaft mitbekommen hat. „Nun war es nicht länger der Atheismus der säkularen Welt“, so schreibt Johnson, „der den Glauben herausforderte, sondern die Tatsache schrecklichen Leids.“[15] Theologisch spitzt sich das auf die Frage zu: Wo war Gott in Auschwitz? In der Auseinandersetzung mit dieser Frage, so führt Johnson aus, wurde den drei Genannten bewusst, dass die Theologie nie in politischer Hinsicht neutral ist und sein kann und Religion nie bloß eine Privatangelegenheit ist. Gerade der christliche Glaube, für den die Erinnerung an Leiden und Auferstehung Jesu konstitutiv ist, kann nicht gleichgültig zuschauen, wenn und wie

[12] Ebd., 37.
[13] Ebd., 37f.
[14] Unter der Überschrift „The Crucified God of Compassion“; vgl. ebd., 49-69.
[15] Ebd., 53.

die herrschenden Mächte mit Menschen umgehen. Er paktiert nicht mit den Siegern, sondern solidarisiert sich mit den Opfern.

Gleichwohl bleibt die Frage, wie es um Gott in diesem Zusammenhang bestellt ist. Unausweichlich drängt sich die Theodizeefrage auf: Hat Gott mit dem Leid in der von ihm geschaffenen Welt nichts zu tun? Oder wie verhält er sich dazu? Während auf der Traditionslinie der hellenistischen Philosophie, so führt Johnson aus, Gott für einen reinen Geist gehalten werde, der frei von allem Irdischen sei und entsprechend auch unberührt vom Leiden bleibe, kenne die biblische Tradition Gott, die in der Geschichte der Menschen wirksam sei und der es alles andere als gleichgültig sei, wie es den Menschen gehe. Gott der Bibel sei eine Gottheit des Pathos, eine Gottheit, die sich von menschlichem Leiden erschüttern lasse, wodurch ihre hoffnungsstiftende Verheißung, dass das Leid in der Welt nicht das letzte Wort habe, glaubwürdig werde. Auf dieser Linie sei von den drei Genannten mit unterschiedlichen Akzentuierungen die Möglichkeit einer Theologie nach Auschwitz angegangen worden, die Johnson zusammenfassend wie folgt charakterisiert: Die drei genannten Theologen und Theologin gingen von der Überzeugung aus,

> „dass diese Katastrophe (sc. des Holocausts) zur inneren Situation des christlichen Diskurses über Gott gehört. Indem sie von Auschwitz im Besonderen ihren Ausgang nahmen und dann ihre Anteilnahme auf die ganze Geschichte des Leidens ausweiteten, haben sie die Gottesfrage in ihrer am stärksten angefochtenen Form gestellt: von der Perspektive derer her, die durch ungerechtes Leid vernichtet worden sind. Dem zustimmend, dass sogar die Religion auf diese Frage nicht antworten kann, bahnten sie einen Weg für ein Denken und Handeln, das das Geheimnis von Gottes Erinnerung und Hoffnung würdigt. Sei es, dass man das Symbol der gekreuzigten Gottheit übernimmt oder den stillen Schrei des Lebens oder die vom Leiden zutiefst berührte Gottheit der Verheißung, an die man seine Klage richtet, ihr Werk bringt die göttliche Gegenwart unauslöschlich in die Finsternis des Leidens, das zum Himmel schreit.“[16]

2.4. Gottesrede aus der Perspektive der Benachteiligten und Unterdrückten

Die politische Theologie nach Auschwitz war Wegbereiterin für die Befreiungstheologie, wie sie Ende der sechziger/zu Beginn der siebziger Jahre des letzten Jahrhunderts in Lateinamerika aufgekommen ist und die inzwischen zu verschiedenen kontextuellen Ausprägungen gefunden hat. Johnson behandelt sie in den folgenden vier Kapiteln.[17] Zu Beginn jedes Kapitels skizziert sie jeweils kurz den Kontext, innerhalb dessen das jeweilige theologische Denken und Tun seinen Ort hat. So bezeichnet sie den der lateinamerikanischen Befreiungstheologie als Situation elendiglicher Armut. Religiös sei der abgrundtiefe gesellschaftliche Graben zwischen Reichen und Armen zusätzlich dadurch gefestigt worden, dass die arme Bevölkerung dazu angehalten worden sei, ihr Leid in der Nachfolge des leidenden Jesus in Geduld zu ertragen – mit der Aussicht eines von Gott versprochenen glücklichen Jenseits. Vor diesem Hintergrund wird

---

[16] Ebd., 68.

[17] Vgl. ebd., 70-89 (Kap. 4: „Liberating God of Life“), 90-112 (Kap. 5: „God Acting Womanish“), 113-132 (Kap. 6: „God Who Breaks Chains“) sowie 133-152 (Kap. 7: „Accompanying God of *Fiesta*“).

ersichtlich, welche tief greifende Wende sich auf diesem Kontinent vollzog, als aus der Betroffenheit über die herrschende Ungerechtigkeit und die allenthalben verbreitete Gewalt und unter Rückbesinnung auf die befreiende Gottheit der Bibel ein völlig anderes theologisches Denken einsetzte, das wesentlich von der Basis der Kirche her erwuchs und in den kirchlichen Basisgemeinden seinen praktischen Ort hatte. Johnson beschreibt das wie folgt:

„Indem sie (sc. Angehörige der Basisgemeinden) Aktionen zur Transformation der Situation organisierten, begannen sie ihre Identität als aktive Subjekte zu begreifen, die ihre eigene Geschichte gestalten konnten. In diesem Prozess empfingen sie das Geschenk einer erneut ans Tageslicht kommenden Intuition einer alten Wahrheit, nämlich: In Situationen des Elends ist Gott nicht neutral. Als Schöpfer und letztlich auch als Herrscher der Welt ist es Wille Gottes des Lebens, dass alle Geschöpfe gut gedeihen. Wenn Leute am Boden liegen, verletzt dieses die Weise, wie Gott sich die Welt wünscht. In Reaktion darauf trifft die lebendige Gottheit eine dramatische Entscheidung: Partei zu ergreifen für die unterdrückte Bevölkerung in ihrem Kampf ums Leben. Als theologische Formel ist dies bekannt als die vorrangige Option Gottes für die Armen. Der einzige Grund für diese Parteilichkeit ist die göttliche Liebe, die aus freien Stücken mit den Armen Partei ergreift und nicht, weil sie heiliger und weniger sündig sind als andere, sondern aufgrund ihrer Situation. Das Ziel dieser göttlichen Parteilichkeit ist es, zu heilen, zu erlösen und die Situation so zu befreien, dass das entmenschlichende Leid verschwindet. Gerade in dieser Parteilichkeit offenbart sich die Güte der göttlichen Liebe als wahrhaft universal, weil sie die Nichtpersonen mit umfasst, die für ein machtvolles und wohlhabendes Denken nicht zählen.“[18]

Den weiteren gehaltvollen Ausführungen Johnsons dazu, wie das Verständnis des befreienden Gottes vonseiten der lateinamerikanischen Befreiungstheologie entfaltet wird, wie beispielsweise in der Opposition von Gott und Götzen, kann hier nicht im Einzelnen nachgegangen werden. Eine Feststellung von ihr sei jedoch noch aufgegriffen: Sie betont, dass die Bezeichnung Gottes als Befreiers nicht einfach ein weiteres Bild zu den übrigen Gottesbildern hinzufüge. Sie impliziere vielmehr eine Anfrage an alle anderen Gottesbilder, sofern diese das konkrete Leid der Leute durch ökonomische, soziale und politische Ausbeutung ignorieren würden. Die aus der Vorstellung der befreienden Gottheit resultierende Konsequenz eines Einsatzes für Gerechtigkeit beschränke sich nicht nur auf die lateinamerikanische Kirche, sondern betreffe die Kirche weltweit. In besonderer Weise bedeute sie eine Herausforderung an die Selbstzufriedenheit der Christen in den Wohlstandsgesellschaften auf der nördlichen und westlichen Hemisphäre, sich ihre Verwobenheit in der strukturellen Ungerechtigkeit der globalen Ökonomie einzugestehen und tätige Verantwortung dafür zu übernehmen.[19]

Als nächstes kommt Johnson auf die feministische Theologie zu sprechen, die es inzwischen in verschiedenen Ausprägungen gibt, je nach dem, von welchem gesellschaftlichen Kontext aus Frauen sie betreiben. Sie versteht sich als Bestandteil der allgemeinen und weltweiten Frauenbewegung, deren Kampf sich gegen die jahrhundertelange Diskriminierung von Frauen wendet. Von dieser Diskriminierung seien, so führt Johnson aus, auch Kirche und Theologie geprägt gewesen – und zwar bis in die Gottesbilder hinein, die von Männern entworfen

---

[18] Ebd., 73f.

[19] Vgl. ebd., 86f.

entsprechend männlich geprägt gewesen seien. Demgegenüber hätten Frauen in der christlichen Frauenbewegung zum ersten Mal die für sie befreiende und freudige Überraschung machen dürfen, dass sie so, wie sie sind, in Gottes Augen einen unschätzbaren Wert haben und von ihr geliebt werden. Die angestrebte Emanzipation der Frauen sei keineswegs schon bewerkstelligt, wenn sie als gleichberechtigt in diese bestehende Gesellschaft integriert würden; es gehe vielmehr um deren Transformation in eine neue Gemeinschaft auf der Grundlage wechselseitiger Partnerschaft. Die feministische Theologie sehe diese Wechselseitigkeit in der Beziehung von und zu Gott grundgelegt. Johnson betont am Schluss dieses Kapitels, dass, nur wenn Gott in einer auch für Frauen nachvollziehbaren Weise wie z.B. Heilige Weisheit benannt würde und nur wenn die ganze Wirklichkeit von Frauen aller Rassen und Klassen in Vergangenheit und Gegenwart Eingang finden würde in die Symbolisierung des Göttlichen, die idolatrische Fixierung auf ein Bild Gottes durchbrochen wird, Frauen in ihrem Innersten ermächtigt und die religiösen und zivilen Gemeinschaften verwandelt werden in Richtung einer im Konkreten heilsamen Gerechtigkeit.

„Auf diesem Weg fügt jede weibliche Benennung des Heiligen ein weiteres Fragment zu der Wahrheit des Geheimnisses der gnadenreichen Gastfreundschaft der göttlichen Sophia für alle Menschen und die Erde hinzu.“[20]

Eine weitere, anders akzentuierte Ausprägung der Befreiungstheologie ist im Kontext der über Jahrhunderte von den weißen Herren als Sklaven gehaltenen afroamerikanischen Bevölkerung in den USA entstanden. Insbesondere in den Spirituals, so zeigt Johnson, hat die tiefe Frömmigkeit der schwarzen Sklavinnen und Sklaven, ihre Beziehung zu Gott, die ihre Schöpferin ist und die ihr Elend rührt, ihren beeindruckenden Ausdruck in Form eines biblisch inspirierten Protestes gegen ihre Lebensbedingungen gefunden. Die ausdrücklich als ‚schwarz‘ sich bezeichnende Theologie sehe das Problem darin, wie und inwiefern eine Gottheit der Unterdrückten und der Unterdrücker, der Schwarzen und der Weißen ein und dieselbe Gottheit sein könne. Sie spreche deswegen bewusst von einer schwarzen Gottheit, um damit den Glauben und die Hoffnung zu symbolisieren, dass Gott der Bibel eine Gottheit ist, die sich auf die Seite der Unterdrückten stelle und mit ihnen um ihre Befreiung kämpfe.

‚Kampf‘ ist auch ein zentrales Stichwort der Theologie, wie sie in den Reihen der aus Lateinamerika in die USA eingewanderten spanisch sprechenden Bevölkerung anzutreffen sei. Mehrheitlich in der amerikanischen Gesellschaft marginalisiert sei ihr Alltag vom Kampf für das Leben gegen Gewalt und Ungerechtigkeit geprägt. Ihre von ihrer Heimat mitgebrachte tiefe Frömmigkeit finde ihren Niederschlag in einer bemerkenswerten Volksreligiosität, „einem Netzwerk von Glaubensüberzeugungen, ethischen Erwartungen, Riten und Gebetserfahrungen, die zusammen die lebendige Präsenz von Gott mitten im alltäglichen Leben bezeugen“[21] Zwei Aspekte sind nach Johnson für die hispanische Kultur in den USA charakteristisch und fließen auch in deren Vorstellungen von Gott

[20] Ebd., 110.
[21] Ebd., 138.

ein: zum einen der starke Gemeinschaftsbezug in einer ansonsten von der Individualisierung geprägten Umgebung, die in der Gottheit, die durch das Leben hindurch begleitet, ihren Widerhall findet; zum anderen die Freude an Festen, die zu der Vorstellung führt, dass auch Gott gern Feste feiert und mitten in ihnen dabei ist.

2.5. Gottesrede angesichts der Pluralität der Religionen und Weltdeutungen

Im nächsten Kapitel[22] setzt sich Johnson mit der durch die Gegebenheit der religiösen Pluralität bedingten neuen Situation für den christlichen Glauben und die Theologie auseinander. Deutlich macht sie auf der einen Seite klar, welche schwerwiegenden Herausforderungen und Konflikte sich daraus für die traditionelle Lehre der katholischen Kirche ergeben, die auch nicht leichthin gelöst werden können. Auf der anderen Seite zeichnet sie Erfahrungen nach, die im interreligiösen Dialog – sei es auf der Ebene der Praxis, sei aus auf der Ebene des theologischen Austausches, sei es auf der Ebene der religiösen Erfahrung – gemacht worden und die von den Beteiligten als Bereicherung für ihre eigene Religiosität gewertet worden sind. „Wenn wir entdecken", so schreibt sie, „dass die Wahrheit tiefer ist als das, was wir dachten, dass wir es als Monopol in Besitz hätten, wird die Würde der Differenz zur Quelle des Segens."[23] Dieses Kapitel führt beispielhaft vor, dass dieser Lohn allerdings nicht ohne den Preis einer intensiven theologischen Arbeit zu haben ist.

Auf die Notwendigkeit, sich von theologischer Seite her in den Naturwissenschaften kundig zu machen und mit ihnen das Gespräch zu suchen, geht das weitere Kapitel ein.[24] Auch wenn viele Entdeckungen in den Naturwissenschaften zu einem Verständnis in unserer Welt geführt haben, das auf den ersten Blick mit dem christlichen Weltbild nicht vereinbar ist, zeigt sich Johnson optimistisch, dass bei genauerem Hinsehen, d.h. auch bei einem Sich-Einlassen auf die Logik der Naturwissenschaften und damit auf die Reichweite ihrer Erkenntnisse, eine andere Einschätzung zwar nicht zwingend, aber möglich ist. Sie drückt das so aus:

> „In unserer Zeit entdecken wir, dass das große, unfassbare Geheimnis Gottes, völlig transzendent und jenseits der Welt, auch die dynamische Kraft im Herzen der natürlichen Welt und ihrer Evolution ist. Seufzend mit der Welt, sich freuend über ihre Aufwärtsentwicklung, bei Fehlschlägen ihr die Treue haltend, sie von innen her mit gnadenreicher Energie versehend wirkt die Heilige Geistkraft in allen Geschöpfen in ihrer Endlichkeit und im Tod, indem er sie in erlösender Liebe umfangen hält und ihnen eine unvorhersehbare Zukunft in der göttlichen Liebe, die Gemeinschaft ist und bildet, eröffnet."[25]

---

[22] Unter der Überschrift „Generous God of the Religions"; vgl. ebd., 153-180.
[23] Ebd., 179.
[24] Unter der Überschrift „Creator Spirit in the Evolving World"; vgl. ebd., 181-201.
[25] Ebd., 198.

Von Seiten der Menschen her, so betont sie, muss dem mit einer tätigen Liebe zur Erde einschließlich des Widerstandes gegen ihre Destruktion entsprochen werden.

Das Buch schließt mit einem Kapitel über die Trinität.[26] Aus diesem reichhaltigen Text kann wiederum nur ein Aspekt herausgegriffen werden, nämlich die Überlegung zu einer Möglichkeit, wie heute von der dreieinen Gottheit gesprochen werden könne.[27] Johnson greift dabei zurück auf einen Vorschlag von R. Kendall Soulen[28], dass die Sprache über die Trinität selbst trinitarisch sein solle. Er vergleicht das mit der Stimme, die ein und denselben Sachverhalt in drei Modulationen zum Ausdruck bringe. Analog könne Gott als ein Gesang in drei Modulationen begriffen werden. Jede Modulation beziehe sich auf die dreieine Gottheit insgesamt, aber tue dies auf je unterschiedliche Weise, nämlich in einer Modulation der Stimme, die jeweils für eine trinitarische Person charakteristisch sei, und der Beziehung, in der diese Person stehe. Das führt Johnson dann im Einzelnen für die theologische, christologische und pneumatologische Modulation aus.

3. Ein kurzes religionspädagogisches Resümee

Nur ansatzweise konnte die Fülle des Buches von Elizabeth A. Johnson in dem vorigen Abschnitt wiedergegeben werden. Es lohnt sich, es im Original zu lesen. Beeindruckt wird man von der Weite und Tiefe der zeitgenössischen Theologie, wie sie in dem Buch zur Sprache kommt. Vor Augen geführt werden

> „Sichtweisen der lebendigen Gottheit die zugleich unsagbar, verletzbar, befreiend, beziehungsreich, Gerechtigkeit liebend, schön, freigiebig, sorgend, dynamisch und abenteuerlich ist: zugleich kreativ, erlösend und umarmend; in einem Wort: Liebe“[29].

Schon allein diese Vielfalt ist es wert, im Religionsunterricht und auch in der Katechese und anderswo thematisiert zu werden.

Weiterhin erinnert die Lektüre dieses Buches daran, dass jedes Sprechen von Gott auch in religionspädagogischen Handlungsfeldern gehalten ist, die drei hermeneutischen Grundregeln zu beherzigen, die Johnson vorgegeben hat.[30] Darüber hinaus macht ihre gehaltvolle Darstellung noch auf weitere Punkte aufmerksam, die im Zusammenhang des Sprechens von Gott zu beachten sind, u.a. auf folgende:

---

[26] Unter der Überschrift „Trinity: The Living God of Love“; vgl. ebd., 202-225.

[27] Vgl. ebd., 215-222.

[28] Als Quelle finden sich angegeben: *R. Kendall Soulen*, The Name of the Holy Trinity: A Triune Name, in: Theology Today 59 (2/2002) 244-261; *ders.*, Hallowed be Thy Name! The Tetragrammaton and the Name of the Trinity, in: Robert W. Jenson / Carl Braaten (Eds.), Jews and Christians: People of God, Grand Rapids 2003, 14-41.

[29] *Johnson* 2011 [Anm. 2], 226.

[30] Daraufhin hat sie selbst, was hier nicht gezeigt werden konnte, jeden der von ihr behandelten theologischen Ansätze überprüft.

(1) Reden von Gott macht eine Situations- und Kontextvergewisserung erforderlich, d.h. eine selbstkritische Prüfung, wer diese Rede tätigt sowie von welchem gesellschaftlichen Ort aus und in welchem historischen Augenblick dies erfolgt. Insofern geht mit dieser Rede auch eine für manche sicher schmerzhafte Aufklärung über die jeweilige eigene Identität und die gesellschaftliche Realität, in der sie steht, einher. Und sie fordert zur persönlichen Umkehr sowie zur strukturellen Transformation heraus.

(2) Damit klingt bereits an: Ein Gott-denken verbleibt nicht nur auf der Ebene der Vernunft, sondern findet seine Bewährung in der Praxis. Das gilt selbst für das Dogma von der Trinität. Dem in Liebe verbundenen dreieinen Gott entspricht auf menschlicher Seite konsequenterweise ein Leben der Liebe und Gemeinschaft mit anderen.

(3) Das Denken über Gott und das Reden von ihm weitet den Blick über die eigenen Grenzen hinaus. Es gibt nichts auf der Welt, was nicht in dieses Denken und Reden eingeschlossen werden könnte. In dem Maße, wie das wirklich zum Zuge kommt, wird es immer interessanter. Der Horizont des eigenen Denkens und Tuns wird ungemein erweitert.

Davon etwas den Schülerinnen und Schülern zu vermitteln, sie zu eigenem Denken über Gott und Sprechen von ihm zu ermutigen und sie dabei von anderen lernen lassen, wie das geschehen kann, ist und bleibt eine lohnende Aufgabe für den Religionsunterricht.[31]

[31] Ich danke Dr. Aurica Nutt für ihre Durchsicht des Manuskripts und für ihre Hinweise.

Das Projekt eines Welteinheitskatechismus. Historisch-religionspädagogische Reminiszenzen

WERNER SIMON

Im zeitgeschichtlichen Kontext der die 2. Hälfte des 19. Jahrhunderts kennzeichnenden universalkirchlichen Zentralisierungs- und Uniformierungsbestrebungen entsteht auch die Forderung nach einem einheitlichen Katechismus für die Gesamtkirche. Der später so genannte „Welteinheitskatechismus“[1] soll in einer Zeit wachsender Mobilität und zunehmender Migrationen die Einheitlichkeit der katechetischen Lehrvorlage sicherstellen. Während die Entwicklungslinien und die Entstehungsgeschichte des deutschen und des österreichischen ‚Einheitskatechismus‘[2] in der historisch-religionspädagogischen Forschung bereits früh Aufmerksamkeit gefunden haben, fanden die zeitgleichen Diskussionen des Projekts eines „Welteinheitskatechismus“ bisher vergleichsweise wenig Beachtung. Es lohnt sich jedoch, den Blick auf die Argumente und die offenen Fragen zu lenken, die in diesem Zusammenhang vorgetragen wurden und die zugleich die religionspädagogische Fragwürdigkeit eines solchen Projekts deutlich werden lassen. Dies betrifft nicht zuletzt den Kontext universalkirchlicher Bestrebungen der jüngeren Vergangenheit und Gegenwart, Katechese weltweit durch das „Werkzeug“[3] eines als Weltkatechismus konzipierten „*Katechismus der Katholischen Kirche*“[4] zu normieren[5] und den durch ein päpstliches Vorwort autorisierten „*Youcat*“[6] im Zusammenhang der Weltjugendtage als „Jugendkatechismus der Katholischen Kirche“ zu etablieren. Die Vergegenwärtigung geschichtlicher Erfahrungen verleiht der Kritik dieser Bestrebungen historische Tiefenschärfe. Die folgende Untersuchung wird sich dabei vor allem auf die Initiierung des Vorhabens in den Beratungen des Ersten Vatikanischen Konzils (1870) sowie auf Diskussionsbeiträge konzentrieren, die im ersten Drittel des 20. Jahrhunderts in den „Katechetischen Blättern“, dem Organ des für die katechetische Reformbewegung in

---

[1] *Wilhelm Busch*, Der Weg des deutschen katholischen Katechismus von Deharbe bis zum Einheitskatechismus, Freiburg 1936, 114.

[2] Katholischer Katechismus für den Religionsunterricht an den Volksschulen, vorgeschrieben von den Bischöfen Deutschlands, 1925; Katechismus der katholischen Religion. Mit Gutheißung der Bischöfe Österreichs vom 29. November 1930, Wien 1931.

[3] *Johannes Paul II.*, Apostolische Konstitution „Fidei depositum“ (11. Oktober 1992). – Zit. n. dem Abdruck in: Katechismus der Katholischen Kirche. Neuübersetzung aufgrund der Editio typica Latina, München u.a. 2005, 29-35, 33.

[4] Katechismus der Katholischen Kirche, München u.a. 1993 (Editio typica Latina, Città del Vaticano 1993). – Vgl. a. Katechismus der Katholischen Kirche. Kompendium, München u.a. 2005 (Editio typica Latina, Città del Vaticano 2005).

[5] Vgl. a. *Kongregation für den Klerus*, Allgemeines Direktorium für die Katechese. 15. August 1997 (VApS 130), Bonn 1997.

[6] Youcat. Jugendkatechismus der Katholischen Kirche. Mit einem Vorwort von Papst Benedikt XVI., hg. von der Österreichischen Bischofskonferenz mit Zustimmung der Deutschen Bischofskonferenz und der Schweizer Bischofskonferenz, München 2011.

Deutschland repräsentativen Münchener Katechetenvereins (seit 1921: Deutschen Katecheten-Vereins), veröffentlicht wurden.

1. Ein Beschluss des Konzils

Das Projekt eines einheitlichen Katechismus für die Erstunterweisung war Gegenstand der Beratungen und der Beschlussfassung des von *Papst Pius IX.* (1846-1878) einberufenen Vatikanischen Konzils, das vom 8. Dezember 1869 bis zum 18. Juli 1870 tagte.[7] Bezugnehmend auf Vorschläge einzelner italienischer und französischer Bischöfe, erarbeitete die Kommission für die Kirchendisziplin den Entwurf eines Dekrets „*De parvo Catechismo*".[8] Er wurde in Generalkongregationen des Konzils in zwei Lesungen beraten und am 4. Mai 1870 in einer leicht modifizierten Fassung mit deutlicher Mehrheit angenommen.[9] Aufgrund der durch die politischen Ereignisse veranlassten Beurlaubung des Konzils kam es jedoch nicht zu einer Schlussabstimmung und feierlichen Verkündigung des Dekrets in einer öffentlichen Sitzung des Konzils, so dass es aufgrund der fehlenden Promulgation keine verbindliche Rechtskraft erlangte.

Die Bestimmungen des Dekrets[10] sehen vor, dass ein einheitlicher Kleiner Katechismus (parvus catechismus) für die Erstunterweisung (prima fidelium institutio) erarbeitet und universalkirchlich verpflichtend eingeführt werden soll. Er soll die bisherige Vielfalt (varietas) der für die Erstunterweisung konzipierten Diözesan- und Regionalkatechismen ablösen. Die Bischöfe werden aufgefordert, dafür Sorge zu tragen, dass der lateinische Text des Katechismus zuverlässig (fideliter) in die verschiedenen Landessprachen übersetzt wird. Die Erarbeitung des neuen Katechismus soll unter Einsichtnahme vor allem in den Kleinen Katechismus des Roberto Bellarmino S.J. (1542-1621)[11], darüber hinaus auch in andere verbreitete Katechismen erfolgen. Es bleibt den Bischöfen unbenommen, entsprechend den jeweiligen regionalen Bedürfnissen zusätzliche umfangreichere katechetische Unterweisungen (catecheticae institutiones) zu edieren, die jedoch an die Norm des universalkirchlichen Katechismus gebunden bleiben. Als Grundlage für die Auslegung des neuen Kleinen Katechismus wird der im Auftrag des Konzils von Trient (1545-1563) erarbeitete und als Handbuch für die Pfarrer konzipierte „*Catechismus Romanus*"[12] empfohlen.

An der Debatte beteiligten sich 41 Redner. Die Beiträge spiegeln unterschiedliche ekklesiologische Grundpositionen wider, die auch in den sonstigen Konzilsdebatten begegnen. Die Befürworter eines Einheitskatechismus argumentie-

---

[7] Vgl. *Klaus Schatz*, Vaticanum I. 1869-1870, 3 Bde., Paderborn 1992-1994; *Theodor Granderath*, Geschichte des Vatikanischen Konzils, 3 Bde., Freiburg 1903-1906.

[8] Vgl. *Schatz* I 1992 [Anm. 7], 177f.

[9] Vgl. *Schatz* II 1993 [Anm. 7], 115-121; *Schatz* III 1994 [Anm. 7], 1-12; *Granderath* II 1903 [Anm. 7], 202-223; *Granderath* III 1906 [Anm. 7], 100-118.

[10] Abdruck in: *Gerhard Schneemacher* (Hg.), Acta et decreta Sacrosancti Oecumenici Concilii Vaticani (Acta et decreta conciliorum recentiorum, Bd. 7), Freiburg 1890, 666f.

[11] *Roberto Bellarmino S.J.*, Dottrina cristiana breve, Roma 1597.

[12] Catechismus. Ex decreto Concilii Tridentini ad Parochos, Romae 1566.

ren teils pragmatisch, teils ekklesiologisch. Ein einheitlicher Bezugstext sichere in einer durch Mobilität und Migrationen veränderten (welt)gesellschaftlichen und weltkirchlichen Situation das Wiedererkennen der gemeinsam geteilten Glaubenslehre und verhindere so Verwirrungen und Verunsicherungen. Der Einheitskatechismus wird in diesem Zusammenhang idealisiert und zu einem wesentlichen Zeichen der Einheit der Kirche. Diese Einheit (unitas) wird kontrastiert mit den zeitgenössischen Pluralisierungstendenzen. José de Urquinaonay Bidot, Bischof der Kanarischen Inseln, hebt hervor, dass es gerade jetzt, wo die Welt mit allen Kräften auf Mannigfaltigkeit aus sei, geboten sei, dass die Kirche mit allen Kräften nicht nach Verschiedenheit, sondern nach Einheit strebe.[13] Ignaz von Senestrey, Bischof von Regensburg, verknüpft den Diskurs über den Einheitskatechismus mit dem Diskurs über die päpstliche Unfehlbarkeit:

„So wie der eine Glaube und die Einheit des Bekenntnisses von dem Apostolischen Stuhl seinen Ursprung nimmt, so soll ein und derselbe Katechismus, gemeinsam in der Welt bei der Vielzahl der Sprachen, von dieser unfehlbaren Kathedra Petri ausgehen."[14]

Auch die Kritiker eines Einheitskatechismus argumentieren teils pragmatisch, teils ekklesiologisch, darüber hinaus pädagogisch. Es wird darauf hingewiesen, dass in der Katechese den Unterschieden der Länder und Kulturen, der Bildungsstände und der Bildungsgrade, der Altersstufen und der sozialen Schichtzugehörigkeit angemessen Rechnung getragen werden muss. Gerade dies bleibe jedoch im Konzept des Einheitskatechismus unberücksichtigt. Gregor von Scherr, Erzbischof von München und Freising, weist darüber hinaus auf den Unterschied zwischen Schulkatechese und Kirchenkatechese hin, der einen unterschiedlichen Katechismus bedinge.[15] Wilhelm Emmanuel von Ketteler, Bischof von Mainz, gibt Folgen zu bedenken, die mit der obligatorischen Einführung eines Einheitskatechismus verbunden sein könnten:

„Es sei damit zu rechnen, daß nachher keine Katechismen mehr verfertigt werden, bzw. der Wetteifer, der zu immer besseren Ergebnissen führt, erlahmt. Vielleicht bleibe der neue Katechismus für Jahrhunderte."[16]

Ekklesiologische Argumente betonen, dass die kirchliche Einheit nicht als eine uniforme Einheit missverstanden werden dürfe. Augustin David, Bischof von Saint-Brieuc, formuliert zuspitzend, dass die Einheit der Kirche nicht die Einheit „einer militärischen Formation, wo alle auf Kommando im Gleichschritt marschieren"[17] sei. Félix Antoine Philibert Dupanloup, Bischof von Orléans, sieht in dem Vorhaben des Einheitskatechismus „eine neue unerhörte, für unsere Zeit schimpfliche Verminderung der Rechte der Bischöfe"[18], zu denen auch das bisher immer den Bischöfen vorbehaltene und von ihnen geübte Recht gehöre, die

---

[13] Zit. n. *Schatz* II 1993 [Anm. 7], 117.
[14] Zit. n. ebd.
[15] Zit. n. *Heinrich Mayer*, Weltkatechismus und Katechetik, in: KatBl 44 (2-3/1918a) 49-62, 53.
[16] Zit. n. *Schatz* III 1994 [Anm. 7], 7f. Anm. 17.
[17] Zit. n. *Schatz* II 1993 [Anm. 7], 119.
[18] Zit. n. *Mayer* 1918 [Anm. 15], 52.

Kleinen zu lehren. Die Relecture der Konzilsdebatten lässt unterschiedliche Modelle des Verständnisses kirchlicher Glaubenseinheit und Glaubenstradierung erkennen:

„Hintergrund des Katechismus-Dekrets ist letzten Endes eine Vorstellung von Glaubenseinheit, welche so weit geht, die Notwendigkeit von Vermittlung (sofern sie mehr ist als möglichst wörtliche sprachliche Übersetzung) zu negieren."[19]

Aufschlussreich sind die Ausführungen des Bischofs von Seckau Johann Baptist Zwerger. Am Anfang seien die Kinder „von gleicher Kultur, d.h. von keiner Kultur, und da sie alle nichts wissen, müssen sie erst alle die Anfänge lernen."[20] Kulturelle Differenzierungen würden folglich erst in einem höheren Bildungsgrad relevant, wo es darauf ankomme, auf Häresien und Einwände zu antworten. Klaus Schatz resümiert das in diesen Ausführungen implizierte Verständnis von Inkulturation:

„Offensichtlich wird hier die notwendige kulturell-geistige Differenzierung ausschließlich im negativen Sinne der Abgrenzung gegen Häresien verstanden. Sie ist nicht eine Sache der Vermittlung in eine bestimmte Lebenswelt und ein bestimmtes Wirklichkeitsverständnis."[21]

2. Römische Einheitskatechismen

Das Projekt des „Welteinheitskatechismus" erlangte in der Folgezeit keinen prioritären Stellenwert und wurde nicht mit Nachdruck weiterverfolgt. Neue Impulse setzten jedoch zwei Katechismen, die im Auftrag von Papst Pius X. (1903-1914) mit Blick auf die Förderung des „Unterrichts in der christlichen Lehre"[22] erarbeitet und mit päpstlicher Autorisierung veröffentlicht wurden: das „*Compendio della dottrina cristiana*" (1905)[23] und die Revision desselben, die sieben Jahre später unter dem Titel „*Catechismo della dottrina cristiana*" (1912)[24] veröffentlicht wurde. Beide wurden als verbindlicher Katechismus für die Kirchenprovinz Rom eingeführt. Die Einführung erfolgte zugleich mit dem Wunsch, dass auch die übrigen Kirchenprovinzen Italiens sich diesem Vorbild anschließen mögen. Die ‚römischen Einheitskatechismen' fanden auch in der deutschen Katechetik Beachtung. Heinrich Stieglitz, Stadtpfarrprediger in München und führender Vertreter der mit dem Münchener Katechetenverein verbundenen katechetischen Reformbewegung, stellte die beiden Werke in zwei um-

---

[19] *Schatz* III 1994 [Anm. 7], 12.

[20] Zit. n. ebd., 9.

[21] Ebd.

[22] Vgl. die erste Enzyklika *Papst Pius' X.* „Acerbo nimis" vom 15.4.1905 über den Unterricht in der christlichen Lehre. – Vgl. a. *Heinrich Stieglitz*, Pius X. als Förderer der Katechese, in: KatBl 40 (10/1914) 257-260.

[23] Compendio della dottrina cristiana. Prescritto di sua santità papa Pio X., alle diocesi della provincia di Roma, Roma 1905. – Übers.: Der römische Einheitskatechismus. Handbuch der christlichen Lehre. A. d. Ital. übers v. Heinrich Stieglitz, Kempten – München 1906.

[24] Catechismo della dottrina cristiana. Pubblicato per ordine di sua santità papa Pio X., Roma 1912. – Übers.: Katechismus der christlichen Lehre. A. d. Ital. übers. v. Wilhelm Weth S.J., Klagenfurt 1913.

fangreichen und kritisch rezensierenden Besprechungen[25] zeitnah in den „Katechetischen Blättern" vor.

Das „*Compendio della dottrina cristiana*" enthält in sechs Abteilungen einen Vorunterricht, einen Kleinen und einen größeren Katechismus, einen Unterricht über das Kirchenjahr, eine kurze Religionsgeschichte und einen Anhang mit Gebeten. Stieglitz hebt zwar Vorzüge hervor, die das „*Compendio*" gegenüber anderen Katechismen auszeichnen: die Harmonisierung des Kleinen und des größeren Katechismus, die Einführung in das Verständnis des Kirchenjahres, die Berücksichtigung des praktischen Glaubenslebens. Er markiert aber ebenso deutlich die didaktischen Mängel des Werkes. Der Umfang des Lehrstoffes übersteigt die didaktisch gebotenen Grenzen. Der Kleine Katechismus umfasst 313, der größere Katechismus 1024 Fragen und Antworten. Memorier-, Erklärungs- und Lesestoff werden nicht unterschieden. Form und Fassung der Fragen und Antworten sind verbesserungsbedürftig.

> „Ein altes Erbübel, an dem auch der Einheitskatechismus leidet, ist *die abstrakte Redeweise.* Zuweilen hat man den Eindruck, als lese man in einem theologischen Lehrbuch und nicht in einem Religionsbuch für die Kinder. [...] Es mag wohl sein, daß bei diesem Suchen und Streben, konkret zu reden, die theologische Bestimmtheit ein wenig leidet. Aber was liegt daran? Besser eine solche kleine Unvollkommenheit als eine Redeweise, für die das Kind kein Verständnis hat."[26]

Ein weiterer Mangel besteht in der rein analytischen Anlage des Katechismus: Vorangestellte Definitionen finden in den nachfolgenden Fragen und Antworten ihre Erklärungen.

> „Wie schwer ist es für die Kinder, solche Definitionen, die naturgemäß in meist abstrakter Form auftreten, zu verstehen und zu lernen und dauernd zu merken. Und welchen praktischen Wert soll das Wissen der Definition überhaupt haben?"[27]

Bezeichnend sind in diesem Zusammenhang auch das gänzliche Fehlen von Schriftstellen und die rudimentäre Behandlung der Biblischen Geschichte im Rahmen der Religionsgeschichte. Stieglitz formuliert in seinem Resümee diplomatisch:

> „Wenn wir nun Mängel und Vorzüge gegeneinander abwägen, so werden sich beide so ziemlich das Gleichgewicht halten. Wir können den römischen Einheitskatechismus begrüßen und manches daraus lernen. Wird er Weltkatechismus werden? Ohne Zweifel gehen die Wünsche und Pläne des Heiligen Vaters weiter als bloß auf Italien. Ein Weltkatechismus wäre in der Tat das Ideal für die Weltkirche. Der vorliegende freilich wird es nicht sein und will es auch nicht sein."[28]

Mit dem „*Catechismo della dottrina cristiana*" wird nur sieben Jahre nach der Veröffentlichung des „Compendio" dessen von einer Kommission in päpstlichem Auftrag erarbeitete Revision vorgelegt. Der „Catechismo" erscheint in zwei Ausgaben als Kleiner Katechismus für die Hand der Kinder und als größerer Katechismus für die Hand der Erwachsenen bei der Christenlehre und in den Oratorien.

---

[25] *Heinrich Stieglitz*, Der römische Einheits-Katechismus, in: KatBl 32 (2/1906) 29-34; *ders.*, Der neue römische Einheitskatechismus, in: KatBl 39 (5/1913) 121-125.

[26] *Stieglitz* 1906 [Anm. 25], 32.

[27] Ebd.

[28] Ebd., 34.

Wiederum erfolgt eine ausführliche Besprechung des neuen „römischen Einheitskatechismus“[29] durch Stieglitz in den „Katechetischen Blättern“. Er würdigt die Reduktion des Umfangs der in den neuen größeren Katechismus aufgenommenen Fragen auf 433 Fragen als einen nur relativen Fortschritt. Zugleich erneuert er den Hinweis auf die auch in der Überarbeitung nicht behobenen und so fortbestehenden Mängel: die Form und Fassung der Fragen und Antworten, die „allzu abstrakte und theologische Redeweise“[30], die analytische Anlage des Katechismus, der Verzicht auf Schriftstellen. Die Reduktion der bereits in der Erstfassung knapp gehaltenen Religionsgeschichte (Altes Testament, Neues Testament, Kirchengeschichte) von 40 auf 12 Seiten sowie die Reduktion der Einführung in das Verständnis des Kirchenjahres auf nun nur noch 2 Seiten werden als zusätzliche neue Mängel benannt. Stieglitz resümiert:

> „Das neue Werk bedeutet für Italien einen großen Fortschritt. [...] Anders müssen wir freilich das Buch für unsere deutschen Verhältnisse werten. Fände es bei uns Eingang, würde die Katechese sofort zur Katechismusexegese herabsinken. Sie würde – wie es in Italien der Fall ist – zu einem Frage- und Antwortspiel entarten. Von einer methodischen Behandlung des Lehrstoffes könnte kaum mehr die Rede sein; denn das Erklären und Einprägen und Abhören des Textes würde fast alle verfügbare Zeit in Anspruch nehmen, trotzdem wir in Deutschland überall viel besser situiert sind als in Italien.“ Es ist daher zu vermuten: „Italiens Grenze [...] wird der neue Katechismus wohl nicht überschreiten; noch weniger dürfen wir in dem Buche den Einheitskatechismus der katholischen Kirche erblicken.“[31]

Heinrich Stieglitz und Joseph Göttler, beide seit 1909 gemeinsam Herausgeber der „Katechetischen Blätter“, beziehen sich in ihren aktuellen Stellungnahmen zu den „Einheitskatechismusbestrebungen“[32] auch auf die kontroversen Debatten des Vatikanischen Konzils.[33] Sie erinnern an die seinerzeit vorgetragenen Bedenken, insbesondere an das Votum Kettelers, der vor einem zu befürchtenden Stillstand der Katechismusentwicklung warnte.[34] Göttler weist darauf hin, dass Kettelers Bedenken eine stillschweigende Prämisse haben, dass nämlich „dieser Einheitskatechismus mit dem Charakter der Unabänderlichkeit auftritt“[35]. Er mahnt Differenzierungen an: „Unveränderlich ist die katholische Wahrheit, wenigstens soweit sie für den Unterricht der Kleinen in Betracht kommt, nicht aber deren Fassung und Formulierung, wie auch die Unfehlbarkeit der Kirche zum Objekt nur erstere hat.“[36] Um zu vermeiden, dass sich ein zukünftiger Einheitskatechismus den „Schein der Unabänderlichkeit“[37] verschafft, sollte über eine vorläufige Probezeit bei der ersten Einführung hinaus

[29] *Stieglitz* 1913 [Anm. 25], 121.
[30] Ebd., 123.
[31] Ebd., 124f.
[32] *Joseph Göttler*, Die Gefahr des Einheitskatechismus, in: KatBl 36 (10/1910) 276f., 276.
[33] Vgl. *Stieglitz* 1913 [Anm. 25], 121; *Göttler* 1910 [Anm. 32], 276f. – Göttler m. Bez. a. *Otto Häring*, Der Einheitskatechismus auf dem Vatikanischen Konzil, in: CPB 33 (1910) 106-110.150-156.
[34] Vgl. *Göttler* 1910 [Anm. 32] – m. Bez. a. *Granderath* III 1906 [Anm. 7], 111.
[35] *Göttler* 1910 [Anm. 32], 277.
[36] Ebd.
[37] Ebd.

„auch bei einer definitiven Einführung, wenn nicht ein bestimmter Zeitraum der Gültigkeit festgelegt, so doch in irgendeiner Form ausdrücklich die Möglichkeit einer Verbesserung gewahrt und damit auch die Anregung zu derselben aufrecht erhalten werden."[38]

3. Das Projekt eines „Welteinheitskatechismus"

Das Projekt des „Welteinheitskatechismus" nimmt schließlich unter dem Pontifikat von Papst Benedikt XV. (1914-1922) eine auch organisatorisch konkretisierte Gestalt an. Eine Notiz der Wiener „Reichspost" vom 22. April 1917 informiert darüber, dass der Papst den Entschluss gefasst habe, „einen Einheitskatechismus für die ganze Welt verfassen zu lassen"[39]:

„Die Ausarbeitung des Katechismus wird einer Kommission von Theologen und praktischen Katecheten übertragen werden. Um die Vorarbeiten dieser Kommission zu erleichtern, hat sich der Papst an die Bischöfe des Erdkreises gewendet, damit dieselben je drei der in ihren Diözesen gebräuchlichsten Katechismen oder Religionsleitfäden nach Rom übersenden. So sollen bei Abfassung des neuen Einheitskatechismus die in allen Diözesen der Welt gewonnenen Erfahrungen im Katechismusunterricht verwertet werden."[40]

Eine „Mitteilung" in den „Katechetischen Blättern" informiert über das geplante Procedere der Kommissionsarbeit und den geplanten Modus der Einführung des „Weltkatechismus"[41]. „Vom Tage der Promulgation an sind alle bis dahin im Gebrauch befindlichen Katechismen als abgeschafft zu betrachten."[42] Offen bleibt die Frage, welche Rolle der von Papst Pius X. für die Kirchenprovinz Rom vorgeschriebene ‚römische Einheitskatechismus' bei der Abfassung des „Weltkatechismus" übernehmen wird.

„Wenn man von einem Katechismus vor allem eine leicht lernbare Fassung verlangen muss, so ist die Grundforderung kaum irgendwo weniger erfüllt als in dieser Vorlage. [...] Überdies neigt gemäß einem Beschluss des Wiener katechetischen Kongresses [1912] die Stimmung in deutschsprechenden Ländern mehr und mehr dahin, einen Katechismus in zusammenhängenden Lehrstücken zu schaffen."[43]

Ausführlich nimmt Heinrich Mayer (München) in einem Vortrag am 14. Januar 1918 in einer Versammlung des Münchener Katechetenvereins zu dem Projekt des „Weltkatechismus" Stellung, der zeitnah in den „Katechetischen Blättern" veröffentlicht wird.[44] Er stellt seine Überlegungen in den Kontext zeitlich paralleler Diskussionen in den österreichischen katechetischen Vereinigungen, die dort bereits zu einer Eingabe der Katechetischen Sektion der Österreichischen Leo-Gesellschaft an den österreichischen Episkopat geführt hatten.[45] Mayer

[38] Ebd.
[39] Einheitskatechismus für die ganze Welt, in: KatBl 43 (6/1917) 279.
[40] Ebd.
[41] Ein Weltkatechismus, in: KatBl 43 (7-8/1917) 357f.
[42] Ebd., 357.
[43] Ebd., 358.
[44] *Mayer* 1918a [Anm. 15].
[45] Vgl. *Wilhelm Pichler*, Der Weltkatechismus, in: CPB 40 (9/1917) 193-200. Vgl. a. die Resolution des Salzburger Katechetenvereins vom 11.10.1917. Abdruck in: KatBl 43 (12/1917) 565.

beginnt mit einem geschichtlichen Rückblick, der die maßgeblichen Traditionslinien seit dem Konzil von Trient und vor allem die Argumentationslinien der Beratungen des Vatikanischen Konzils in Erinnerung ruft.[46] Daran anschließend werden Vorzüge, Gefahren und Möglichkeiten eines Weltkatechismus mit Blick auf die aktuellen Planungen bedacht.[47] Den Abschluss bilden Thesen, die zur Beratung vorgelegt werden mit dem Ziel einer Resolution und Eingabe an den deutschen Episkopat.[48]

„Die Einheitlichkeit des Katechismus ist ein Wunsch, der sich aus idealen und praktischen Gründen nahelegt."[49] Aus idealen Gründen: „Katechismuseinheit" als „Ausdruck der Glaubenseinheit"[50]. Aus praktischen Gründen: Ein Katechismuswechsel bei einem Wohnungswechsel wirkt sich nachteilig auf die religiöse Unterweisung aus:

> „Das Kind findet darin neue Formeln; es vergißt die alten und lernt die neuen nicht recht. Es wird ähnlich verwirrt, wie Kinder und Erwachsene durch die starken Unterschiede der Diözesangebet- und -liederbücher verwirrt werden." Allerdings: „Kann man sagen, daß im großen und ganzen der *Inhalt* des Katechismus einer Vereinheitlichung günstig ist, so scheint die Bestimmung des Katechismus für einzelne *Nationen* sowie für die breite Masse des *Volkes* und für die *Kinder dagegen* zu sprechen."[51]

Mayer fordert deshalb für den Katechismus „Volkstümlichkeit": „Ein Katechismus, der [...] im wesentlichen eine reduzierte Dogmatik oder Moral ist und [...] in allzu großer Berührung mit der wissenschaftlichen Theologie steht, läuft große Gefahr, die Fühlung mit dem Volke nicht zu finden."[52] Bezüglich des Katechismus für die Erstunterweisung der Kinder fordert er darüber hinaus „Kindertümlichkeit". Die in diesem Zusammenhang gebotene Elementarisierung betrifft zum einen die Inhaltlichkeit und besteht darin, „daß der *Inhalt* des Katechismus nicht über das hinausgeht, was für die Kinder der ersten Schuljahre zu wissen notwendig und zweckdienlich ist"[53]. Sie betrifft zum anderen den *„kindliche[n] Ton*"[54], der dem jeweiligen Entwicklungsstand und den jeweiligen Bildungsverhältnissen der Kinder Rechnung tragen muss. „Eine wichtige Rolle spielt nach dieser Hinsicht bei einem Weltkatechismus der *Übersetzer*, dem zu diesem Zweck *der freieste Spielraum* gelassen werden muss."[55] Als „Unterrichtsbuch"[56] muss der Katechismus darüber hinaus didaktischen Kriterien Rechnung tragen: durch Rücksichtnahme auf die Altersstufen, auf die Verschiedenheit der Veranlagungen, auf die Verschiedenheit der Schulformen. „Jedes Unterrichtsbuch ist [...] ein Niederschlag einer bestimmten Anschauung von den Grundsätzen des

---

46 *Mayer* 1918a [Anm. 15], 50-55 – m. Bez. a. *Granderath* 1903-1906 [Anm. 7].
47 Vgl. ebd., 55-61.
48 Vgl. ebd., 61f.
49 Ebd., 55.
50 Ebd.
51 Ebd., 55.57.
52 Ebd.
53 Ebd.
54 Ebd., 58.
55 Ebd.
56 Ebd.

Unterrichts und zugleich Grundlage einer bestimmten Unterrichtsmethode.“[57] Unter Berücksichtigung der benannten Anforderungen spricht sich Mayer für einen Weltkatechismus im Modell eines „Grundkatechismus“ aus:

„Am ehesten durchführbar scheint ein *Katechismus, aus dem sich ein Religionsbüchlein für die Kleinsten ableiten und auf dem sich zugleich ein Katechismus für höhere Stufen aufbauen lässt, also ein Grundkatechismus*.“[58]

In Übereinstimmung mit dem auf dem Katechetischen Kongress in Wien 1912 erreichten Konsens der deutschsprachigen Religionspädagogen fordert Mayer für den Unterricht der Unterstufe der Volksschule als Unterrichtsbuch ein „Religionsbüchlein“, das der didaktischen Grundstruktur des Religionsunterrichts der Unterstufe korrespondiert, der auf dem biblischen Lehrgang aufbaut, so dass Lehren möglichst aus der Bibel und dem Kirchenjahr heraus gewonnen und entfaltet werden.[59]

„Bei genügend enger Fühlungnahme könnte es recht wohl geschehen, daß die Formulierung des Weltkatechismus auf eine ungezwungene Eingliederung seiner Fragen in einen Bibelkatechismus Rücksicht nähme, so daß der Weltkatechismus in den Bibelkatechismus organisch aufgenommen werden könnte.“ Seine Bedeutung wäre in diesem Zusammenhang „nicht so sehr eine *normative* als vielmehr eine *regulative*“[60].

Die dem Vortrag beigefügten Thesen ziehen praktische Konsequenzen für eine Eingabe an den deutschen Episkopat. Sie werden in Versammlungen des Münchener Katechetenvereins am 14. Januar und 11. Februar 1918 beraten und modifiziert. Es wird beschlossen, „dieselben den hochwürdigsten Bischöfen als Meinungsäußerung des Vereins in geziemender Ehrerbietung zur Vorlage zu bringen“[61]. Sie werden darüber hinaus zeitnah in den „Katechetischen Blättern“ publiziert.[62] In den verabschiedeten Thesen wird die „Vereinheitlichung der Katechismen der ganzen katholischen Christenheit“ zwar als ein „an und für sich hohes und erstrebenswertes Ideal“[63] begrüßt. Dies erfolgt jedoch mit Konditionierungen:

„Der Weltkatechismus könnte aber nicht, wie es auf dem Vatikanischen Konzil geplant war, ein Buch für *den ersten Religionsunterricht* sein. Denn ein solches dürfte nur Stoffe umfassen, die für die Kleinen notwendig und wünschenswert sind. Auch hat sich für diese Stufe eine enge Verbindung mit der Biblischen Geschichte und eine dementsprechende Anordnung als unvermeidlich herausgestellt. Die notwendige Rücksicht auf die Eigenart der Kleinsten ist mit einer Vereinheitlichung in der ganzen Welt nicht vereinbar.“[64]
„Ist der Weltkatechismus für die volkschulpflichtige Jugend überhaupt berechnet, dann möchte außer der geistigen und kulturellen Verschiedenheit der Völker auch die Tatsache Berücksichtigung finden, daß in Deutschland der Katechismus *in den Schulen behandelt* und *wieder-*

[57] Ebd.
[58] Ebd., 59.
[59] Vgl. *Katechetische Sektion der Österreichischen Leo-Gesellschaft* (Hg.), Bericht über die Verhandlungen des Kongresses für Katechetik, Wien 1912, 2 Teile, Wien 1913 (Teil 1: 23-67.163-181; Teil 2: 598.603f.).
[60] *Mayer* 1918a [Anm. 15], 59f.
[61] *Heinrich Mayer*, Zur Weltkatechismusfrage, in: KatBl 44 (4-5/1918b) 129f.
[62] Ebd. – Heft 4/5 erschien für die Monate April/Mai 1918.
[63] Ebd., 129 (These 1).
[64] Ebd. (These 2).

holt durchgenommen wird und demnach eine Anpassung an die einzelnen Altersstufen wünschenswert erscheint. Daher soll sich die normative Geltung des Weltkatechismus *nicht* auf den *Wortlaut*, auf die *Reihenfolge* und eine die Gedanken einführende und ausbauende *Erklärung* beziehen. *Der Weltkatechismus soll also den Charakter eines Grundkatechismus tragen.*“[65] „Der Weltkatechismus soll sowohl in der Anordnung als auch in der Kürze und Faßlichkeit der Darstellung durchaus den *Anforderungen der Didaktik* entsprechen.“[66]

Die Bischöfe werden gebeten, zum einen darauf hinzuwirken, „daß zur Abfassung des Weltkatechismus auch *Fachmänner der Katechetik aus Deutschland und Österreich* beigezogen werden“[67], zum anderen bei der bevorstehenden Übersendung der in ihren Diözesen gebräuchlichsten Katechismen „außer den in Gebrauch stehenden Katechismen auch *neue Katechismusentwürfe* (bes. von Heinrich Stieglitz und Wilhelm Pichler) in je drei Exemplaren zur Vorlage [zu] bringen“[68]. Um „allseitige Erfahrungen“ sammeln zu können, sollte der Weltkatechismus vor einer definierten Einführung „zunächst nur *probeweise* zur Einführung kommen“[69].

Die von Papst Benedikt XV. einberufene Arbeitsgruppe nahm alsbald ihre Arbeit auf und setzte sie auch unter dem Pontifikat von Papst Pius XI. (1922-1939) fort. Sie gelangte jedoch auch nach über einem Jahrzehnt gemeinsamer Arbeit zu keinem abschließenden Ergebnis. Wilhelm Busch schreibt 1936:

„Die von Benedikt XV. eingesetzte Kommission arbeitet seit 1917, beeilt sich aber nicht mit der Herausgabe eines Welteinheitskatechismus, was vor allem daraus hervorgeht, daß erst in letzter Zeit der Katechismus Pius‘ X. den Lateranverträgen entsprechend berichtigt und ergänzt wurde.“[70]

Die Federführung bei der Kommissionsarbeit lag bei Kardinal Pietro Gasparri, dem als einem führenden Kanonisten auch bereits die Federführung bei der Erarbeitung des 1917 promulgierten Codex Iuris Canonici übertragen worden war. Gasparri war von 1914 bis 1930 Kardinalstaatssekretär und in dieser Funktion auch maßgeblich bei der Vorbereitung des Abschlusses der Lateranverträge (1929) beteiligt.

Ende November 1927 berichtet der Vorsitzende der österreichischen Katechismuskommission Weihbischof Sigismund Waitz von Brixen nach seiner Rückkehr von einer Romreise, dass die Ausgabe des „Weltkatechismus“ in naher Zukunft bevorstehe.[71] Waitz bezog sich mit dieser Vorankündigung auf den Entwurf des im Jahr 1930 veröffentlichten von Gasparri verfassten „*Catechismus Catholicus*“[72], dem jedoch aufgrund der gewählten Veröffentlichungsform

---

[65] Ebd. (These 3).
[66] Ebd. (These 4).
[67] Ebd. (These 5).
[68] Ebd., 129f. (These 5). – Vgl. *Heinrich Stieglitz*, Religionsbüchlein für die Kleinen, Kempten – München 1915; *Wilhelm Pichler*, Katholisches Religionsbüchlein für die Unterklassen der Volksschule, Wien 1913.
[69] *Mayer* 1918b [Anm. 61], 130.
[70] *Busch* 1936 [Anm. 1], 118.
[71] Weltkatechismus, in: KatBl 54 (2-3/1928) 131.
[72] Catechismus Catholicus. Cura et studio Petri Cardinalis Gasparri concinnatus, Romae 1930. – Übers.: *Petrus Gasparri*, Katholischer Katechismus. A. d. Lat. übers. v. Johann Baptist Westermayer, München 1932.

nur der Charakter der „Privatarbeit“[73] eines angesehenen Theologen, nicht aber der Charakter eines mit päpstlicher Autorisierung und universalkirchlicher Geltung in Kraft gesetzten „Welteinheitskatechismus“ zukommt. Dies gilt es auch gegenüber Rezeptionen festzuhalten, die dem „*Catechismus Catholicus*“ in der Folgezeit bisweilen den Rang eines „Welteinheitskatechismus“ zusprechen.

Göttler notiert im Dezemberheft 1930 der „Katechetischen Blätter“ in der Rubrik „Mitteilungen“ unter der in Frageform formulierten Überschrift „Welt-Katechismus-Entwurf?“:

„In der kath. Tagespresse macht eben (Mitte November) die Notiz eines römischen Nachrichtenbureaus die Runde über den Katechismus des Kardinals Gasparri. Das Buch ist mehr als ein gewöhnlicher Katechismus. Es enthält deren drei, einen 6 Seiten umfassenden Unterricht in 26 Fragen für Kinder, die sich auf die 1. hl. Kommunion vorbereiten, einen zweiten auf 51 Seiten mit 240 Fragen für Kinder, die bereits kommuniziert haben, einen dritten auf 178 Seiten mit 595 Fragen für Erwachsene. Dazu kommt noch ein vierter Teil von 198 Seiten mit *Testimonia* überschrieben, eine Sammlung von Kundgebungen der Päpste, der römischen Kongregationen und Ausführungen der Theologen zu einzelnen Wahrheiten, also eine Art Quellenlesebuch. Über die Zweckbestimmung dieses Buches fehlt jede Angabe, auch über Identität mit dem seit Jahren angedeuteten kath. Weltkatechismus-Entwurf. Vielleicht darf man den Schlußsatz der Notiz: ‚Übersetzungen dürfen mit Genehmigung des Verfassers angefertigt werden‘ verstehen in dem Sinn: Den Katecheten des kath. Erdkreises zur Würdigung vorgelegt.“[74]

Busch ordnet den „*Catechismus Catholicus*“ in die von diesem selbst beanspruchte Traditionslinie der „von Rom ausgegangenen Arbeiten im Dienste eines Einheitskatechismus (Catechismus Romanus, Bellarmin, Pius X.)“[75] ein und verweist darüber hinaus auf Parallelen zur Traditionslinie der ebenfalls von Rom ausgegangenen rechtlichen Uniformierung:

„Der Theologe und Kirchenrechtler Gasparri hat einen Katechismus geschrieben, der an klarer und korrekter Darstellung nicht übertroffen werden kann. Man könnte ihn einen ‚*codex veritatum catecheticarum*‘ nennen. Damit ist zugleich auch eine Kritik ausgesprochen; denn nach unserer Auffassung darf ein Katechismus nichts von der Trockenheit eines Codex an sich tragen.“[76]

Auch der „*Catechismus Catholicus*“ wird in den „Katechetischen Blättern“ ausführlich vorgestellt und besprochen.[77] Dekan Karl Raab (Reichertshofen) würdigt ihn als „Weltkatechismus“ und preist ihn als eine „katholische Großtat“[78]. In einer interpretatio benevola sieht er in ihm die endgültige Abkehr vom Modell des Deharbeschen Katechismus und die universalkirchliche Anerkennung religionspädagogischer Reformprinzipien: der Begrenzung des Lehrstoffes auf das für die Ordnung des christlichen Lebens der Kinder Erforderliche, der Aufhebung des Systemzwangs in der Stoffanordnung. „Damit ist der Katechismus von der rein theologischen Grundstellung übergegangen zur religionspädagogischen Linienführung.“[79] Gleichwohl formuliert auch Raab vorsichtig:

---

[73] *Busch* 1936 [Anm. 1], 118.

[74] *Gr.* (= *Joseph Göttler*), Welt-Katechismus-Entwurf?, in: KatBl 56 (12/1930) 570.

[75] *Busch* 1936 [Anm. 1], 118 – mit Bezug auf *Gasparri* 1932 [Anm. 72], 5f.

[76] *Busch* 1936 [Anm. 1], 118.

[77] *Karl Raab*, Der Weltkatechismus, in: KatBl 57 (5/1931) 225-234.

[78] Ebd., 225.

[79] Ebd., 226.

„Der Weltkatechismus scheint das nicht werden zu wollen, was die Fachleute von ihm fürchten und was viele von ihm erwarteten, der schematische Zwangsuniformkatechismus für alle Schularten und Altersstufen in der katholischen Welt. *Er will anscheinend Union sein, nicht Uniform für die Katechese.* Hier sind seine Ausführungen allerdings nicht von derselben Klarheit wie in den übrigen Prinzipien."[80]

Der Katechismus selbst weist auf notwendige Anpassungen für die einzelnen Klassen der Kinder hin, die durch Instruktionen der Episkopate für die jeweiligen Länder und Sprachgebiete vorgenommen werden sollen. Raab benennt als eine weiterhin erst noch zu leistende Aufgabe:

„Der Weltkatechismus ist keine Lösung der Katechismusfrage insoweit, als ob nun den Fachkreisen nichts mehr zu tun übrig bliebe. Die Länderkatechismen müssen nach den Anforderungen der Religionspädagogik im Einklang mit dem Bildungsstande und den Verhältnissen und dem Charakter der Völker erst geformt werden." Die Besprechung endet mit dem Wunsch: „Möge der Tag in nicht zu großer Ferne sein, wo die Weltkirche im Notwendigen des Katechismus die *unitas*, in den übrigen Dingen die *libertas* hat in der Weite und Größe der Gedankenwelt der katholischen Kirche."[81]

4. Im Rückblick

Das vom Ersten Vatikanischen Konzil angestoßene Projekt eines „Welteinheitskatechismus" fand so seinen Abschluss mit dem als ‚Privatarbeit' veröffentlichten „*Catechismus Catholicus*". Er erhob nicht den mit dem Projekt ursprünglich verbundenen universalkirchlichen Geltungsanspruch. Seine universalkirchliche Rezeption blieb begrenzt und führte auch nicht zur Ablösung der inzwischen in verschiedenen Ländern erarbeiteten landesbezogenen ‚Einheitskatechismen'. Theologische Neuansätze wie der Ansatz einer biblisch fundierten und heilsgeschichtlich profilierten Verkündigungstheologie sowie katechetische Neuansätze wie der Ansatz eines materialkerygmatisch profilierten und in zusammenhängenden Lehrstücken verfassten Katechismus markieren den Beginn einer neuen Epoche der auch weiterhin am Katechismus orientierten Katechese. Sie fordern einen „neuen Katechismus"[82], der den durch die neuscholastische Theologie normierten Frage-Antwort-Katechismus ablösen soll. Es ist aber nicht zuletzt die in den Diskussionen deutlich zu Tage getretene dem Modell des „Welteinheitskatechismus" selbst immanente theologische und religionspädagogische Aporie, die die prinzipielle Fragwürdigkeit des Modells vor Augen führt. Sie besteht in dem nicht aufhebbaren Widerspruch, dass ein von seinem Selbstverständnis her ‚transkulturell' bzw. ‚kulturneutral' konzipierter Katechismus zugleich die für die Katechese konstitutive Aufgabe der Inkulturation der Glaubensüberlieferung und der Glaubenskommunikation in den verschiedenen kulturellen Kontexten leiten und normieren soll – und so an dieser Aufgabe notwendig scheitern muss.

---

[80] Ebd., 228.

[81] Ebd., 232f.

[82] Vgl. *Franz Schreibmayr*, Neue und zukunftsträchtige Ansätze in der Arbeit am Neuen Katechismus von 1955, in: KatBl 100 (12/1975) 715-735.

Gretchenfragen? Alltäglich!

Feinkost

Irgendwie sieht Herr Trimborn jeden Tag gleich aus. Aber vielleicht ist er auch nur ein Mann ohne Alter. Ein Faktotum in Mitten seiner Obstauslage. In den Sommermonaten sieht man helle Waden unter seiner viel zu oft gewaschenen grauen Schürze. Kaum habe ich seinen Laden betreten, winkt er mir schon mit einem Stück Salami entgegen: „Die Westerwälder habe ich gerade im Anschnitt." Was soll ich mich auf lange Diskussionen einlassen, ich nehme 150 Gramm. „Ja, Herr Trimborn, es darf auch etwas mehr sein." Das war ein Fehler. Jetzt nimmt das Verhängnis seinen Lauf. Herr Trimborn startet durch. Erdbeeren für zwei Euro, Vollmilch kurz vor dem Verfallsdatum und ein halbes Kilo Cherrytomaten. Eigentlich mag ich kein praktisch eingeschweißtes argentinisches Hüftsteak. Aber auch dieser Einwand ist zwecklos. Während Herr Trimborn meinen Einkaufszettel um ein vielfaches ergänzt, erfahre ich, welches Haus gerade zum Verkauf steht, welches Pärchen sich trennt und dass Herr Trimborn seit einigen Wochen den Pflegedienst für eine langjährige Kundin organisiert. Herr Trimborn weiß alles, sieht alles und kann bei jedem Thema mühelos mitreden. Das liegt daran, dass er die Themen vorgibt. Eine pummelige Dreizehnjährige trägt zwischenzeitlich zwei vollbepackte Tüten aus dem Laden und Herr Trimborn notiert sich etwas in seinem Heft. „Leben und leben lassen", sagt Herr Trimborn. „Der Vater ist arbeitslos ... na, ja ... Sie wissen schon ...", sagt Herr Trimborn. Und schon habe ich noch zwei Köpfe Blattsalat aus dem Vorgebirge in der Tasche. Wie ein Lehrling stehe ich vor seiner Theke, probiere die unterschiedlichsten Wurst- und Käsesorten und hänge staunend an seinen Lippen, wenn er mich an seiner Sicht der Welt teilhaben lässt. Das ganze Leben, zerlegt wie die „Westerwälder" in kleine Scheiben und von ihm und nur von ihm wieder zu einem Ganzen zusammengefügt. Gut, dass er dabei auch an mein Hefeweizen gedacht hat. Ich überschlage mein Einkaufsgeld. Es wird höchste Zeit zu gehen. Mit den besten Grüßen und einem kleinen Strauß für die „werte Frau Gemahlin", beeile ich mich nach Hause zu kommen. Man wartet auf die Brötchen. Morgen früh wird Herr Trimborn wieder mit unnachahmlichem rheinischen Tremolo die Lesung vortragen und unerbittlich mit dem Kollekten-Körbchen die Reihen abschreiten. Und ich freue mich – ganz heimlich, auf den nächsten Samstag.

David Hober

Christliche Gottesrede in den Ohren von Jugendlichen – Eine lernenswerte Fremdsprache?

JOACHIM WINDOLPH

Einmal mehr müssen die Jugendlichen dran glauben – an das vermeintlich objektive Erkenntnisinteresse, wie ihr Verhältnis zu Gott aussieht und von wem sie sich über Gott etwas erzählen lassen würden. Warum überhaupt bewegt uns die Frage, was die Jugend mit der kirchlichen Gottesrede anzufangen weiß? Gelangt mit dem suchenden Blick nicht zunächst der Frager selbst in den Mittelpunkt der Aufmerksamkeit und erst dann der vermeintliche Jugendliche? Welche Haltungen und Hoffnungen speisen das Anliegen wirklich, sofern man überhaupt darüber spekulieren kann?[1] Mit einer ausschließlich phänomenologischen Beobachterbrille will sich die Theologie in der Regel nicht zufrieden geben. Die beschreibende Abbildung des jugendlichen Religionsbezugs gehört zunächst einmal zum Handwerk empirischer Betrachtungsweise. Und wenngleich diese Perspektive als erster Schritt der klassischen Handlungstheorie „sehen – urteilen – handeln" anerkannt ist, so impliziert sie damit doch zugleich ein weitergehendes Interesse, das dieser Frage das nötige Gewicht gibt, sich überhaupt mit ihr beschäftigen zu wollen, dass sie also in irgendeiner Richtung handlungsrelevant ist.

Die Frage nach der jugendlichen Resonanz auf den geheimnisvollen Gott entspringt zunächst – so wird hier wohlwollend angenommen – einer anthropologischen Unterstellung, die, durch die eigene Lebenserfahrung genährt, zu einer begründeten Vermutung wird, dass die Gottesrede in allen Lebensphasen der je eigenen Menschwerdung dient. Sie hilft, die Erfahrung von Kontingenz und Transzendenz, von Begrenzungsschmerz und Hoffnungskraft, von menschlicher Anstrengung und übermenschlichem Zuspruch zu balancieren. Das kann Jugendliche in ihrer Entwicklung zur Lebensbefähigung durchaus unterstützen.

---

[1] Während ich mir Gedanken darüber mache, wie es denn nun die Heranwachsenden mit der Religion halten, stelle ich fest, dass mich diese Frage beschäftigt, seit ich mein eigenes Studium vor fast 35 Jahren begonnen habe. Und Studieren und Sinnieren, Diskutieren und Disputieren, alle pastoralen Anstrengungen und persönlichen Investitionen haben mich nicht zu dem gewünschten Erfolg geführt, den Stein der Weisen, den Schlüssel zur garantiert wirkenden Antwort gefunden zu haben. Und doch erfahre ich als Seelsorger in meinen langjährigen Begegnungen mit Kindern und Jugendlichen in der stationären Jugendhilfe, die man früher Heimerziehung nannte, dass die Gottesfrage immer präsent ist: in diesem Milieu allerdings überwiegend als Stein des Anstoßes, weil ‚es Gott sowieso nicht gibt', als (religions-)pädagogischer Reibungsposten, manchmal als dankbar gewähltes Ventil, den unerträglichen Lebensdruck abzulassen, und regelmäßig im neugierigen Erforschen religiöser Kulturmerkmale verschiedener religiöser Wurzeln. Die Gottesrede verändert sich im Gehen, im Leben, im Stehen, im Schweigen. Ich habe mich wenig beschäftigt mit den akademischen Diskussionen dieser religionspädagogischen Fragestellung, obwohl sie kontinuierlich geführt werden. Sicher ein unverzeihliches Manko für einen praktischen Theologen. Ich habe mich allerdings viel beschäftigt mit den Schreien junger Menschen, oft nur zuhörend. Die Leser der folgenden Überlegungen werden also vergeblich auf eine Zusammenfassung der fachlichen Diskussion warten, dürfen aber gerne das Geschriebene mit der eigenen Lebenserfahrung und Erkenntnis in Frage stellen.

Die Ausgangsfrage zeugt in christlichem Munde zudem von einer inneren Leidenschaft, das Wort des Evangeliums nicht einfach verhallen lassen zu wollen. Dem Auftrag des Jesus von Nazareth entsprechend, bleiben seine Anhänger in der engagierten Bereitschaft, der Welt vom Gehörten, Erfahrenen und Geglaubten mitzuteilen, nämlich die Worte von einem menschenfreundlichen Gott. Ein Desinteresse der jugendlichen Zuhörerschaft stellt auch die eigene Sendung, wenn nicht sogar die innere Überzeugung mächtig auf den Prüfstand. Könnte die eigene Sicht der Dinge dermaßen gewohnt oder ideologisch eingefroren sein, erlernt, aber in Worthülsen verkommen, dass sie die Lebenswirklichkeit heutiger Heranwachsender, sofern sie sich überhaupt erschließen lässt, kaum mehr abzubilden vermag?

Das Erkenntnisinteresse impliziert – so wird hier zudem unterstellt – ein organisationsbewahrendes oder organisationsentwickelndes Interesse. In der Regel fühlen sich theologische Fragesteller einer Kirche verbunden, denken und lehren auch in ihrem Auftrag und erleben die jugendliche Kirchenverdrossenheit als eine kritische Anfrage an den Fortbestand des eigenen Systems, das an Zukunftsfähigkeit verliert, wenn die nachfolgenden Generation die Kirche ungerührt und fraglos links liegen lässt. Die heutige Jugend ist die Quelle der zukünftigen Kultur. Alle Reform- und Erklärungsbemühungen werden Schall und Rauch, wenn sich niemand mehr für diese kirchliche Gemeinschaftsstruktur interessieren mag. – Was also stellt ein von diesem Anliegen Getriebener fest, wenn er mit offenen Augen durch die Glaubenswelt junger Menschen zu gehen bemüht ist?

1. Wahrnehmungen von Jugend und Religion

Haben Jugendliche ein Interesse an Religion? – Gerade in kirchlicher Wahrnehmung meint man zunehmend, eine „Respiritualisierung der Gesellschaft" (Paul M. Zulehner)[2], wenn nicht sogar einen „Megatrend Religion" (Regina Polak und Christian Friesl)[3] ausmachen zu können. Diesen Beschreibungen liegen natürlich reale Beobachtungen zugrunde, dass Jugendliche heute unbefangener und widerstandsärmer über Religion und religiöse Praxis sprechen können und spirituelle Übungen eine exotische Anziehungskraft besitzen, wenngleich diese auch vorübergehend sein kann. Bezüglich der Wahrnehmung von jugendlichen Einstellungen wird regelmäßig auf die Shell-Jugendstudien zurückgegriffen, die allerdings eher Gegenteiliges herausfinden. Die jüngsten Ergebnisse von 2010 zeigen zwar, wie wichtig Wertorientierung für jugendliche Heranwachsende ist, vor allem in Bezug auf Familie und Partnerschaften, stellen aber zugleich wieder einmal fest, dass Religion für die meisten Jugendlichen kaum lebensrelevant ist.

---

[2] Vgl. *Paul. M. Zulehner* (Hg.), Kehrt die Religion wieder? Religion im Leben der Menschen 1970–2000, Ostfildern 2006.

[3] Vgl. *Regina Polak* (Hg.), Megatrend Religion? Neue Religiositäten in Europa, Ostfildern 2002.

„Während Religion für junge Menschen in den neuen Bundesländern zumeist bedeutungslos geworden ist, spielt sie in den alten Bundesländern noch eine mäßige Rolle. Mittlerweile ist Gott nur noch für 44 Prozent der katholischen Jugendlichen wichtig. Ganz anders sieht es hingegen bei Jugendlichen mit Migrationshintergrund aus: Sie haben einen starken Bezug zur Religion, der in diesem Jahrzehnt sogar noch zugenommen hat."[4]

Eine Renaissance religiösen Gedankengutes ist nicht zu erkennen, die Bedeutung Gottes nimmt stetig ab. Lothar Bily scheint die Gründe der Diskrepanz von Belebung und Desinteresse treffend ins Wort zu bringen, wenn er die Thesen des evangelischen systematischen Theologen Ulrich Körtner resümiert:

„Denn es gebe zwar ein neues Verlangen nach Spiritualität und religiösen ‚Erfahrungen' als Ausdruck eines Unbehagens an einer reduzierten, technokratischen Rationalität mit ihrem geistlos-platten Materialismus, aber die Signaturen einer sich daraus speisenden Religiosität seien ‚Synkretismus', ‚Re-Mythisierung', ‚Wiederverzauberung', ‚Esoterik', ‚Wellness-Orientierung', ‚Naturalismus' und vor allem eine weiter voranschreitende Entchristlichung und Entkirchlichung. Wer in dem so genannten neuen religiösen Aufbruch bereits das ‚Wehen des Heiligen Geistes' zu verspüren meine, der werde spätestens mit der Gretchenfrage auf den harten Boden der Tatsachen zurückgeholt: ‚Und wie hältst du es mit dem lieben Gott?'"[5]

Man muss also offensichtlich bei der Beurteilung gegenwärtiger Entwicklungen zur Gottesrede genauer hinschauen, von welchem Gegenstand gesprochen wird, wenn man ein neues Interesse auszumachen meint oder eben die gewohnte Indifferenz sich weiter entfalten sieht.

2. Schillernde Religionsbegriffe

Sind Jugendliche als religiöse Menschen wirklich an der Gottesfrage interessiert? – Mit einer vorläufigen Prämisse sei einmal davon ausgegangen, dass sich jeder Mensch und somit auch jeder Jugendliche im Sinne von Fritz Oser und Paul Gmünder regelmäßig mit seinem ‚religiösen Urteil' zu einem ‚Ultimaten' verhält.[6] Er muss also seine sich stetig entwickelnden Lebenserfahrungen in eine Balance bringen von Immanenz und Transzendenz, von den unmittelbar wirkenden Realitäten und den sich austreckenden Hoffnungsschimmern. Damit ist jedoch bewusst nicht festgelegt, ob mit dem Ultimaten ein irreales Sehnsuchtspotential, eine unbeschreibbare Wirklichkeit vom letzten Grund und Ziel menschlichen Lebens, ein moralisches Postulat oder ein an- und aussprechbarer Gott identifiziert wird.

Wenn man alle ‚Sinnwelten' jugendlichen Fragens und Antwortens von Beziehungswünschen über Musik und Mode als ‚Alternative zur Religion' fest-

---

[4] Religion. Weiter im Abseits, in: Dt. Shell (Hg.), Jugend 2010. Eine pragmatische Generation behauptet sich (16. Shell Jugendstudie), online unter: http://www.shell.de/home/content/deu/aboutshell/our_commitment/shell_youth_study/2010/religion (27.8.2012).

[5] *Lothar Bily*, Die ‚Wiederkehr der Religion' als gesellschaftliche und kirchliche Herausforderung, in: Martin Lechner / Angelika Gabriel (Hg.), Religionssensible Erziehung. Impulse aus dem Forschungsprojekt „Religion in der Jugendhilfe" (2005–2008), München 2009, 115-131, 119f.

[6] Vgl. *Fritz Oser / Paul Gmünder*, Der Mensch, Stufen seiner religiösen Entwicklung. Ein strukturgenetischer Ansatz, Zürich – Köln 1984.

stellt,[7] kann man entweder zum Urteil kommen, dass die Religion in ihrer tradierten Form ausgedient hat oder ersatzweise in neue Formen überführt wurde. Es hilft nicht unbedingt weiter, alle Phänomene des Menschlichen in die Sphäre des Religiösen hinein zu definieren, weil der Begriff damit an unterscheidender Bedeutung verliert, sich schlussendlich in die Bedeutungslosigkeit auflöst. Daher differenziert Angelika Gabriel bei der Auswertung einer Fotostudie mit 14- bis 21-Jährigen in der stationären Jugendhilfe zu Recht ihre zentrale Entdeckung: „... und Religion ist auch immer da“[8]. Notwendig werde ein Religionsbegriff, der sowohl äußerst subjektive Eindrücklichkeiten jugendlicher Sinndeutung aufnähme als auch höherschwellige, kirchlich relevante Ausdrucksformen berücksichtige. In einem Modell konzentrischer Kreise führt die weite Dimension der existentiellen Deutung von Gehalten- und Getragensein über die religiöse Dimension, bei der Erklärungsversuche den immanenten Bereich verlassen und sich nach transzendenten Bezügen ausstrecken, hin zur konfessionellen Dimension, die kirchliche Handlungs- und Deutungsmuster integriert.

Wir können also auf einer existentiellen Ebene durchaus zustimmen, dass sich Jugendliche der Sinnfrage stellen, da sich Sinn nie von alleine ergibt, sondern als Konstrukt dem menschlichen Reflektieren und Entscheiden entspringt, und das auf eine höchst subjektive Weise. Das individuelle Subjekt erkennt und definiert den nur für sich selbst verbindlichen Sinn und ist bemüht, auch andere von dieser Deutung zu überzeugen, weil in der Sinngemeinschaft eine gegenseitige Bestärkung und beruhigende Absicherung in den durchaus zuweilen als gewagt empfundenen Sinnkonstrukten erfolgt. Wenn und wo sich dieser Sinn aus transzendenten Bezügen bildet, findet die intersubjektive Sprache auf einer religiösen Ebene zusammen, die von der Existenz einer göttlichen Quelle ausgeht, ohne jene inhaltlich genauer festlegen zu wollen. In dieser definitorischen Offenheit lässt sich unter Jugendlichen durchaus ein Konsens erzielen, dass es eine andere, auch menschlich relevante Wirklichkeit geben mag. Davon ist die kirchliche Gottesrede aber nur insofern betroffen, als man sich in der gemeinsamen Fragestellung einander annähert. Die kirchlichen Antworten finden allerdings keinen allzu auffälligen Zuspruch.

3. Gottesrede der Kirche

Sind Jugendliche als religiöse Menschen an der kirchlichen Gottesantwort interessiert? Haben Kirchen als Fachorganisationen religiöser Phänomene und Sprache noch Deutungsrelevanz? – Wer heute an einem Gottesdienst der großen christlichen Kirchen teilnimmt, bekommt in der Regel einen äußerst spontanen Impuls, wie die Frage nach dem jugendlichen Interesse an kirchlicher Praxis zu beantworten ist: marginal bis gar nicht. Dabei unterscheiden sich die Beobach-

---

[7] *Hubert Knoblauch*, Die Unsichtbare Religion im Jugendalter, in: Werner Tzscheetzsch / Hans-Georg Ziebertz (Hg.), Religionsstile Jugendlicher und moderne Lebenswelt, München 1996, 65-97.

[8] *Angelika Gabriel*, „... und Religion ist auch immer da“. Religiöse Spuren von Jugendlichen entdecken, in: Lechner / Gabriel (Hg.) 2009 [Anm. 5], 64-86.

tungen nicht nach Konfessionen. Allenthalben prägen ältere Menschen die Gebetsgemeinschaften. Ab und an finden sich Gemeinden, die eine überraschend andere Sozialstruktur aufweisen. Über die Gründe kann man hier nur fantasieren. Dynamisch überzeugende Hauptamtliche oder/und ein starkes Gefühl von solidarischer Zusammengehörigkeit werden im persönlichen Gespräch am häufigsten als Motive genannt. Doch insgesamt passen die alltäglichen Beobachtungen zu den Ergebnissen der Shell-Jugendstudie. Man könnte sich jetzt nur noch mit der Behauptung zu retten versuchen, die mangelnde Teilnahme an der Liturgie bilde nicht die Überzeugungskraft der kirchlichen Gottesrede ab, sondern belege allein eine jugendliche Liturgiemüdigkeit. Aber zu dieser These wird sich so schnell kein Kenner der Jugendszene hinreißen lassen.

In der Regel wird kirchlich motivierten Christen kaum mehr die Möglichkeit gegeben, den eigenen Glauben der nachfolgenden Generation sprachlich zu vermitteln, was vermutlich auch an den wenigen Situationen wirklicher Begegnung und der für Jugendliche augenscheinlichen Unattraktivität christlich-kirchlicher Lebensgestaltung liegt. Die Devise der Würzburger Synode scheint nach wie vor zu treffen: „Ideen und Programme gelten ihm [sc. dem Jugendlichen] in der Regel soviel wie die Personen, die sie verkörpern.“[9]

Ohne echte zwischenmenschliche Begegnung gibt es auch keine Auseinandersetzung mit Inhalten und erst recht kein Interesse, diese mit der eigenen Lebenswirklichkeit zu korrelieren. Jugendliche lassen sich noch mobilisieren für Weltjugendtage und in verhaltener Form auch für Kirchentage. Neben der Freude an kirchlichen Events bleibt jedoch die inhaltliche Zustimmung zu ausdrücklich kirchlichen Lebensdeutungen aus. Dies ist ein fürwahr ambivalentes Phänomen. Den Jugendtreffen der Communauté de Taizé gelingt es offensichtlich noch, Jugendliche über Glaubensthemen ins Gespräch zu bringen. Doch auch die dortigen Brüder erzählen von einem Rückgang des jugendlichen Interesses.

Man kann den Bedeutungsschwund der kirchlichen Verkündigung wohl nicht alleine auf eine mangelhafte Didaktik der Rede vom Gott Jesu Christi oder auf so manche Unglaubwürdigkeitsphänomene in den kirchlichen Organisationen zurückführen. Schon in den neunziger Jahren des letzten Jahrhunderts hat Medard Kehl die vielfältigen Phänomene analysiert und zusammengefasst, die zu einer Pluralisierung und Distanzierung der Kirchenbeziehung geführt haben.[10] Selbst wenn demnach verändertes Kirchenverständnis und Bindungsverhalten sowie aufgeklärte rationale Verstehenserwartungen unbestreitbar zur Krise der Gottesrede beitragen, so müsste doch eine Organisation, die sich als Fachstelle für eine authentische Gottesverkündigung versteht, auf diese Ausgangslage reagieren und zuhöreradäquate Formen entwickeln, ohne der Versuchung zu verfallen, in einer Adressatenbeschimpfung die ach so desinteressierte und verlorene Jugend zu beklagen. Es wird hier also davon ausgegangen, dass die sich fernhaltende Gottesbeziehung heutiger Jugendlicher zumindest auch, wenn nicht sogar wesentlich geprägt ist von einer mangelnden subjektiven Brauchbarkeit der

---

[9] Ziele und Aufgaben kirchlicher Jugendarbeit, in: GSyn 1 (1976) 277-311, 298f.

[10] Vgl. *Medard Kehl*, Wohin geht die Kirche. Eine Zeitdiagnose, Freiburg 1996.

kirchlichen Rede von Gott. Dieser wahrhaft spirituelle und sicherlich wirksame Faktor jugendlicher Skepsis ist nicht mit dialektischen Schlussfolgerungen so zu eliminieren, dass sich ein Zwang zur Einsicht ergäbe, sondern bedarf einer integrierenden Antwort.

Wenn die eingangs unterstellten Motive stimmen und zudem ihre Berechtigung haben, dass es Sinn macht, die Fachorganisation für Evangeliumsverkündigung zu fördern, weil über die christliche Botschaft nicht geschwiegen werden darf, da sie der Menschwerdung dient, bedarf es offensichtlich neuer Wege, um bei den Heranwachsenden gehört zu werden. In der Religionspädagogik könnten hierzu erneut kreative Methoden diskutiert und Verfahren entwickelt werden, aber womöglich ist hierzu zuallererst ein Haltungswandel nötig, um den vielen begrenzt wirksamen Ansätzen nicht bloß eine weitere Sammlung ähnlich (in-)effektiver Anstrengungen hinzuzufügen.

4. Ein Paradigmenwechsel in der Begegnung mit Jugendlichen: Haltung statt Vorhaltung

Ein Nachdenken über die Jugend an sich ist vermutlich ähnlich sinnvoll wie eine Beschreibung des Menschen an sich: anthropologisch reizvoll, aber religionspädagogisch nur unpräzise umzusetzen. Die Suche nach dem Allgemeinen würde zulasten des Phänomens der Verschiedenheit gehen. Nimmt man aber gerade die Verschiedenheit als Charakteristikum der Jugend an, kann dies nur verschiedene, individuell zuzuordnende Antworten hervorbringen, außer man fände zu einer Haltung, die ihrem christlichen Anspruch genügte und in ihrer Wirkung der Pluralität angemessen begegnete.

Tomáš Halík ermuntert angesichts der Konfrontation mit Gottes Schweigen zu einem authentischen Umgang mit den eigenen Impulsen von Glaube und Unglaube, von Vertrauen und Zweifel.[11] Selbst in der Tschechoslowakei aufgewachsen und im Jahre 1978 heimlich zum Priester für die dortigen Menschen unter einem kommunistischen Regime geweiht, verzichtet er in der Begegnung mit Nichtglaubenden auf eine abgrenzende Dämonisierung nicht-christlicher Impulse und findet zu einer Haltung, die dem Gottfernen hohen Respekt zollt und zugleich eine geschwisterliche Nähe zur eigenen Gottesskepsis unterstellt. In der biblischen Figur des Zöllners Zachäus findet er nicht nur die vielen modernen Menschen wieder, denen der Gott Jesu Christi ein ferner und nur distanziert-neugierig zu beäugender Vorbeiziehender ist. Er identifiziert in diesem religionspädagogisch durchaus bekannten, weil in der Katechese ausführlich herangezogenen Zöllner auch die eigenen Anteile ungeliebter und dennoch ausgehaltener Gottesverhüllung. Diese Sicht beschränkt sich fürwahr nicht auf jugendliche Menschen, aber sie findet in deren skeptischer Passage eine deutliche Parallele. Jugendliche werfen einen Blick auf Jesus von Nazareth und seine Botschaft, sofern und solange sie etwas von diesem Blick erhoffen, verlassen

[11] Vgl. *Tomáš Halík*, Geduld mit Gott. Die Geschichte von Zachäus heute, Freiburg 2010.

aber schnell ihren Platz auf dem ‚Zuschauerbaum', wenn sie vom Vorbeiziehenden nicht angesprochen werden, um sich dann wieder dem Alltagsgeschäft zu widmen. Der Paradigmenwechsel in der Begegnung mit Jugendlichen könnte darin bestehen, sich mit ihnen auf dem ‚Baum' zu wissen als zuweilen ambivalente Beobachter der Rede Christi, und das nicht aus didaktischer Überlegung, ihnen damit ein Nähe vorspielen zu können, sondern aus dem Wissen und Fühlen um die Vergleichbarkeit der Lebenssuche, des Gottzweifels, der Leer-Erfahrungen. So wird die Gottesrede keine Rede an oder gegenüber den Jugendlichen. Sie ist eine Begegnung von Geschwistern, die in aller Verschiedenheit in einer Menge an Lebensfragen übereinstimmen.

In der selbstehrlichen und respektvollen Begegnung von Gottzweiflern verschiedenen Alters lässt sich vieles von dem wiedererkennen, was dem Frager nach dem Verhältnis von kirchlicher Gottesrede und jugendlicher Skepsis, über dessen erkenntnisleitendes Interesse zu Beginn spekuliert wurde, ein Herzensanliegen sein könnte. Drei Ausdrucksformen einer solchen Haltung sollen hervorgehoben werden:

4.1. Religiöse Kompetenz – Befähigung zum Leben

Die Auseinandersetzung mit der Gottesfrage ist ein anthropologisches und damit auch ein kulturelles Phänomen. Seit Menschengedenken sind Überlegungen zur Herkunft und zum Ziel des Lebens bekannt, wird nach dem Sinn des Kosmos und aller in ihm bekannten und unbekannten Teilchen geforscht, bewegt sich das geschöpfliche Erleben zwischen Sinnhaftigkeit und Sinnlosigkeit. Zugegeben, die Antworten fallen äußerst disparat aus, vom religionskritischen Widerstand gegen alle Gottesvorstellungen bis hin zum vertrauenden Einbergen in den Glauben an eine schöpferische und lenkende Gottesbeziehung. Doch mit der Herausforderung, sich einen eigenen Standpunkt hinsichtlich der Gottesfrage zu erarbeiten und ihn lebenslang an neuen Begegnungen und Beanspruchungen zu überprüfen, wird schon der Heranwachsende äußerst schnell konfrontiert. Tauchen im Kindesalter eine Menge Sinnfragen auf, die die begleitenden Erwachsenen in massive Erklärungsnot, damit aber auch unter eigenen Reflexionsdruck bringen, so wird der Jugendliche zusehends einen eigenen Standpunkt entwickeln müssen, nicht zuletzt, weil er innerhalb der ihn selbst umgebenden Kultur deutliche Signale wahrnimmt, zu denen er sich verhalten muss: existentielle Fragen und Antwortversuche, religiöse Begrifflichkeiten, kirchliche Bauwerke, sinndeutende Rituale und Gewohnheiten, verpflichtender Religionsunterricht für Kirchenmitglieder, die eine oder andere Selbstverständlichkeit, die sich erst mit der Zeit als fragwürdig herausstellt, um nur einiges zu nennen. Insofern ist die Förderung einer religiösen Kompetenz im Sinne einer Fähigkeit, persönlich tragfähige Standpunkte zu religiösen Phänomenen zu entwickeln, eine lebensfördernde Hilfe für Jugendliche, unabhängig von der sich ergebenden Antwort. In diesem Sinne plädieren Martin Lechner und Angelika Gabriel für eine „religionssensible Erziehung“[12], die durch die Ausprägung einer religiösen Kompetenz den Heranwachsenden bedingungslos zur Menschwerdung befähigt. Eine so verstandene Lebensbegleitung in der Haltung des Zachäus, sich aus der Distanz und mit erlaubter Zurückhaltung dem für andere Heiligen begegnen zu dürfen, fördert das notwendige Freiheitsgefühl der Jugendlichen, sich nicht in erwachsenen Rahmen festlegen zu müssen, führt zu einer kritischen und lebensbrauchbaren Auseinandersetzung mit geronnener religiöser Erfahrung, lädt ein, einer bedingungslosen Gottesrede zu lauschen, solange man es selber will.

4.2. Der Fund motiviert die Tat – Die Überprüfung christlicher Herzensanliegen

„Was wir gesehen und gehört haben, das verkündigen wir auch euch“ (1 Joh 1,3). Die christliche Botschaft ist seit der Rede des Jesus von Nazareth getrieben von einem Wunsch, das Erfahrene nicht für sich zu behalten, sondern weiterzugeben, weil man auch andere an der subjektiv bedeutsamen, lebensfördernden Kraft der Worte teilhaben lassen will. Wovon das Herz voll ist, davon sieht die Volksweisheit den Mund überlaufen. In der Kirchengeschichte führte diese Überzeugung durchaus auch zu sich der Menschen bemächtigenden Missionierungsprojekten. Der wachsende Respekt vor der Vielfältigkeit kultureller Geschichten hat zu einer Wandlung der Haltungen und Methoden geführt, andere Menschen mit der christlichen Botschaft in Kontakt zu bringen. Wenn die ursprünglich aufgestellte Beobachtung stimmt, dass Jugendliche kaum mehr einer konfessionell religiösen Kultur verbunden sind, dann bedarf es auch hier einer Reflexion der Verkündigungsparadigmen. Und diese Reflexion setzt wieder einmal zunächst bei den ‚Gottesredenden‘ an und nicht bei der vermeintlichen Zielgruppe.

Das Gleichnis von Schatz und Perle (Mt 13,44-46) bietet den hermeneutischen Schlüssel für die Motivation, nicht zu schweigen, sondern von Gott zu reden, wenn, und wirklich nur dann, wenn der Redende eine Entdeckung gemacht hat. Der Mann, der bei der Arbeit im Acker einen Schatz entdeckte, ihn eingrub, und in seiner Freude alles verkaufte, was er besaß, nur um den Schatz zu erwerben, wusste, worauf er sich einlässt. Er hatte *den* Fund seines Lebens gemacht. Niemand zwang oder drängte ihn zu tun, was er tat. Seine Antrieb war ein intrinsischer: der Fund motivierte die Tat. Ebenso erging es dem Kaufmann, der kostbare Perlen suchte. Auch er investierte schlussendlich seinen ganzen Besitz, alles, was er zur Verfügung hatte, weil das Entdeckte ihn voll und ganz ausfüllte: der Fund motivierte die Tat.

Diese Erzählung mag man sich anhören, interessiert, aufmerksam, doch wächst dem Zuhörenden nicht automatisch dieselbe Gotteserfahrung zu, auch wenn man kognitiv die entdeckten und lebensverändernden Schätze exegetisch mit der Gegenwart Gottes gleichzusetzen versteht. Die Wahrnehmung dieser Diskrepanz ermuntert zu zwei Folgerungen: Der Gottesredende muss sich selbst

---

[12] *Lechner / Gabriel* (Hg.) 2009 [Anm. 5].

authentisch Rechenschaft ablegen können über die Funde seines Lebens, um nicht bloß Ideologien zu reproduzieren, sondern um vielmehr das eigene Vertrauen zu bezeugen. Der Jugendliche, der hier und jetzt im Mittelpunkt unseres Interesses steht, wenngleich sich seine Haltung mit der vieler anderer Zeitgenossen ungemein decken wird, muss die Chance erhalten, selbst seine Schätze als unerwartetes Geschenk zu entdecken (Schatz im Acker) oder bei der ihm eigenen Suche auf eine brauchbare Antwort zu stoßen (Perle auf dem Markt).

Die Nötigung zu Rückbesinnung auf die eigenen Funde wird auch das Vokabular der Gottesrede verändern. Viele Berufsgruppen entwickeln innerhalb ihrer Professionen Sprachspiele, die sich nur den ‚Eingeweihten' erschließt und die ‚Laien' außen vor lassen. Sicherlich dienen diese sprachlichen Prozesse auch der inhaltlichen Präzision. Sie erschweren den Uneingeweihten aber unfraglich den Anschluss an das inhaltlich Bezeichnete. In der christlichen Tradition führt dies zuweilen zu Formulierungen in Liturgie und Verkündigung, die Fernstehende noch weiter abstoßen, anstatt sie mit dem Heiligen in Berührung zu bringen. Die aufrichtige Reflexion der Lebenstauglichkeit eigener religiös-christlicher Erfahrungen würde auch zu einer neuen Sprache führen, die an die Lebenspraxis von Menschen anschließt, die sich nicht einer vermeintlich christlichen Geheimsprache bedienen können oder wollen. Und erneut finden wir uns neben Zachäus auf dem Baum wieder, um uns mit anderen Kletterern über das auszutauschen, was wir sehen; mitzuteilen, welche Perspektiven dem Anderen durch Zweige verdunkelt sind; zu hören, wie andere Augen die Perspektive einschätzen.

4.3. Kirche als Organisation – verderbte Magd und edle Dame

Nun wird man sich fragen müssen, ob christliche Vorstellungen ohne eine vermittelnde und vor allem ‚menschelnde' Organisation womöglich glaubwürdiger erscheinen und Jugendliche unbelasteter ansprechen könnten. Da aber gerade nach einer praxisnahen Brauchbarkeit religiös-christlicher Inhalte gefragt wird, muss wohl neben der Hoffnungskraft auch mit der irritierenden und gebrochenen Realität menschlichen Lebens und Organisierens gerechnet werden: Wo Menschen miteinander in Beziehung treten, geben sich Hilfe und Hindernis die Hand. Es könnte sich als grober Fehler erweisen, eine Organisation der christlichen Gemeinschaft aufgrund ihrer Mangelhaftigkeit zu demontieren, wo sie doch unbezweifelbar kostbare Inhalte verlässlich transportiert. Es kann vielmehr faszinieren, dass die Kirche selbst jene Botschaften des Evangeliums unverändert und damit selbstkritisch tradiert, die gegen sie selbst und ihre Strukturverhärtungen verwendet werden könnten. Sollte also die ‚zachäische Baumgemeinschaft' schweigen von organisationellen Verdichtungen?

Alle Shell-Jugendstudien belegen kontinuierlich den Bedeutungsverlust von Institutionen im Leben der Jugendlichen. Das Feste und Strukturierte wird als Einengung empfunden, und Festlegungen scheinen die eigene Autonomie bedrohlich einzuschränken. Die offenbar gewordenen Gräueltaten sexueller Gewalt an Kindern und Jugendlichen auch in kirchlichen Kontexten haben dem Image der Kirche als Organisation wirklich nicht gedient, vielmehr nachhaltigen

Schaden zugefügt, und zwar unabhängig von der Bewertung der daraufhin initiierten und aufrichtig gemeinten Aufdeckungs-, Bearbeitungs- und Lernprozesse. Im Grunde hat diese Diskussion einmal mehr gezeigt, dass auch die Kirche kein Hort der Heiligen allein ist. Sie vereint Sünder, deren Möglichkeit zur Schädigung und Zerstörung des Lebens anderer auch zur Wirklichkeit werden kann. Selten wurde so deutlich wie in den vergangenen Jahren daran erinnert, dass Kirche ihre dunklen Seiten hat.[13] Das kann die Skepsis von Jugendlichen gegenüber der kirchlichen Organisation nur vergrößern, erst recht bei der Überzahl jener, die dieser Glaubensgemeinschaft bislang kaum oder nicht verbunden waren.

Und zugleich gibt es eine zugegeben kleiner werdende Schar von Jugendlichen, die sich in kirchlichen Gemeinden, christlichen Jugendverbänden, spirituellen Gruppierungen engagiert und aufgehoben fühlt. Sie findet – aller Kritik zum Trotz – dort Heimat und Gemeinschaft. Für sie ist diese Organisation eine wertvolle Basis für lebenstragende Erfahrungen und lebensfördernde Beziehungen. Damit scheint Kirche nicht nur als wertvermittelnde Organisation zu dienen, sondern zudem als heimatgebender Gemeinschaftsboden. Muss man den Kritikern nun verbissene Kritikverliebtheit vorwerfen oder vielmehr den Beheimateten blindäugige Naivität? Verunmöglicht diese Verschiedenheit der Wahrnehmung den Dialog über ein und dieselbe Organisation?

Noch einmal sei ein Bild von Halík dankbar aufgegriffen. Er erinnert an den „Streit um die Schönheit der Dulcinea von Tobosa“[14], der die Verschiedenheit der Wahrnehmung ein und derselben Frau beschreibt: „Ist sie die schmutzige, derbe Magd, wie Sancho Panza sie sieht, oder die vornehme Dame, als die Don Quijote sie verehrt?“[15] Die Protagonisten in Cervantes Roman ermutigen zu einer Blickerweiterung. Wer die Kirche als eine Form der organisierten Religion betrachtet, wird sowohl Seiten der Einengung und Unaufrichtigkeit als auch die Beiträge zur Menschenwürde und Lebensfreude entdecken können. Die Blickverengung auf eine der beiden Perspektiven muss und wird die Widerstände jener hervorrufen, die nur die jeweils abweichende Sicht bezeugen wollen. In der Begegnung mit einem einseitigen ‚Blickverenger‘ reagieren Jugendliche äußerst empfindlich. Sie stellen ihn unter einen durchaus berechtigten Ideologieverdacht. Dagegen vermindern sich die Widerstände, wenn die beiden Charaktere der kirchlichen Dulcinea von Tobosa angeschaut, besprochen und kritisiert werden dürfen. Dies scheint der einzige Weg, auf dem die Kirche als Tradierungsorganisation der christlichen Rede von Gott eine neue Anschlussfähigkeit erlangt und damit nicht das Kind mit dem Bade ausgeschüttet wird. Es wäre fatal, eine alltagsfähige und lebenserleichternde Botschaft nur aufgrund der Kritik an einer vermeintlich verhindernden Organisation untergehen zu lassen.

---

[13] Vgl. *Karl Bopp*, „Die im Dunkeln sieht man nicht.“ (Bertold Brecht) – Praktisch-theologische Anmerkungen zu den dunklen Seiten kirchlicher Jugendpastoral, in: Angelika Gabriel (Hg.), Mit-Leidenschaft für junge Menschen. Beiträge zur Jugendpastoral, München 2011, 148-161.

[14] Vgl. *Halík* 2010 [Anm. 11], 98-120.

[15] Ebd., 99.

5. Mit Jugendlichen die christliche Gottesrede neu lernen

Man kann den hier ausgeführten Anregungen vorwerfen, sie hätten allzu schnell vor einer analytischen Beschreibung der Glaubenssituation heutiger Jugendlicher gekniffen und seien übereifrig von einer Unterstellung ausgegangen, der Frager verbinde mit seinem Anliegen nicht nur selbstlose Absichten. Doch augenscheinlich führt schon allein der Wandel der Blickrichtung in eine neue Verbindung von Fragendem und Befragten. Anstatt in den gewohnten Verfahren Jugendliche durch eine variable Kriterienbildung als religiös interessiert und zugleich desinteressiert zu definieren und daran zu messen, führt der Wechsel von einer Beschreibung der Jugendlichen hin zu einer Reflexion der Motive der an ihnen interessierten Erwachsenen zu einer völlig neuen Haltung, die keine Bewertungen mehr nötig hat. Eine Haltung im Übrigen, die sich als offensichtlich christlich qualifizieren lässt. Es könnte demnach sinnvoll sein, sich behutsam von der Frage zu verabschieden, ob Jugendliche dran glauben müssen, an den Gott Jesu Christi. Diese zielgerichtete Interessenslage erzeugt bei den Heranwachsenden einen unbeliebten Vereinnahmungsverdacht. Dagegen könnte eine aufrichtige Solidarität in der gemeinsamen Suche nach lebenstragenden Erfahrungen zu einer neuen Nähe führen.

Gottesbilder in Kinderbibeln. Eine kritische Analyse zur Frage der Illustration

GOTTFRIED ADAM

„Als ich klein war und mir das für Kinder nacherzählte Alte Testament anschaute, das mit Radierungen von Gustav Doré illustriert war, sah ich den lieben Gott auf einer Wolke sitzen. Er war ein alter Mann, hatte Augen, eine Nase und einen langen Bart, und ich sagte mir, wenn er einen Mund hat, muss er auch essen. Und wenn er isst, muss er auch Därme haben. Dieser Gedanke jedoch hat mich erschreckt, denn ich fühlte, obwohl ich aus einer eher ungläubigen Familie stammte, dass die Vorstellung von göttlichen Därmen Blasphemie ist."[1]

„Seit meiner Kindheit geht mir das Bild ‚Der liebe Gott' aus dem ‚Gottbüchlein' nicht aus dem Kopf. Es hat es mir und manchen meiner Freunde unsäglich erschwert, auf dem Wege des Erwachsenwerdens ein angemessenes Gottesbild zu entwickeln."[2]

Diese beiden biographischen Äußerungen lassen sich leicht durch weitere Aussagen ergänzen. Sie unterstreichen, dass Kinder durch die Bilder in Kinderbibeln nachhaltig beeindruckt werden. Sie regen zu Überlegungen an, sie führen zu Vorstellungen und Gedankenkonstruktionen, die über das Bild hinausführen. Diese Vorstellungen und Gedanken sind Ausdruck dessen, dass Kinder sich bemühen, Gott zu ‚begreifen'. Im positiven Falle haben Bilder einen positiven ‚Mehrwert' und tragen zum Verständnis der biblischen Textaussage bei. Sie können aber auch negative Folgen haben und sich entwicklungshemmend auswirken, wie die zitierte zweite biographische Erinnerung belegt. Dabei bilden die Bilder nicht nur die Textaussage ab, sondern interpretieren auch den Text. Nicole Metzger stellt im Blick auf die Funktion von Bildern heraus:

„– Sie lenken die erste Aufmerksamkeit des Lesers auf sich; Bildgröße und Bildauswahl setzen dabei noch Akzente.
– Bilder fokussieren.
– Sie leisten einen eigenen Beitrag zum Verständnis des Textes; im besten Falle erschließen sie ein ‚Mehr' an Verständnis und engen nicht ein […]
– Bilder bringen Affekte in Fakten."[3]

Dabei ist weiter zu bedenken, dass wir gar nicht die Möglichkeit haben, auf Bilder zu verzichten, denn es gibt kein Verstehen ohne die Dimension der Bilder. Martin Luther, der die Predigt und das Wort sehr hoch schätzte, hat der pädagogisch-didaktischen Funktion von Bildern eine bemerkenswert große Bedeutung beigemessen. Er war der Auffassung, dass Kinder durch Bilder und Gleichnisse die Möglichkeit erhielten, die biblischen Erzählungen besser zu behalten. Er ist darüber hinaus der Auffassung, dass man auch im religiösen

---

[1] *Milan Kundera*, Die unerträgliche Leichtigkeit des Seins, Frankfurt 1984, 235.

[2] Äußerung einer erwachsenen Person, die mit *Ernst Veits* ‚Gottbüchlein', München 1933, groß geworden ist.

[3] *Nicole Metzger*, „Geschichten sind doch dazu da, weitererzählt zu werden." Eine empirische Untersuchung zu Sinn, Relevanz und Realisierbarkeit einer Kinderbibel von Kindern, Kassel 2012, 36.

Bereich nicht auf die Anschauung verzichten könne. In einer Osterpredigt des Jahres 1533 hat er formuliert, dass wir das, was uns in Worten vorgetragen wird, in Gedanken und Bilder fassen müssen, weil wir eben ohne Bilder nichts denken und verstehen können.[4]

Im folgenden Beitrag wird untersucht, welche Gottesbilder ihren Niederschlag in den Illustrationen von Kinderbibeln des 20. und 21. Jahrhunderts gefunden haben. Können wir Gott im Bild darstellen? Und wenn ja, wie: als Mann? als Frau? als Symbol? Oder auch: gar nicht? Das religionspädagogische Interesse an dieser Frage besteht darin zu fragen, welche Gottesbilder für die religiöse Bildung hilfreich sind oder ob durch sie falsche Fixierungen aufgebaut werden können, die den Heranwachsenden auf dem Weg zu einem erwachsenen Glauben hinderlich sind.

Bei den Ausführungen ist vorausgesetzt, dass die Gottesfrage für den christlichen Glauben zentral ist. Wenn es nicht mehr gelingen sollte, verständlich von Gott zu reden, d.h. so zu reden, dass die Menschen damit existentiell etwas anfangen können, dann wäre das ein alarmierendes Zeichen für den christlichen Glauben. Die Frage nach den Gottesbildern ist Bestandteil der Bemühungen um eine angemessene Kommunikation über den christlichen Glauben. In den 1970er Jahren stand die Jesusfrage im Mittelpunkt des Interesses. Sie war für viele Zeitgenossen *der* entscheidende Zugangsweg zum Glauben. Die Theologie entdeckte damals von Neuem den Menschen Jesus aus Nazareth. Jesus war weniger der Christus des Glaubens als der vorbildliche Mensch aus Nazareth. Seit Anfang der 1990er Jahre ist es wieder in verstärktem Maße die Gottesfrage, die Menschen den Zugang zum christlichen Glauben eröffnet. Dass dies nur im Zusammenhang mit Aussagen über Jesus Christus geschehen kann, ist dabei nicht bestritten.

1. Fragestellungen der Untersuchung

Wenn wir einen Blick in die Geschichte der Bibelillustration werfen, so sind es vor allem zwei Linien, die wir finden: Gott wird als Mensch dargestellt oder auf symbolische Weise illustriert.

Bei der Darstellung Gottes als Mensch bzw. als Mann haben wir es mit einer breiten ikonographischen Tradition zu tun, die bereits auf frühchristlichen Sarkophagen beginnt. Die Darstellung Gottes macht sich insbesondere am Schöpfergott und dem Garten Eden fest. Diese Linie geht weiter über die frühmittelalterliche Buchmalerei (Tours um 840[5]) und die „biblia pauperum"-Tradition[6]. Im späten Mittelalter erscheint der Schöpfer als bärtiger, alter Mann, manchmal auch mit der päpstlichen Krone. Auf der Titelseite der Züricher Froschauer-Bibel (1531) ist Gott mit der Tiara abgebildet. Im Titelholzschnitt von Lukas

---

[4] *Martin Luther*, WA 37, 63, 26: „und nichts on bilde dencken noch verstehen können."

[5] Bibel von Moutiers-Grandval. Schöpfungsgeschichte. Wiedergabe bei *Dietrich Steinwede*, Kommt und schaut die Taten Gottes, Göttingen 1982, 13.

[6] Vgl. *Maurus Berve*, Die Armenbibel, Beuron ^{2}1989.

Cranach, der die Lutherbibel von 1534 schmückt, hält Gott schützend und segnend seine Hände über seine Schöpfung.

Über die Wirkungsgeschichte der Gottesdarstellungen von Raphaels Fresken in den Vatikanischen Loggien geht dann die Linie zu den Gottesbildern des Nazareners Julius Schnorr von Carolsfeld.[7] Seine „Bibel in Bildern" war nicht nur als ein Volksbuch für die Erwachsenen gedacht. Im Vorwort weist der Künstler darauf hin, dass er „Mitgehülfe am großen Werke der religiösen Menschenerziehung"[8] sein wolle. Er vertritt die Auffassung, dass Kinder die Sprache der Kunst viel besser verstehen als viele Erwachsene.[9] Sein Illustrationsstil bestimmt weitgehend die Illustrationen des ausgehenden 19. und des beginnenden 20. Jahrhunderts. Sie finden sich nicht nur in Bibelausgaben, sondern auch in und auf Hausbüchern, Bilderbögen, Wanddrucken, Gedenkscheinen, Religionsbüchern, Verteilblättern usw.[10]

Einen Einschnitt stellen die Illustrationen von Matthaeus Merian dar. Er wählt bewusst die symbolische Darstellungsweise. Im Bild vom Garten Eden stellt er in seinen „Icones Biblicae" (1625) Gott symbolisch als einen Strahlenkranz dar.[11] Dieser Strahlenkranz umschließt ein Dreieck, in dessen Mitte der Name Gottes in hebräischer Sprache geschrieben ist. Damit beginnt eine neue Phase der Gottesbilder. Mitte des 18. Jahrhunderts findet sich häufig eine Kombination verschiedener Gottessymbole. Als Beispiele sind Johann Hübners „Zweymal zwey und funfzig auserlesene biblische Historien" (Leipzig 1731) und Abraham Kyburz „Catechetische Kinder-Bibel" (Bern 1744) zu nennen.

Ruth B. Bottigheimer macht darauf aufmerksam, dass sich Merians Einfluss auf die Illustrationsgeschichte von Kinderbibeln über mehr als zwei Jahrhunderte bis weit in das 19. Jahrhundert fortsetzte.[12] Das gilt sowohl für den evangelischen als auch für den katholischen Bereich, nicht nur für Deutschland, sondern für ganz Europa.

Auf diesem Hintergrund wendet sich die vorliegende Untersuchung einer exemplarischen Auswahl von Kinderbibeln aus dem 20. und 21. Jahrhundert zu. Der Schwerpunkt liegt dabei auf den Kinderbibeln, die gegenwärtig verwendet werden. Im Sinne eines Gesamthorizontes sind die folgenden Fragestellungen für die kritische Durchsicht wichtig, ohne dass sie als ein Raster für jede einzelne Veröffentlichung dienen sollen:

---

[7] Vgl. *Christine Reents / Christoph Melchior*, Die Geschichte der Kinder- und Schulbibel. Evangelisch-katholisch-jüdisch (ARP 49), Göttingen 2011, 333ff.

[8] *Julius Schnorr von Carolsfeld*, Die Bibel in Bildern, Leipzig 1860 (=Faksimileausgabe Dortmund 1978), 12.

[9] Vgl. ebd., 8.

[10] Vgl. die umfangreiche Zusammenstellung bei *Sigrid Nagy*, Julius Schnorr von Carolsfelds Bibel in Bildern und ihre Popularisierung (Veröffentlichung zur Volkskunde und Kulturgeschichte 70), Würzburg 1999. Ebd., 72-77 sind auch die Veröffentlichungen im katholischen Bereich verzeichnet. Die ‚Katholische Bilder-Bibel', Berlin 1890 (=Nachdruck Augsburg 1998), umfasst 240 Holzschnitte J. Schnorr von Carolsfelds.

[11] Vgl. *Matthaeus Merian*, Die Bilder zur Bibel, hg. von Peter Meinhold, Hamburg 1965, 21.

[12] Vgl. *Ruth B. Bottigheimer*, Der geschichtliche Primat der Bilder und die Ursprünge der Illustrationen von Kinderbibeln, in: Gottfried Adam / Rainer Lachmann / Regine Schindler (Hg.), Illustrationen in Kinderbibeln. Von Luther bis zum Internet, Jena 2005, 43-54, 44.

- Wie verhalten sich Bild und Text zueinander?
- Welche Art von Bildern wird verwendet?
- Welche Rolle kommt der symbolischen Darstellungsweise zu?
- Gibt es ikonographische Traditionen, die sich im Bereich der Kinderbibeln herausgebildet haben?
- Welche Vorstellung von Kindheit spiegelt sich in den Bildern?
- Wie sieht es mit der theologischen und pädagogischen Verantwortung aus?

Bei der Durchsicht von Kinderbibeln stellten sich vier Typen heraus, die aufzeigen, wie mit der Darstellung von Gott umgegangen wird:

- Die Verwendung von Bildern aus der Geschichte der christlichen Kunst,
- Die Tendenz zur Verniedlichung und Trivialisierung,
- Der Verzicht auf die Darstellung Gottes in menschlicher Gestalt und
- Der Zugang über Symbole.

2. Die Verwendung von Bildern aus der Kunstgeschichte

Eine erste Möglichkeit, mit der Frage der Gottesbilder umzugehen, besteht darin, sich den Bilderschatz der christlichen Kunst zunutze zu machen. Den Weg, nicht nur einzelne Bilder, sondern die gesamte Bebilderung auf diese Weise zu gestalten, haben Rainer Oberthür und Rita Burrichter mit „Die Bibel für Kinder und alle im Haus“ (2004)[13] gewählt. Für die Autorin und den Autor gehören ‚selbstverständlich‘ Bilder in eine Kinderbibel. Allerdings ließen sie keine Bilder extra für Kinder malen, sondern sie wählten alte, meist sehr berühmte Bilder aus. Es gab zwei Gründe für die getroffene Auswahl: Die Bilder zeigen wichtige, oft überraschende Sichtweisen der biblischen Texte, und sie wurden einfach als schön empfunden.[14] Zum vierten Tag der Schöpfung, der Schaffung der Wassertiere und der Vögel, wurde das Bild von Meister Bertram „Erschaffung der Tiere“ (1383) ausgewählt.

Die Darstellung passt zum biblischen Text. Das Bild zeigt die Erschaffung der Tiere. Es fällt auf, dass das Bild einen goldenen Hintergrund hat. Damit wird ausgedrückt, dass Gott sich der Welt, so wie sie ist, liebevoll zuwendet. Zu beachten ist, dass im Heiligenschein des Gottesbildes ein Kreuz zu erkennen ist. Das Kreuz ist stets das Zeichen für Christus. Daraus folgt, dass Gott sich in der Gestalt Jesu Christi den Tieren zuwendet (im Sinne von: Gott und Jesus sind eins).[15] Der Hintergrund ist bewusst nicht als Landschaft gemalt, in der sich die Tiere aufhalten, sondern die Vögel ‚stehen‘ in der Luft und die Meerestiere

---

[13] Die Bibel für Kinder und alle im Haus. Erzählt und erschlossen von Rainer Oberthür. Mit Bildern der Kunst ausgewählt und gedeutet von Rita Burrichter, München (2004) [8]2012. – Hier ist auch zu nennen: *Dietrich Steinwede*, Kommt und schaut die Taten Gottes. Die Bibel in Auswahl erzählt. Mit Bildern aus dem ersten Jahrtausend christlicher Kunst, Göttingen 1982.

[14] Vgl. *Oberthür / Burrichter* 2004 [Anm. 13], 288.

[15] Vgl. ebd., 289.

schwimmen nicht im Wasser, sondern sind ebenfalls über- und untereinander im Bild angeordnet. Rita Burrichter fragt „Soll das so sein?“ und gibt die Antwort:

„Ja, das soll so sein, denn dieses Bild ist kein ‚Ereignisbild‘, es will dir nicht zeigen, wie die Welt gemacht worden ist. Vielmehr ist es ein ‚Denkbild‘, es will dir vor Augen führen, wie die Welt von Anfang an und bis heute ist: so vielgestaltig und so bunt, so schön und – so schrecklich!“[16]

Abb. 1: Meister Bertram „Erschaffung der Tiere“ (1383)[17]

Zwei weitere Bilder in dieser Kinderbibel sind für unsere Frage ebenfalls aufschlussreich. Bei der Geschichte vom Noah-Bund wird ein Bild aus der Wiener Genesis aufgenommen. Dabei handelt es sich um eine frühe illustrierte Handschrift von Bibelteilen aus spätantiker Zeit (um 540 nach Chr.). Bei Hiobs Leiden wird eine byzantinische Miniatur (9. Jh.) wiedergegeben. Auf beiden Bildern wird Gottes Gegenwart in der Welt durch eine Hand, die vom oberen Bildrand in das Bild hineinreicht, symbolisiert.[18] Interessant ist an diesen drei Beispielen, dass und wie die christliche Ikonographie für ein heutiges Verstehen biblischer Geschichten hilfreich sein kann. Es ist ein deutlicher Hinweis auf den Wert des Symbolgehaltes von Bildern.

Im Schulbuch für den orthodoxen Religionsunterricht in Österreich „Die Bibel in kurzen Erzählungen“ (2009) wird in den Illustrationen von Martha Kapetanakou-Xynopoulou die Bildtradition der Ikonen ebenfalls aufgegriffen.

---

[16] Ebd.

[17] Vgl. ebd., 23 (Bild) und 289 (Kommentar).

[18] Eine moderne Variante der Hand-Symbolik findet sich bei *Lisbeth Zwerger*, Die Bibel. Ausgewählte Texte mit Bildern, Stuttgart 2000, 7.

Gemäß orthodoxer Tradition wird in den Darstellungen zur Schöpfungsgeschichte wie auch an anderen Stellen des Buches Gott durch Christus repräsentiert.[19] Auch das Symbol der Hand ist in einer Reihe von Illustrationen verwendet, um den Kontakt zwischen Himmel und Erde zu symbolisieren.[20]

3. Die Tendenz zur Verniedlichung und Trivialisierung

Problematisch ist dagegen die Tendenz zur Verniedlichung und Trivialisierung. Diese kann man am „Gottbüchlein. Erster Unterricht im christlichen Glauben" (1933)[21] studieren. Der Text stammt von Ernst Veit, die Bilder von Bruno Goldschmitt. Bei der Schöpfungsgeschichte begegnet man einer Illustration, die überschrieben ist: „Vom lieben Gott". Gott wird mit niedergeschlagenen Augen dargestellt. Er hat einen langen, weißen Bart. Von seinem Kopf gehen zwölf Strahlen aus, die aber kaum als Nimbus zu identifizieren sind. Umgeben ist dieser Gott von neun kleinen Sternen und sechs kleinen Engelchen, die auf Wölkchen sitzen oder stehen und offensichtlich ‚Halleluja' singen. Das Bild ist an kindertümlicher Anschaulichkeit nicht zu überbieten. Es wird eine durch und durch ‚heile Welt' dargestellt.

Abb. 2: Ernst Veit / Bruno Goldschmitt, Gottbüchlein (1933)[22]

---

[19] Vgl. Die Bibel in kurzen Erzählungen zur Verwendung für den orthodoxen Religionsunterricht an Volksschulen in Österreich, hg. im Auftrag des Orthodoxen Schulamtes, Wien (2009) ²2011, 13-25, 52, 154.

[20] Vgl. ebd., 30 (Abels Opfer), 34 (Verfluchung Kains), 65 (Jakobs Traum), 98 (Mose empfängt die Zehn Gebote), 155 (Daniels Traum).

[21] *Landeskirchenrat der Evangelisch-Lutherischen Kirche in Bayern* (Hg.), Gottbüchlein, München 1933. Die beiden Gottes-Illustrationen finden sich ebd., 3, 13. – Vgl. a. *Rainer Lachmann*, Biblische Geschichte(n) im ‚Ersten Unterricht im christlichen Glauben', in: Gottfried Adam / Rainer Lachmann (Hg.), Kinder- und Schulbibeln. Probleme ihrer Erforschung, Göttingen 1999, 43-63.

[22] Gottbüchlein 1933 [Anm. 21], 3.

Dazu kommt ein weiteres Gottesbild, das eine ganze Seite ausfüllt: Gottvater mit weißem Bart und einem langen Gewand. Er ist von einer Art Mandorla umgeben und schwebt über der Erde im Weltall. Gestirne sind um ihn herum. Es war möglicherweise die Absicht des Künstlers, durch seine Art der Darstellung – im Sinne der mittelalterlichen Ikonographie – etwas von Gottes Glanz aufleuchten zu lassen. Dies ist misslungen und kitschig ausgefallen. Es ist auch erkennbar, dass Julius Schnorr von Carolsfelds Gottesbilder als Vorlage gedient haben, aber in einer primitiv-naiven Weise abgewandelt wurden.

Im einleitenden Textabschnitt werden 59 nichtbiblische Sprüche und Verse aufgeführt. Sie passen in ihrer ‚naiv-hausbackenen' Art (z.B. Ein gutes Kind gehorcht geschwind – oder: Abend ist´s. Die Glocke läutet, weil nun kommt die dunkle Nacht) exakt zu diesen Bildern. Rainer Lachmann stellt zu Recht fest, dass die Sprüche und Verse nur so von primitiv verniedlichenden Gottesvorstellungen strotzen, wodurch ein unkritisches Vertrauen, „Heile-Welt-Illusionen" und unter den Augen eines „Allesseher-Gottes" eine absolute Gehorsamsmoral vermittelt werden.[23]

Der Gesamteindruck dieser Gottesbilder kann nur als Verniedlichung und Trivialisierung wiedergegeben werden. Von der Lebenswelt der Kinder wird nichts spürbar. Es ist eine Schein- und Sonderwelt, die hier aufgebaut wird. Eine solche Art von Gottesbildern kann nur kritisiert werden. Es verwundert, dass dieser Band im Jahre 1963 noch einmal in einer 14. Auflage herauskam.[24]

4. Der Verzicht auf Illustrationen in menschlicher Gestalt

Seit Mitte der 1960er Jahre sind solche Darstellungen Gottes in menschlicher Gestalt nur noch selten zu finden. Es hat sich inzwischen ein breiter religionspädagogischer Konsens herausgebildet, demzufolge auf direkte Gottesbilder verzichtet wird. Dieser Verzicht auf anthropomorphe Darstellungen Gottes lässt sich an den neuesten Kinderbibeln belegen:

- Kees de Kort (Ill.) / Hellmut Haug (Erz.), „Das große Bibel-Bilderbuch"[25].
- Werner Laubi / Annegert Fuchshuber, „Kinderbibel"[26].
- Irmgard Weth, „Neukirchener Kinder-Bibel"[27].
- Regine Schindler / Štěpán Zavřel, „Mit Gott unterwegs"[28].
- Rainer Oberthür / Rita Burrichter, „Die Bibel für Kinder und alle im Haus"[29].

---

[23] *Lachmann* 1999 [Anm. 21], 59.

[24] Zur gleichen Zeit lagen ohne entsprechende anthropomorphe Gottesbilder bereits vor: *Jörg Erb*, Schild des Glaubens, Kassel (1940) [38]1966 und *Anne de Vries*, Die Kinderbibel, Konstanz 1954 u.ö.

[25] Stuttgart 1994 u.ö. – Auch in anderen Veröffentlichungen *Kees de Korts*, in denen die Schöpfungsgeschichte enthalten ist, findet man Bilder mit Darstellungen von Wasser, Land, Tieren, Vögeln, Sonne usw., aber keine Gottesdarstellung.

[26] Lahr (1992) [11]2010.

[27] Neukirchen-Vluyn (1988) [17]2011.

[28] Die Bibel für Kinder und Erwachsenen neu erzählt, Zürich (1996) [8]2012.

- Dietrich Steinwede / Wasyl Bagdaschwili, „Die große Coppenrath Kinderbibel“[30].
- Jochem Westhof / Anna Karina Birkenstock, „Die 3-Minuten Kinderbibel“[31].
- Birgit und Georg Bydlinski / Anke Eißmann, „Jeder Tag ein neuer Anfang“[32].

Die Auswahl ist als repräsentativ anzusehen. Darüber hinaus zeigt ein Blick auf die Zahl der Auflagen, dass wir es auch mit Kinderbibeln zu tun haben, die bei den Käufern, Eltern, Großeltern, Taufpat(inn)en, Tanten und Onkeln ankommen. D.h. wir haben es in dieser Frage mit einem erstaunlich großen Konsens zu tun, der Produzenten und Rezipienten in gleicher Weise einschließt.

Bilder, die zur Schöpfungsgeschichte hinzugefügt werden, zeigen Landschaften mit Bergen und Tälern, mit Flüssen und Vulkanen, sowie Wälder und Meere, die Vielfalt der Vögel und der Seetiere. Häufig sind auch Adam und Eva auf diesen Bildern dargestellt. Es sind insgesamt friedvolle Darstellungen, die zum Erkunden der Details einladen. Teilweise sind die Darstellungen meines Erachtens ein wenig zu ‚friedlich‘[33]. Ein Hinweis auf die Gebrochenheit der Schöpfung wird teilweise durch die Einbeziehung der Schlange gegeben.

5. Der Zugang über Symbole

Die Verwendung von Symbolen stellt einen weiteren Weg dar, mit der Darstellung Gottes umzugehen. Gottesbilder sind vor allem im Zusammenhang mit der Schöpfungsgeschichte zu finden. Ein gelungenes Beispiel stellt die „Kinder-Bibel“[34] von Sieger Köder dar.

In diesem Bild wird die Schöpfung in ihrer ganzen Vielfalt eingefangen (Gen 1 und 2). Da sind zu sehen: das Wasser, Felsen, Fische, Pflanzen, Tiere und Licht, aber auch die Schlange. Adam und Eva sind mitten drin platziert. Sie sind Teil der Schöpfung. Das gesamte Ensemble wird getragen von zwei Händen. Es sind große Hände. Darin kommt zum Ausdruck: Die Schöpfung kommt aus Gottes Hand, sie wird verlässlich getragen von Gott.

Die symbolische Darstellungsweise Gottes findet man ebenfalls häufig bei der Geschichte von Moses Berufung (Ex 2,23-3,15). Oberthür und Burrichter[35] verwenden dazu das Bild einer Ikone vom Sinai. Neben dem goldenen Hintergrund verweisen der brennende/nichtverbrennende Dornbusch mit seinem kräftigen Rot und das Ausziehen der Schuhe auf die Gegenwart Gottes hin. Bei Sieger Köder[36] und Annegert Fuchshuber[37] finden wir ebenfalls das Rot des brennenden Dornbusches als Ausdruck der Gegenwart Gottes.

---

[29] *Oberthür / Burrichter* 2004 [Anm. 13].
[30] Münster 2009.
[31] Geschichten von Menschen der Bibel, Neukirchen-Vluyn 2006.
[32] Eine Bibel für Kinder und ihre Erwachsenen, Wien 2009.
[33] Exemplarisch seien die Illustrationen *W. Bagdaschwilis* [Anm. 30], 13, 14, 16f. genannt.
[34] Stuttgart 1995, 32.
[35] *Oberthür / Burrichter* 2004 [Anm. 13], 88.
[36] Kinder-Bibel 1995 [Anm. 34], 41.

Abb. 3: Sieger Köder, Die Schöpfung (1995)

Margot Käßmann erzählt in „Die Bibel für Kinder" die Berufung Moses auf folgende Weise:

„Später heiratete Mose eine Frau in Midia. Eines Tages, als er [Mose] dort die Schafherde seines Schwiegervaters hütete, entdeckte er einen brennenden Busch. Und aus diesem Dornbusch sprach Gott zu ihm: ‚Geh zum Herrscher von Ägypten', sagte Gott, ‚und sage ihm, dass er mein Volk gehen lassen soll.'"[38]

Die künstlerische Gestaltung sieht folgendermaßen aus:

Abb. 4: Carla Manea, Der brennende Dornbusch (2011)[39]

---

[37] *Laubi / Fuchshuber* 1992 [Anm. 26], 64.

[38] *Margot Käßmann*, Die Bibel für Kinder, Freiburg u.a. 2011, 36.

[39] Ebd.

Einen besonderen Weg gehen die Kinderbibelautorin Anneliese Pokrandt und der Künstler Reinhard Herrmann in der „Elementarbibel“[40]. Die Illustrationen sind grundsätzlich einem symboldidaktischen Ansatz verpflichtet. Insofern gehört die Elementarbibel zu der Gruppe, die Gottesbilder auf symbolische Weise darstellt. Aber Herrmann verbindet diesen Zugang bewusst mit der Darstellung Gottes in menschlicher Gestalt.[41] Das Gottessymbol dieses Künstlers ist um das Licht herum gestaltet. Es enthält Licht und Dunkel in vier abgestuften Ringen, in geordneter Form. Schöpfung ist für ihn Ordnung und Gestaltung. In der hellen Mitte des Zeichens kann man sich einen perspektivischen Fluchtpunkt vorstellen. Durch diesen Fluchtpunkt wird der Betrachter ins Bild sozusagen hineinprojiziert. In der Schöpfungsgeschichte wird zuerst das Licht geschaffen, das reine Licht, das Licht als Idee. Dieses Lichtsymbol kann flächenhaft gesehen werden wie Licht, das sich ausbreitet oder räumlich, wie ein Gang, der ins Helle führt. Herrmann verwendet dieses Lichtsymbol, um die unmittelbare Wirkung oder Gegenwart Gottes ins Bild zu bringen.

Die Elementarbibel enthält dazu im Zusammenhang der Erschaffung des Menschen einen erläuternden Einschub, in dem die Kinderfrage ‚Wie sieht Gott aus?‘ aufgenommen wird. Es wird gesagt, dass auch die Menschen der Bibel so gefragt und sich Vorstellungen von Gott gemacht haben:

> „In den alten Erzählungen tritt Gott deshalb auf wie ein Mensch, der begegnet den Menschen und redet sie an. In späterer Zeit wird erzählt, wie Gott Boten sendet, die seinen Willen sagen. In manchen Erzählungen erscheint Gott im Traum, im Feuer, in Wolken oder im Sturm. Er lässt sich durch eine Stimme hören [...] Niemand hat Gott je gesehen. Wenn Menschen in der Bibel davon erzählen, wollen sie auf besondere Weise sagen: Wir haben Gott in unserem Leben erfahren. Gott ist unser Herr.“[42]

Dieser Text wird umspielt von Symbolen: Licht, rotes Gewand und brennender Dornbusch. Bei den folgenden Geschichten (Erschaffung des Adam, im Garten Eden, Erschaffung Evas, Geschichte vom Sündenfall) wird Gott dann als menschliche Person dargestellt.[43] Auf dem Bild ist der Moment festgehalten, als Gott Adam den Hauch des Lebens in die Nase bläst. Gott ist am roten Gewand zu erkennen. Wichtiger aber ist, dass in der hellen Mitte des Lichtsymbols der Kopf der Gottesfigur eingezeichnet ist. Diese Anordnung findet sich ebenso bei den anderen Gottesbildern der Elementarbibel.

Religionspädagogisch gesehen ist es eine wichtige Aufgabe, die Kinder von ihren anthropomorphen Gottesbildern hinzuführen zu einem symbolischen Zugang zur Gottesfrage. Ob dies ein hilfreicher Weg sein kann? Es ist jedenfalls ein interessanter Versuch, den Herrmann mit seinen Illustrationen vorgelegt hat.

---

[40] Lahr 1998.

[41] Zum Folgenden s. *Reinhard Herrmann*, Gottesbilder in Illustrationen von Kinderbibeln, in: Hans-Gerd Wirtz (Hg.), Der Glaube der Kinder und das Gottesbild in Kinderbibeln (Schriften zur internationalen Kultur- und Geisteswelt 16), Weimar 1997, 57-63, bes. 61f. – Die bildliche Umsetzung des Gottessymbols findet sich *Pokrandt / Herrmann* 1998 [Anm. 40], 318f.

[42] *Pokrandt / Herrmann* 1998 [Anm. 40], 234.

[43] Ebd., 235, 236f., 238, 241, 242.

Abb. 5: Reinhard Herrmann, Erschaffung des Adam (1998)[44]

6. Ausblick auf die religiöse Bildung

Die Analyse der Kinderbibeln hat ein deutliches Ergebnis erbracht: Seit der Mitte des 20. Jahrhunderts sind Bilder von Gott in menschlicher Gestalt, sprich: als Mann, nur noch in Ausnahmefällen anzutreffen. Das ließe sich durch die Heranziehung einer Reihe weiterer Kinderbibeln noch breiter abstützen. Dies ist religionspädagogisch gesehen ein erfreuliches Ergebnis. Wir wissen aus erzählten und beschriebenen Lebensgeschichten, wie sehr ein anthropomorphes Gottesbild in einer Kinderbibel eine lebenslang wirksame Prägung hinterlassen kann, die einengend ist und das Mitwachsen des Gottesbildes verhindern kann.

Anna-Katharina Szagun hat in ihrer Rostocker Langzeitstudie die Entwicklung von Gottesverständnis und Gottesbeziehung bei Kindern, die in mehrheitlich konfessionslosem Kontext aufwachsen, untersucht. Die Ergebnisse legen nahe, vorsichtig zu sein hinsichtlich allzu einliniger Entwicklungskonzepte der Gottesvorstellungen von Kindern.[45]

Wir beobachten, dass Kinder im Kleinkindalter sich Gott in menschlicher Gestalt vorstellen. Entsprechende Kinderäußerungen und -zeichnungen machen dies deutlich. Wenn man sich die zeichnerischen Darstellungen von Kindern ansieht, so gibt es eine erkennbare Linie: Bis zum 9. Lebensjahr stellen Kinder Gott im Wesentlichen anthropomorph dar. Danach wird die Darstellung zunehmend symbolischer.[46] Damit müssen wir in der religiösen Erziehung umgehen.

---

[44] Ebd., 235.

[45] Vgl. *Anna-Katharina Szagun*, Dem Sprachlosen Sprache verleihen (Kinder erleben Theologie 1), Jena 2006; *dies / Michael Fiedler*, Religiöse Heimaten (Kinder erleben Theologie 2), Jena 2008, bes. 449ff.

[46] Vgl. *Helmut Harnisch*, Die zeichnerische Entwicklung des Gottesbildes bei Kindern und Jugendlichen, Stuttgart 1996; *Stephanie Klein*, Gottesbilder bei Mädchen, Stuttgart 2000; *Gottfried Adam*, Erziehung zur rechten Zeit? Überlegungen zu einer religionspädagogischen Kairologie

Allerdings können Kinder bereits in der Grundschulzeit Metaphern bilden. Ihre Metapher-Kompetenz dürfte größer sein, als wir weithin angenommen haben.

In der Perspektive einer Entwicklung hin zu einem ‚erwachsenen Glauben' ist die Verwendung von Gottesdarstellungen in menschlicher Gestalt in Kinderbibeln, wie sie oben in Abschnitt 3 analysiert wurden, strikt abzulehnen. Zudem ist zu bedenken: Wenn man das Gottesbild vornehmlich mit dem Bild des alten Mannes, sozusagen dem männlichen Senior, besetzt, dann sind die weiblich-mütterlichen Seiten, die das biblische Gottesbild ja ebenfalls enthält, nicht mehr aufnehmbar, sondern entfallen ganz.

Der Weg über den symbolischen Zugang, wie man das z.B. an der Lichtsymbolik oder dem ‚Zeichen' vom brennenden Dornbusch gut studieren kann, ist der angemessene Weg für eine zeitgemäße religiöse Bildung. Dabei muss unterschieden werden zwischen der Fähigkeit der Kinder, selbst reflektiert sprachlich Rechenschaft über das eigene symbolische Verständnis geben zu können, und ihrer Fähigkeit, intuitiv die Bedeutung von Symbolen zu erfassen. Hierzu sind Kinder in viel größerem Maße fähig, als dies z.B. in den Stufentheorien der Entwicklung des Symbolverstehens, insbesondere auch bei James Fowler, angesetzt wird.[47]

Die vorliegende Analyse hat gezeigt, dass die Autor/-innen und die Künstler/-innen heutiger Kinderbibeln sich der Verantwortung, die sie im Blick auf bildliche Darstellungen Gottes wahrzunehmen haben, bewusst sind. Sie wählen nahezu ausnahmslos den symbolischen Zugang. Sie beschreiten damit einen Weg, der dem religionspädagogischen Diskussionsstand und einer zeitgemäßen religiösen Bildung, die theologisch und pädagogisch verantwortet ist, entspricht.

---

anhand der Gottesfrage, in: ders., Glaube und Bildung (Beiträge zur Religionspädagogik 1), Würzburg ²1994, 227-241, bes. 237-240 (Wandel der Gottesvorstellungen als religionspädagogische Herausforderung).

[47] Vgl. *Gottfried Adam*, Symbolische Kommunikation als Thema der Religionspädagogik, in: ders. 1994 [Anm. 46], 193- 212, bes. 201 u. 204.

So und anders.
Lesarten einer künstlerischen Fotografie „ohne Titel" im Horizont einer religionspädagogischen Rede von Gott

RITA BURRICHTER

1. Ausgangspunkt: Deutung und Bedeutung von Tradition

In einem Gespräch über die frappierenden Ähnlichkeiten zwischen mittelalterlicher Reliquienverehrung und gegenwärtiger jugendlicher Fan-Kultur zeigte sich eine Studentin einmal zwar höchst beeindruckt von den von mir aufgezeigten Strukturanalogien im Umgang mit Berührungsreliquien, vermochte auch Quellenmaterial aus Texten Peter Dinzelbachers[1] mit einer Relecture ihrer eigenen „Bravo"-Vergangenheit in Beziehung zu setzen, war sich zuletzt aber doch sehr unsicher, ob das so einfach geht und was das soll: „Frau Burrichter, ich glaube, das sehen nur Sie so."[2] Ihr Unbehagen bezog sich auf die Frage, ob denn über ihr eigenes subjektives Erlebnis eines irgendwie strukturellen Wiedererkennens hinaus dieser Zusammenhang Bedeutung habe auch für andere und für die Sache des Religiösen überhaupt. Stärker noch: ob diese Lesart nicht vor allem *meiner* Vorentscheidung und Vorprägung geschuldet sei, die zwar eine unabweisbare Logik für *mich* habe und auch von ihr *nachvollzogen* werden könne, dies aber auch eben nur, weil sie (wie beim sonntäglichen „Tatort"-Schauen) bereit sei, meinem Indizienbeweis willig zu folgen.[3] Für sie blieb die Frage letztlich *offen,* ob es denn tatsächlich einen objektiven, auch inneren, sinnstiftenden Zusammenhang zwischen den Phänomenen gebe. Und ganz und gar blieb für sie als angehende Religionslehrerin schließlich auch die Frage offen, ob denn das Nachdenken über den Zusammenhang zwischen der Bedeutung des Fingernagels der Hl. Elisabeth in der Vergangenheit und des Handtuchs eines gerade angesagten Popstars in der Gegenwart im Sinne der Korrelationsdidaktik überhaupt theologisch und religionspädagogisch relevant sei. Dass es diese Traditionslinie gibt oder wenigstens geben könnte, war ihr ja nachvollziehbar, aber bedeutet sie – existenziell *und* religiös – etwas?

Die Frage, ob und wie ‚Tradition' – zu verstehen als systemisches, semantisch wie syntaktisch zu erschließendes, Identität stiftendes Zueinander von Überlieferung, Brauchtum, Artefakten, Deutungsmustern – unter den Bedingungen von Pluralisierung und Individualisierung in der Reflexion anstehender

---

[1] Vgl. *Peter Dinzelbacher,* Körper und Frömmigkeit in der mittelalterlichen Mentalitätsgeschichte, Paderborn u.a. 2007.

[2] *Rita Burrichter,* Näher kommen – verbunden sein. Oder: Über die Sehnsucht nach dem Heiligen, in: KatBl 132 (4/2007) 284f.

[3] Zu Problemen eines derartigen „Lesarten-Konzepts" vgl. *Rudolf Englert,* Religionspädagogische Grundfragen. Anstöße zur Urteilsbildung, Stuttgart ^{2}2008, 102f.

religionspädagogischer Grundfragen überhaupt und angemessen bedacht wird, hat Rudolf Englert mehrfach gestellt und dabei ‚Stolpersteine' und ‚Aufgaben' benannt.[4] Eine Aufgabenstellung lautet:

> „Die grundlegende kulturelle und anthropologische Bedeutung eines Bezugs auf Traditionen sollte deutlicher herausgestrichen werden. Dabei wäre erheblich über das hinaus zu gehen, was man gewöhnlich ‚kulturgeschichtliche Legitimation' des Religionsunterrichts nennt. Denn es geht hier nicht nur um das Vertrautwerden mit dem eigenen Erbe, sondern weit darüber hinaus um die Einsicht in die fundamentale Bedeutung von Traditionen für die Konfigurationen von Welt-Zugängen und Erfahrungen überhaupt. Die Frage ist nicht: Orientiere ich mich an einer vorgegebenen Tradition oder entscheide ich selbst? Die Frage ist: In *welche* Geschichte lasse ich mich verstricken? Im Lichte welcher bedeutungsspendenden Tradition ‚lese' ich mein Leben?"[5]

Die folgende Auseinandersetzung mit einem künstlerischen Werk sucht – unter Berücksichtigung der damit verbundenen ‚Stolpersteine' – einen Beitrag zu dieser Aufgabe zu leisten, indem sie Schnittstellen von Lesarten benennt, Konvergenzen im Bereich von Kunst und Theologie, deren Bedenken für Prozesse religiöser Bildung weiterführend sein können.

2. Ansatzpunkt: Gegenwartskunst

Auf einem rohen Dielenboden, vor einer nachlässig gestrichenen, unfertig wirkenden weißen Wand liegt ein schreiender Säugling: die Knie angezogen, die Fäuste geballt, die Augen zusammengekniffen, der Mund weit geöffnet, sodass die Zunge und der zahnlose Gaumen zu sehen sind. Im Krampf des Schreiens hat sich die Haut des Kindes bereits gerötet, bläulich treten die Adern unter dem zarten Haarflaum, der den Kopf bedeckt, hervor. Direkt neben dem Kind liegt auf einem Spitzendeckchen, mit der Schnittkante nach unten, ein halber Laib Brot mit einer kräftigen, leicht bemehlten Kruste.

Ein seltsames Arrangement, das viele Betrachterinnen und Betrachter zutiefst irritiert. Wer lässt ein schreiendes Kind so liegen? Nackt! Auf dem rohen Fußboden?! Besonders verstörend wirkt, dass neben das vermeintlich achtlos abgelegte, weggelegte Kind das Brot geradezu liebevoll und äußerst sorgsam, nämlich exakt mittig, auf dem altmodischen Spitzendeckchen arrangiert ist. Was soll das? Das Kind in so einer Bruchbude in der Not seines Schreiens liegenlassen und für ein Stück Brot einen solchen Aufwand treiben?

Das Bild entstammt dem Œuvre der Künstlerin Judith Samen (geb. 1970), die vor allem mit ihren inszenierten Fotografien national und international bekannt geworden ist, aber auch in ihrem zeichnerischen Werk, in Rauminstallationen und Performances ihrer sehr spezifischen künstlerischen Auseinandersetzung mit Welt und Wirklichkeit nachgeht.[6] Die Arbeiten Judith Samens umkreisen in fundamentalanthropologischer Perspektive Gegebenheiten menschlichen Lebens

[4] Vgl. *Englert* 2008 [Anm. 3], 81-121.
[5] Ebd., 105 (Hervorhebung i.O.).
[6] Einen Einblick in Werk und Vita gibt: www.judithsamen.com (letzter Aufruf 30.10.2012).

und berühren dabei immer wieder auch Grenzsituationen und Grenzfragen. Im Mittelpunkt ihrer Arrangements stehen Menschen und ihre Körper: Frauen und Männer, Alte und Junge, Säuglinge und Kinder. Die Künstlerin staffiert sie aus, gesellt ihnen Requisiten zu und stellt oder setzt sie in Räume. Dabei dominieren der Bruch, die Überraschung, das wohlkalkulierte, irritierende und verstörende Unterlaufen von konventionellen Seherwartungen: Eine junge Frau im altmodischen Nachthemd hält mit geradezu entrücktem Blick vor einer psychedelischen 70er Jahre-Tapete einen Rotkohl in ihren Händen. Ein junger Mann mit Perlenkette und flauschiger lila Jacke sitzt vor einer rosarot geschmückten Wand an einem mit rotem Tuch bespannten Tisch. Statt seiner Hände und Finger sieht man – Hummerzangen.[7] Die Requisiten dieser Arrangements – Kleidungsstücke, Bettwäsche, Vorhänge, Tisch- und Zierdecken, Geschirr – sind nichts Besonderes, sie scheinen vom Flohmarkt zu stammen und tragen den Verweis auf ihre meist kleinbürgerliche Herkunft unübersehbar an sich. Ebenfalls vornehmlich alltagsbezogen sind die Lebensmittel, die in den Inszenierungen neben den Menschen eine Hauptrolle spielen: Milch und Radieschen, Kartoffelpüree und Würste und immer wieder das offenkundig selbstgebackene Brot.

Abb. 1: © Judith Samen, O. T. (Schreien/Brot) 2006/11, VG Bild-Kunst, Bonn 2013.

Die an sich eher unscheinbaren, gelegentlich zwischen Peinlichkeit und Sentimentalität auch anrührenden Requisiten und Kostüme, getragen von an sich eher unscheinbaren Menschen in ganz und gar unscheinbaren Raumkonstellationen erlangen in den Bildinszenierungen Judith Samens eine geradezu monumentale Wucht. Kartoffelpüree auf einem Teller wird von einer fülligen Frau getragen

[7] Vgl. *Märkische Kulturkonferenz* (Hg.), Katalog Judith Samen, Berlin 2004, 14f.

wie eine kostbare Schale von einer griechischen Göttin, Milch wird vor nackten Brüsten ausgeschüttet wie eine Opfergabe, Rettiche erscheinen wie Insignien königlicher Macht.[8] Eine strenge künstlerische Formgebung, nämlich eine stilllebenhafte Anordnung, eine Sinn- und Strukturbezüge stiftende Farbgebung, die gleichmäßige Tageslichtausleuchtung, eine oft dem Goldenen Schnitt entsprechende Kompositionsstruktur tun ein Übriges und lassen die Fotografien Judith Samens wie altmeisterliche Gemälde erscheinen. Mit diesen Bildstrategien gelingt es ihr einerseits, ihre Bildthemen und deren Protagonisten zu nobilitieren und das Absurde und Groteske ihrer Arrangements sozusagen ‚einzufangen'. So gibt sie niemals die von ihr porträtierten Menschen der Lächerlichkeit preis, sondern überführt das von ihnen Vorgestellte durch ‚kanonisierte', überlieferte Strukturmodelle von Bildlichkeit ins Allgemeine und überführt damit auch die von ihren Modellen an sich selbst und ihren Körpern aufgeworfenen Fragen zum Menschsein, Personsein in Fragen zum Menschsein an sich, zum Personsein an sich. Andererseits bleibt es aber bei der aufgebauten internen Bildspannung und damit bei der Sichtbarmachung der mit derartig ‚großen Fragen' immer auch verbundenen Ambivalenzen:

> „Samen führt die großen Gesten so nah ans Vertraute und Alltägliche heran, dass diese plötzlich ins Absurde kippen. Sie ironisiert die Schwere und das Gravitätische der Inszenierungen durch die profane oder absurde Requisite, die sie ihren Protagonisten an die Seite stellt."[9]

Mit der Inszenierung als ‚Kippfigur' verfolgt Judith Samen eine zuerst und zuletzt *künstlerische* Intention, allerdings eine künstlerische Intention, die gleichermaßen ästhetische wie existenzielle und gesellschaftliche Fragestellungen im Wortsinn *in den Blick* nimmt und thematisiert. So oszilliert der sehende Zugang zum oben vorgestellten Werk charakteristisch zwischen Nähe und Distanz, zwischen Einfühlung und Fremdheit: Dem Mitleid erregenden realen Schreien des abgebildeten Kindes sind die Betrachterinnen und Betrachter emotional vermutlich ganz nahe, sie werden aber auch durch die stürzenden Linien der Dielenbretter und die leichte Aufsicht auf die Szenerie rein *visuell* ganz nahe herangeführt, *in* das Bild hineingeführt. Diese perspektivisch hergestellte unmittelbare räumliche Nähe wird aber jäh unterbrochen durch das rätselhafte Arrangement von Brot und Spitzendeckchen, das sowohl durch die formale Anordnung im Bild als auch durch seine eigentümliche motivische Fremdheit im Bildzusammenhang den ‚Zugang' zum Kind versperrt. Dem naheliegenden Impuls, als Betrachterinnen und Betrachter einen imaginativen Schritt ins Bild zu tun, um das Kind zu nehmen, zu wärmen und zu trösten wird eine visuelle Sperre entgegengesetzt. Was nun tun und denken? Welche Rolle ist mir in dieser Inszenierung zugedacht? Derartige Befragungen der Beziehung zwischen Bild und Betrachterinnen und Betrachtern *an* der Bildgrenze eröffnet das künstlerische Werk Samens nachgerade systematisch und diese Befragungen bewirken nicht selten auf der Betrachterseite Irritation, Unruhe, ein Schwanken zwischen Ergriffenheit

---

[8] Vgl. ebd., 56.43.24.

[9] *Magdalena Kröner,* Eine unverstellte Eigenartigkeit. Zur Fotografie von Judith Samen, in: Märkische Kulturkonferenz 2004 [Anm. 7], 5-9, 5.

und Abscheu, gelegentlich auch Erfahrungen eines unangenehmen Voyeurismus. In diesem Zusammenspiel zwischen Bild und Betrachtern ist darüber hinaus die Bezugnahme auf schon Gesehenes, die Verknüpfung mit motivisch und formal Bekanntem, mit kulturell-künstlerischer Tradition und deren öffentlich-musealer Repräsentation wirksam: „Der – fraglos irritierte – Rückgriff des Betrachters auf kunstgeschichtlich vorgeprägte Sehweisen mag zur suggestiven Wirkung der Bilder beitragen."[10] Auch dabei erweist sich wiederum im *formalen* Detail das Bildarrangement als verstehensproduktive ‚Kippfigur'. So versperrt und verlangsamt zwar im vorgestellten Werk die ‚Fremdheit' des diagonal vor den Kinderkörper gelegten Brotes den bildlichen ‚Zugang' zum Kind, eröffnet aber gerade dadurch die Möglichkeit der Verknüpfung der vorliegenden befremdlichen Motive mit Anderem, vielleicht schon Gesehenem.

3. Bezugspunkt: christliche Ikonographie

Für den an christlicher Ikonographie geschulten oder mindestens mit den traditionellen Bildern des gesamtgesellschaftlichen Beziehungsfestes Weihnachten nicht ganz unvertrauten Blick ist das auf dem nackten Boden liegende nackte Kind ein deutlicher Hinweis auf Jesus. Bereits die dem Franziskaner Johannes de Caulibus zugeschriebene, um die Mitte des 14. Jahrhunderts entstandene Schrift „Meditationes Vitae Christi" beschreibt das Kind unmittelbar nach seiner schmerzlosen Geburt zu Füßen der Mutter im Heu liegend. Ein Motiv, das dann noch einmal verstärkt im Anschluss an die rasante spirituelle, literarische und bildkünstlerische Rezeption der Visionen der Hl. Birgitta von Schweden gegen Ende des 14. Jahrhunderts die bildlichen Darstellungen der Geburt Christi in der westlichen Kirche maßgeblich bestimmt. Birgitta sah „jenes glorreiche Kind nackt und leuchtend auf der Erde liegend. Sein Leib war frei von jeder Befleckung. Ich hörte auch den lieblichen Gesang der Engel."[11] Ihre Schilderung legt nahe, dass sie diese Vision als Inbild der Inkarnation, als Ausdruck der Offenbarung der Herrlichkeit Gottes in der Welt und dadurch als Vision der göttlichen Erleuchtung der Welt ansieht, nicht aber als Ausdruck eines irgendwie schmerzhaften und einsamen Ausgesetztseins des göttlichen Kindes oder als bildliche Erniedrigung Gottes in das irdische Elend hinein. Die Schutzbedürftigkeit und Hilflosigkeit des göttlichen Kindes aber ist eine Deutung, die ab 1400 literarisch vermittelt vor allem durch die volkstümliche Weihnachtsdichtung und die theologischen und spirituellen Deutungen im Gefolge der *devotio moderna* auch die Bildtradition nachhaltig bestimmt. Gleichwohl bleibt das Christuskind, selbst wo es nackt auf der Erde oder auf nur wenigen Strohhalmen ruht, immer still, schmerz- und schmutzfrei, im Wortsinn *friedlich*. Alex Stock hat darauf hingewiesen, dass dies zweifellos den Umständen der mittelalterlichen Verknüpfung von Geburt mit Sexualität und Erbsünde geschuldet ist, die im Bild der Geburt

[10] *Klaus Crummenerl*, Vorwort, in: Märkische Kulturkonferenz 2004 [Anm. 7], 3.
[11] Zit. n. *Gertrud Schiller*, Ikonographie der christlichen Kunst, Bd. 1, Gütersloh ^{2}1969, 89.

Christi eben *nicht* anklingen sollten, dass dennoch aber zu fragen bleibt, ob hier nicht über das Thema der Inkarnation hinaus immer auch die schöpfungstheologisch grundierte „Urszene einer Frömmigkeit, die Gott in der Ankunft eines Kindes neu in der Welt begrüßt“[12] zu sehen ist. Von dorther bindet sich das Motiv des nackten Kindes auf dem Boden als „Geschenk des Himmels“, als „der bloße Anfang, ein pures Kind“[13] auch zurück an ‚ganz profane‘, oder besser: an religiös absichtslose Darstellungen der Gegenwartskunst. Zu fragen bleibt aus theologischer und religionspädagogischer Perspektive: Geht das so schnell? Und bringt das was?

Noch viel stärker stellen sich diese Fragen bei einer Verknüpfung des Motivs des Brotes auf dem Spitzendeckchen im Bild von Samen mit der christlichen Ikonographie. Wird erst einmal das nackte Kind auf dem nackten Boden mit Jesus identifiziert, so ist eine eucharistische Deutung des Brotes nicht abwegig. Denn auch das gehört zum frühesten Bildbestand der Weihnachtsikonographie: Das in Bethlehem (übersetzt: Haus des Brotes) geborene Kind ist der Erlöser, der unter der Gestalt des Brotes in der Feier der Mahlgemeinschaft auch weiterhin real gegenwärtig ist und bleibt. Jesus Christus *ist* das Brot, das wahre Lebensmittel. Schon die frühesten Krippendarstellungen haben diesen Deutungszusammenhang herausgestellt und demgemäß das Kind in der Krippe nicht auf Stroh, sondern auf Weizengarben gebettet. Insbesondere der Sakramentskult im 12. Jahrhundert führt dann unter Rückgriff auf die antike Opferikonographie zur bildlichen Ausgestaltung des ‚Krippen-Altars‘, der Geburt und Opfertod Christi gleichsam simultan zusammensieht und damit den inneren Zusammenhang des Heilsgeschehens herausstellt – durchaus auch in einem sakramentalen, also einem aktualisierenden, realpräsentischen, ‚heilswirksamen‘ Verständnis.[14] Dieser innere Zusammenhang ist christlich von Beginn an unstrittig, aber als *Bild*zusammenhang in den Bildstreitigkeiten der Alten Kirche umkämpft. Für Kaiser Leon III. und später die bilderfeindliche Synode von Hireia (754) gilt, „die Elemente der Eucharistie seien das einzig wahre Bild des lebenspendenden Leibes Christi, die einzig wahre sinnlich-anschauliche Präsenz und wirkmächtige Ausprägung seiner Inkarnation.“[15] Wenn auch die weitere Geschichte dann wieder die bilderfreundlichen Positionen begünstigte und deren Deutungshoheit die theologisch selbstkritischen (uns heute ganz aktuell erscheinenden!) Reflexionen der Bilderfeinde zu den Grenzen der Verfügungsmacht über das Heilige zurückdrängte, so bleibt doch in der Folgezeit der Zusammenhang von Inkarnation und eucharistischer Gabe gerade auch in den spannungsvollen Dimensionen der bildlichen Darstellungen, näherhin im visuellen Zusammenhang von *Kind* und *Brot* erhalten. Dass sich das leibhaftige Zur-Welt-Kommen Gottes erst durch das leibhaftige, blutige Opfer Christi als Erlösung ‚realisiert‘, dann aber ‚real‘ zugänglich ist und bleibt im *Verzehr* des eucharistischen Brotes, das verknüpft sich insbesondere in mittelalterlichen (schriftlichen wie bildlichen, östlichen wie

12 *Alex Stock,* Poetische Dogmatik. Christologie, Bd. 3, Paderborn u.a. 1998, 114.
13 Ebd.
14 Vgl. *Schiller* 1969 [Anm. 11], 85.
15 *Alex Stock,* Durchblicke. Bildtheologische Perspektiven, Paderborn u.a. 2011, 45.

westlichen) Vorstellungen mit der Gestalt des göttlichen *Kindes*, des geopferten Knaben.[16] Heutigen Vorstellungen, die im Blick auf das Verständnis der Eucharistie vor allem den Gedanken des Gemeinschafts- und Erinnerungsmahls stark machen, ist dieser Zusammenhang von Inkarnation und Opfer, von Opfer und Sakrament – und damit verbunden das Nachdenken über das sich *Einverleiben* des Hingegebenen – fremd, wenn nicht gar unangenehm und unheimlich geworden:

> „Mit der pastoralliturgischen Option für den Vorrang der *communio* sind in der katholischen Religion des 20. Jh. […] die spezifisch mittelalterlichen Weisen der Sakramentsdevotion nicht abgeschafft, aber doch, praktisch wie theoretisch, sichtlich in den Hintergrund getreten. Aber im hermeneutischen Haushalt der christlichen Religion endet das aktuell schwer Verwendbare nicht einfach auf der Müllhalde des Weltgeistes. Arbeit des Gedankens, die mehr sein will als rhetorische Stärkung der zeitgenössischen *opinio communis* lässt das vom herrschenden Bewusstsein einer Zeit Zurückgestellte nicht einfach als das im Zuge des Fortschritts Überholte hinter sich, sondern begreift es als *terra incognita* neuer Entdeckungen. Nicht, dass man zu ihm schlicht zurückkehren könnte oder sollte, sondern dass man an seiner Fremdheit bedenkt, was dem Geist der eigenen Zeit entgeht."[17]

Wird die Fremdheit und herausfordernde Schroffheit des Sakramentsgedankens im Blick auf den Zusammenhang von *Kind* und *Brot* auch kaum mehr in liturgischen Handlungsvollzügen wahrgenommen, so klingt dieser Gedanke in der Betrachtung einiger Arbeiten aus dem Œuvre von Samen durchaus immer wieder an und erweist sich dabei als herausfordernde künstlerisch-hermeneutische ‚Kippfigur'. So zeigt zum Beispiel eine Arbeit aus dem Jahr 1997 die Künstlerin in Kittelschürze vor einer Wand mit Küchenfliesen in Delfter Blau.[18] Unter den linken Arm hat sie – Kopf nach hinten, Po nach vorn – ein Baby geklemmt, mit der rechten Hand schneidet sie in einen Laib Brot. Während sich der Körper der Frau durch das unruhige Muster der Kittelschürze vor der kleinteilig gemusterten Rückwand geradezu auflöst, treten der Kind-Leib und der Brot-Laib körperhaft umso stärker hervor. Frappierend und beunruhigend gleichen sich die formale Struktur der Kerbung der Pobacken des Kindes und der Kerbung der Brotkruste bei längerem Zusehen an, damit verbunden ist auf Seiten der Betrachterinnen und Betrachter die nachgerade unausweichliche Imagination, der nächste Schnitt des Messers teilte nicht das Brot, sondern das Fleisch des Menschenkindes. Das alles wirkt aber – hier greifen die Brechungen der oben beschriebenen inszenatorischen Bildstrategien der Künstlerin – keinesfalls dramatisch, gar gewalttätig, sondern im Gegenteil gleichsam natürlich, alltäglich, als häuslich-nährende Verrichtung, an der man vielleicht sogar gern Anteil hätte – und möglicherweise auch schon hat: nämlich sehend als Betrachterin und Betrachter. Aber was heißt das im Blick auf das Kind? Wie ‚sättigt' ein Kind? Ganz ähnliche visuelle Strukturanalogien bietet auch das Bild mit dem schreienden Säugling, dessen zarte, pralle Haut mit der kräftigen Brotkruste korrespondiert. Das ohne Zweifel nahrhafte und leckere Brot wird nobilitiert durch das Spitzendeckchen als köstliche Kostbarkeit; und das Kind, das noch auf einem Zipfel des

---

[16] Vgl. *Lothar Zenetti,* Das Jesuskind. Verehrung und Darstellung, München 1987, 29f.
[17] *Stock* 2011 [Anm. 15], 56 (Hervorhebungen i.O.).
[18] Vgl. *Märkische Kulturkonferenz* 2004 [Anm. 7], 4.

Deckchens liegt, hat Anteil an dieser Präsentation.[19] Auch hier ‚schwankt' das Sehen der Betrachterinnen und Betrachter aufgrund der bildstrategischen Brechungen zwischen der Wahrnehmung von Differenz und Analogie. Und auch hier ist zu fragen: Was heißt das im Blick auf das Kind? Inwiefern ist ein Kind ‚köstlich'?

Abb. 2: © Judith Samen, O. T. (Brotschneiden) 1997, VG Bild-Kunst, Bonn 2013.

Für die christliche Tradition, gerade auch die christliche Bildtradition, ist das Zueinander von Differenz und Analogie im Blick auf den eucharistischen Leib/Laib wenn nicht klar, so doch beschrieben: Schon die mittelalterliche Theologie unterscheidet den irdisch-natürlichen Leib Christi vom sakramentalen Leib der eucharistischen Gabe (und darüber hinaus vom Leib Christi, der die Kirche selbst ist) und weiß – wenn auch theologiegeschichtlich mit unterschiedlichen Schwerpunktsetzungen, mit folgenschweren Missverständnissen und allerlei blinden Flecken – doch immer ‚irgendwie' zu *sagen*, wie das eine vom anderen unterschieden, mit dem anderen verbunden, im anderen aufgehoben ist. Demgegenüber erscheint der *aneignende*, der *Praxis* werdende Zugang zur Rede von Inkarnation und Realpräsenz, von der Gegenwart Gottes in der Welt und der Bedeutung von Körper und Leiblichkeit in diesem Zusammenhang nach wie vor

[19] Das entspricht wiederum dem Bildrepertoire der christlichen Tradition, die das nackte Kind oft auf den Zipfel des Schleiers der Mutter bettet und so eine visuelle, theologisch bedeutungsgeladene Verbindung zwischen Mutter und Kind schafft. Vgl. etwa *Herbert Fendrich,* Anbetung im Wald. Das Weihnachtsbild des Fra Filippo Lippi für die Medicikapelle von 1459, in: KatBl 125 (6/2000) 446-453.

theologisch und religionspädagogisch einigermaßen prekär.[20] Aber helfen da künstlerische ‚Kippfiguren' zu Leib/Laib? Wirklich?

4. Diskussionspunkt: Auslegung und Aneignung

Geht das so? Hilft das was? Die Fragen am Ende der Überlegungen zur Verbindung eines Einzelwerks der bildenden Kunst mit Traditionslinien der christlichen Bildgeschichte zielen auf Grundsätzliches. Der Vertreterin eines „kunstorientierten Lernens"[21] mag es erlaubt sein, jenseits der Bandbreite der aktuellen pädagogischen und religionspädagogischen Grundsatzfragen um ästhetische Bildung und ästhetisches Lernen[22] die Probleme und Perspektiven im Schnittpunkt von Kunst und Theologie zuzuspitzen auf konkrete Einzelfragen der Auslegung von Inkarnation im Horizont eines Einzelwerks und deren mögliche Relevanz für eine religionspädagogische Befassung mit der Gottesfrage.

Deshalb zunächst: Geht das so? Eine immer wieder gestellte Frage in Unterricht und Fortbildung lautet: „Was hat denn der Künstler selbst dazu gesagt?" Aus rezeptionsästhetischen und kunsthermeneutischen Gründen verweigere ich mich dieser Frage in der Regel und verweise auf die Interpretation des Werks ‚nach den Regeln der Kunst',[23] aber im Falle eines Werks von Samen habe ich diese Frage selbst einmal gestellt. In der großformatigen Fotografie eines Wickelkindes[24] in einem mit Tüchern verhängten Raum spielt das Kind mit Getreidehalmen. Fasziniert habe ich einen Bezug zur christlichen Weihnachtsikonographie nachgefragt und bekam die Antwort: „Ich musste ihr was geben, damit sie ruhig blieb." Was aber tun mit dem Zufall, der für (mindestens einige) Betrachterinnen und Betrachter deutungsweisend und sinnstiftend ist? Die Künstlerin stellt klar, dass die kunstgeschichtlich-ikonographisch möglichen Anschlüsse in ihren Inszenierungen nicht auf *reenactment* beruhen; sie stellt keine Szenen nach, führt kein Spiel auf. Aber sie spielt durchaus, nämlich mit der konventionell und kulturell geprägten Bildwelt, die sie als nicht nur formal-motivische, sondern auch als emotional-existenzielle Bezugsgröße versteht und nutzt. Die Künstlerin versteht ihre Bildarrangements auch nicht als Zitate. Aber die Frage nach der Möglichkeit der künstlerischen Darstellung menschlicher Grundfragen

---

[20] Vgl. *Regina Ammicht-Quinn,* Körper, Religion, Sexualität. Theologische Reflexionen zur Ethik der Geschlechter, Mainz ^{2}2000; *Joachim Valentin* (Hg.), Wie kommt Gott in die Welt? Fremde Blicke auf den Leib Christi, Frankfurt – Leipzig 2009.

[21] *Claudia Gärtner,* Ästhetisches Lernen. Eine Religionsdidaktik zur Christologie in der gymnasialen Oberstufe, Freiburg 2011, 65.

[22] Vgl. exemplarisch: *Klaus Mollenhauer,* Grundfragen ästhetischer Bildung. Theoretische und empirische Befunde zur ästhetischen Erfahrung von Kindern, Weinheim – München 1995; *Joachim Kunstmann,* Religion und Bildung. Zur ästhetischen Signatur religiöser Bildungsprozesse, Gütersloh 2002; *Stefan Altmeyer,* Von der Wahrnehmung zum Ausdruck. Zur ästhetischen Dimension von Glauben und Lernen, Stuttgart 2006; *Gärtner* 2011 [Anm. 21].

[23] Vgl. die bildhermeneutischen Beiträge in *Gottfried Boehm,* Was ist ein Bild?, München ^{4}2006; *ders.,* Wie Bilder Sinn erzeugen. Die Macht des Zeigens, Darmstadt ^{3}2010.

[24] Vgl. *Märkische Kulturkonferenz* 2004 [Anm. 7], 38. Dazu: *Rita Burrichter,* Zur Welt gekommen, in: KatBl 130 (6/2005) 436f.

zu Tod und Leben, zu Identität und In-der-Welt-Sein führt immer auch zu – alltagsweltlich wie museal – schon Gesehenem, zu Darstellungstraditionen.[25] In deren Linien sich einzubinden, diese aber auch zu stören, sie zu queren und umzuleiten ist ein strikt *bildorientierter* Prozess, der aber auch thematisch und motivisch, emotional und existenziell Wirkung *zeigt.* Die künstlerische Arbeit macht in dieser Weise kulturelle Lesarten sozusagen originär sichtbar. Dies ist nicht zwingend ‚archetypisch' zu verstehen, wohl aber phänomenologisch-kommunikativ.[26] Ein interpretativer Anschluss an die Bestände der christlichen Ikonographie ist dann möglich und legitim, kann aber auch schlichtweg entfallen, ohne dass dem Verstehen des Werkes oder gar dem Werk selbst etwas fehlte. Auch von der Künstlerin muss dieser Anschluss nicht zwingend intendiert oder im Detail *gewusst* sein, er wird aber durch die Art, wie es *gemacht* ist, durch die künstlerische Struktur des Werks eröffnet. Dass das Werk auf diese Weise ‚Lesart' der christlichen Bildtradition ist, bedeutet für sein Verstehen die Eröffnung der Möglichkeit: So *und* anders. Diese Eröffnung von Möglichkeit zeigt sich aber auch bereits in der Werkbezeichnung „ohne Titel".

Und weiter: Hilft das was? Kunsttheologische und bilddidaktische Konzepte umkreisen Fragen eines angemessenen Umgangs mit künstlerischen Artefakten nicht nur aus Gründen kultureller Sensibilität oder gar Pietät, sondern vor allem aus Eigeninteresse. Für die Religionsdidaktik hält Englert fest:

> „Meines Erachtens wäre die Bedeutung der Aufgabe zu unterstreichen, von der PISA 2000 einleitend spricht: nämlich die verschiedenen für menschliches Dasein konstitutiven Wirklichkeitszugänge in ihrer jeweiligen Besonderheit zu erschließen, d.h. hier: den religiösen Wirklichkeitszugang. Es wäre deutlich zu machen, dass es beim Beschreiten dieses Zugangs nicht darum geht, ein bestimmtes Segment der Wirklichkeit abzubilden und zu erklären, sondern mit einer in Geschichten und Zeugnissen repräsentierten Perspektivik zu konfrontieren und zu fragen: Wie verändert sich der Ausdruck der Welt unter dem Eindruck der Tradition?"[27]

Das abendländische ‚inkulturierte' Christentum verwahrt weder die ‚Geschichten' noch die ‚Zeugnisse' und damit auch die ‚Perspektivik' in einer religiösen Sonderabteilung, sondern in der Kulturgeschichte, die dadurch aber nicht einfach zu einer religiösen Kulturgeschichte wird. Dem ist Rechnung zu tragen, und das heißt auch, dass den geschichtlichen Widerständen und Widersprüchen, den religiösen Diffusionen und antireligiösen Abgrenzungen Rechnung zu tragen ist. Das aber bedeutet vor allem, den jeweiligen (mit künstlerischen Mitteln gesetzten) Eigensinn von Schrift, Bild, Figuration und Zeichen nicht als äußerlich-formales, historisch kontingentes ‚Gefäß' (auch) für Religion sondern als

[25] Die Diskussion um Herkunft und Tradition existenzieller Gesten, Bilder, Figurationen im künstlerischen Kontext wird in der Kunstwissenschaft im Anschluss an Aby Warburg geführt. Die damit verbundenen kunstpsychologischen und -soziologischen sowie bildwissenschaftlichen Fragen bleiben hier außer Acht. Zum bildproduktiven Zusammenhang vgl. *Marcus Andrew Hurttig,* Kat. Die entfesselte Antike. Aby Warburg und die Geburt der Pathosformel in Hamburg, Hamburg – Köln 2011/12.

[26] Vgl. *Bernhard Waldenfels,* Verkörperung im Bild, in: Richard Hoppe-Sailer / Claus Volkenandt / Gundolf Winter (Hg.), Logik der Bilder. Präsenz – Repräsentation – Erkenntnis, Berlin 2005, 17-34, 24.

[27] *Englert* 2008 [Anm. 3], 119.

genuinen ‚Ausdruck' (auch) von Religion unter den Bedingungen einer bestimmten Gegenwart und damit als religiösen Wirklichkeitszugang von Menschen unter den Bedingungen einer bestimmten Gegenwart zu verstehen. Wer aber in dieser Weise nach der kulturell artikulierten geschichtlichen ‚Beziehungsdimension'[28], etwa der Gottesfrage fragt und gewillt ist, die historischen gestalterisch-künstlerischen Setzungen als Bestandteil der Artikulation der Gottesfrage anzunehmen, die auch heute noch nicht nur etwas zu sagen, sondern auch zu verändern hätte, sollte dies auch im Blick auf die Gegenwartskunst tun, die ja ihrerseits Bestandteil und Fortschreibung von Kulturgeschichte ist. So befördert das Nachdenken über den Zusammenhang von Leib/Laib angesichts der konsequent *künstlerisch* zu verstehenden Arbeit Samens die Auseinandersetzung mit Fragen zur Konstitution von Wirklichkeit, die in der Systematischen Theologie einen gewichtigen Platz einnehmen, von dort aber oft nur schwer als *tatsächlich religiös bewegende* Frage in die Vermittlungspraxis Eingang finden. Im Horizont bildender Kunst aber geraten sie geradezu systematisch vor Augen:

> „Es wäre ein Irrtum, vergangenen Zeiten einen problemlosen Umgang mit dem Thema des Corpus Christi zuzuschreiben. Auch hier stellte sich immer schon die Frage, was vom Leben Jesu gezeigt und was verborgen werden sollte. Mit dem Konfliktstoff, der in ihrer bildlichen Realität eingeschrieben ist, sind die religiösen Bilder der europäischen Kultur vielleicht einzigartig in der Bildproduktion der Religionen und Kulturen. [...] Wenn die gleiche Kultur Bilder Christi und Bilder der heidnischen Venus (letztere natürlich transponiert zu einem Gleichnis) hervorbrachte, schuf sie zwischen offiziellem Glauben und ästhetischer Fiktion oder allegorischem Blick fragile Verhältnisse. Wahrheit und Täuschung machten sich als Angebote derselben Kunst Konkurrenz, ließen sich aber im Kunstbegriff versöhnen."[29]

In diesem Sinne geben Werke der bildenden Kunst allerdings nicht nur als kulturell eigenständige Artefakte *von außen* zu denken, sondern sollten auch Aufgabe und Gegenstand eines *intra*disziplinären theologischen Diskurses sein, der sich ja mit der ‚Versöhnung im Kunstbegriff' so nicht zufrieden geben kann.

5. Endpunkt? So und anders!

„Anfragen an das christliche Bild von Gott aus der Gegenwartskunst" – ich will nicht verhehlen, dass mich die Beauftragung durch die Herausgeber dieses Bandes zur Beschäftigung mit meiner ‚Gretchenfrage religiöser Bildung' in Verlegenheit brachte – was allerdings auch der Sinn einer Gretchenfrage ist, die ja auf das Aussprechen grundlegender, gerade auch verborgener oder gar geheim gehaltener Motivationen und Absichten zielt und die im Letzten immer ein Bekenntnis einfordert.

Mein Unbehagen speist sich gleichermaßen aus theologischen wie kunstwissenschaftlichen Bedenken. Es umkreist die Frage, was denn ‚das christliche Bild

---

[28] Vgl. zur ‚Beziehungsdimension' in diesem Sinne auch *Klaus König*, Kirchengeschichtsdidaktische Grundregeln, in: Engelbert Groß / Klaus König (Hg.), Religionsdidaktik in Grundregeln. Leitfaden für den Religionsunterricht, Regensburg 1996, 182-202, 182.

[29] *Hans Belting*, Das echte Bild. Bildfragen als Glaubensfragen, München ^{2}2006, 109.

von Gott‘ eigentlich ist, ob es das gibt, geben kann, geben darf und zwar nicht nur in der christlichen Bildergeschichte, sondern ganz grundsätzlich als ‚Bild‘, als Vorstellung und Rede von Gott in der Theologie. Dazu sind theologische, theologie- und kunstgeschichtliche Überblicke und Einzeldiskussionen nicht gerade Mangelware und auch eine religionspädagogische Problemanzeige zu dieser komplexen Fragestellung im Horizont von Gegenwartsgesellschaft und Gegenwartskunst liegt vor.[30] Die Entscheidung, über das Stichwort ‚Inkarnation‘ eine Annäherung zu versuchen, ist aber nicht nur der Komplexität der Fragestellung geschuldet, sondern der Beobachtung, dass die Frage des in die Welt Kommen Gottes angesichts der allseitigen Zunahme deistischer Deutungsmodelle insbesondere auch bei Erwachsenen dringlich zur religionspädagogischen Revision ansteht. Dies gilt sowohl im Blick auf geläufige religionsdidaktische Modelle, die Gott umstandslos in die Lebenswelt integrieren wie auch im Blick auf zunehmend an Fahrt gewinnende Modelle einer schroffen Entgegensetzung von Gott und Welt. Darüber hinaus wird das Stichwort ‚Inkarnation‘ im Zuge anstehender interreligiöser Verständigungen im Kontext von religiöser Bildung und Erziehung in der öffentlichen Schule zum Prüfstein der Wahrheitsfrage werden. Darüber täuschen theozentrische Konzepte, die insbesondere die trinitarische Person des ‚Vaters‘ in den Mittelpunkt setzen sowie der waltende Deismus, der sich auf ein ‚göttliches Prinzip‘ zu verständigen vermag, nicht hinweg. Mein Unbehagen umkreist aber auch die Frage, ob denn die ‚Gegenwartskunst‘ derartige ‚Anfragen‘ überhaupt stellen kann, stellen soll oder wirklich stellt. Denn es ist ja nicht so, dass die bildende Kunst sich schon im Klaren wüsste bezüglich ihrer eigenen Tradition und deren normierender Kraft und von dorther umstandslos religiöse Tradition zu befragen vermöchte. Und umgekehrt erweist sich die religiöse Tradition in posttraditionaler Zeit weniger denn je als monolithisch. Worauf vermag sich dann aber eine künstlerische ‚Anfrage‘ noch zu beziehen ohne selbst anachronistischen Perspektiven Vorschub zu leisten? Im Grunde geht es beiderseits – theologisch und künstlerisch – um die je unabgeschlossenen und prinzipiell unabschließbaren Fragen nach dem Anspruch des ‚Eigentlichen‘ im Horizont von ‚Form und Gestalt‘.[31] Mit diesen Fragen sitzt man dann immer noch in Marthens Garten und stammelt Fausts ‚Lesarten-Konzept‘ nach, ahnt aber einmal mehr, dass die Erwägung solcher Fragen sich nur am konkreten Beispiel und unter Offenlegung der eigenen (kunstwissenschaftlichen wie theologischen) Interessen lohnt: „Es sagen‘s allerorten alle Herzen unter dem himmlischen Tage, jedes in seiner Sprache; warum nicht ich in der meinen?“[32]

---

[30] Vgl. *Claudia Gärtner*, Gott in moderner und zeitgenössischer Kunst. Kunstwissenschaftliche und soziologische Betrachtungen im religionspädagogischen Kontext, in: JRP 25/2009, 206-217.

[31] Vgl. *Wolfgang Ullrich,* An die Kunst glauben, Berlin 2011.

[32] *Johann Wolfgang von Goethe*, Faust I, VV. 3462-3465, Hamburger Ausgabe, Bd. 3, München [12]1982, 110.

Teil II: Ziele religiöser Bildung

Abb. 1: Schlüsselwörter der Beiträge aus Teil II dieses Bandes

Von der Wiederkehr der Religion wurde zu Beginn dieses Jahrtausends viel gesprochen. War das eine religiöse Fata Morgana und ein kirchliches Wunschdenken oder handelt es sich wirklich um eine Wiederentdeckung Gottes und der Religion? Mit *Stefan Altmeyer* kann man in diesem Phänomen *die* Herausforderung der Religionspädagogik für heute erkennen. Ziel einer religiösen Bildung in postmoderner Zeit muss mehr und mehr theologische Orientierungs- und Diskursfähigkeit werden, ohne den Praxisbezug zu verlieren. Das kann aber nicht ohne Klärung und Schärfung des Bildungsbegriffes geschehen. Darauf weisen *Ursula Frost* und *Wolfgang Krone* hin. Gegen Ökonomisierung und Instrumentalisierung der Bildung, die Lernen und Erkenntnisgewinnung zur

Ware und den Menschen zum Produkt der Bildung machen, treten sie kritisch und entschieden für eine „widerständige" Bildung als „humane Selbstverständigung" ein. „Damit verbindet sich die Einsicht in die konstitutive Bedeutung der Bildung für die Menschwerdung des Menschen und für die Arbeit an einer menschenwürdigen Welt." (S. 106) Im Rückgriff auf die klassische Bildungstheorie plädieren sie für einen humanistischen und widerständigen Bildungsbegriff.

Ob ein solcher bildungstheoretischer Blick in Bezug auf eine ästhetisch ausgerichtete Fachdidaktik entfaltet werden kann, diskutiert *Claudia Gärtner*. Wie stehen ästhetische Erfahrung und religionspädagogische Praxis zueinander? Lassen sie sich miteinander verbinden oder schließen sie sich gar gegenseitig aus? Kann das Ästhetische überhaupt einen Beitrag zum religiösen Lernen leisten? Aufgrund erster Ergebnisse aus der empirischen Unterrichtsforschung warnt Gärtner aber davor, allzu hohe Erwartungen an Schülerinnen und Schüler zu stellen, die an solchen Lernprozessen teilnehmen. Hat doch die Religionspädagogik in der ästhetischen Ausrichtung eine Antwort auf die Suche nach einer neuen Lernkultur, die die Schülerinnen und Schüler produktiv in das Lerngeschehen miteinbezieht, zu finden geglaubt. Insbesondere die kompetenzorientierte Fachdidaktik plädiert in diesem Kontext für ein selbstgesteuertes und selbstorganisiertes Lernen im Religionsunterricht. Sehr skeptisch steht *Hans Schmid* diesem Wandel gegenüber und prognostiziert ein ‚grandioses Scheitern' (vgl. S. 128). Für ihn gilt es, die Bedeutung der fachlichen Expertise des Lehrers/der Lehrerin neu zu entdecken und ihre Bedeutung für die schulischen Lehr-/Lernprozesse zu würdigen. Dazu richtet er leidenschaftlich seinen Blick auf die pädagogischen und didaktischen Herausforderungen des Unterrichtens.

Natürlich geht es dabei immer auch um religiöse Erfahrungen. Aber wie treten diese in unserer heutigen Kultur in Erscheinung? Als ‚Insel-Erfahrungen' diagnostiziert *Helga Kohler-Spiegel*. Deshalb bedarf es überzeugter Christinnen und Christen, an denen erkennbar wird, was Religion bedeutet. Das gilt in besonderer Art und Weise im (Rück-) Blick auf Jesus, der bei den Menschen war und ihnen in ihrer Verschiedenheit gerade das gegeben hat, was sie brauchten. Von Anfang an zeigt sich, Religion und Religiosität sind biographisch geprägt und in Beziehungen/Bindungen verwoben. Natürlich hat dies pädagogische Implikationen im Umgang mit Kindern. Wesentlich ist dabei Beziehung – ‚Glaubenskommunikation' – darauf macht *Dominik Blum* aufmerksam.

Gottfried Bitter weist auf einen basalen religionspädagogischen Begriff hin, der allzu oft dem Alltagsblick der Religionspädagogik verloren geht: der Neugier. Wie kann dieses grundlegende, suchende Interesse neu geweckt, initiiert, gefördert und begleitet werden? Welche Möglichkeiten erwachsen didaktisch aus diesem Anliegen? Dazu zeichnet Bitter sowohl die biblische, philosophische als auch theologische Ideengeschichte nach und belegt, wie sehr die Neugier Lebens- und Glaubenszusammenhänge erschließen kann – dialogisch, in entdeckender Weltverantwortung der Christinnen und Christen. Eine solche Sicht hat natürlich auch Konsequenzen für das Profil und die Zielsetzung der Religionspädagogik. Sie fordert heraus, Lernbedingungen und -chancen aus christlicher ‚Tiefenperspektive' selbst ‚neugierig' und ‚neugierig-machend' zu denken.

Wiederkehr der Religion: Enttäuschte Hoffnung oder unentdeckte Herausforderung?

STEFAN ALTMEYER

1. Zwischen Hoffnungszeichen und alten Widersprüchen

Es ist gerade einmal gut sechs Jahre her, da sprach der damalige Vorsitzende der deutschen Bischofskonferenz, Kardinal Lehmann, zur Eröffnung der Frühjahrs-Vollversammlung der Deutschen Bischöfe von einem „Hoffnungszeichen". Er bezog sich dabei auf eine wachsende Anzahl von Expertenstimmen, die er mit der These zitierte: „Religion kehrt wieder."[1] Für ihn verknüpften sich damit ermutigende Signale: Menschen scheinen auch oder gerade heute auf der Suche zu sein nach einem Mehr an Sinn, als ihnen die moderne Gesellschaft *ohne Religion* anbieten oder gar garantieren könne. Die Rahmenbedingungen für Religion und Kirche seien günstiger geworden. Eine noch deutlich optimistischere Sprache wählte ebenfalls im Jahr 2006 der Rat der Evangelischen Kirchen in Deutschland in seinem Impulspapier „Kirche der Freiheit". Von einmaligen Chancen wird hier gesprochen, die „bewusst als ein besonderes Zeitfenster für neue kirchliche Initiativen"[2] zu nutzen wären.

Es ist bezeichnend, dass solch positive Einschätzungen heute nur mehr selten öffentlich geäußert werden. Es scheinen die Kritiker Recht zu behalten, die schon damals vor allzu einseitig positiven Interpretationen warnten.[3] Im deutenden Rückblick erweist sich das Jahr 2005 mit seinen religiösen Großereignissen als Schlüssel zum Verständnis. Das Sterben des alten und die Wahl des neuen (deutschen) Papstes sowie der Weltjugendtag in Köln erfahren in Deutschland eine ungeheure und für viele überraschende mediale Aufmerksamkeit. Sie verhelfen der These von der Wiederkehr der Religion zu einer breiten Öffentlichkeit und zu intuitiver Plausibilität. 2006 explodieren dann die Publikationen zur Wiederkehr der Religion – mal mit, mal ohne Fragezeichen. Eine wissenschaftlich umstrittene These wird zum Hoffnungsträger.[4] Der radikale Umschwung

---

[1] Beide Zitate: *Karl Lehmann*, Predigt des Vorsitzenden der DBK im Pontifikalgottesdienst zur Eröffnung der Frühjahrs-Vollversammlung der DBK am 6. März 2006 in der St. Hedwig-Kathedrale in Berlin (http://www.dbk.de/presse/details/?presseid=1325 [03.12.2012]), o. S.; s. a. *ders.*, Neue Zeichen der Zeit. Unterscheidungskriterien zur Diagnose der Situation der Kirche in der Gesellschaft und zum kirchlichen Handeln heute, Bonn 2005, 8-16.

[2] *Kirchenamt der EKD* (Hg.), Kirche der Freiheit. Perspektiven für die Evangelische Kirche im 21. Jahrhundert. Ein Impulspapier des Rates der EKD, Hannover 2006, 14.

[3] So a. *Lehmann* 2006 [Anm. 1], o. S. selbst: „Der Weg zur Kirche kann" durch die sog. neuen religiösen Phänomene, wie sie auch die Weltjugendtage beeinflussen, sogar „fast noch mehr versperrt werden als bisher." Vgl. a. *ders.* 2005 [Anm. 1], 12, 16.

[4] *Detlef Pollack* spricht sogar von einer „neuen Meistererzählung in den Sozialwissenschaften […]: Religion und Moderne seien vereinbar, die Moderne habe religiöse Wurzeln, die Religion bringe selbst die Moderne hervor" (*Detlef Pollack*, Rückkehr des Religiösen? Studien zum religiösen Wandel in Deutschland und Europa II, Tübingen 2009, 8).

kommt spätestens 2010, als die skandalösen Missbrauchsverbrechen öffentlich werden und der kirchliche Umgang damit in den Blick gerät. Auf einen Schlag wird deutlich, dass eine Wiederkehr der Religion im öffentlichen Diskurs sich stark auf institutionalisierte Religion bezieht und keineswegs immer ein religionsfreundliches oder gar kirchenaffines Gesicht trägt. Das Hoffnungszeichen einer Rückkehr der Religion verblasst, die alten Widersprüche Moderne vs. Religion, Kirche vs. Welt, säkular vs. religiös kehren mit Macht zurück.

Ist es damit müßig geworden, sich mit der ‚Wiederkehr der Religion' zu beschäftigen? Ich meine, das Gegenteil ist der Fall. Meine These ist: Wird die Rede von der Wiederkehr der Religion als einseitiges Hoffnungssignal entzaubert, legt dies erst die eigentliche Herausforderung frei. Zu unkritisch sah man auch in der Religionspädagogik vor allem Signale eines wiederkehrenden religiösen Interesses. Zu bereitwillig hoffte man, sie ließen sich einfach als Offenheit gegenüber dem Deutungsangebot christich-kirchlicher Religiosität lesen und produktiv mit diesem korrelieren. Dies *kann* zweifellos gelingen. Man sollte aber nicht vergessen: Wenn Religion als Thema des gesellschaftlichen Diskurses wiederkehrt – und zwar mit all ihren Licht- und Schattenseiten, ihren positiven wie negativen Auswirkungen, ihren kulturellen wie politischen Facetten – wenn dem so ist: Wie steht es eigentlich um die Fähigkeit unserer Schüler/-innen, an diesem Diskurs reflektiert und selbstbestimmt teilzunehmen? Das Ziel religiöser Bildung müsste lauten: nicht nur für die religiöse Dimension der Wirklichkeit sensibilisieren, sondern auch zur reflektierten Teilnahme am gesellschaftlichen Diskurs über Religion befähigen. Mit Rudolf Englert wäre von eine religiösen Orientierungsfähigkeit zu sprechen, die konsequent individuelle wie kontextuelle Aspekte miteinander verbindet.[5]

Diese These möchte ich im Folgenden begründen und auf ihre Konsequenzen befragen. Dazu werde ich zunächst den begründeten Gehalt der überstrapazierten Metapher von der Wiederkehr der Religion klären. Daraus ergibt sich zweitens ein veränderter Blick auf die Aufgaben religiöser Bildung, der schließlich drittens bislang kaum begangene Wege einfordert, auch die Praxis religiöser Bildung neu zu denken.

2. Wiederkehr der Religion: Dekonstruktion einer Metapher

Schon die Bemerkungen zu Beginn machen deutlich: Das Schlagwort ‚Wiederkehr der Religion' ist semantisch so offen, dass eine Vielzahl von Lesarten und Deutungen gleichzeitig möglich sind. Was soll eigentlich mit der Wiederkehr *der* Religion gemeint sein? Diese fehlende Eindeutigkeit muss allerdings nicht verwundern. Denn die Wiederkehr der Religion ist sprachlich betrachtet eine Metapher, ein vieldeutiges Bild. Wo von einer Wiederkehr die Rede ist, haben wir unweigerlich unterschiedliche Bilder im Kopf, die gegensätzliche Assoziati-

---

[5] Vgl. *Rudolf Englert*, Der Religionsunterricht vor der Frage nach seinem Ertrag, in: ders., Religionspädagogische Grundfragen. Anstöße zur Urteilsbildung, Stuttgart [2]2008, 256-267.

onen hervorrufen. Es lohnt sich daher, dieses Bild ruhig *als Bild* genauer anzuschauen. Sofort lassen sich drei Bilddimensionen unterscheiden. Erstens: Wenn jemand oder etwas wiederkehrt, gibt es einen *Ort*, wo dies stattfindet. Zweitens: Eine Wiederkehr ist niemals ein neutrales Geschehen, sondern transportiert eine *Haltung*: Wie stehe ich eigentlich dazu, wenn jemand wiederkehrt? Diese Wertung hängt drittens mit dem zurückkehrenden *Subjekt* zusammen: Jemand oder etwas kehrt zurück. Entsprechend dieser Bilddimensionen, die ganz unterschiedlich gefüllt werden können, frage ich nun nach dem Ort, den Haltungen und den Subjekten der Wiederkehr der Religion.

2.1. Topologie

Fragt man nach dem Ort der Wiederkehr der Religion, so ist schnell zu erkennen: Es gibt nicht nur den einen, sondern mehrere verschiedene.[6] In aller Kürze möchte ich drei solche Orte beschreiben.

Zunächst ist die Wiederkehr der Religion eine in der *Soziologie* vertretene These. Hier ist sie so etwas wie die Rückseite der Medaille der inzwischen weit verbreiteten Kritik an der Säkularisierungsthese.[7] Empirische Beobachtungen seit etwa der Mitte der 90er Jahre scheinen die klassische Säkularisierungsthese zu widerlegen. Diese besagt, dass gesellschaftliche Modernisierungsprozesse Religion und Glaube ihrer prägenden Rolle entheben und in letzter Konsequenz zum Verschwinden bringen. Die alte Formel ‚Je moderner eine Gesellschaft ist, desto mehr verschwindet Religion‘ gilt nicht mehr: Oder warum sind z.B. die USA ein derart religiöses Land, dessen Modernität niemand ernsthaft in Zweifel ziehen kann? Oder wie lässt es sich erklären, dass Religion in gegenwärtigen Gesellschaften wieder von solch hoher politischer Relevanz ist, etwa als ‚Zivilreligion‘?[8] Umstritten ist aber, ob deshalb schon die simple Umkehrformel gilt: „Je moderner eine Kultur wird, umso religionsgenerativer wird sie“[9]. Detlef Pollack, einer der profiliertesten Kritiker dieser These, argumentiert:

---

[6] Ende 2006 widmet die Herder-Korrespondenz ein Sonderheft diesem Phänomen, das einen vielsagenden Einblick in die semantische Bandbreite gibt (HerKorr/Spezial 2006: Renaissance der Religion. Mode oder Megathema?).

[7] Vgl. pointiert *Pollack* 2009 [Anm. 4], 8: „Die bekannten Thesen der Säkularisierungstheorie werden umgekehrt“. Die religionssoziologische Literatur zu dieser Fragestellung kann hier nicht dokumentiert werden, einen aktuellen Überblick liefern: *Volkhard Krech*, Wo bleibt die Religion? Zur Ambivalenz des Religiösen in der modernen Gesellschaft, Bielefeld 2011, 13-24; *Christina von Braun / Wilhelm Gräb / Johannes Zachhuber* (Hg.), Säkularisierung. Bilanz und Perspektiven einer umstrittenen These, Münster 2007; *Manuel Franzmann / Christel Gärtner / Nicole Köck* (Hg.), Religiosität in der säkularisierten Welt. Theoretische und empirische Beiträge zur Säkularisierungsdebatte in der Religionssoziologie, Wiesbaden 2006.

[8] Vgl. *Rudolf Englert*, Zivilreligion als religionspädagogisches Problem, in: ders. 2008 [Anm. 5], 59-69. Weitere Beispiele benennt und diskutiert kritisch: *Karl Gabriel*, Der lange Abschied von der Säkularisierungsthese – und was kommt danach?, in: Gottfried Bitter / Martina Blasberg-Kuhnke (Hg.), Religion und Bildung in Kirche und Gesellschaft, Würzburg 2011, 18-27.

[9] *Regina Polak*, Religion kehrt wieder. Handlungsoptionen in Gesellschaft und Kirche, Ostfildern 2006, 11.

„[...] sofern man auf das schaut, was die Menschen von sich sagen und was sie glauben, was sie tun und wie sie ihr Denken, Fühlen und Handeln interpretieren, sofern man also die individuelle Ebene in den Blick nimmt, kann man einer solchen Behauptung nur schwer zustimmen."[10]

Fragt man nach dem Einfluss von Religion auf konkrete Lebensentscheidungen, kann von einer Wiederkehr der Religion und gar der christlichen in ihrer kirchlichen Form kaum die Rede sein.

Als zweiter Ort der Wiederkehr der Religion lässt sich der *philosophische Diskurs über die Moderne* benennen. Von einigem Einfluss ist hier eine von Jürgen Habermas Anfang des neuen Jahrhunderts eingeräumte Einsicht gewesen: Das moderne Denken müsse ein Bewusstsein entwickeln für das, was ihm selbst fehlt und was aber im Erbe der Religion zum Ausdruck kommt. Modernes Denken habe sich der Aufgabe zu stellen, die bleibenden Anliegen der Religion in die Kategorien der Vernunft zu übersetzen und so für heute zu retten.[11] Ob damit schon „Gottes spektakuläre Rückkehr in der Philosophie"[12] anzusagen ist, bleibt strittig. Hans-Joachim Höhn etwa vertritt die kritische Sicht, es sei hier weniger von einer Renaissance der Religion zu sprechen als vielmehr von einem Perspektivwechsel derjenigen, die von ihrem unausweichlichen Ende in der Moderne ausgingen.[13] Aber immerhin: Modernisierung wird nicht länger als teleologischer Prozess gedacht, Moderne und Religion sind keine kategorischen Gegensätze mehr. Beide sind Teil einer „Arena möglicher Optionen"[14]. Religion wird zu einer erneut denk- und sagbaren Option.[15]

Innerhalb der *Theologie* schließlich liegt der dritte Ort, an dem sich ein eigenständiger Gebrauch der Metapher entdecken lässt. Hier geht es um das Anliegen, aus theologischen Gründen bewusst alternative Wege der Gegenwartsanalyse zu gehen. Was entgeht, so fragt man, eigentlich dem Blick der vornehmlich quantitativ-empirisch arbeitenden Religionssoziologie? Religion sei eben mehr, so etwa Stefan Knobloch, als man gemeinhin unter ihr verstehe, und es

---

[10] *Pollack* 2009 [Anm. 4], 149.

[11] Vgl. *Jürgen Habermas*, Glauben und Wissen. Friedenspreis des Deutschen Buchhandels 2001, Frankfurt ^{6}2009, 23, 29f.; vgl. *Manfred L. Pirner*, Übersetzung. Zur Bedeutung einer fundamentaltheologischen Kategorie für kirchliche Bildungsverantwortung, in: Gernot Meier (Hg.), Reflexive Religionspädagogik. Impulse für die kirchliche Bildungsarbeit in Schule und Gemeinde, Stuttgart 2012, 79-88.

[12] *Jean Grondin*, Gottes spektakuläre Rückkehr in die Philosophie. Ausdrucksformen und Gründe eines Phänomens, in: Conc(D) 46 (4/2010) 446-453, 446; seit 9/11 haben, so Grondin, „alle namhaften Philosophen und sogar ehemals dem Marxismus nahestehende Autoren wie Jürgen Habermas, Jacques Derrida und Gianni Vattimo wieder begonnen, von Gott zu sprechen." (Ebd., 447f.) Vgl. kritisch: *Christoph Lienkamp*, Jenseits von Säkularisierung und Rückkehr der Religion. Theoretische Deutungen der Transformation von Religion in der Kritik, in: SaThZ 11 (1/2007) 20-38.

[13] Vgl. *Hans-Joachim Höhn*, Postsäkular. Gesellschaft im Umbruch – Religion im Wandel, Paderborn 2007, 17-24; *Polak* 2006 [Anm. 9] 16ff. bezeichnet diese semantischen Prozesse treffend als ‚Resignifikation'.

[14] *Gabriel* 2011 [Anm. 8], 24.

[15] Vgl. *Hans Joas*, Die säkulare Option. Ihr Aufstieg und ihre Folgen, in: DZPhil 57 (2/2009) 293-300 m. Bez. a.: *Charles Taylor*, A secular age, Cambridge, Mass. 2007; vgl. neuestens: *Charles Taylor / José Casanova / George F. McLean* (Hg.), Church and People. Disjunctions in a Secular Age, Washington 2012.

gelte, sich selbstbewusst aus der „Säkularisierungsfalle“[16] zu befreien. Dies ist allerdings kein unproblematisches Unterfangen, wie Kritiker betonen, die eine letztlich nicht mehr kontrollierbare Offenheit des Religionsbegriffs befürchten, so „als ob sich alles, was manche Theologen und Religionssoziologen auch anfassen, sich wie von Zauberhand in Religion zu verwandeln vermag.“[17] Um solche scharfen interpretatorischen Gegensätze zu klären, ist nach den Haltungen hinter dem Bild der Wiederkehr zu fragen.

2.2. Haltungen

Wo auch immer von der Wiederkehr der Religion die Rede ist, geschieht dies niemals rein deskriptiv. Der Gebrauch der Metapher ist unweigerlich mit einer deutenden Haltung verbunden, gerade auch in der Theologie. Phänomene werden offen oder verdeckt gewertet. Dazu zwei gegensätzliche Beispiele, die ich als prototypische Positionen zeichne:

Der anthropologische Optimist: Er oder sie wird die Phänomene einer möglichen Wiederkehr der Religion als Zeichen für eine natürliche Religiosität des Menschen lesen. Auch der moderne säkulare Mensch stößt in seinem Leben und vielleicht gerade heute unweigerlich auf Erfahrungen, die einer Deutung bedürfen. Zu denken wäre an Erfahrungen, die über das Verfügbare hinausgreifen und das Geheimnis des Lebens berühren. Dies geschieht mitunter indirekt, vielleicht in Form einer Sehnsucht nach dem, was fehlt. Er wird, mit Rückgriff auf große theologische Traditionen, diese Sehnsüchte „als Ausdruck der *conditio humana*“[18] zu deuten wissen. – Ein Beispiel einer solchen Deutung:

> „*Gott selbst meldet sich zu Wort.* Möglicherweise folgt einer langen Zeit der Gottesfinsternis und des Gottesschweigens wieder eine Phase der Lichtung. Die vielen religiösen Such- und Wanderbewegungen lassen doch auch die Vermutung und Hoffnung zu, dass Menschen wieder beginnen, Gott gegenüber sensibel und sehnsüchtig zu werden. Diese Sehnsucht ist der wohl stärkste Ausdruck des Wirkens Gottes im Menschen […] Wiederkehr der Religion – das bedeutet auch, dass der treue Gott sich wieder laut und deutlich äußern will.“[19]

Der religionskritische Pessimist wird demgegenüber Einsprüche erheben. Gemessen an der überlieferten christlichen Religion wird er in den Erscheinungsformen der wiederkehrenden Religion all das vermissen, was für ihn das unterscheidende Proprium des Christlichen ausmacht: komplexes Denken, Ver-

---

[16] *Stefan Knobloch*, Mehr Religion als gedacht! Wie die Rede von Säkularisierung in die Irre führt, Freiburg 2006, 9.

[17] *Pollack* 2009 [Anm. 4], 14f.; vgl. *Lehmann* 2005 [Anm. 1], 16.

[18] *Magnus Striet*, Weltzugewandte Spiritualität, in: Klaus Arntz (Hg.), Religion im Aufwind. Eine kritische Bestandsaufnahme aus theologischer Sicht, Regensburg 2007, 50-67, 51; vgl. *Knobloch* 2006 [Anm. 16], 10; *Lehmann* 2005 [Anm. 1], 12, 23f.

[19] *Polak* 2006 [Anm. 9], 63, teilweise revidiert bei: *Paul M. Zulehner / Regina Polak*, Von der ‚Wiederkehr der Religion‘ zur fragilen Pluralität, in: Christian Friesl / Regina Polak / Ursula Hamachers-Zuba (Hg.), Die Österreicher/-innen. Wertewandel 1990-2008, Wien 2009, 157-206, 204ff. Weitere optimistische Positionen finden sich z.B. bei: *Regina Polak*, Unsichtbare Religion?, in: KatBl 131 (2/2006) 124-130, 128; *Knobloch* 2006 [Anm. 16], 10; *Karlheinz Ruhstorfer*, Wiederkehr der Religion? Theo-philo-sophische Perspektiven, in: Thomas Jürgasch u.a. (Hg.), Gegenwart der Einheit. Zum Begriff der Religion, Freiburg 2008, 59-85.

schränkung von Transzendenz und Immanenz im Gottesgedanken, die denkerische Provokation von Inkarnation, Kreuz und Auferstehung. Eine theologische Rede von einer Wiederkehr der Religion kapituliert vor der „Veroberflächlichung“[20] und fällt zurück hinter die grundlegenden theistischen Errungenschaften der jüdisch-christlichen Tradition. – Ein Beispiel:

> Keineswegs „darf das bloße Interesse an religiösen Themen [...] mit Religion selbst oder mit Religiosität verwechselt werden. [...] Wer die Säkularisierung in Frage stellt, muß freilich mit einem denkbar weiten Religionsbegriff arbeiten, der selbst noch Fußballeidenschaft, Popkultur und Kunstgenuß als quasireligiös oder ‚religioid‘ interpretiert [...] Sofern nicht alles und jedes für ‚religioid‘ erklärt wird, kann man statt von einem Megatrend Religion mit gleichem Recht von einem Megatrend Gottvergessenheit sprechen.“[21]

Beide Bilder sind von mir bewusst überzeichnet, um die gegensätzlichen Pole deutlich zu machen. Die Metapher von der Wiederkehr der Religion lässt beide Deutungsweisen zu. Das paradoxe Merkmal an der gegenwärtigen Situation ist: Beide haben Recht. In unserer Gesellschaft sehen wir sowohl eine fortschreitende Säkularisierung als auch Phänomene wachsender Spiritualität.[22] Eine eindeutige Lesart ist nicht in Sicht.

2.3. Subjekte

Nach den bisherigen Klärungen lässt sich die zentrale Frage nach dem Subjekt der Metapher beantworten: *Was* kehrt wieder bzw. kehrt *nicht* wieder?

- Ziemlich sicher nicht Religion im Sinne christlich-kirchlicher Bindung: Säkularisierung als Entkirchlichung und kulturelle „Entmächtigung“[23] des Christentums schreitet weiter voran. Was partiell wiederkehrt, ist ein Bewusstsein oder eher ein Gefühl des Vermissens von etwas, das diese Leerstelle einnehmen könnte.
- Weitgehende Übereinstimmung herrscht auch dahingehend, dass nicht Religiosität maßgeblich wiederkehrt, sondern vielleicht genauer von einer verstärkten „Aufmerksamkeit und Interesse für Religion“[24] zu sprechen wäre, die sich selbst wohl eher spirituell als religiös nennt.[25] Die Haltung gegen-

---

[20] *Hans Joas*, Schutz vor dem Aberglauben. Gespräch mit dem Soziologen Hans Joas über die Auswirkung der Säkularisierung, die Wiederkehr der Religion und die Frömmigkeit, in: Zeitzeichen 8 (4/2007) 35-38, 38.

[21] *Ulrich H. J. Körtner*, Wiederkehr der Religion? Das Christentum zwischen neuer Spiritualität und Gottvergessenheit, Gütersloh 2006, 14, 28, 31; vgl. *Höhn* 2007 [Anm. 13], 53f.

[22] Vgl. ebd., 10-13. Möglicherweise ist ‚Spiritualität‘ der Begriff, der auch im alltäglichen Sprachgebrauch die Semantik von Religion und Religiosität zu ersetzen beginnt und daher eine Verhältnisbestimmung erforderlich macht. Vgl. dazu meinen Versuch: *Stefan Altmeyer*, Spiritualität und spirituelles Lernen in der religiösen Erwachsenenbildung, in: Claudia Kohli Reichenbach / Isabelle Noth (Hg.), Religiöse Erwachsenenbildung. Zugänge – Herausforderungen – Perspektiven, Zürich ersch. 2013.

[23] *Gottfried Küenzlen*, Die Wiederkehr der Religion. Lage und Schicksal in der säkularen Moderne, München 2003, 11.

[24] *Zulehner / Polak* 2009 [Anm. 19], 144; vgl. *Höhn* 2007 [Anm. 13], 26; *Joas* 2007 [Anm. 20], 35.

[25] Vgl. *Heinz Streib / Ralph W. Hood*, ‘Spirituality’ as Privatized Experience-oriented Religion: Empirical and Conceptual Perspectives, in: Implicit Religion 14 (4/2011) 433-453.

über Religion – ob positiv oder negativ oder indifferent – hat allerdings als höchst uneinheitlich und fragil zu gelten.

Allen unterschiedlichen Perspektiven scheint zumindest ein minimaler Grundkonsens gemein zu sein, sodass nach der Dekonstruktion der Metapher die Konsensformel lauten könnte: Wenn Religion wiederkehrt, dann als „eine gewisse neue Sichtbarkeit der Religion bzw. Wiederkehr der Religion in den öffentlichen Raum“[26] Als höchst fragile und ambivalente, jedenfalls prozessoffene „Kommunikation *über* Religion“[27].

3. Konsequenzen für die Aufgaben religiöser Bildung

Spätestens jetzt ist die religionspädagogische Gretchenfrage zu stellen: Wie hältst du es mit der Wiederkehr der Religion? Wenn ich recht sehe, folgen die meisten Antworten gegenwärtig dem Grundmuster des anthropologischen Optimismus: Im Blick ist der oder die Einzelne mit seiner/ihrer individuellen Religiosität. Zeichen der Zeit werden gelesen als Artikulationen einer *religio potentialis*, einer potentiellen Religion. Für diese muss man sensibilisieren, diese gilt es zu kultivieren. Religiöse Bildung bietet dann einen Wahrnehmungs- und Deutungsraum für eine ansonsten ins Leere laufende religiöse Suchbewegung an.[28] Nur relativ wenige vertreten demgegenüber die Position des religionskritischen Pessimisten, dessen Bildungsprogramm sich auf die Formel ‚Glaube statt Religion‘ bringen lässt: Je größer und zugleich unkritischer die gesellschaftliche Aufmerksamkeit für Religion, umso stärker ist die Eigen- und Widerständigkeit der christlichen Glaubenstradition zur Geltung zu bringen.

Welche der beiden Positionen man aus theologischen Gründen für richtig halten mag, kann hier offen bleiben. Denn für sich genommen verfehlen beide jene Herausforderung, die heute mit der Wiederkehr der Religion verbunden ist. Wenn es richtig ist, dass Religion vor allem als vielstimmiges und kritisches Thema des gesellschaftlichen Diskurses wiederkehrt, dann muss es *eine* Aufgabe religiöser Bildung sein, zur kritischen, reflektierten und selbstbestimmten Teilhabe an diesem Diskurs zu befähigen.[29]

Die Wiederkehr der Religion lese ich also als Anfrage an die Aufgaben religiöser Bildung. Allerdings geht es hier keineswegs um neue Forderungen. Schon die klassische Zielvorstellung des Religionsunterrichts nach der Würzburger

[26] *Gabriel* 2011 [Anm. 8], 23f.; vgl. *Christel Gärtner*, Die Rückkehr der Religionen in der politischen und medialen Öffentlichkeit, in: Karl Gabriel / Hans-Joachim Höhn (Hg.), Religion heute – öffentlich und politisch. Provokationen, Kontroversen, Perspektiven, Paderborn 2008, 93-108, 94, 98; *Polak* 2006 [Anm. 9], 14.

[27] *Krech* 2011 [Anm. 7], 247.

[28] Vgl. exempl. *Joachim Kunstmann*, Rückkehr der Religion. Glaube, Gott und Kirche neu verstehen, Gütersloh 2010, 11-21, 45ff.; *Wilhelm Gräb*, Sinnfragen. Transformationen des Religiösen in der modernen Kultur, Gütersloh 2006, 200.

[29] Diese Diskursfähigkeit setzt *Höhn* (einseitig) gleich mit der Forderung nach Vernunftgebrauch (vgl. *Höhn* 2007 [Anm. 13], 191-202).

Synode weist in diese Richtung: Der Religionsunterricht zielt im Sinne seines Verfassungsauftrags auf religiöse Entscheidungsfähigkeit. Er gilt als erfolgreich, wenn er dazu befähigt, sich begründet in Sachen Religion zu entscheiden; ob dafür oder dagegen kann (und muss) offen bleiben, aber *begründet und auskunftsfähig* sollte diese Entscheidung sein. Es ist erstaunlich, wie wenig diese kritische und letztlich auch politische Ausrichtung religiöser Bildung in der Religionspädagogik der letzten Jahre aufgegriffen wurde.[30]

Vergleichbares gilt auch für Positionen außerhalb des deutschen Kontextes, die bei uns kaum aufgegriffen wurden, so etwa der bekannte Londoner Religionspädagoge Andrew Wright. Schon Mitte der 90er Jahre fordert er angesichts der wiederkehrenden Religion in der Öffentlichkeit: Religiöse Bildung ist heute zu verstehen als „[...] his or her ability to think, act and communicate with insight and intelligence in the light of that diversity of religious truth claims that are the mark of our contemporary culture."[31] Religiöse Bildung müsste sich also darauf ausrichten, die Schüler/-innen zu einem argumentativen Umgang mit den offenen oder verdeckten Wahrheitsansprüchen gegenwärtiger religiöser Rede und Praxis zu befähigen. Sie müsste daher mehr erreichen wollen, als nur den Einzelnen für die Möglichkeit des Religiösen zu sensibilisieren.

Jenseits enttäuschter Hoffnungen über die dekonstruierte Metapher von der Wiederkehr der Religion öffnet sich also der Blick auf neue Herausforderungen. Damit ich nicht falsch verstanden werde: Natürlich gibt es keine religiöse Entscheidungsfähigkeit ohne Berührung mit der inneren Dimension des Religiösen; Religiöse Bildung ist immer auch Förderung von Religiosität. Doch gilt es gleichzeitig, auch konsequent die Aufgabe aufzunehmen, zur Teilnahme am öffentlichen Diskurs über Religion zu befähigen.

4. Religiöse Diskursfähigkeit: Argumentieren lernen

Das konzeptionelle Ziel scheint klar identifiziert. Doch wie sieht es mit der Praxis aus? Soweit ich sehe, ist im Blick auf Diskursfähigkeit in jüngster Zeit kaum empirisch, konzeptionell oder didaktisch weitergedacht worden.[32] Dieser Befund

---

[30] Vgl. aber insbes. *Bernhard Grümme*, Religionsunterricht und Politik. Bestandsaufnahme – Grundsatzüberlegungen – Perspektiven für eine politische Dimension des Religionsunterrichts, Stuttgart 2009.

[31] *Andrew Wright*, Language and Experience in the Hermeneutics of Religious Understanding, in: BJRE 18 (3/1996) 166-180, 175. Zum religionspädagogischen Ansatz von Wright vgl. *Terence Copley*, Teaching Religion. Sixty Years of Religious Education in England and Wales, Exeter ²2008, 194f.; sowie kritisch: *Robert Jackson*, Rethinking Religious Education and Plurality. Issues in Diversity and Pedagogy, London 2004, 75-86.

[32] Vgl. *Bernhard Grümme*, Nicht mehr als ein ‚Laberfach'? Argumentative Gesprächsmethoden im RU, in: Elke Grundler / Rüdiger Vogt (Hg.), Argumentieren in Schule und Hochschule. Interdisziplinäre Studien, Tübingen 2006, 131-146. – Die Argumentationskompetenz von Schüler/-innen am Beispiel des Themas Schöpfung und Evolution im Religions- und Biologieunterricht wird derzeit in einem Projekt erforscht, an dem von religionspädagogischer Seite die Universität Wien beteiligt ist; vgl. *Thomas Weiß*, Wie Schüler argumentieren. Eine religionspädagogisch-empirische Studie

ist insofern überraschend, als das Thema Diskursfähigkeit in den Fachdidaktiken anderer Fächer schon seit ein paar Jahren sehr intensiv erforscht und diskutiert wird. Man fragt danach, welche lerntheoretische Bedeutung das kommunikative Abwägen und Einschätzen verschiedener Überzeugungen hat. Empirische Studien zeigen, „dass es im Besonderen die hochwertigen Argumentationen sind, [die] zur Verständnisförderung beitragen."[33] Erstaunlicherweise haben gerade die Naturwissenschaften und die Mathematik dies aufgegriffen: Lernen braucht das kreative Abwägen von Alternativen, braucht den vernunftgeleiteten Streit um die richtige Interpretation, kurz: Lernen braucht Argumentieren.[34]
Ich möchte nun versuchen, einige dieser Einsichten auf den Religionsunterricht hin weiterzudenken. Meine Frage lautet: Wie könnte ein *Modell der religiösen Argumentationsfähigkeit* aussehen; ein Modell, das hilfreich wäre, die oben begründete Aufgabe religiöser Bildung praktisch zu operationalisieren?

Abb. 1: Modell religiöser Argumentationskompetenz

Das Modell unterscheidet zwischen Dimensionen und Operationen. Will man Aussagen über die Argumentationsfähigkeit der Lernenden machen, müssen Bereiche (Dimensionen) angegeben werden, in denen diese Fähigkeiten liegen, sowie Handlungsformen (Operationen), in denen sie (gegebenenfalls gestuft)

---

zur Verwendung von Argumentationsmustern bei Schülern der gymnasialen Oberstufe am Beispiel Schöpfung und Evolution, in: Wiener Jahrbuch für Theologie 9/2012, 135-152.

[33] *Alexandra Budke*, Stärkung von Argumentationskompetenzen im Geographieunterricht – sinnlos, unnötig und zwecklos?, in: Michael Becker-Mrotzek u.a. (Hg.), Sprache im Fach – Sprachlichkeit und fachliches Lernen, Münster 2013, 353-364, 355; vgl. *Eveline Wuttke*, Unterrichtskommunikation und Wissenserwerb. Zum Einfluss von Kommunikation auf den Prozess der Wissensgenerierung, Frankfurt 2005.

[34] Vgl. exempl. *Claudia von Aufschnaiter u.a.*, Arguing to Learn and Learning to Argue: Case Studies of How Students' Argumentation Relates to Their Scientific Knowledge, in: Journal of Research in Science Teaching 45 (1/2008) 101-131; *Hermann Astleitner / Roland Brünken*, Unterricht im Argumentieren. Bedingungen des Argumentierenden Lernens, in: Empirische Pädagogik 18 (3/2004) 350-375.

zum Ausdruck kommen. Religiöses Argumentieren unterscheidet sich hierin nicht von anderen Bereichen.[35]

Die *Operationen* lassen sich nach Denkoperationen (Kognitionen), Haltungen und Fertigkeiten unterscheiden. Zu den *Fertigkeiten* zählen allgemeine bildungssprachliche Mittel wie Wortschatz oder Grammatik etc. Man kann sie sich wie Bausteine vorstellen, aus denen Schüler/-innen „mehr oder minder bewusst auswählen, wenn sie sich in einer bestimmten Situation zusammenhängend schriftlich oder mündlich äußern“[36]. Wer argumentieren will, braucht auch die entsprechenden sprachlichen Mittel. Diese Ebene ist keineswegs unbedeutend, fallen doch oft hier die entscheidenden bildungsbiografischen Vorentscheidungen: Wem etwa aus sozialen Gründen oder aufgrund von Migration solche bildungssprachlichen Fertigkeiten fehlen, dem fällt es nachweislich schwer, schulische Lernerfolge zu erzielen. Wo wird im Zusammenhang mit dem Religionsunterricht über diese Fragen nachgedacht?

Nun zu den übrigen Feldern der Matrix: Leicht einzusehen ist, dass mit dem Argumentieren vor allem die kognitiven Operationen Behaupten, Begründen und Kritisieren verknüpft sind. In der Argumentationsforschung spricht man von argumentativen Grundoperationen.[37] Die gesamte Klasse sog. faktischer Argumente lässt sich damit abbilden. Das sind solche Argumente, bei denen Behauptungen mithilfe von Wissen entweder bestätigt, zurückgewiesen oder relativiert werden. Auch für theologisches Argumentieren ist solch ein Bezug auf adäquates Wissen unerlässlich. Gleichzeitig lässt sich der religiöse Bereich nicht auf diese Art Argumente beschränken. Häufig begegnet hier das sog. normative Argument. Hier ist entscheidend, dass jemand eine begründete Haltung gegenüber bestimmten Positionen einnimmt. Gerade angesichts der Pluralität gegenwärtiger Rede über Religion wird deutlich, dass solche Haltungen aus Sicht religiöser Bildung wichtig sind: Wie soll man etwa die Rolle der Religion in der Politik der USA *bewerten*? Wie möchte ich mich selbst *positionieren*, wenn über religiöse Symbole in der Öffentlichkeit gestritten wird? Wie stehe ich zu den *Konsequenzen* einer Position, die etwa dem Islam ein intrinsisches Gewaltpotential attestiert? Diese Beispiele zeigen: Religiöse Diskursfähigkeit kennt nicht nur kognitive Operationen, sondern auch affektive.

Quer zu diesen Operationen liegen die drei Kompetenzdimensionen, die für den Erwerb von argumentativen Fähigkeiten von Bedeutung sind. Mit dem Gemeinsamen Europäischen Referenzrahmen für Sprachen lässt sich von den Di-

---

[35] Das muss schon aus fundamentaltheologischen Gründen so sein. Denn die grundlegende Forderung an theologische Argumente lautet, dass sie sich weder nach logischer Struktur, noch nach formaler Operation von anderen wissenschaftlich fundierten Argumenten unterscheiden. Unterschiede liegen allein in der inhaltlichen Füllung bzw. in ihrem lebenspraktischen Anspruch.

[36] *Helmut J. Vollmer / Eike Thürmann*, Zur Sprachlichkeit des Fachlernens: Modellierung eines Referenzrahmens für Deutsch als Zweitsprache, in: Bernt Ahrenholz (Hg.), Fachunterricht und Deutsch als Zweitsprache, Tübingen ^{2}2010, 107-132, 120f.

[37] Vgl. *Harald Wohlrapp*, Der Begriff des Arguments. Über die Beziehungen zwischen Wissen, Forschen, Glauben, Subjektivität und Vernunft, Würzburg ^{2}2009, 185-235.

mensionen Rezeption, Produktion und Interaktion sprechen.[38] Im Bereich der *Interaktion* geht es um das kommunikative Diskutieren und Aushandeln von Positionen im Unterricht. Argumentierenlernen braucht einen Unterricht, in dem selbst argumentiert wird. Voraussetzung dafür ist, dass eine ‚Streitkultur' eingeübt wird. Religion darf und soll dann auch im Unterricht (wieder) ein strittiges und streitbares Thema sein. Unmittelbar damit verbunden ist die sog. *produktive Dimension* des Argumentierens. Hierbei geht es um die individuelle Fähigkeit, Positionen angemessen zu begründen oder zu kritisieren. Können Schüler/-innen jenseits des Austauschs von Meinungen auch die eigene Haltung reflektieren und nachvollziehbare Argumente bilden? Für die Religionspädagogik ist es in diesem Bereich unerlässlich, zu fragen: Wie argumentieren eigentlich die Lernenden selbst, welche sprachlichen Mittel stehen ihnen zur Verfügung, um theologische Themen zu diskutieren? Die empirische Forschung steht hier noch am Anfang.

Bislang kamen interaktionistische und produktive Fähigkeiten theologischen Argumentierens zur Sprache. Beide sind darauf angewiesen, typische theologische Argumentationsformen kennenzulernen. Das soll mit der Dimension *Rezeption* zum Ausdruck kommen. Wer argumentieren lernen soll, muss Argumente kennen, z.B.: Wie begründet sich der biblische Schöpfungsglaube? Was sind seine Quellen, Prämissen und Konsequenzen? Wie verhält sich seine Logik zur naturwissenschaftlichen Deutung der Welt? Theologische Argumente besitzen dabei wie naturwissenschaftliche auch eine typische Form, und zugleich sind sie ebenso strittig. Es gibt weder die eine Schöpfungstheologie noch die eine Antwort auf die Theodizeefrage, und auch die ekklesiologische Formel von der *communio hierarchica* war zumindest einmal strittig. Solche Auseinandersetzungen gehören auch in den Religionsunterricht, wenn er sich dem Ziel einer religiösen Diskursfähigkeit verschreibt.

Zur Rezeption von Argumenten gehört aber neben dem Bereich der Theologie zugleich auch der Bereich der gesellschaftlichen Rede über Religion und hier insbesondere die Medien. Wie wird dort eigentlich über Religion gesprochen? Welche Muster und welche Argumente lassen sich hier identifizieren? Doch auch in diesem Bereich mangelt es derzeit noch an empirisch fundierten Erkenntnissen. Aktuelle Studien aus der Schweiz besagen, dass Religion in den Medien häufig als politischer oder gesellschaftlicher Konfliktstoff mit Nachrichtenwert oder als Event behandelt wird. Immer liegt dabei der Fokus auf markanten Akteuren mit klar markierten Positionen.[39] In diesem Sinn ist Religion ein wichtiges mediales Thema geworden, konkrete religiöse Inhalte kommen hingegen nur sehr selten vor. Dieser mediale Umgang mit Religion ist von ungeheurer

---

[38] Vgl. *Europarat – Rat für kulturelle Zusammenarbeit*, Gemeinsamer europäischer Referenzrahmen für Sprachen. Lernen, lehren, beurteilen, Straßburg 2001 (http://www.goethe.de/z/50/commeuro/deindex.htm [01.12.2012]), Abschnitt 4.4.

[39] Vgl. *Carmen Koch*, Religion in den Medien. Eine quantitative Inhaltsanalyse von Medien in der Schweiz, Konstanz 2012; vgl. a. *Gärtner* 2008 [Anm. 26], 97-100; wichtige Konsequenzen für den Religionsunterricht bedenkt: *Manfred L. Pirner*, Medienbildung und religiöse Bildung. Grundlagen und Perspektiven einer medienweltorientierten Religionsdidaktik, in: Ulrich Kropač / Georg Langenhorst (Hg.), Religionsunterricht und der Bildungsauftrag der öffentlichen Schulen. Begründung und Perspektiven des Schulfaches Religionslehre, Babenhausen 2012, 193-207.

Breitenwirkung: Religion als Thema des öffentlichen Diskurses ist ausgerichtet auf bestimmte Akteure und folgt einer strengen Auswahllogik, die nach dem Nachrichten- und Unterhaltungswert fragt. Religiöse Diskursfähigkeit bedeutet, hiermit reflektiert und kritisch umgehen zu können.

5. Am Ort der Theologie

Aufgabe des Religionsunterrichts ist also heute nicht ausschließlich, aber mehr denn je Bildung zur Diskursfähigkeit: Religiöses Lernen heißt *auch* argumentieren lernen. Darin erweist er sich tatsächlich als ein *Ort der Theologie*.[40] Denn der neu formierte öffentliche Diskurs über Religion stellt auch große Herausforderungen an die Theologie als Wissenschaft. Theologie an der Universität hat heute mehr denn je einen Öffentlichkeitsauftrag: Sie ist nicht nur eine nach innen gerichtete Vergewisserung der Grundlagen des christlichen Glaubens, sondern hat sich auch der Aufgabe zu stellen, diesen Glauben für die Gegenwartsgesellschaft sprachfähig zu machen.[41] Wenn Theologie heute über den kirchlichen Binnenkontext hinaus wirksam sein möchte, muss sie sich dem gesellschaftlichen Diskurs über Religion aussetzen und sich den Fragen stellen, die hier tagtäglich an ‚Religion' gestellt werden.

Wie kann das geschehen? Ich meine dadurch, dass zukünftige Theologinnen und Theologen schon im Studium die Möglichkeit erhalten, zu lernen: wie die Logik gegenwärtiger gesellschaftlicher Diskurse ist, wie ihre (Bild-) Sprache funktioniert, wie man große Theologie in dieser Sprache einfach, verständlich, lebensnah und darin argumentativ ins Bild und ins Wort bringen kann, wie man die entsprechende Kompetenz schließlich in den verschiedenen Berufsfeldern kreativ einsetzen kann.

> „So sehr der religiöse Diskurs in der medialen Öffentlichkeit durch hochprofilierte Akteure bestimmt wird, so sehr ist das reale religiöse Leben der Menschen heute durch Unbestimmtheit, Identifikationsprobleme und intermediäre Religiositätsformate geprägt."[42]

Es ist an der Zeit, die sog. Wiederkehr der Religion nicht länger nur als leicht zu entzauberndes Hoffnungszeichen, sondern als Herausforderung für Theologie und religiöse Bildung zu lesen, damit diese Kluft zwischen medial präsenten (vermeintlichen) Religionsexperten hier und medial rezeptiven (vermeintlichen) religiösen Laien dort nicht weiter wächst und die Menschen stattdessen ermutig und befähigt werden, *ihre* Gretchenfragen selbstbewusst und kritisch zu stellen.

---

[40] Vgl. *Rudolf Englert*, Wenn die Theologie in die Schule geht [...] Inkulturationserfahrungen, die zu denken und zu lernen geben, in: Norbert Mette / Matthias Sellmann (Hg.), Religionsunterricht als Ort der Theologie, Freiburg 2012, 92-105.

[41] Vgl. *Margit Eckholt*, Die ambivalente „Rückkehr der Religion". Zur Bedeutung einer verantworteten Gottesrede im Gespräch der Kultur und im Dialog der Wissenschaften heute, in: ThQ 190 (3/2010) 238-257, 245f.; vgl. hierzu auch den Beitrag von *Miggelbrink* in diesem Band.

[42] *Rudolf Englert*, Geht das: Fromm sein, ohne zu glauben? Ein Beitrag zum Verständnis intermediärer Religiositätsformate, in: Bitter / Blasberg-Kuhnke (Hg.) 2011 [Anm. 8], 28-38, 30.

Gretchenfragen? Alltäglich!

Gottesfinsternis

Du sollst neben mir keine anderen Götter haben. So haben wir das in ganz frühen Jahren gelernt. Und irgendwie war das beruhigend, ja fast gemütlich, an nur einen Gott glauben zu müssen. Praktisch und übersichtlich. Ein und derselbe Gott für den Anfang und das Ende. Und jeder wusste, von wem die Rede war, wenn man sich tagsüber mit „Grüß Gott!" begegnete. Oder unser kleingläubiges Erstaunen ein „Oh, mein Gott!" herauspresste. Und wenn alles mal wieder so geklappt hatte, wie wir wollten, dann natürlich „Gott sei Dank"! Doch das war, wie gesagt, früher, als die Welt noch einen Sonntag kannte, Menschen noch Menschen waren und Gott noch Gott war. Heute ist alles anders. Die Sache mit Gott wird unübersichtlich. Wie gut, wenn da von entscheidender Stelle Führung angeboten wird. Experten sind in Zeiten der Krise gefragt. Und was Chefsache ist, muss auch Chefsache bleiben. Ein klarer Fall für den Volksaufklärer Nummer Eins, die Zeitung mit den vier Buchstaben. „Wo warst du, Gott?", fragt sie beispielsweise am Beerdigungstag einer ermordeten Schülerin. Und behauptet: „Ganz Deutschland weint und betet." Bravo, Bild! Das rührt an! Trifft mit kalkuliert kaltem Herz die Befindlichkeit vieler. Ist aber genauso abgeschmackt wie verlogen. Je unaussprechlicher sich das Leben in seinen widerlichsten Abgründen zeigt, umso gnadenloser darf Gott massenmedial auffrisiert zur Auflagensteigerung herhalten. Die Bildzeitung als letzte Sinnagentur unserer Zeit. Doch welcher Gott war hier eigentlich gemeint? Kennt doch die theologische Fachredaktion von Bild nur wenige Tage später noch einen anderen Gott: „Er lachte Blitz und Donner aus." In der Genesis finde ich davon nichts. Es muss also tatsächlich ein anderer sein. „Aus dem Kiesbett zum Sieg" – spätestens jetzt, so dämmert es auch dem letzten Agnostiker, ist die Gottesfrage für Bild geklärt. „Vettel Donnergott". Ein Sieg des Formel 1-Wunders reicht, um das Ende des Monotheismus einzuleiten. Dieser Gott trägt eine Kappe und kommt aus Heppenheim an der Bergstraße. Und die Adoranten dieser Gottheit feiern ihn in nimmer enden wollenden Hochämtern. „Vettel, dem Donnergott" stellt man keine lästigen Fragen. Man lässt ihn einfach im Kreis fahren und Blitz und Donner auslachen. So macht er uns Spaß und dafür beten wir ihn an, bis zu dem Tag, an dem er an einer Betonmauer seine Göttlichkeit verliert. Dann, für einen kurzen Moment, wird der alte Gott noch einmal aus der Mottenkiste gekramt und befragt, wo er denn eigentlich gewesen sei. Und so geht das immer weiter. Der nächste Gott winkt schon am Horizont, bis es eines Tages Gott zu bunt wird. Dann wird er uns fragen: „Wo wart ihr, als man mich zum Popanz machte?" Spätestens dann werden wir unsere Fankappen sehr, sehr tief ins Gesicht schieben.

David Hober

Was wird aus der Sache der Bildung angesichts der Inflation der Rede von ihr?

URSULA FROST UND WOLFGANG KRONE

Wenn wir heute von Bildung sprechen, meinen wir höchst Unterschiedliches, ja Unvereinbares. Der häufige, fast ubiquitäre Wortgebrauch in Wissenschaft, Politik und Öffentlichkeit verweist zwar zu Recht auf eine *gemeinsame Angewiesenheit auf die Sache selbst*, darf aber nicht darüber hinwegtäuschen, dass darauf nicht nur jeweils unterschiedlich Bezug genommen wird, sondern dass sich dabei bestimmte Hinsichten weitgehend ausschließen.

1. Die Scheidung der Geister

Bildung beinhaltet die Befähigung zur Teilnahme an gesellschaftlichen Prozessen privater und öffentlicher Art. Dazu müssen Systemrationalitäten und Funktionsweisen erlernt sowie Diskursarten eingespielt werden, um den Zugang zu sozialen Positionen und den damit verbundenen Möglichkeiten überhaupt zu gewinnen. Soweit stimmen die verschiedenen Redeweisen von Bildung überein. Mit der Formulierung einer *Theorie* der Bildung ist aber in der klassischen und modernen Tradition auch der Anspruch verbunden worden, durch die Entfaltung individueller Personen und durch die Einsicht in Sachfragen Horizonte eines humanen Weltbezugs zu eröffnen, die die faktischen gesellschaftlichen Strukturen und Prozesse überschreiten und sie einer kritischen Beurteilung und Neuorientierung unterwerfen können. Die Macht der Sache und die Spielräume subjektiver Selbstmächtigkeit – einschließlich der Erfahrungen des Scheiterns – gegenüber zweckrationalem Kalkül ins Spiel zu bringen, beschreibt eine Dimension von Bildung, die mit der Verpflichtung zum gesellschaftlichen Praxisbezug zugleich eine kritische Distanznahme voraussetzt. Es macht daher Sinn, im Hinblick auf klassische und aktuelle theoretische Konzeptionen von Bildung deren notwendige Verortung in der *Spannung zwischen Anpassung und Widerstand* zu betonen. Dies erscheint umso dringlicher, als der gegenwärtige öffentliche Diskurs über Bildung mit den Topoi Berufsbezug, Flexibilität, Selbststeuerung und Standardisierung etc. undialektische Anpassungsleistungen beansprucht, die eher einer Theorie der Unbildung[1] entsprechen.

Will man dem Anspruch der Sache entsprechen, darf die Rede von Bildung die unterschiedlichen Perspektiven und Kontexte nicht überspielen. Hier geht es nicht ohne weiteres um anschlussfähige Diskurse, sondern um einen Kampf um Vorherrschaft und damit auch um die Gefahr des Ausschließens humaner Mög-

---

[1] Vgl. *Konrad Paul Ließmann*, Theorie der Unbildung. Die Irrtümer der Wissensgesellschaft, Wien 2006.

lichkeiten. *Von Bildung zu reden, bedeutet daher in erster Linie*, Reduktionen, Inkompatibilitäten und Übergriffe aufzuweisen und damit *streitbar zu sein.*

2. Die Europäische Bildungsreform: Regime des Unternehmerischen

Zumindest der Europäische Bildungsraum – Ähnliches gilt möglicherweise weltweit – wird derzeit vermessen durch Diskurse und Instrumente ökonomischer Vereinheitlichung. Im Interesse optimaler Ausnutzung der ‚Humanressourcen' für den internationalen Wettbewerb und die Gewinnung von Standortvorteilen werden alle Bildungsinstitutionen auf die Produktion verwertbarer Kompetenzen als ‚Humankapital' ausgerichtet. Mit der Errichtung dieses ‚Regimes des Unternehmerischen' wurde der Bildungsraum Europa einem ebenso geräuschlosen wie einschneidenden Machtwechsel unterzogen.[2] Bewohner des derzeitigen europäischen Regierungsraumes ist ‚das unternehmerische Selbst', das sich nach dem vorgegebenen Marktmodell als Produkt zurüstet (‚Humanressourcen' optimal fördert), verwertbar macht (‚employability' herstellt) und flexibel erhält (‚life-long-learning' nachweist). Dem liegt eine weitgehende *Ökonomisierung der Bildung*[3] zugrunde; Bildung wird bis ins kleinste Detail transformiert in ein kontrolliertes Produktionsverfahren, das für erfolgreiche Investitionen und kompetitive Vermarktung seiner Produkte immer in Bringschuld steht. Individualität kommt nur als Profilierung von Produkten vor.[4] Inhalte und Sachen werden dabei beliebig; in Betracht kommen sie nur als Mittel für ein erfolgreiches, d.h. absetzbares Produkt. Ihre Bezeichnung als ‚Input' und die Verlagerung vom ‚Input' auf den ‚Output' zeigen das deutlich, ebenso wie die gewerblich ausgelagerten Kontrollprozeduren.

Um Missverständnissen zu begegnen: Zu unterscheiden ist zwischen ökonomischer Bildung, Ökonomie der Bildung und *Ökonomisierung der Bildung*. Während *ökonomische Bildung* denjenigen Aspekt oder Bereich der Bildung meint, der zu wirtschaftlichem Denken und Handeln befähigt – und dessen Bedeutung angesichts überschuldeter privater und öffentlicher Haushalte und der Finanzkrise gar nicht unterschätzt werden darf –, handelt es sich bei der *Ökono-*

---

[2] Vgl. *Jan Masschelein / Maarten Simons*, Globale Immunität oder Eine kleine Kartographie des Europäischen Bildungsraums, Zürich – Berlin 2005.

[3] Vgl. dazu *Ulrich Bröckling*, Das unternehmerische Selbst. Soziologie einer Subjektivierungsform, Frankfurt 2007; *Ließmann* 2006 [Anm. 1]; *Richard Münch*, Globale Eliten, lokale Autoritäten. Bildung und Wissenschaft unter dem Regime von PISA, McKinsey & Co, Frankfurt 2009, *Ursula Frost* (Hg.), Unternehmen Bildung. Die Frankfurter Einsprüche und kontroverse Positionen zur aktuellen Bildungsreform, Sonderheft der Vierteljahrsschrift für wissenschaftliche Pädagogik 2006; *dies.*, Anpassung und Widerstand. Reflexionen über Bildung in Zeiten der Unbildung, in: Vierteljahrsschrift für wissenschaftliche Pädagogik 84 (1/2008) 10-26.

[4] „Der Ausdruck ‚Studierende' ist ein Synonym geworden für ausbeutbare Ressourcen, mobilisierbare Potentiale, Investitionsobjekte, Garanten der Wettbewerbsfähigkeit eines Landes" (*Jan Masschelein / Maarten Simons*, Jenseits der Exzellenz. Eine kleine Morphologie der Welt-Universität, Zürich 2010, 9).

mie der Bildung um das politische Geschick einer angemessenen Planung und Finanzierung der für Bildung aufzuwendenden Kosten. Im ersten Fall geht es um den Beitrag der Ökonomie zur Bildung, im zweiten um die ökonomischen Fundamente des Bildungswesens, die politisch auszuhandeln sind. Von *Ökonomisierung der Bildung* zu sprechen, bedeutet demgegenüber eine Transformation des gesamten genuin pädagogischen Denkens und Handelns in ökonomische Begriffe, Strukturen und ökonomisches Kalkül. Diese Transformation wird mit der Erhebung von Bildungsstandards und der Festlegung von Kompetenzen vorangetrieben, denn sie folgen dem Muster von *durch Industrienormen gesteuerter Produktion* von kontrollierter Qualität zur Bedienung des Marktes. Bildung als Erwerb verwertbarer Kompetenzen umzuschreiben, bedeutet, Menschen zur flexiblen Anpassung an geforderte Normen zu befähigen, *nicht aber dazu, diese Normen selbst zu befragen und kritisch zu verändern* gemäß alternativen Zielsetzungen – etwa im Sinne einer sinnvolle(re)n Lebensführung und einer humane(re)n Welt. Demgegenüber wäre eine widerständige Bildung, die gerade auch Abweichung von der Norm (Individualität), Protest gegenüber Reduktionen des Menschseins (Humanität), Ungehorsam gegenüber Unvernunft und Ungerechtigkeit (Kritik, Moralität) und Ausbrechen aus der Sklaverei eines sachfernen Wissensmanagements (Wahrheitsfrage) zulässt, eine pädagogische Alternative, die neu zur Sprache gebracht zu werden verdient.

Die Ökonomisierung der Bildung aufgrund nationalökonomischer Interessen hat bereits Friedrich Nietzsche in aller Deutlichkeit diagnostiziert. Ihm zufolge beruht die Verfallsform der „zeitgemäßen Bildung“ auf dem „nationalökonomischen Dogma“ der Berechnung des Glücks nach Bedürfnis und Produktion und der Instrumentalisierung der Bildung zur Steigerung beider. Um das Glück zu mehren, müssen Produktion und Bedürfnis gesteigert werden, und dafür wiederum muss Erkenntnis und Bildung zunehmen. Für dieses Kalkül, für dieses berechenbare Glück soll die Bildung „in Dienst genommen“, sollen Menschen als quantifizierbare Massenware eingesetzt werden.

> „Möglichst viel Erkenntniß und Bildung – daher möglichst viel Produktion und Bedürfniß – daher möglichst viel Glück: – so lautet etwa die Formel. Hier haben wir den Nutzen als Ziel und Zweck der Bildung, noch genauer den Erwerb, den möglichst großen Geldgewinn.“[5]

Die Kritik Nietzsches richtet sich darauf, Kultur und Bildung (nur) in Abhängigkeit ökonomischer Interessen wahrzunehmen und ihre Diskurse und Praktiken danach zu beschneiden. Das nationalökonomische Dogma fordert zwar die Steigerung von Bildung und Kultur, lässt sie aber nur insofern zu, als sie zur Steigerung der ökonomischen Produktion beitragen. Das ihnen einwohnende ungezähmte Denken und Sprechen, die Fragen nach den Sachen und den Menschen um ihrer selbst willen, das Eigenleben der Kultur und der Individuen, wird hier erfolgreich neutralisiert, so dass es im ‚wahren‘ Sinne keine Bildungsinsti-

---

[5] *Friedrich Nietzsche*, Ueber die Zukunft unserer Bildungsanstalten, in: Kritische Studienausgabe v. Giorgio Colli und Mazzino Montinari, Bd. 1, München – Berlin – New York 1980, 641-752, hier 667.

tutionen, sondern nur noch „Anstalten der Lebensnoth“[6], keine Bildung, sondern nur noch zeitgemäße „Abrichtung“[7] für das Nützliche gibt. Erzeugt wird der „courante“, d.h. der ‚umsetzbare‘ Mensch;[8] die austauschbare und beliebig verwendbare und verwertbare Einheit des ‚Humankapitals‘. Das ‚unternehmerische Selbst‘, das heute Europa bewohnt, unterscheidet sich vom ‚couranten Menschen‘ Nietzsches noch insofern, als es alle Techniken subjektiver Selbstwerdung ökonomisch transformiert und in die marktgerechte Selbststeuerung aufgenommen hat.[9] Dem Training solcher Transformation sind die heutigen Bildungsinstitutionen weitgehend verpflichtet.[10]

3. Humanistische Revolten – Die Vorordnung allgemeiner vor spezielle Bildung

Theorie und Praxis der Bildung stehen immer in gesellschaftlichen Kontexten und unterliegen der Gefahr sozialer, politischer und ökonomischer Instrumentalisierung. Sie davon frei halten zu wollen, führt ebenso zu ihrer Verkehrung wie ihre bloße Unterwerfung. Der Sinn der Differenz allgemeiner und spezieller Bildung zeigt sich in der Widerständigkeit gegen je vorherrschende Formen bloßer Instrumentalisierung. Solche Widerständigkeit kommt mit der Idee allgemeiner Bildung zum Ausdruck. Der Anspruch einer allgemeinen Menschenbildung ist daher nicht zu beschränken auf eine bestimmte theoretische Position oder praktische Programmatik, sondern verweist gerade auf die Offenheit und Unverfügbarkeit menschlicher Selbst- und Weltverhältnisse, die einer vielfältigen Deutung und Gestaltung bedürfen – auch unabhängig von Nutzungskalkülen.

Gegen verschiedene Formen der Instrumentalisierung von Bildung richtet sich die Bestimmung der Bildung als Selbstzweck. Damit verbindet sich die Einsicht in die konstitutive Bedeutung der Bildung für die Menschwerdung des Menschen und für die Arbeit an einer menschenwürdigen Welt. Der Selbstzweckcharakter der Bildung ist gleichbedeutend mit der Anerkennung eines unbedingten Fragens nach Wahrheit und gutem Leben, das sich der Normativität des je Faktischen und Funktionalen entgegensetzt. Solches Entgegensetzen vollzieht sich weder selbstverständlich noch ohne weiteres harmonisch; man kann – mit Julian Nida-Rümelin – geradezu von „humanistische[n] Revolten“[11] sprechen, die das Unterbrechen und Aufbrechen verzweckender Zugriffe auf den Menschen herbeiführen. Schon *Platon* – oder vielmehr *Sokrates* – löste eine solche Revolte aus, indem er sich gegen die sophistische Instrumentalisierung der Bildung auflehnte. Im Humanismus der italienischen Renaissance wendete

[6] Ebd., 717.

[7] *Friedrich Nietzsche*, Götzen-Dämmerung oder Wie man mit dem Hammer philosophirt, in: ders., 1980 [Anm. 5], Bd. 6, 55-161, hier: 107.

[8] *Friedrich Nietzsche,* Zukunft der Bildungsanstalten, in: ders., 1980 [Anm. 5], Bd. 1, 667.

[9] Vgl. dazu *Masschelein / Simons* 2005 [Anm. 2].

[10] Vgl. *Münch* 2009 [Anm. 3].

[11] *Julian Nida-Rümelin*, Humanismus als Leitkultur. Ein Perspektivenwechsel, München 2006, 30.

sich *Petrarca* gegen ein brutales Machtkalkül im Sinne Machiavellis. *Kant* und der Neuhumanismus brachen im Kampf gegen die Unterordnung der Erkenntnis und Bildung unter das Prinzip der Nützlichkeit einer weiteren humanistischen Revolte Bahn.[12]

In dieser geschichtlichen Folge zeigt sich, dass der Raum für die Thematisierung eines unverfügbaren Humanen immer erst eröffnet werden muss. Bildung als Humangenese in freier Weltaneignung und Artikulation von Selbst- und Weltverhältnissen folgt gerade nicht etablierten Denk- und Handlungsmustern. Sie entsteht erst in der Widerständigkeit gegen Beraubungen des Humanen als Eröffnung neuer Möglichkeiten durch Umkehr oder Wechsel der Perspektive(n).

Mit der Umkehrung der Vorherrschaft der Berufsorientierung in den mittelalterlichen Fakultäten zu einer Bildung durch Wissenschaft und Vorherrschaft der Philosophie als Erkenntnis um ihrer selbst willen gemäß der Fakultätenschrift Kants wurde der Erfolg der wohl wirkmächtigsten humanistischen Revolte der Moderne ebenso augenfällig wie in Humboldts Schulreform. Wenn in der jüngsten Entwicklung europäischer Bildungspolitik beide Reformen weitgehend rückgängig gemacht wurden, dann zeigt sich darin eine Verengung der Sichtweise und ein mächtiger und nachhaltiger Abbau humaner Errungenschaften an.[13] Mit der gleichförmigen Ökonomisierung der Bildung werden zwar übergreifende Strukturen geschaffen, aber sie bringt jene leere Gleichheit der Instrumentalisierung hervor, die Nietzsche als Barbarei des „Allerallgemeinsten" bezeichnet hat[14] und bewirkt mit der Ausblendung der Perspektiven und Ansprüche allgemeiner Bildung, dass der Weg zur Verständigung der Menschheit in der Einen Welt durch diese Entwicklung verstellt wird.

4. Bildung und Öffentlichkeit

Die ständige Rede über die Verfertigungsverfahren der Bildung, ihre Leistungen und Kompetenzen sowie die Standards, die sie öffentlich sichtbar machen sollen, muss den Eindruck erwecken, für Bildung werden alle erdenklichen Anstrengungen unternommen, sie sei eines der wichtigsten gesellschaftlichen Ziele (politische ‚Chefsache'), das kaum breiteren Raum in der öffentlichen Agenda einnehmen könnte. Der Gedanke ihrer Vernachlässigung kann so kaum aufkommen. Tatsächlich aber verschwinden zunehmend Begriff und Anspruch jener Bildung, die als öffentliche Lebensform eine humane Selbstverständigung begründen könnte – und damit zugleich eine Öffentlichkeit, die pluralen sachlichen Debatten und individuell sprechenden und handelnden Personen Raum und Stimme gibt. Derzeit wird das öffentliche Interesse an Bildung auf den Generalnenner der ‚Humanressource' gebracht, durch die in einem rohstoffarmen Land der wirtschaftliche ‚Standort' zu sichern sei, d.h. das öffentliche Interesse wird

[12] Vgl. ebd., 30ff.
[13] Vgl. ebd., 67ff.
[14] *Nietzsche* 1980 [Anm. 5], 668: „Die allerallgemeinste Bildung ist eben die Barbarei."

vornehmlich auf ökonomischen Wettbewerb der Nationen ausgerichtet. Öffentlichkeit hat so keine andere Qualität gegenüber diesem zweckrationalen Kalkül. Die Öffentlichkeit, die Rechenschaft über Bildung verlangt, indem sie Bildung als Gegenwert der aufgewendeten Gelder berechnet, erscheint einzig als Kontrolleur für die Überwachung der Rentabilität von Bildung. Die mit diesem Bezug politisch erst erzeugte Knappheit von Bildung bewirkt auch intern die Hypostasierung des Wettbewerbsprinzips, von dem allerdings niemals die Öffentlichkeit als Allgemeinheit profitieren kann. Öffentlichkeit meint in diesem Kontext nicht mehr die Allgemeinheit aller Menschen, sondern die der Wettbewerbsgewinner. Sie zielt auch nicht mehr auf eine gemeinsame menschliche Welt, sondern auf die Selbigkeit der Interessen des ‚homo oeconomicus', der überall den eigenen Vorteil wählt. Denn die Selbigkeit der Interessen kann keine gemeinsame Welt stiften, sondern nur den Konkurrenzkampf, in dem „jeder ein Gleiches"[15] will. „Dies Interesse selbst, das Interesse an einer, wie wir heute sagen würden, freien Entwicklung der Wirtschaft [...] ist aber selbst noch privater Natur, ganz gleich wie viele Menschen es miteinander teilen".[16]

Durch die Selbigkeit der Interessen werden Menschen berechenbar und regierbar. Die klassische Nationalökonomie Adam Smiths geht von einer „automatischen Harmonie der Interessen" aus, so dass die Gesellschaft mit „unsichtbarer Hand" das gesellschaftliche Verhalten aller Menschen leiten und die Übereinstimmung widerstreitender Interessen bewirken kann.[17] Die einförmige Anwendung des Modells ruft die Selbigkeit des Denkens und Verhaltens, das es ausdrückt, zugleich erst hervor. Die Vergesellschaftungsform dieser Einförmigkeit absorbiert sowohl die „gemeinsame Welt"[18] des öffentlichen als auch die private Welt des je eigenen Lebens und nivelliert den Unterschied zwischen beidem. Die Differenz von Öffentlichem und Privatem als „Unterschied zwischen dem, was uns gemeinsam, und dem, was uns zu eigen ist"[19], geht in der Einförmigkeit dieses Modells unter. Das zeigt sich sowohl in der Entgrenzung der Prozesse der Arbeit auf Kosten von Ruhe und Muße als auch in der des Herstellens auf Kosten des Handelns.

Verloren zu gehen droht das Modell einer Öffentlichkeit, die Freiheit und Gleichheit nicht nur auf unternehmerische Projekte bezieht, sondern in der gemeinsamen Aufklärung über Abhängigkeiten unseres Denkens und Handelns sowie in der Aufmerksamkeit für die Pluralität und Einzigartigkeit der je Handelnden und Sprechenden zu verwirklichen sucht. Je mehr wir Spekulation und Initiativen einzig mit Börsen- und Marktgängen verbinden, desto weniger kann eine gemeinsame Welt im öffentlichen Nachdenken über Sinnfragen und im öffentlichen Erscheinen von Personen eröffnet werden. Angesichts dieser Ent-

---

[15] *Hannah Arendt*, Vita activa oder Vom tätigen Leben, München 1960, 65.
[16] Ebd.
[17] Ebd., 44.
[18] Ebd., 67.
[19] Ebd.

wicklung stellt Nida-Rümelin für Deutschland und Europa die tiefgreifende Bedrohung einer bisher tragenden „humanistischen Substanz" fest.[20]

5. Humane Selbstverständigung

Was bei der ubiquitären Rede von Bildung auf der Strecke bleibt, ist die Offenheit des Fragens angesichts der Unbestimmtheit menschlicher Existenz. Sofern Bildung mit Leistung gleichgesetzt wird, verbinden sich damit Messungen und Rechtfertigungen anhand vorgegebener Standards, die einen bestehenden politischen und ökonomischen Produktionsbetrieb in Gang halten. Damit wird bis zum Überdruss betont, was an Investitionen für Bildung geleistet wird – d.h. was sie kostet – und bestimmt, was von ihr zu erwarten ist – d.h. welchen Mehrwert die Investition zu erbringen hat. Offene Fragen, die sich nicht unmittelbar in Leistung umsetzen lassen, finden in dieser Darstellung keinen Platz, denn das Leistungsprinzip kann sich prinzipiell keine offenen Fragen leisten. Sofern Bildung mit Wissen gleichgesetzt wird, geht es dabei um Verfertigungsverfahren, d.h. um die Weise, wie man mit Wissen fertig wird, nicht wie man sich seiner Fraglichkeit aussetzt. Die Rede von ‚Kompetenzorientierung' ist insofern paradox, als man sich gerade im Hinblick auf Orientierungswissen der Fraglichkeit der Existenz aussetzen muss, und für das Wagnis des Sichaussetzens gibt es keine Kompetenz.

Bildung als humane Selbstverständigung angesichts der Unbestimmtheit menschlicher Existenz verweist auf die gegenseitige Begründung des Politischen und des Pädagogischen im weitesten Sinne. In Kants Verbindung der Idee der Menschheit mit der des Weltbürgertums ist dies grundgelegt. Kants Idee des Weltbürgertums enthält sowohl die Vorstellung eines alle einzelnen Staaten übergreifenden „allgemeinen Menschenstaats"[21] als auch den Gedanken einer gebildeten, d.h. in allen ihren Anlagen entwickelten Menschheit.[22] Während die vollkommen gebildete Menschheit erst im „Schoß" des allgemeinen weltbürgerlichen Zustandes denkbar sei, müsse einstweilen eine „langsame Bemühung der inneren Bildung der Denkungsart"[23] in Gang gesetzt werden, die ihrerseits „eine lange innere Bearbeitung jedes gemeinen Wesens zur Bildung seiner Bürger" bedingt.[24] Der Staaten- oder Völkerbund hat als Fernziel den „künftigen großen Staatskörper [...], wovon die Vorwelt kein Beispiel"[25] hat, der Weg der Bildung der Denkungsart bezieht sich auf die universale Idee der Menschheit, die in jedem Menschen wahrzunehmen und zu achten ist. Für beide Fernziele muss

[20] Vgl. *Nida-Rümelin* 2006 [Anm. 11], 17ff.

[21] *Immanuel Kant*, Zum ewigen Frieden, in: ders., Schriften zur Anthropologie, Geschichtsphilosophie, Politik und Pädagogik I = Werkausgabe hg. v. Wilhelm Weischedel, Bd. 11, Frankfurt [2]1978, 191-251, hier: 203.

[22] Vgl. *Immanuel Kant*, Idee zu einer allgemeinen Geschichte in weltbürgerlicher Absicht, in: Kant 1978 [Anm. 21], 31-50, hier: 47.

[23] Ebd., 45.

[24] Ebd.

[25] Ebd., 47.

man sich vorerst auf Teilziele beziehen; für die politische Idee ist das der Völkerbund, für die Bildungsidee sind es „Kultur“ und „bürgerliche Freiheit“[26] bzw. Öffentlichkeit. Die „Bearbeitung jedes gemeinen Wesens zur Bildung seiner Bürger“[27] soll die Voraussetzung für die Teilnahme am Prozess der Zivilisierung, Kultivierung und Moralisierung schaffen, der es dann am Ende jedem ermöglicht, sich als Weltbürger zu sehen und zu verhalten.

Ohne die entsprechende Bildung der Denkungsart kommen universal orientierte politische Organisationsformen nicht zustande bzw. kann der politische Frieden nicht aufrechterhalten werden. Und ohne die geeigneten politischen Bedingungen kommt keine Bildung der Bürger zustande. Kant setzt also ebenso bei den Schwächen der Politik wie bei denen der Bildung an, wenn er konstatiert, dass es nicht nur eines langen Weges zur Bildung einer universalen moralischen Denkungsart bedarf, sondern auch „eine lange innere Bearbeitung jedes gemeinen Wesens zur Bildung seiner Bürger“[28] nötig ist. Politische Systeme tendieren in der Regel zum eigenen Erhalt und müssen erst durch nicht gering zu veranschlagende Anstrengung dazu bewegt werden, sich für die Bildung ihrer Bürger über den Systemerhalt hinaus dienstbar zu machen. Eine ihrerseits funktionalisierte Bildung zeigt an, dass dies nicht gelungen ist. Umgekehrt tendieren Individuen zur Verfolgung eigennütziger Einzelinteressen, die durch Zivilisierung und Kultivierung nur strategisch perfektioniert, hingegen allein durch Moralität kritisch kontrolliert und gemeinschaftlich ausgerichtet werden können. Die Idee der Menschheit als Bildungsprinzip und die Idee des Weltbürgertums als politisches Prinzip bedingen einander. Erfolgreich kann nur eine wechselseitige Förderung sein, und das heißt, dass allgemeine Menschenbildung und politische Weltbürger-Bildung wesentlich in eins fallen müssen.

Kants Gedanken einer sich selbst bestimmenden Menschheit erweiterte Humboldt in seiner Theorie einer allgemeinen Menschenbildung um das Prinzip der Individualität. Die Menschenwürde in jedem Einzelnen zu achten, bedeutet ihm zufolge nicht nur, jedem die Gleichheit subjektiven Selbstseins zuzugestehen, sondern auch die je individuelle Andersartigkeit seines Menschseins wahrzunehmen und anzuerkennen. Bildung als Entfaltung aller Anlagen der Menschheit kann nach Humboldt nur in dieser Modifikation gedacht werden. Der Begriff der Menschheit selbst ist offen zu halten für die geschichtliche Vielfalt individuellen und kulturellen Andersseins, ja er ist selbst nichts anderes als der Verweis auf die Nichtfestgelegtheit und Selbstaufgegebenheit des menschlichen Wesens, das sich erst in der Bildung verwirklichen kann.

Humboldts Bildungstheorie ist Theorie der Bildung des Menschen als Individuum. Bildung der Individualität bedeutet nicht nur, dass der Einzelne alle seine Möglichkeiten optimal realisiert; sie ist vielmehr immer zugleich Arbeit am Begriff der Menschheit und potentieller Beitrag zur Humanität. Mit dem Begriff der allgemeinen Menschenbildung eröffnet Humboldt einen universalen Verständigungshorizont, der auf den Einzelnen *als* Menschen zielt. Damit soll, ge-

[26] Ebd., 46.
[27] Ebd., 45.
[28] Ebd.

rade ohne eine bestimmte Form des Menschseins vorzuschreiben, ein Rahmen eröffnet werden, der eine unbegrenzte Vielzahl an Gestaltungsmöglichkeiten zulässt und so den sich selbst verwirklichenden Menschen gegenüber vorgegebenen Bestimmungen und Verfügungen *erst sichtbar* machen kann. Grundlegend ist, dass das Allgemeine des Begriffs der Menschheit *im Individuum* aufgesucht wird. ‚*Menschheit*' wird als Vorgriff auf die Totalität der gebildeten Individuen erst fassbar. Bildungsprozesse vollziehen sich in einer verstehenden Bewegung, die das, worauf sie ausgerichtet sind, immer *als das erst noch zu Verstehende* ansehen muss.

Das von Nida-Rümelin vermerkte Desiderat an „humanistische[r] Substanz"[29] im derzeitigen Umgang mit Bildung in Politik und Öffentlichkeit offenbart sich vor allem in der Preisgabe des Anspruchs einer allgemeinen Menschenbildung, die auf der Basis der allgemeinen und gleichen Menschenwürde individuelle und kulturelle Differenzen im Kontext eines offenen Selbstverständigungsprozesses wahrzunehmen erlaubt. Allgemeine Menschenbildung wäre der Allgemeinheit verpflichtet, *indem* sie jedem Einzelnen zugesteht, sein individuelles Anderssein als Modifikation und als Widerspruch in die Formen des gemeinsamen Denkens und Lebens einzutragen und so die Frage des Menschen nach sich selbst und einer menschenwürdigen Welt offen zu halten.

Allgemeine Menschenbildung im Sinne Humboldts meint die *Berücksichtigung von Vielfalt in einem sich selbst offenen Horizont, der gleichwohl nicht beliebig verfügbar erscheint.* Die Herausforderung des Differenten ist durch keine zugrunde liegende Identität des allgemein Menschlichen und keine prästabilierte Harmonie seiner individuellen Ausprägungen aufzufangen. Aber der Streit um das Gemeinsame hilft die Frage nach dem Menschen offen zu halten und bewahrt vor Dogmatismus ebenso wie vor beliebiger Disponibilität. Erst durch die Aufforderung, Eigenes und Fremdes in einen gemeinsamen Rahmen einzutragen, wird die *Zumutung der Pluralität* überhaupt spürbar. Bildung im humanistischen Sinne ist mit dem Aushalten dieser Zumutung verbunden und zielt auf eine Solidarität, die sich weniger auf bewährte und bewehrte Positionen gründet als auf die noch ausstehenden Fragen der ungesicherten Existenz. Aus dieser Sicht gehören Gefährdung und Verletzlichkeit, Glück und Leid, Gelingen und Scheitern menschlichen Lebens zur humanen Selbstthematisierung in der Bildung. Gerade daraus lässt sich auch die politische Dimension der allgemeinen Bildung gewinnen.

In diesem Sinne hat Wolfgang Klafki die ‚humanistische Substanz' der klassischen Tradition allgemeiner Bildung zusammengefasst. Die Ausrichtung auf Selbstbestimmung, Mitbestimmung und Solidaritätsfähigkeit begründet er nicht mehr in einem begrifflich fassbaren Menschsein, sondern in den die Menschheit gemeinsam betreffenden existenziellen Gefährdungen und Bedrohungen. Diese können nur geschichtlich situativ erfasst und müssen politisch behandelt werden. Das setzt kritische Zeitdiagnosen voraus. Klafki benannte die Friedensfrage, die Umweltfrage, die gesellschaftlich produzierte Ungleichheit, die neuen Techno-

---

[29] *Nida-Rümelin* 2006 [Anm. 11], 68.

logien in ihrer Verselbständigung und die Verdrängung von Ich-Du-Beziehungen, wobei die Liste unabschließbar ist.[30] Bildung als allgemeine bedeutet Sensibilisierung für solche ‚Menschheitsthemen', die den Einzelnen über sich und seine privaten Interessen hinaus auf eine gemeinsame Verantwortung beziehen. Dabei spielt weniger die *Behauptung* des Gemeinsamen als die *gemeinsame Bedrohung* eine Rolle. Noch in seiner Dekonstruktion fordert der Begriff der Menschheit zur Wahrnehmung des Politischen als seines Bedingungsraumes auf. So heißt es bei Jean-Luc Nancy: „[...] das gegenwärtige Zeitalter der Menschheit stellt sich uns als eine Gemeinschaft von Massengräbern, Hungersnöten, Selbstmorden und Verdummungen dar".[31]

6. Bildung als Streitkultur

In Schleiermachers Ethik, die als Kulturtheorie formuliert ist, kommt das Prinzip einer allgemeinen Menschenbildung als Grundlegung einer umfassenden *Streitkultur* zur Sprache. Die Spannung und Widerständigkeit zwischen Allgemeinem und Individuellem wird hier als bleibende, oszillierende Bewegung gedacht. Die geschichtlichen Versuche, Identität zu bilden, sind jeweils durch Wahrnehmung und Wertschätzung des Individuellen zu konterkarieren. In den verschiedenen Sphären der Kultur kommt es demzufolge darauf an, *je unterschiedliche Rahmen anzubieten, in denen die Artikulation des Individuellen sichtbar werden kann.* Gesellschaftliche Institutionen dürfen nur so lange als ethische Güter betrachtet werden, als sie dies gewährleisten.

Der *Staat* muss den allgemeinen politischen Willen durch *größtmögliche Teilhabe der einzelnen Bürger*[32] sichern. Je engagierter und streitbarer die Bürger sein dürfen, desto größer die Möglichkeit der Identifikation und gemeinsamen Verantwortung. *Wissenschaft* zielt auf übereinstimmende Erkenntnisse, setzt aber Differenzen voraus und besteht in ihrer Konfrontation. Am Streit differenter Positionen weist sich Wissenschaftlichkeit als solche aus, so dass die Auseinandersetzung mit abweichenden Denkweisen konstitutiv ist. Diskursive Klärungen als *Streit um die Wahrheit der Sache* zu versuchen, setzt ihre politische Unabhängigkeit voraus. *Religion* wird ebenso wie *Kunst* als eine individuelle Sinndeutung angesehen. Beide haben daher einen anderen Wahrheitsanspruch als die Wissenschaft, denn das ihnen innewohnende Allgemeine ist nicht objektiv zu erfassen, sondern nur subjektiv auszudrücken. Gleichwohl hat beides

---

[30] Vgl. *Wolfgang Klafki*, Neue Studien zur Bildungstheorie und Didaktik. Zeitgemäße Allgemeinbildung und kritisch-konstruktive Didaktik, Weinheim – Basel ^{3}1993, 56ff.

[31] *Jean-Luc Nancy*, Wahrheit der Demokratie, Wien 2009, 63.

[32] Vgl. *Friedrich D. E. Schleiermacher*, Die Lehre vom Staat 1829-1833, in: ders., Vorlesungen über die Lehre vom Staat, Kritische Gesamtausgabe, hg. v. Hermann Fischer u.a., Bd. 8, Berlin – New York 1998, 69-169, bes. 101ff. – Vgl. dazu *Arnulf von Scheliha*, Schleiermacher als politischer Denker, in: Andreas Arndt / Kurt-Victor Selge (Hg.), Schleiermacher – Denker für die Zukunft des Christentums? Berlin – New York 2011, 83-99. – Je klarer bewusst wird, dass Schleiermacher noch Vorbehalte gegen die Demokratie als Staatsform hatte, desto deutlicher halten seine vielfältigen Impulse zu Demokratisierungsbewegungen der heutigen Zeit den Spiegel vor.

größte Reichweite für die Deutung menschlicher Existenz und verweist deshalb auf eine eigene Öffentlichkeit der Mitteilung und Auseinandersetzung. Der *Streit* richtet sich hier *gegen Einförmigkeit und Phantasielosigkeit.* ,*Freie Geselligkeit*' ist für Schleiermacher ein spezifischer Terminus, der Genaueres meint als beliebige Interaktion. Der Rahmen eines möglichst vielfältigen gesellschaftlichen Verkehrs kann dazu anregen, Individualität zu bilden und mitzuteilen, Anderheit wahrzunehmen und anzuerkennen und dabei mit den Grenzen des Eigenen und Fremden zu experimentieren. *Streit* richtet sich hier *gegen fixierte soziale Rollenmuster und dominante Verhaltensweisen.* Frei ist geselliger Verkehr, wenn er jeweils eine Gemeinschaft bildet, der es um keinen anderen Zweck geht als das gleichwertige *Sichtbarwerden der je abweichenden Besonderheit* der Bildung individueller Subjekte in Wechselwirkung mit anderen.

Bildung im Anschluss an Schleiermacher als Streitkultur zu verstehen, bedeutet die Eigenständigkeit verschiedener kultureller Praxen zu verteidigen und als Voraussetzung für ihren Beitrag zur Allgemeinheit zu sehen; für den Eigenwert von Sachen und Sachfragen gegenüber Verwertungsmöglichkeiten ebenso einzutreten wie für die Anerkennung individuellen Andersseins als Selbstzweck; die Pluralität der Weltverhältnisse durch die Visionen von Kunst und Religion zu unterstreichen und schließlich die Berücksichtigung dieser Ansprüche in Politik und Öffentlichkeit zu fordern. Damit steht nicht Verfügbarkeit, sondern Widerständigkeit der Sachen und Personen im Zentrum der Bildung.

Wie pädagogisch ist das Ästhetische und wie ästhetisch ist die Religionspädagogik?

CLAUDIA GÄRTNER

Zum nahezu unhinterfragten Selbstverständnis der Religionspädagogik gehört es mittlerweile, sich intensiv mit dem Ästhetischen auseinanderzusetzen. Von Kunst, Literatur und Musik bis hin zu Formen ganzheitlichen Lernens reicht die religionspädagogische Palette ästhetisch orientierter Zugänge, Methoden und Medien. Angesichts dieser Konjunktur des Ästhetischen ist es an der Zeit, innezuhalten und einige der erwachsenen Selbstverständlichkeiten (erneut) zu reflektieren. Denn bereits das Zusammentreffen von Ästhetik und Pädagogik ist nicht selbstverständlich.

1. Streitfall: Ästhetik und Pädagogik

In den 1990er Jahren entzündeten sich an der Kunstpädagogik Gunter Ottos, des Nestors des Faches, mehrere mittlerweile historisch zu nennende Kontroversen. Ausgangspunkt der Diskussionen war Ottos Ansatz, Ästhetik und Pädagogik, ästhetische Erfahrung und pädagogische Praxis miteinander zu verbinden und in eine schulbezogene Fachdidaktik münden zu lassen. Diese Debatten bieten einen erhellenden Einblick in das Verhältnis von Ästhetik und Pädagogik und haben in ihrer inhaltlichen Brisanz bislang „nichts an ihrer allgemeinen Bedeutung für das Fach eingebüßt."[1]

Aufschlussreich insbesondere für die Religionspädagogik sind dabei die Beiträge des Erziehungswissenschaftlers Klaus Mollenhauer, der die Kontroverse mit der Hypothese eröffnet, dass „ästhetische Erfahrungen sich weder einer auf Praxis angelegten pädagogischen Handlungstheorie noch einer perspektivisch gedachten Bildungstheorie problemlos einfügen lassen."[2] Für Mollenhauer korrespondieren Ästhetik und Pädagogik nicht konfliktfrei miteinander. Er geht in seinem Argumentationsgang von den Rezipientinnen und Rezipienten und der ästhetischen Wirkung aus.[3] Und eben diese ästhetische Wirkung lasse sich nicht nahtlos mit (pädagogischer) Praxis vereinbaren. Seine Anfragen gehen weit über

---

[1] *Georg Peez*, Einführung in die Kunstpädagogik, Stuttgart ^{3}2008, 69. Vgl. zum Folgenden ausführlich *Claudia Gärtner*, Ästhetisches Lernen. Eine Religionsdidaktik zur Christologie in der gymnasialen Oberstufe, Freiburg 2011, 107-129.

[2] *Klaus Mollenhauer*, Ästhetische Bildung zwischen *Kritik* und Selbstgewissheit, in: ZP 36 (1990a) 481-494, 481. Vgl. a. *ders.*, Schwierigkeiten mit der Rede über Ästhetik, in: Lutz Koch u.a. (Hg.), Pädagogik und Ästhetik, Weinheim 1994, 160-170; *ders.*, Umwege. Über Bildung, Kunst und Interaktion, Weinheim 1986, 7-11; *ders.*, Die vergessene Dimension des Ästhetischen in der Erziehungs- und Bildungstheorie, in: Dieter Lenzen (Hg.), Kunst und Pädagogik. Erziehungswissenschaften auf dem Weg zur Ästhetik?, Darmstadt 1990b, 3-17.

[3] Vgl. *Mollenhauer* 1990a [Anm. 2], 482ff.

die prinzipielle pädagogische Unverfügbarkeit jeglicher Erfahrung hinaus. Vielmehr provoziere das Spezifische ästhetischer Erfahrungen grundlegend das neuzeitliche pädagogische Projekt. Er lehnt sein Verständnis von ästhetischer Erfahrung an Hugo von Hofmannsthal an. Indem das Subjekt „an solchem innersten Gebilde der Zeit die Beglückung erlebt, *sein Ich sich selber gleich zu fühlen und sicher zu schweben im Sturze des Daseins, entschwindet ihm der Begriff der Zeit und Zukunft geht ihm wie Vergangenheit in einzige Gegenwart herüber.*“[4] So verstandene ästhetische Wirkung könne nicht mit Pädagogik einhergehen, denn

> „ästhetische Wirkungen in der skizzierten Art sind Sperrgut in einem Projekt von Pädagogik, das seine Fluchtpunkte in klaren Verstandesbegriffen und zuverlässigen Handlungsorientierungen sucht.“[5]

Ästhetische Objekte müssten demnach erst pädagogisch zerstückelt werden, um in die entsprechenden pädagogischen Kisten zu passen. Eine solche Zerstückelung erfolgt nach Mollenhauer derzeit anhand dreier didaktischer Strategien: 1. Ästhetische Alphabetisierung zum Erwerb notwendiger (De-)Codierungskompetenzen von ästhetischen Zeichen; 2. Stufenförmiger Erwerb ästhetischer Kompetenzen in curricular geordneter chronologischer Abfolge; 3. Identitätsbildung durch den Erwerb expressiver ästhetischer Fähigkeiten.[6] Den ersten und zweiten Ansatz betrachtet er als „Verkindlichung des Ästhetischen“[7], die das Potenzial der ästhetischen Wirkung unterlaufe. Die dritte pädagogische Strategie kritisiert er mit Blick auf das Schicksal der Frühromantiker. Diesen sei trotz oder gerade wegen ästhetischer Erfahrungen ihr Leben nicht geglückt. Das tragische Ende vieler Romantiker deute darauf hin, dass ästhetische Erfahrung nur schwer in einem Bildungsbegriff einzuordnen sei, der auf gesellschaftliche Integration setze.[8] Bildung im modernen Sinne, die auf gesellschaftliche Integration der Individuen ziele, laufe bei einer grundlegenden ästhetischen Ausrichtung Gefahr, an der Destabilisierung von Identitäten zu arbeiten.

Mollenhauer zieht hieraus zwei Konsequenzen für das Verhältnis von Ästhetik und Pädagogik, die auch für die Religionspädagogik aufschlussreich sein können. Erstens wendet er sich aus den oben angeführten Gründen von einem grundlegenden ästhetischen Prinzip resp. Paradigma der Pädagogik ab. Die Auseinandersetzung mit ästhetischer Wirkung betrachtet er vielmehr als Unterbrechung von pädagogischen Prozessen, die dann punktuell immer wieder das Bildungsprojekt der Moderne in Zweifel zieht.[9] Die Subjekte könnten sich dabei von lebensweltlichen oder institutionellen Ansprüchen der Pädagogik emanzipieren, indem sie im ästhetischen Modus eine flüchtige Erfahrung von der Wirklichkeit des Ichs erhalten. In diesem Sinne bleibt das Ästhetische das ‚Andere‘,

---

[4] *Hugo von Hofmannsthal*, Ausgewählte Werke in zwei Bänden, Bd. 2, Frankfurt 1957, 464, zit. n. *Mollenhauer* 1990a [Anm. 2], 483.

[5] *Mollenhauer* 1990a [Anm. 2], 484.

[6] Vgl. ebd., 486.

[7] Ebd., 492.

[8] Vgl. ebd., 489.

[9] Vgl. ebd., 492.

das sich nicht in institutionalisierten Prozeduren einfügen lässt, das aber als Sperriges, Fremdes dennoch seine Bedeutung besitzt.

Zweitens wendet er sich – trotz der geäußerten Kritik – dem Projekt der ästhetischen Alphabetisierung zu. Er versteht hierunter den Lernvorgang, „in dem nicht-sprachliche kulturell produzierte Figurationen in einem historisch bestimmten Bedeutungsfeld lokalisiert, das heißt als bedeutungsvolle Zeichen ‚lesbar' werden."[10] Aufgabe ist es demzufolge „die nachwachsende Generation mit den Lesbarkeiten der ästhetischen Objektivationen unserer Kultur vertraut zu machen."[11] Allein hierauf könne man Pädagogik und Unterricht verpflichten, ohne dass hierdurch der Unterricht selbst ästhetisch werde.[12] (Kunst-)Unterricht leiste so seinen Beitrag im ‚Vorfeld' von ästhetischer Wirkung und Erfahrung. Das Eigentliche des Ästhetischen entziehe sich jedoch unterrichtlichen Prozessen. Gunter Ottos Unterfangen, das Ästhetische grundsätzlich in den Unterricht zu holen, erklärt Mollenhauer damit für gescheitert.

2. Wie pädagogisch ist das Ästhetische?

Dem weiteren Verlauf der Kontroverse soll hier nicht mehr nachgegangen werden. Nur so viel: Mollenhauers grundlegende Skepsis, dass sich ästhetische Erfahrungen in pädagogische Prozesse nicht einpassen lassen, wird noch von anderer Seite untermauert. Der Kunstpädagoge Gert Selle verabschiedet ästhetisches Lernen in dieser Perspektive ebenfalls aus dem schulischen Unterricht.[13] Das Ästhetische – so hier grob sein Fazit – entzieht sich planbaren Lernprozessen. Selbst wenn ästhetische Erfahrungen ihre Wirkung – ungeplant oder unerwartet – in institutionalisierten Bildungsprozessen entfalten, dann sprengen sie pädagogische Settings, diffundieren Lernziele und inhaltliche Ordnungen. In diesem Sinne ist das Ästhetische auch bei Selle Sperrgut in der Pädagogik. In pädagogisch und didaktisch strukturierten Lernprozessen kann ästhetisches Lernen daher nur im ‚Vorfeld' des Ästhetischen geplant werden, ohne dass sich dadurch das Ästhetische selbst pädagogisieren oder didaktisieren ließe.

Dennoch ist zu fragen, ob ästhetische Erfahrungen nicht in einer anderen Hinsicht pädagogisch relevant sind. Hinterfragt man den auf klare Verstandesbegriffe und zuverlässige Handlungsorientierungen zielenden Pädagogikbegriff von Mollenhauer und stellt man in Rechnung, dass Mollenhauer selbst der ästhetischen Wirkung zuschreibt, eine flüchtige Ahnung von der Wirklichkeit des Ichs zu vermitteln und punktuell den skizzierten Bildungsbegriff zu durchbrechen, dann erblicke ich gerade in diesen punktuellen Durchbrechungen das spe-

---

[10] *Mollenhauer* 1990b [Anm. 2], 11.

[11] Ebd.

[12] Vgl. *Mollenhauer* 1994 [Anm. 2], 163f.

[13] Vgl. *Gert Selle*, Kunstpädagogik jenseits ästhetischer Rationalität? Über eine vergessene Dimension der Erfahrung, in: Kunst+Unterricht 192 (1995) 16-21; *ders.*, Das ästhetische Projekt. Plädoyer für eine kunstnahe Praxis in Weiterbildung und Schule, Unna 1992.

zifische Potenzial des Ästhetischen. Es trägt zur Bildung der Individuen bei, indem es ihnen Geschmack auf das ‚Mehr' von Leben macht.

Es ist offensichtlich, dass in diesem Geschmack auf ‚Mehr', in dieser Ahnung von dem Anderen, dem Sperrigen, auch der besondere Reiz für die Religionspädagogik liegt. Nicht von ungefähr wird dem Ästhetischen derzeit in Theorie und Praxis der Religionspädagogik ein hoher Stellenwert beigemessen. Zugleich müsste es eine Religionspädagogik skeptisch stimmen, wenn aus den Diskursen um ästhetische Erziehung und Kunstpädagogik das Verhältnis von Ästhetik und Pädagogik kontrovers diskutiert wird. Wenn in Lehr-Lern-Kontexten der Fokus tatsächlich primär auf das Vorfeld des Ästhetischen gelegt wird, dann müssten auch viele der ambitioniert formulierten Ziele und Funktionen ästhetisch orientierten religiösen Lernens[14] auf den Prüfstand. Und ob dadurch das Ästhetische überhaupt als ein grundlegendes Prinzip[15] religiösen Lernens betrachtet werden kann, gälte es ebenfalls zu reflektieren.

Wie ästhetisch ist also die Religionspädagogik bzw. wie ästhetisch kann sie sein? Nach den skizzierten kritischen Stimmen von Erziehungswissenschaft und Kunstpädagogik möchte ich mich nun dem engeren religionspädagogischen Diskurs zuwenden.

3. Wie ästhetisch ist die Religionspädagogik?

Exemplarisch widme ich mich hierzu dem Ansatz von Joachim Kunstmann, der in äußerst pointierter Weise für eine ästhetische Ausrichtung der Religionspädagogik plädiert.[16] Seine ästhetisch orientierte Religionspädagogik beschränkt sich nicht auf die Auswahl geeigneter ästhetischer Unterrichtsgegenstände oder Methoden.[17] Sie versteht sich vielmehr selbst als ein fundamental ästhetisches Verfahren,[18] das in einem spezifischen Verständnis von Religion resp. Glauben wurzelt. Für ihn ist lebendige Religion Kunst, „sie muss sogar selbst Formen der Kunst annehmen, wenn sie ihrer Aufgabe gerecht und für die Gegenwart bedeutsam werden soll."[19] Deshalb steht Kunstmann auch einem Religionsverständnis skeptisch gegenüber, das sich primär an Inhalten orientiert. In seiner Perspektive gibt es

---

[14] Vgl. hierzu den Überblick in *Gärtner* 2011 [Anm. 1], 49-104; *dies.*, Bild und Wort. Religionsunterricht in Deutschland, in: Reinhard Hoeps (Hg.), Handbuch der Bildtheologie, Bd. 2, Paderborn (im Erscheinen).

[15] So z.B *Georg Hilger*, Ästhetisches Lernen, in: ders. / Stefan Leimgruber / Hans-Georg Ziebertz (Hg.), Religionsdidaktik. Ein Leitfaden für Studium, Ausbildung und Beruf, München 2010 (Neuausgabe), 334-343.

[16] Vgl. *Joachim Kunstmann*, Religion und Bildung. Zur ästhetischen Signatur religiöser Bildungsprozesse, Gütersloh 2002; *ders.*, Religionspädagogik, Tübingen ²2010; *ders.*, Zwischen allen Stühlen. Religionspädagogik als interdisziplinäres Fach, in: Friedrich Schweitzer / Thomas Schlag (Hg.), Religionspädagogik im 21. Jahrhundert, Gütersloh – Freiburg 2004, 240-251.

[17] Vgl. *Kunstmann* 2010 [Anm. 16], 172.

[18] Vgl. *Kunstmann* 2002 [Anm. 16], 11.

[19] *Joachim Kunstmann*, Die Vernunft einer ästhetisch orientierten Religionspädagogik. Zeitgemäße Anbahnungen und unbewusste Verhinderungen religiöser Bildung, in: RPäB 66/2011, 47-59, 50.

„keine christlichen Inhalte, sondern nur religiöse Erfahrungen und deren Interpretation, die keineswegs immer diejenigen großer religiöser Geister sind, sondern allzu oft schlicht logische Folgerungen, und immer Theologenmeinungen. [...] Der einzige ‚Inhalt' des Christentums aber ist Gott."[20]

So wie Religion erfahrungs- und vollzugsorientiert ausgerichtet sei, so sei auch Religionspädagogik und -didaktik primär ästhetisch ausgerichteter Nachvollzug christlicher Religion und weniger die Einführung in inhaltliche Reflexion über sie.[21] Deshalb ist für Kunstmann religiöses Lernen nicht länger auf die Vermittlung und Anwendung theologischer Einsichten bezogen. Vielmehr müsse die Religionspädagogik eigene Erschließungswege für eine ästhetisch artikulierte konkrete Religion anbieten und dadurch einen Sinn für Religion entwickeln helfen.

Seinen Fokus auf das Ästhetische begründet Kunstmann nicht allein aus seinem Religionsverständnis, sondern auch aus bildungstheoretischen Überlegungen heraus. Religiöses Lernen lasse sich heute ausschließlich pädagogisch, jedoch nicht theologisch oder kirchlich begründen.[22] Denn religiöses Lernen geschähe nicht um der Tradierung der Religion willen, sondern steht für ihn allein im Dienste der Entfaltung des Subjekts. Nicht nur die Betonung des ästhetisch orientierten religiösen Vollzugs vor der (theologisch orientierten) Lehre führt bei Kunstmann somit zu einer „tendenziellen Befreiung von Inhaltsvorgaben"[23], sondern auch seine Zielsetzung und sein Verständnis von religiöser Tradition als „Medien der Selbstbildung"[24]. Die ästhetischen Artikulationen der Religion als auch die Religion selbst stehen im Dienste der Entfaltung und Lebensbereicherung des sich bildenden Subjekts. Damit weist Kunstmanns bildungstheoretisch verwurzeltes Religionsverständnis durchaus Nähen zu Mollenhauers Vorstellung vom Ästhetischen auf.

„Nur wo ich unmittelbar selbst eintauche in Räume und Vollzüge, kann ich eine Ahnung vom innersten Sinn der Religion erhalten. Andernfalls mag ich zwar theologischer Experte sein, der analysiert und zusammendenkt, werde aber nicht religiös affiziert und wohl auch nicht religiös kompetent."[25]

Tauschte man hier die Begriffe Theologie resp. Religion und Ästhetik aus, so zielte dieser Satz ins Zentrum von Mollenhauers Überlegungen. Daher überrascht es nicht, dass für Kunstmann ein solches Religionsverständnis geradezu mit Ästhetik einhergehen muss.

„Die Ästhetik macht diesen Zusammenhang nicht nur klar, sie zeigt auch Wege zu seiner Verwirklichung. [... Eine ästhetisch orientierte Religionspädagogik] weiß darum, dass lebendige Religion sich ebenso wie alle Ästhetik gegen begriffliche Beschreibungen sperrt"[26].

---

[20] Ebd., 58.
[21] Vgl. ebd., 53.
[22] Vgl. *Kunstmann* 2010 [Anm. 16], 168.
[23] Vgl. *Kunstmann* 2002 [Anm. 16], 368.
[24] *Kunstmann* 2010 [Anm. 16], 339.
[25] *Kunstmann* 2011 [Anm. 19], 51.
[26] Ebd., 51.

Von Mollenhauer übernimmt Kunstmann jedoch nicht dessen Skepsis bzgl. einer Pädagogisierbarkeit des Ästhetischen. Auch entfaltet er analog keine entsprechenden Vorbehalte bzgl. einer Pädagogisierbarkeit des Religiösen. Vielmehr sucht er didaktische Zugänge wie Begehungen, liturgische und meditative Formen, religiöse Spiele, Inszenierungen,[27] die ihrerseits sinnlich-ästhetisch geprägt sind. Mit Selle und Mollenhauer ließe sich daher zurückfragen, inwiefern diese ästhetischen Formen in institutionalisierten Lernsettings tatsächlich ihr ästhetisches resp. religiöses Potenzial und eine Ahnung vom Religiösen entfalten können. Handelt es sich dabei nicht doch um eine ‚Verkindlichung' des Ästhetischen oder einer Profanisierung des Religiösen?

Darüber hinaus erachte ich Kunstmanns Ansatz auch in bildungstheoretischer Hinsicht als problematisch. Denn er verkürzt – zumindest tendenziell – den allgemeinen Bildungsbegriff auf das zu bildende Selbst. In den Hintergrund gerät dabei, dass in der Bildungstradition spätestens seit Humboldt Bildung nur im Medium objektiv-allgemeiner Inhaltlichkeit möglich ist. Bildung ist Selbstbildung in und mit der Welt, wozu eben auch die Aneignung religiöser oder kultureller Güter zählt.[28] Auf eine der pointiertesten Formeln hat es diesbezüglich Hartmut von Hentig gebracht. Programmatisch titelt er: „Den Menschen stärken, die Sache klären."[29] Kunstmann hingegen neigt dazu, die dialektische Spannung von Mensch und Sache, Subjekt und Welt einseitig in Hinblick auf Selbstbildung und individuelle Erfahrung aufzulösen.

Mit dieser Schwerpunktsetzung geht eine weitere theologische Anfrage einher. Denn Kunstmanns Konzeption religiöser Bildung droht das Christentum zu entsubstantialisieren. Dabei können – wie Rudolf Englert zu Recht herausstellt – elementare Aspekte verloren gehen:

> „die Reflexion auf die sozialen und ethischen Implikationen personaler Religiosität, die Fragen nach deren gesellschaftlicher Dimension, religionskritische Aufmerksamkeit, ein durch die theologische Tradition gebildetes religiöses Unterscheidungsvermögen."[30]

Treibt man Kunstmanns Ansatz auf die Spitze, dann wäre religiöse Bildung entsprechend nahezu inhaltsleer, ästhetische und religiöse Erfahrungen kaum noch zu unterscheiden.[31] Wenn religiöse Bildung „in die dekonstruktive Kraft relativierenden Bewusstseins und in die schöpferische Kraft transzendierenden Denkens"[32] einüben will, dann ist gerade das Sperrige des Religiösen und Ästhetischen nicht vorschnell gegenüber einem individuellen Erfahrungsbezug aufzugeben.

---

[27] Vgl. *Kunstmann* 2010 [Anm. 16], 342-356; *ders.* 2002 [Anm. 16], 370-410.

[28] Vgl. *Bernhard Grümme*, Religionsunterricht und Politik. Bestandsaufnahme – Grundsatzüberlegungen – Perspektiven für eine politische Dimension des Religionsunterrichts, Stuttgart 2009, 82.

[29] *Hartmut von Hentig*, Den Menschen stärken, die Sache klären, Stuttgart 1991.

[30] Vgl. *Rudolf Englert*, Rez. Kunstmann, J., Religion und Bildung. Zur ästhetischen Signatur religiöser Bildungsprozesse, in: IJPT 10 (2007) 313-315, 315.

[31] Vgl. *Stefan Altmeyer*, Von der Wahrnehmung zum Ausdruck. Zur ästhetischen Dimension von Glauben und Lehren, Stuttgart 2006, 128-134; *Bernhard Grümme*, Vom Anderen eröffnete Erfahrung. Zur Neubestimmung des Erfahrungsbegriffs in der Religionsdidaktik, Gütersloh – Freiburg 2007, 331f.

[32] *Rudolf Englert*, Religiöses Lernen und sein Beitrag zu einer umfassenden Bildung, in: Kontexte. Bildung und Kirche (2/2002) 3-9, 7.

Ist diese umfassende Kritik ein Abgesang an eine ästhetisch orientierte Religionspädagogik? Diese Frage möchte ich weder verneinen noch bejahen. Vielmehr deutet diese Kritik auf die Problematik einer bestimmten Lesart von ästhetisch orientierter Religionspädagogik hin, für die Kunstmann der prominenteste und pointierteste Vertreter ist. Vor dem Hintergrund der Debatten um das Ästhetische in der (Kunst-)Pädagogik, wie sie exemplarisch von Mollenhauer, Otto und Selle geführt wurden, wird deutlich, dass es enorme Folgeprobleme mit sich bringt, wenn man das Ästhetische als Grundprinzip von (Religions-)Pädagogik wählt. Zum einen bedeutet dies eine Ausweitung und Verflachung des Religiösen und seiner Wirkung. Im Extremfall läuft religiöses Lernen hierdurch Gefahr – wie bei Kunstmann – inhaltlich zu entleeren. Zum anderen droht das Ästhetische pädagogische Lernsettings zu sprengen. Zumindest muss sich eine so ausgerichtete Religionspädagogik diesbezüglich mit der Polysemie des Ästhetischen auseinandersetzen. So wies Günter Lange schon Ende der 1990er differenzierend darauf hin, dass dogmatische Korrektheit und Eindeutigkeit mit Bildern nicht zu erzielen sei.[33] Was dies z.B. für die Christologiedidaktik bedeutet, habe ich anderweitig zu zeigen versucht.[34]

Ich plädiere daher dafür, weder von einer ästhetischen Religionspädagogik noch von einem durchgängigen ästhetischen Prinzip der Religionspädagogik zu sprechen.[35] Eine ästhetisch orientierte Religionspädagogik möchte ich vielmehr zum einen inhaltlich profilieren. Um den Begriff des Ästhetischen nicht zu verwässern, beziehe ich ihn ausschließlich auf Lernen an und mit profilierten ästhetischen Objekten,[36] wie z.B. Kunstwerke, Bauwerke, Literatur oder künstlerische Verfahren, wie z.B. die Performance. Zum anderen geht damit eine Beschränkung des Ästhetischen einher. Grundlegende Wahrnehmungs- und Sensibilisierungsübungen fallen dann ebenso wenig hierunter wie das pure Ausmalen von Mandalavorlagen.

Darüber hinaus schließe ich mich den geäußerten Vorbehalten gegenüber einer Integration von ästhetischen Erfahrungen in religiösen Lernprozessen an. Diese didaktisch oder pädagogisch einzuplanen oder als Zielsetzung zu formulieren, erachte ich als hochgradig problematisch. Damit möchte ich erfahrungsorientiertes religiöses Lernen nicht zurückweisen, sondern auch diesbezüglich für eine Selbstbeschränkung der Religionspädagogik und ihres Anspruchs plädieren. Sinnvoll erscheint mir die Initiierung von Bildungs- und Lernprozessen, die auf basale Erfahrungen, Kenntnisse und Kompetenzen zielen und die die Lernenden zu ästhetischen resp. religiösen Erfahrungen befähigen. Ästhetisch orientierte religiöse Lernprozesse verorten sich dabei im Vorfeld ästhetischer Erfahrungen und besitzen darin ihren Beitrag zur (religiösen) Selbstbildung.

Dass diese Differenzierungen und Schwerpunktsetzungen nicht allein auf der Ebene von detailverliebten Theoriediskussionen relevant sind, sondern sich in

---

[33] Vgl. *Günter Lange*, Christus im Spiegel der Kunst – Einblicke in die Geschichte des Christusverständnisses anhand exemplarischer Bilder, in: JRP 15/1999, 173-194, 190.

[34] Vgl. *Gärtner* 2011 [Anm. 1], 279-285.

[35] Vgl. ausführlich ebd., 355-366.

[36] Zu einer näheren Qualifizierung von ästhetischen Objekten vgl. ebd., 163-173.

ihrem Kern in der Unterrichtspraxis widerspiegeln, möchte ich im Folgenden anhand von empirischen Einblicken in die ästhetisch orientierte Praxis des RU aufzeigen. Darüber hinaus machen die Praxisbeispiele auf Problemstellungen aufmerksam, die bislang in der religionspädagogischen Forschung zu wenig Aufmerksamkeit erhalten.

4. Einblicke in die Unterrichtsforschung zu ästhetisch orientiertem Lernen

Die empirische Forschung zu ästhetisch orientiertem RU steckt noch in ihren Anfängen. Erste Schritte unternimmt zur Zeit ein Netzwerk aus Kunstpädagogik, Religionspädagogik und Systematischer Theologie, das der „Funktion und Wirkung von Kunst im Religionsunterricht" nachgeht. Die folgenden Beobachtungen beziehen sich auf fünf videografierte Unterrichtsstunden in verschiedenen Jahrgangsstufen ab Klasse 8 in Gymnasien aus Münster, dem Münsterland und Ostwestfalen-Lippe, die in dem Teilprojekt „Was passiert, wenn Schülerinnen und Schüler Bilder im RU erschließen?" analysiert werden. Ergänzt werden die Beobachtungen durch Interviews in kleinen Schülergruppen, die im Anschluss an die Stunde geführt wurden. In einem Fall wurde die gesamte Klasse schriftlich direkt nach der Stunde und nach drei Monaten erneut befragt.

Als erster recht grober Gesamteindruck, der auch durch andere Unterrichtsbeobachtungen unterstrichen wird, lässt sich festhalten, dass Bilder zumeist frontal im Klassengespräch erschlossen werden. Implizit oder explizit sind dabei die fünf Stufen der Bilderschließung von Lange[37] leitend, die zugleich das methodische Gerüst und den Ablauf der Bildbetrachtung bestimmen. Häufig wird dabei durch Äußerungen der Lehrkräfte deutlich, dass sie die Schülerinnen und Schüler schon mehrfach angeleitet haben, zuerst das Bild sorgfältig zu betrachten, dann zu beschreiben und zu deuten. Dieses Verfahren ist den Schülerinnen und Schülern nahezu durchgängig bekannt, wenn es auch nicht immer eingehalten wird. Bei der Bildanalyse greifen vor allem die Lehrpersonen zu Fachbegriffen. In den beobachteten Stunden erhielten dadurch Bilder viel Aufmerksamkeit und sie wurden in ihrer spezifischen Bildsprache wahrgenommen. Eine vorschnelle Funktionalisierung für religiöse Zwecke oder theologische Aussagen war nicht zu beobachten. Auch war die Beteiligung der Schülerinnen und Schüler selbst bei langen Beobachtungsphasen relativ hoch, was gegebenenfalls der Hospitationssituation geschuldet war.

In den anschließenden Interviews sowie den schriftlichen Befragungen äußerten sich die Lernenden überwiegend positiv über die Arbeit mit Bildern. Vor allem die Abwechslung vom sonstigen Unterrichtsgeschehen wird betont. „Es war auf jeden Fall mal was anderes mit einem Bild zu arbeiten. Das hatten wir

---

[37] Vgl. *Günter Lange*, Umgang mit Kunst, in: Gottfried Adam / Rainer Lachmann, Methodisches Kompendium für den Religionsunterricht, Göttingen ^{2}1996, 247-261, 259f.

jetzt noch nicht so oft." (Schülerin, 10. Klasse) Ebenfalls wird vielfach herausgestellt, dass die Arbeit mit Bildern leichter sei:

„Die Texte, die man im Religionsunterricht liest, sind sehr sachlich und oft auch so'n bisschen sehr hypotaktischer Satzbau und halt nicht so einfach zu verstehen und ähm, ich find halt zum Bild hat halt jeder irgendwie direkt einen Bezug. Also jeder entdeckt irgendwas für sich. Und da findet ähm man leichter in das Thema hinein." (Schülerin, 12. Klasse)

Die Beliebtheit von Bildern bei den Jugendlichen hängt eng mit deren Rezeptionshaltung zusammen. Denn Bilder laden – nach Ansicht nahezu aller schriftlich und mündlich befragten Schülerinnen und Schüler – zu persönlichen Betrachtungen ein. Dies empfinden sie als befreiend, weil es „nicht zwingend ein ‚falsch' und ‚richtig' gibt" (Schülerin, 9. Klasse) und „man das Bild individuel [sic] für sich selbst deuten" (Schüler, 9. Klasse) kann. Dabei fällt auf, dass diese individuellen Zugänge mehrfach als „Hineininterpretieren" bezeichnet werden. „Ich finde bei so Bildern, da hat man mehr Freiheit, man kann da ja so selber mehr reininterpretieren, als wenn man jetzt diese Textvorgabe so hat." (Schülerin, 10. Klasse) „Es gibt schon viel zu sehen und bei Texten ist man schon darauf beschränkt, was da steht. Ich find man kann in Texte viel weniger hineininterpretieren." (Schülerin, 12. Klasse) Hier kommt ein Bildverständnis zum Ausdruck, dass sich auch im Unterrichtsgeschehen widerspiegelt. So werden z.B. die Wahrnehmungen und Interpretationen zu Herbert Falkens „Jakobskampf"[38] in einem Tafelanschrieb nahezu unkommentiert gesammelt und bleiben nebeneinander stehen. Zwar konfrontiert die Lehrperson die unterschiedlichen Sichtweisen miteinander, aber die Schülerinnen und Schüler sind kaum in der Lage, die Spannungen des Bildes konstruktiv miteinander zu verbinden. Dies führt zum einen dazu, dass die Schülerinnen und Schüler einige frühere Interpretationen kurzerhand streichen oder die Sperrigkeit und die Spannungen im Bild durch Allgemeinplätze aufzulösen versuchen: Das Bild zeigt, „dass man anders ist, als andere das von einem denken" (Schülerin, 9. Klasse) oder „dass andere Leute einen anders wahrnehmen, als wir das eigentlich wollen." (Schüler, 9. Klasse)

Dass viele Schülerinnen und Schüler Bilder leichter und individueller zugänglich finden, geht allerdings auch mit einer eher ernüchternden Bilanz des Lerngewinns einher.[39] Eine Schülerin der 12. Klasse führt diesbezüglich selbst aus:

---

[38] „Begegnung am Jabbok I. Studie zum Jakobskampf" (1984, 200 x 110 cm, Grafit, Öl, Terpentin auf Baumwolle) von Herbert Falken.

[39] Dieser Zusammenhang kann durch lernpsychologische Studien zum Wissenserwerb durch Bilder weiter erläutert werden. Dort wurde empirisch erhoben, dass Lernende Bilder als leichte Unterrichtsmedien einschätzen und diese dann häufig unterkomplex wahrnehmen. Dadurch wenden sie geringere mentale Anstrengungen auf, wodurch insbesondere bei leistungsschwächeren Lernenden ein geringerer Lernerfolg eintritt. Vgl. *Bernd Weidenmann,* Lernen mit Medien, in: Andreas Krapp / ders. (Hg.), Pädagogische Psychologie. Ein Lehrbuch, Weinheim – Basel ^{5}2006, 423-476, 450; *ders.*, Psychische Prozesse beim Verstehen von Bildern, Bern 1989; *ders.*, Psychologische Ansätze zur Optimierung des Wissenserwerbs mit Bildern, in: Klaus Sachs-Hombach / Klaus Rehkämper (Hg.), Bild – Bildwahrnehmung – Bildverarbeitung. Interdisziplinäre Beiträge zur Bildwissenschaft, Wiesbaden 1998, 243-253.

„ich weiß nicht, so richtig was draus lernen, das ist nicht so [...] ja die Gemeinsamkeiten [von Judentum und Christentum, C. G.] hab ich jetzt draus gelernt, eh, ob ich die jetzt wirklich aus den Bildern [...] ich find in Texten steckt halt mehr drin." (Schülerin, 12. Klasse)

Insbesondere die schriftlichen Äußerungen zum nachhaltigen Lerngewinn nach drei Monaten sind enttäuschend: „Ich hab eigentlich nichts neues gelernt [...]" (Mädchen, 9. Klasse) Auch der intensivste schriftlich dokumentierte Lerneindruck einer 15jährigen Schülerin erfüllt nicht die vielfach hochgesteckten Erwartungen in ästhetisches Lernen. Sie führt zur Bildbetrachtung „Jakobskampf" aus:

„Behalten habe ich aus dieser Stunde, dass wir zwei angeblich unterschiedliche Bilder je einzeln besprochen haben, die am Ende zusammengefügt wurden und einen Zusammenhang darstellten. (Was mir aber nicht wirklich klar wurde, weil ich dachte, das wären Quallen oder Spinnentiere [...]) Es war die Szene, in der Jakob (so hieß er doch, oder?) mit dem Mann (Gott) kämpft. Dies geschieht ja an einem Fluß, deswegen die zwei Bilder (Spiegelbilder). Wir haben auch noch darüber geredet, was die Personen (Quallen) auf dem Bild/den Bildern fühlen und denken. Ähem gelernt [...] Naja ich hab gelernt, dass vielleicht jeder Mensch anders aufgenommen und betrachtet wird, als er manchmal denkt [...]"

Die Schülerin erinnert sich an das methodische Vorgehen der Stunde, nämlich dass die Bildhälften zuerst getrennt und anschließend gemeinsam betrachtet wurden. Das biblische Thema hingegen wird nur noch vage („Ähem", „Naja", „vielleicht") erinnert, Lernen geschieht eher auf anthropologischem Gebiet („dass vielleicht jeder Mensch anders aufgenommen und betrachtet wird, als er manchmal denkt"). Diese Unterrichtssequenzen sind auch anderen Schülerinnen und Schülern im Gedächtnis geblieben. „Man wirkt oft anders als vorgesehen." (Schüler, 9. Klasse)

In den beobachteten Bilderschließungen sind erfahrungsorientierte Zugänge zu den Bildern selten. Diese werden im Klassengespräch primär kognitiv erschlossen. Lediglich in einer Schulstunde wurde nach der Betrachtung von Michelangelos „Erschaffung des Adam"[40] ein fiktives Gespräch zwischen Michelangelo und dem Papst in Kleingruppenarbeit verfasst. Der Fokus lag jedoch auch hier weniger auf einer persönlichen Identifikation oder Erfahrung mit dem Gemälde, sondern zielte auf eine Reflexion des Gottes- und Menschenbilds aus der Perspektive von Papst und Künstler. Auch in den schriftlichen und mündlichen Reflexionen der Schülerinnen und Schüler über die Arbeit mit Bildern im RU finden sich kaum erfahrungsorientierte Kategorien oder Erkenntnisgewinne, die auf eine tiefergehende religiöse persönliche Involviertheit schließen lassen. Die im religionspädagogischen Theoriediskurs viel beschworene Fremdheit und Sperrigkeit von Bildern ist in den beobachteten Stunden kaum wahrnehmbar. Im Gegenteil: In einer Unterrichtsphase, in der die Lehrkraft durch verlangsamte Wahrnehmung nach und nach die Rezeption der Schülerinnen und Schüler irritieren wollte, ließen sich diese weitestgehend hiervon nicht beeindrucken und änderten einfach ihre Interpretation.[41] In dieser Unterrichtssequenz wird deut-

[40] „Die Erschaffung Adams" (Fresko, 480 x 230 cm, ca. 1508-1512) von Michelangelo.

[41] Nachdem die Schülerinnen und Schüler anfänglich Spinnen, Quallen oder Gespenster wahrgenommen haben, lesen sie zwischenzeitlich aus dem Bild heraus, dass man sich selbst anders wahrnimmt, als es die anderen tun oder dass man in seinem Inneren anders ist als in seinem Äuße-

lich, dass Bilder für die beteiligten Lernenden Ausgangspunkt nahezu beliebiger Interpretationen sein können. Auch die Lehrperson betont nach der Vorstellung von Bildinterpretationen der Schülerinnen und Schüler: „Man kann hier ja nicht sagen, richtig oder falsch." (Lehrerin in 10. Klasse). Die Fremdheit und Sperrigkeit von Kunst wird dann in beliebige subjektive und selektive Interpretationen aufgelöst.

Einige wenige, von den Lehrkräften als besonders leistungsstark bezeichnete Schülerinnen und Schüler finden jedoch gerade diese Vieldeutigkeit bzw. Beliebigkeit von Bildinterpretationen irritierend oder auch schwierig. „Ich find Texte eigentlich einfacher, weil man da schon schwarz auf weiß hat, was man wissen muss und was alles drinsteht" (Schülerin, 12. Klasse).

> „Die Arbeit mit Texten ist einfacher. Ich arbeite gerne mit Texten, weil mir Analysieren Spaß macht. Aber mit Bildern arbeiten finde ich echt gut, da es Abwechslung bringt. Man sollte es nicht zu oft machen, da es sehr anstrengend ist. Durch die vielen Möglichkeiten der Auslegung und des Verstehens kann man gut in der Klasse diskutieren und mir gefällt, das es nicht zwingend ein ‚falsch' und ‚richtig' gibt. Allerdings sind manche Gedanken anderer schwer nachzuvollziehen, was den Unterricht so anstrengend macht. Und oft gibt es immer noch Details, die nachher ungeklärt und unerklärt bleiben." (Schülerin, 9. Klasse).

Hier wird die Ambivalenz in der Arbeit mit Bildern deutlich. Anders als viele ihrer Mitschülerinnen und -schüler erahnt das Mädchen die Komplexität und vielleicht auch die Sperrigkeit und Fremdheit von Bildern. Sie scheut scheinbar die Anstrengung nicht, die eine intensive Arbeit mit Polysemie mit sich bringt, und versucht den vielzähligen Bildelementen auf die Spur zu kommen. Dass das spezifisch Ästhetische gerade auch in der Unabschließbarkeit der Bilderschließung liegt, bemerkt sie (kritisch) und empfindet trotzdem Spaß dabei. Ein derart kompetenter und intensiver Umgang mit Bildern lässt sich in den analysierten Unterrichtsstunden und Ausführungen der Jugendlichen jedoch nur selten beobachten.

5. Auf der Suche nach dem religionspädagogischen ‚Sperrgut' des Ästhetischen

Die Einblicke in die Unterrichtsforschung sind ernüchternd. In Hinblick auf weiterführende empirische Studien und für das Selbstverständnis einer ästhetisch orientierten Religionspädagogik möchte ich abschließend drei wahrnehmbare Tendenzen herausstellen.

Der beobachtbare Lerngewinn in der Arbeit mit Bildern ist eher gering. In Einklang mit lernpsychologischen Studien scheinen viele Schülerinnen und Schüler die Komplexität und das Potenzial ästhetischer Objekte zu übersehen. Der gegenwärtige Einsatz von Bildern wird von ihnen eher als motivationssteigernd denn als erkenntnisfördernd wahrgenommen. Diametral dazu stehen viel-

---

ren. Abschließend akzeptieren sie die Deutung des Bildes als „Jakobskampf" und finden Gott und Jakob am Rande eines Flusses im Bild wieder.

fältige Funktionszuschreibungen von ästhetischen Lernformen, die gerade den Erkenntnisgewinn und die gute Einprägsamkeit in der Arbeit mit Bildern betonen. Diesen Spannungen ist weiter nachzugehen.

Ästhetisches Lernen wird in den Theoriediskursen vielfach mit erfahrungsorientiertem Lernen in Verbindung gebracht. Zumindest die rezeptive Arbeit mit Bildern scheint in der Praxis primär kognitiv und verbal ausgerichtet zu sein. Die fünf Stufen der Bilderschließung von Günter Lange sind dabei vielfach leitend, führen aber – sicherlich entgegen Langes Intention – zu einem sich Abarbeiten an den formalen Strukturen des Bildes, die dann jedoch wiederum nicht in Bezug zur eigenen Bildinterpretation gesetzt werden. Diesbezüglich bedarf es in der Bilddidaktik offensichtlich neuer methodischer Impulse.

Schülerinnen und Schüler nehmen Bilder sehr individuell und subjektiv wahr. Ein gemeinsames Ringen um ‚wahr' und ‚falsch' findet selten statt. Die Jugendlichen ziehen Bilder Texten vor, da sie dort mehr ‚hineininterpretieren' können, wodurch sie gleichzeitig den Bildern ihren Eigenwert tendenziell absprechen. Die eigene Beobachtung und (Hinein-)Interpretation wird zum Maßstab der Bilderschließung. Damit gerät das im Bildungsdiskurs relevante reziproke Gefüge von Subjekt und Welt, von Mensch und Sache aus dem Lot. Das Bild droht zur Projektionsfläche subjektiver Empfindungen und Wahrnehmungen zu werden. Selbstbildung gerät dann zur Selbstbespiegelung und die Fremdheit und Sperrigkeit der ästhetischen Objekte geht verloren. Dies passiert teilweise, obwohl die Heranwachsenden in der Erarbeitung der formalen Bildstrukturen und der Bildsemantik Widerspenstiges und nicht gänzlich begreifbare Elemente entdecken. Im Verlauf des Gesprächs ‚verschwindet' dieses Fremde und Heterogene wieder. Es löst sich in subjektiven Interpretationen auf.

Eine durchgängige Ausrichtung der Religionspädagogik am Ästhetischen rückt in Anbetracht der Theoriediskurse und der empirischen Ergebnisse ebenso in weite Ferne wie viele der hochgesteckten Zielformulierungen ästhetischen Lernens. Vielmehr bewegen sich die beschriebenen Lernprozesse im ‚Vorfeld' ästhetischer Erfahrungen und sind – im Sinne Mollenhauers – eher einer ästhetischen Alphabetisierung zuzurechnen. Die besondere Herausforderung für eine bescheiden gewordene, ästhetisch orientierte Religionspädagogik liegt dabei in der Auswahl und methodischen Erschließung von ästhetischem ‚Sperrgut', ohne dass dieses von den Heranwachsenden und Pädagoginnen und Pädagogen vorschnell auf die passenden Maße ihrer individuellen ‚Rezeptionskiste' zerlegt wird. Denn nur ästhetisches ‚Sperrgut', das sich sowohl der Pädagogik der Lehrenden als auch dem Subjektivismus und Relativismus der Lernenden widersetzt, kann nachhaltige (religiöse) Lernprozesse initiieren.

Die Welt in Kinderhände? Die Rede vom ‚selbstgesteuerten Lernen' im Unterricht

HANS SCHMID

„Gib Kindern (und Jugendlichen) eine Hütte, und sie machen Kleinholz daraus. Gib ihnen Holz, und sie bauen [...] eine Hütte". Mit diesem Bild beschreibt Wolfgang Michalke-Leicht in dem Band „Kompetenzorientiert unterrichten. Das Praxisbuch für den Religionsunterricht" den heute geforderten Wechsel im Verständnis des schulischen Lernens[1]. Mit der Hütte, die den Kindern vorgesetzt wird und die sie am Ende zu Kleinholz machen, ist der herkömmliche, inhalts- und inputorientierte Unterricht gemeint: Er führt zu Destruktion und totem Wissen; das den Kindern gegebene Holz, aus dem sie eine Hütte bauen, kennzeichnet dagegen den kompetenz- und outputorientierten Unterricht: Konstruktivität, Kreativität und lebendiges Wissen sind die Folge. Stefan Schipperges formuliert im gleichen Sammelband: „Selbstgesteuertes Lernen stellt ein zentrales Paradigma des Wandels der Lernkultur dar. Wie, wo, wann und oft auch was und wozu gelernt wird, entscheiden die Lernenden selbst."[2]

Der geforderte „Wandel der Lernkultur" beinhaltet auch eine Veränderung in der Rolle der Lehrerinnen und Lehrer. Sie treten zur Seite und werden zu Moderatoren, die die Schülerinnen und Schüler auf ihrem je eigenen Weg des „autonomen Lernens"[3] begleiten.

> „Bestand früher eine der Hauptaufgaben der Lehrenden darin, Wissen didaktisch aufzubereiten und zu vermitteln, so besteht bei selbstorganisierten Lernprozessen die Aufgabe hauptsächlich darin, Lernsituationen zu schaffen und Lernprozesse zu begleiten und zu evaluieren"[4].

All diese Bilder und Formulierungen klingen sehr schülergemäß, ja befreiend; darüber hinaus versprechen sie, die Probleme von Schule und Unterricht nach dem PISA-Schock zu lösen. Man möchte mit dem Kopf nicken und sagen: Ja genau, so ist es! Treten wir jedoch einen Schritt zurück, dann ähnelt ihre Faszination der Wirkung des bekannten Liedes von Herbert Grönemeyer aus dem Jahre 1986, in dem er singt: „Die Welt gehört in Kinderhände / Dem Trübsinn ein Ende / Wir werden in Grund und Boden gelacht / Kinder an die Macht"[5]. Die CD wurde eine Million Mal verkauft und war 40 Wochen in Deutschland und Österreich chartplatziert; noch heute, 26 Jahre später, wird der Titel in den einschlägigen Sendern regelmäßig gespielt, den meisten Radiohörern klingt er in den Ohren und viele können spontan mitsingen. Sowohl die Rede von Kindern

---

1 *Wolfgang Michalke-Leicht,* Didaktischer Perspektivenwechsel, in: ders. (Hg.), Kompetenzorientiert unterrichten. Das Praxisbuch für den Religionsunterricht, München 2011, 20.

2 *Stefan Schipperges,* Selbstorganisiertes Lernen, in: Michalke-Leicht (Hg.) 2011 [Anm. 1], 54.

3 *Michalke-Leicht* 2011 [Anm. 1], 13.

4 *Schipperges* 2011 [Anm. 2], 54.

5 *Herbert Grönemeyer* aus dem Album „Sprünge" 1986 (http://www.letzte-version.de/songbuch/spruenge/kinder-an-die-macht/).

und Jugendlichen, die ihr Lernen selbst steuern, als auch das wilde Fabulieren in Liedern wie „Kinder an die Macht“ entspringen dem gleichen Geist: Von den Kinder kommt die Rettung, die Lösung der Probleme, an denen die Erwachsenen scheitern.

Ist dies jedoch kindgemäß?, jugendgemäß?, schülergemäß? Halten diese Metaphern und Formulierungen, was sie versprechen? Oder schreiben sie Kindern etwas zu, das sie grandios überfordert, ja ihnen ihre Kindheit raubt? Wird das schutzlose Land der Kindheit seit einigen Jahren nicht immer mehr zur Projektionsfläche für unerfüllte Ideale und Sehnsüchte der Erwachsenen? Und wird eine Schule, die solche Vorstellungen zur Grundlage ihres Lernens nimmt, nicht ebenfalls grandios scheitern? Ich fürchte ja!

1. Selbstgesteuertes Lernen in der Schule?

Kann ein Grundschüler mit sieben Jahren in der 2. Klasse sich selbststeuernd mit dem Thema *Gebet*[6] beschäftigen? Eine zwölfjährige Realschülerin in der 6. Klasse mit dem Thema *Pfingsten*[7]? Oder ein siebzehnjähriger Gymnasiast in der 11. Klasse mit dem Thema *Gottesglaube vor dem Anspruch der Moderne*[8]? Nein; sie können es nicht. Sie sind Schülerinnen und Schüler und keine Fachfrauen und -männer. Sie können lernen und zwar in einem Ausmaß wie später wohl nie mehr im Leben, aber sie können dieses Lernen noch nicht selbst organisieren und steuern. Dazu sind sie auf Erwachsene, auf Lehrerinnen und Lehrer angewiesen. Lehrer sind nicht das Problem der Schule, die deshalb zurücktreten und zu „Moderatoren“ werden müssten, sondern sie sind die Lösung des Problems. Wenn es sie nicht gäbe, müsste man sie erfinden.

Sollen die Schüler ihr Lernen selbst steuern, dann werden sie zu den Themen *Gebet*, *Pfingsten* und *Gottesglaube vor dem Anspruch der Moderne* von ihren jeweiligen Vorerfahrungen und ihrem Vorwissen her einen Eindruck haben. Sollte sie das Thema unmittelbar betreffen, können sie von sich aus darüber sprechen; es kann Anlass sein, dass die Kinder und Jugendlichen in ihrer Weise ‚philosophieren‘ und ‚theologisieren‘[9]; all dies hat eine eigene religionspädagogische Dignität, – sie werden dabei jedoch der Sache nicht gerecht werden *können,* eben, weil sie Siebenjährige, Zwölfjährige und Siebzehnjährige sind. Erst recht, wenn es sich um Themen handelt, die nicht unmittelbar in ihrem Erfahrungsraum liegen. Dies ändert sich in prinzipieller Weise auch dann nicht, wenn

---

[6] Vgl. Lehrplan für die bayerische Grundschule, Katholische Religionslehre, München 2000 (online: http://www.isb.bayern.de), 19: „2.1 Auf vielfältige Weise beten“.

[7] Vgl. Lehrplan für die bayerische Realschule (R6), Katholische Religionslehre, München 2001 (online: http://www.isb.bayern.de), 163: „6.6 Neu sehen und verstehen: die verändernde Kraft des Geistes Gottes“.

[8] Vgl. Lehrplan für das Gymnasium in Bayern (G8), Katholische Religionslehre, Jahrgangsstufen 11/12, München 2009 (online: http://www.isb.bayern.de), K2: „11.3 Verantworteter Gottesglaube: Anfragen, Ablehnung, Annäherungen“.

[9] Vgl. *Petra Freudenberger-Lötz,* Theologische Gespräche mit Jugendlichen. Erfahrungen – Beispiele – Anleitungen, München – Stuttgart 2012.

den Schülern unterschiedliche Materialien und Aufgaben als ‚Lernumgebung' oder ‚Lernwerkstatt' zur Verfügung gestellt werden. Denn in diese Lernumgebungen geht ein hohes Maß an Steuerung durch den Lehrer ein. Die Schüler können sich zwar nach eigenem Gutdünken für die eine oder andere Möglichkeit entscheiden; die Darbietung der Möglichkeiten liegt aber in der Verantwortung der Lehrkräfte. Insofern ist das sogenannte ‚entdeckende Lernen' nicht ein ‚selbstentdeckendes', sondern ein in Lehr-Lernprozessen arrangiertes Entdecken. Das Neue dabei ist, dass die Schüler sich mit den vorstrukturierten und zur Verfügung gestellten Materialien und Lernarrangements ohne Lehrer ‚selbständig' beschäftigen sollen.

Natürlich ist es pädagogisch sehr bedeutsam, dass die Schülerinnen und Schüler in der Schule selbständig arbeiten. Die entscheidende Frage ist jedoch, an welchen didaktischen Orten dies geschieht: Selbständiges Arbeiten entfaltet seine Stärke vor allem immer dann, wenn es um Üben, um Anwenden von Erkenntnissen und Fertigkeiten und um die Gestaltung der Lernerfahrungen und des erworbenen Wissens geht. Bei der Erarbeitung neuer, über den bisherigen Horizont der Schüler hinausgehender komplexerer Zusammenhänge und Wirklichkeitsräume stößt es schnell an Grenzen und die Schüler sind auf die erschließenden Hilfen des Lehrers angewiesen.

Eine selbständige Beschäftigung etwa mit biblischen Texten führt allzu oft dazu, dass die Schüler mit der Vielschichtigkeit der Perikopen alleine gelassen werden; Ratlosigkeit oder der Eindruck von Irrelevanz bleiben zurück. Die Erschließung ist ein mehrstufiger Prozess[10], der Sorgfalt verlangt. Es beginnt schon beim Lesen. Die Lehrkräfte tragen die Verantwortung dafür, dass der Text gründlich, d.h. mehrmals gelesen wird, um so eine Basis für den weiteren Verstehensprozess zu legen. Einmal lesen ist kein Mal lesen; Eindrücke müssen formuliert werden können; der Text muss in eigenen Worten zur Sprache kommen; erst jetzt kann er in unterschiedlichen Interpretationsschritten[11] gedeutet werden. Das „Brausen, wie wenn ein heftiger Sturm daherfährt" und die den Jüngern erschienenen „Zungen wie von Feuer" in der Pfingsterzählung (Apg 2,2) müssen als Bilder der unsagbaren Gottes- und Geisterfahrung und nicht als naturwissenschaftliche Fakten in den Blick treten. Dabei ist die Pfingsterzählung deshalb für die Schüler ein so schwieriger Text, weil er, wie viele biblische Perikopen, ein Mischtext unterschiedlicher religiöser Sprachformen darstellt: Bildhaft mythische Rede vom Sturm, den Feuerzungen und dem Sprachenwunder, die Predigt des Petrus mit einem ausladenden Bezug auf den apokalyptischen Text aus dem Buch Joel über Geistausgießung am „Tag des Herrn", Zitate aus mehreren Psalmen, der Erzählschluss über die erste Bekehrung. Didaktisch stellt sich die Aufgabe, wie diese komplexe Struktur mit den Schülerinnen und Schülern der 6. Klasse erschlossen werden kann bzw. wie hierzu der Text vereinfacht werden muss, ohne dass er seine Bildhaftigkeit und

---

[10] *Hans Schmid,* Kunst des Unterrichtens. Ein Praktischer Leitfaden für den Religionsunterricht. München 2012, 49ff.

[11] Ich unterscheide aufeinander aufbauend die *immanente* und die *kontextuelle* Interpretation (vgl. ebd., 47).

seinen Gehalt einbüßt. Die in dem von Michalke-Leicht in seinem Praxisbuch mitgelieferten 24 Praxisbeispiele über die Schuljahre 5 bis 12 hinweg[12] zeigen nicht nur, dass ein ‚selbstgesteuertes Lernen‘ gegenüber biblischen Texten große Probleme zeitigt[13]; in den Lernsequenzen tritt vor allem deutlich zutage, dass der Vorwurf, mit der Kompetenzorientierung ginge eine Verflüchtigung der Inhalte einher, nicht einfach von der Hand zu weisen ist[14].

Gerade biblisches Lernen als Herzstück und Ernstfall des Religionsunterrichts erfordert den kundigen Lehrer, der von den unterschiedlichen biblischen Sprachformen[15] weiß, damit die Bibel tatsächlich lebendig werden kann und nicht als ein vormodernes Relikt einer vergangenen Epoche erscheint, mit dem eigentlich niemand mehr recht etwas anzufangen weiß. Der Lehrer muss vor allem vor dem Unterricht einen biblischen Text für sich erschlossen und didaktisch in seinen Lern- und Handlungsräumen aufbereitet haben, damit er im Unterricht den Erschließungsprozess mit den Schülern gehen kann.

Nicht nur Texte und Bilder erfordern Achtsamkeit, Sorgfalt und die erschließende Hilfe und Intervention von Lehrkräften, sondern vor allem auch die Dramaturgie des unterrichtlichen Lernens: Die dramaturgische Platzierung des Hauptmediums; das Verhältnis zwischen Außenorientierung und Innenorientierung, zwischen Staunen und Besinnung, zwischen Reden und Stille; die Schritte der Erarbeitung, Vertiefung und Gestaltung; die Abstimmung des Lernens auf die jeweils den Schülern zur Verfügung stehenden Lernenergie; das Verhältnis von gemeinsamem Lernen und individuellem Lernen; die Notwendigkeit des Wiederholens und die Verantwortung für den Aufbau von Grundwissen. Darüber hinaus geht es im Unterricht immer auch um seine Einbettung in den gesamten Lern- und Bildungsprozess des betreffenden Schuljahrs, der Schulstufe, ja der gesamten Schulzeit, – um nur wesentliche Aspekte zu nennen. All diese Elemente lassen sich bei Weitem nicht unter dem Begriff der „Moderation“ von sich ansonsten selbststeuernden Lernprozessen der Schüler fassen, sondern kennzeichnen unterschiedliche Dimensionen des Lehrens, für die Unterrichtende Verantwortung tragen[16].

---

[12] Vgl. *Michalke-Leicht (Hg.)* 2011 [Anm. 1], 86-237.

[13] Siehe beispielsweise ebd., 101-105: „Mord auf dem Abort – Die Bibel visualisieren“, und 156-161: „Diese Kirche – Meine Kirche“.

[14] Ich habe mich mit diesen Praxisbeispielen detailliert auseinandergesetzt: *Hans Schmid,* Drei Fragen zu den Inhalten im kompetenzorientierten Religionsunterricht, in: Clauß Peter Sajak (Hg.), Religionsunterricht kompetenzorientiert. Ergebnisse einer fachdidaktischen Tagung, Paderborn 2012, 47-60. Siehe auch: *Katja Boehme,* Erhebliche Gefährdungen – Der Religionsunterricht und seine Probleme, in: HerKorr 64 (2010) 460-464.

[15] Vgl. *Hubertus Halbfas,* Religiöse Sprachlehre. Theorie und Praxis, Ostfildern 2012.

[16] Aus einer etwas anderen Perspektive fasst *Rudolf Englert* die Notwendigkeit der Instruktion der Lehrkräfte unter fünf Überschriften: „1. Die Inszenierung eines dramaturgischen Gefälles“, „2. Die Eingabe fachlicher Expertise“, „3. Die Strukturierung des Unterrichtsgesprächs“, „4. Das Denken der SchülerInnen initiierende Fragen“, „5. Das Angebot eines Modells fachlicher und menschlicher Kompetenz“ (*Rudolf Englert,* Ein Lehrer, der lehrt – schockierend?, in: KatBl 135 (5/2010) 333-336. Siehe a. *ders.,* Religion gibt zu denken. Eine Religionsdidaktik in 19 Lehrstücken, München 2013.)

Es ist also nicht so einfach mit dem Holz und der Hütte. Ihrer autonomen Selbststeuerung überlassen bauen die Kinder vielleicht eine Hütte mit vier Wänden, einem Dach und lassen eine Lücke, um hineinzukommen. Oder sie nehmen das Holz und nageln Schwerter und Schilde zusammen. Wenn sie eine Hütte bauen, folgen sie vielleicht einem ganz ursprünglichen Trieb zum Nestbau. Sie wissen noch wenig vom Haus in seinen unterschiedlichen Dimensionen: Als Ort des Rückzugs, des Schlafens und Träumens, Essens, und Feierns; als Fabrik; als Kathedrale, Kapelle oder Kloster; als schützende Burg oder repräsentatives Schloss; als Gefängnis oder Stall; als Turm, der den Himmel sucht; als Ausdruck von Frömmigkeit, Macht oder Geld; als Mittelpunkt der Welt und Wohnung Gottes, – ja von Bildung, Sprache und Kultur als Haus gemeinsamer Identität usw. All dieses weist auf mögliche Horizonte im Lehr-Lernprozess hin. Lassen wir jedoch die Schüler mit dem Holz alleine, dann bleiben diese Horizonte verschlossen, und die Schüler bleiben bei der Hütte – oder den Schwertern.

Bildung und Schule haben die Aufgabe zu selbständigem Denken und Handeln, zur Autonomie des Subjekts hinzuführen. Die Rede vom ‚selbstgesteuerten Lernen' nimmt jedoch dieses *Ziel* und macht es zur *Voraussetzung* des Lernens, mit weitreichenden Folgen. Auf diesem Hintergrund schreibt Werner H. Ritter in grundsätzlich pädagogischer Perspektive:

„[I]n den Köpfen Vieler [hat sich] seit geraumer Zeit das Bild vom *freien und ‚mündigen' Kind* festgesetzt, demzufolge Heranwachsende in großer Autonomie alles selbst entscheiden sollen und können. Das heißt aber letztlich nichts anderes, als Kinder und Heranwachsende wie Erwachsene zu behandeln, was nicht gut gehen kann. Denn das überfordert sie radikal, weil es ihnen etwas abverlangt, was sie noch gar nicht leisten können, auch wenn sie es woll(t)en. Diese Haltung einer ‚vorgeschossenen Mündigkeit' enthält ja Heranwachsenden das Recht auf Orientierung durch ihre Bezugspersonen vor. Und was nach Großzügigkeit und Liberalität aussieht, erweist sich sehr schnell als Verweigerungshaltung Erwachsener gegenüber solchen, die ins Leben finden wollen. Das Leben des Menschen beginnt nämlich nicht mit selbstständigem Denken und freiem Entscheiden, wie man gerne annimmt, sondern mit der Übernahme und der Einübung von Haltungen und Einstellungen (mit denen man sich später auseinandersetzen wird); freies Entscheiden und Autonomie stehen nicht am Anfang des menschlichen Lebens, sondern gleichsam am ‚Ende'."[17]

Sicherlich: Es gibt für jede Altersstufe ein angemessenes und ein nichtangemessenes Maß an selbständigem Lernen: Das angemessene Maß befördert und regt an; das nichtangemessene Maß überfordert und entmutigt. Je älter die Schülerinnen und Schüler werden, desto größer wird der Radius. Ritter erinnert an ein pädagogisches Kriterium für dieses Maß: „Wie Erziehung Vor-Gaben machen muss, so muss sie auch zur rechten Zeit freigeben können. Vorgaben kommen dort an ihre Grenze, wo sie Heranwachsende abhalten, ‚selbst jemand zu werden', andernfalls manipulieren wir sie."[18] Es gehört gerade zur Aufgabe der Lehrerinnen und Lehrer, von diesem Maß her die Situation je neu zu bestimmen und hieraus ein Lernen zu ermöglichen, das den Schülern sowie der

---

[17] *Werner H. Ritter,* Religiöse Erziehung. Anthropologische und (religions-)pädagogische Einsichten, in: International Journal of Orthodox Theology 2 (4/2011) 81-103, 86.

[18] Ebd.

Sache gerecht wird. Immer geht es darum, Lern- und Handlungsräume zu gestalten, die den Schülern neue Wirklichkeits-, Erkenntnis- und Erfahrungsräume eröffnen. Denn hierin besteht die wesentliche Bestimmung der Schule: Sie führt die Schülerinnen und Schüler weiter und über sich hinaus; sie öffnet den Heranwachsenden die Augen für das, was sie noch nicht sehen. Leistet sie dies nicht mehr, dann verliert sie ihre Berechtigung.

2. Wer bin ich und wie viele?

Wenn das kompetenzorientierte Verständnis Bildung als „autopoietisches“[19] Geschehen der Selbsterschaffung begreift, und Michalke-Leicht betont, dass „alle Bemühungen, das autopoietische Bildungsgeschehen, die Selbsttätigkeit des Subjekts, seine Selbstbestimmung zu lenken und zu leiten oder gar einzuschränken, [...] nur (schaden)“[20], dann stellt sich dem schulischen Lernen aus dem bisher Gesagten ein grundsätzliches Problem: Wie sollen Siebenjährige, Zwölfjährige und Siebzehnjährige von ihrem Verstehenshorizont her das Ziel (das Wozu), die Inhalte und Lerngegenstände (das Was), die Methoden (das Wie) und auch den Ort und die Zeit (das Wo und Wann) bestimmen? Damit ist *das fundamentale hermeneutische Problem dieses Lernverständnisses* angesprochen.

Kultur, Pädagogik und Schule haben dafür eine Lösung gefunden: Lehrerinnen und Lehrer. Sie *leihen* den Schülern *ihren* Horizont und ermöglichen so neues Verstehen, aber auch die Zustimmung zu Inhalten und Zielen, die nicht im unmittelbaren Blick- und Interessensfeld der Schüler liegen. Dieser Prozess vollzieht sich von Seiten der Schüler über die Identifikation mit der Lehrkraft in der Lehrer-Schüler-Beziehung. Lernen in der Schule heißt immer Anteilnahme am Horizont und der Sichtweise des Lehrers, wie umgekehrt wirkliches Lehren immer Anteilnahme am Horizont und der Sichtweise der Schüler erfordert. Hiervon hängt die Qualität des Lernens in der Schule in entscheidender Weise ab. Der pädagogische Bezug ist das zentrale ‚Medium‘, über das schulische Lernprozesse stattfinden. Unterricht ist ein soziales und vor allem dramaturgisches Geschehen, das sich wesentlich durch den pädagogischen Bezug konstituiert. Ist dieser Bezug gestört, dann ist das Lernen gestört.

Daraus ergibt sich die Frage, was eigentlich in der Schule unter dem ‚lernenden Subjekt‘ zu verstehen ist. Dieses lernende Subjekt ist nicht nur der einzelne, individuelle Schüler, der sich in seinem begrenzten Horizont selbstgesteuert mit den Gegenständen des Lernens beschäftigt, sondern weit mehr: der Schüler überschreitet, erweitert, transzendiert sich auf den Lehrer, die Lehrerin hin und in dieser Überschreitung liegt eine wesentliche Bedingung des Lernens. Darüber

[19] Der Begriff der *Autopoiesis* stammt ursprünglich aus dem radikalen Konstruktivismus und bezeichnet einen Prozess der autonomen Selbsterzeugung lebendiger Organismen. Dabei werden keine Systemelemente aus der Umwelt in das System übernommen, d.h. Strukturveränderungen können sich nur aus dem System selbst heraus ergeben.

[20] *Wolfgang Michalke-Leicht,* Auf die Haltung kommt es an. Das Lehr-Lerngeschehen als wechselseitiger und dynamischer Prozess, in: Sajak (Hg.) 2012 [Anm. 14], 37.

hinaus kommt es zu einer zweiten nicht minder wichtigen Überschreitung: auf das ‚Wir' der Mitschüler, der Klasse hin. Auch diese Überschreitung hat große Bedeutung für das Lernen und die Lernbiographie. Sie bildet einen spezifisch gemeinschaftlich-kollektiven Resonanzraum für die Verstehens- und Erkenntnisprozesse. Das ‚Subjekt des Lernens' ist viel mehr als das einzelne Schülerindividuum. In seiner Überschreitung zum Lehrer und zu den Mitschülern erfährt es jene Horizonterweiterung, die für ein Neu-Verstehen unabdingbar ist. „Wer bin ich und wenn ja, wie viele?", dieser Titel von Richard David Prechts philosophischer Reise[21] gilt gerade für das Lernen in der Schule. Aus der oszillierenden Überschreitung zum Du des Lehrers und zum Wir der Klasse sowie der Rückkehr zum eigenen Ich erwächst in ganz elementarer Weise das Lernen, ereignet sich Bildung. Und die Kunst des Unterrichtens besteht darin, diese drei fundamentalen Dimensionen des Bildungsgeschehens zu gestalten und in eine Balance zu bringen, so dass die Schülerinnen und Schüler wachsen und zu einem selbständigen Subjekt werden *können*. Bei diesem Selbstwerdungsprozess spielen Assoziation (Anteilnahme) und Dissoziation (Abgrenzung) eine wesentliche Rolle[22].

Ganz im Gegensatz dazu ist das kompetenzorientierte Verständnis mit einer radikalen Individualisierung verbunden. Die Schüler erscheinen als einzelne, individuelle, sich je selbst steuernde, autopoietische Monaden, die ihren Weg durch das Universum der Schule nehmen und von Moderatoren betreut werden. Jochen Krautz kritisiert dieses Konzept vom pädagogischen Bezug her:

> „Schüler brauchen und wollen nicht ‚Moderatoren selbstgesteuerter Lernprozesse', die sich aus dem Unterrichtsgeschehen weitgehend zurückziehen, sondern Lehrer müssen als ganze Menschen, eben als ‚fleischgewordenes Wort' den Schülern gegenüber sein. [...] Sonst bleiben äußerlich vor sich hinwerkelnde, aber innerlich fragmentierte und isolierte Individuen zurück, die sich gemäß konstruktivistischer Lehre vermeintlich ‚autopoietisch' selbst steuern."[23]

Die Überschreitung zum Lehrer und seinem Horizont ist auch der Grund, dass im Unterricht nicht nur Themen und Fragestellungen möglich sind, die aus der unmittelbaren Umgebung und Lebenswelt der Schüler stammen. Die Identifikation mit dem Lehrer und der Lehrerin ermöglicht Reisen in ferne Kontinente oder in längst vergangene Zeiten, in zukünftige Welten und ins Reich der Phantasie. Schüler kennen das Staunen, das im Erwachsenenalter oft getrübt oder verloren gegangen ist. Das Staunen ist die Lücke im eigenen Verstehen, durch die uns das Neue, das Unbekannte anblickt. Kinder und Jugendliche wollen sich nicht nur mit dem beschäftigen, was sie umgibt und worin ihr Alltag besteht. Im Staunen schauen sie über die Grenzen ihrer Lebenswelt hinaus. Sie haben diesen Drang, sich für das noch nie Dagewesene zu öffnen, ja für das, was noch kein

---

[21] *Richard David Precht,* Wer bin ich und wenn ja, wie viele? Eine philosophische Reise, München 2007.

[22] *Hans Schmid,* Assoziation und Dissoziation als Grundmomente religiöser Bildung. Zur Frage nach dem ‚Wozu' religiöser Bildung, in: RPäB 50/2003, 49-58.

[23] *Jochen Krautz,* Bildung als Anpassung? Das Kompetenz-Konzept im Kontext einer ökonomisierten Bildung, in: Fromm Forum (Dt. Ausgabe) 13/2009, 87-100 (online: http://www.fromm-gesellschaft.de/images/stories/pdf-Dateien/Krautz_J_2009.pdf, hier 1-21), 14f. (online).

Auge gesehen hat. Deshalb sind sie im Religionsunterricht auch sehr ansprechbar für die großen bildhaft-mythischen Erzählungen der Bibel vom Anfang und Ende, von Gut und Böse, Knechtschaft und Befreiung, Schuld und Erlösung. Die wirklich existentiellen Fragen nach dem ‚Überhaupt' lassen sich nur zum Teil auf der Ebene des Alltags behandeln; sie haben ihren Ort in der narrativ-bildhaften und dramatischen Sphäre, in der sich diese großen Erzählungen aussprechen. Und auch ihre Bedeutung liegt nicht im sofortigen und einfachen Übertrag in den Alltag; als fundamentale Erzählungen erzeugen sie inwendige Imaginationen und Bilder, die erst in einem längeren Inkubationsprozess zur Entfaltung kommen und als innere Bilderwelt die Wahrnehmung und das Handeln orientieren[24]. Auf diesem Hintergrund erweist sich das kompetenzorientierte Dogma von den „Lernanlässen und Anforderungssituationen", den „alltagsrelevanten" und „aktuellen Problemstellungen"[25], auf die das Lernen stets bezogen sein soll, als Einengung auf das unmittelbare Hier und Jetzt, die gerade im Religionsunterricht zu einer Verflachung und Trivialisierung führt.

3. Aufmerksamkeit

Obwohl Aufmerksamkeit zum wichtigsten Kapital des Lernens in der Schule gehört, ist sie bisher wenig in das Interesse pädagogischer und didaktischer Reflexion gerückt. Weder die Bedingungen ihres Auftretens, ihres Verlaufs, ihres Versiegens, noch ihre typische Struktur sind auch nur annähernd erforscht. Damit hängt ein fehlendes Bewusstsein vom Unterricht als dramaturgisches Geschehen zusammen. Die Dramaturgie gestaltet den Unterricht so, dass er der jeweils zur Verfügung stehenden Aufmerksamkeit der Schüler gerecht wird. Dabei zeigen sich mehrere Erfordernisse: Die Bedeutung des Anfangs, der Wechsel zwischen Außenorientierung und Innenorientierung, Staunen und Besinnung, Eindruck und Ausdruck, das 20-Minutenmaß der außengerichteten Energie, die Bedeutung des Hauptmediums, Verlangsamung, Vertiefung als Gleiches in anderer Weise. Die Gestaltung der Dramaturgie macht die ‚Regie' des Unterrichts aus; sie ist ein zentrales Element der Aufgabe des Lehrers und der Lehrerin. Die Dramaturgie bestimmt den Grundaufbau des Unterrichts, sozusagen seine ‚Architektur' und sie hat in einem ganz fundamentalen Sinne Einfluss darauf, ob die Schüler mit Interesse lernen und bei der Sache sind, oder ob Desinteresse und Langeweile regieren. Spannung und Struktur des Unterrichts sind wesentlich durch seine dramaturgische Hintergrundstruktur bestimmt[26].

---

[24] Vgl. *Hans Schmid,* „Er brannte und verbrannte doch nicht". Die Bedeutung mythischer Sprache in religiösen Lernprozessen, in: KatBl 135 (2010) 95-103.

[25] *Michalke-Leicht,* Lernsequenzen, in: ders. (Hg.) 2011 [Anm. 1], 80, sowie *Georg Gnandt,* Anforderungssituationen und Lehranlässe, in: Michalke-Leicht (Hg.) 2011 [Anm. 1], 45-53.

[26] Siehe hierzu: *Hans Schmid,* Die Dramaturgie des Unterrichts, in: ders., Unterrichtsvorbereitung – eine Kunst. Ein Praktischer Leitfaden, München 2008, 108-112.

Erst seitdem Probleme mit der Aufmerksamkeit bei einer immer größer werdenden Zahl von Schülerinnen und Schülern zu Tage treten und von „Aufmerksamkeitsdefiziten" (ADS und ADHS) gesprochen wird, wendet sich das theoretische Interesse der Aufmerksamkeit etwas stärker zu. Der Leipziger Philosoph Christoph Türcke hat ein beachtenswertes Buch über die „Aufmerksamkeitsdefizitkultur" geschrieben[27], in dem er in einer philosophisch-anthropologischen Perspektive weit ausholt und sich mit der typisch menschlichen – im Gegensatz zur tierischen – Aufmerksamkeit beschäftigt, um auf diesem Hintergrund die heutigen Aufmerksamkeitsdefizite zu reflektieren.

Türcke bezieht sich auf den Anthropologen Michael Tomasello[28], der in den letzten Jahren durch den Vergleich von Kleinkindern und Primaten zu bahnbrechenden Entdeckungen gelangte[29]. Tomasello fand heraus, dass sich die Aufmerksamkeit bei Tieren und bei Menschen signifikant unterscheidet. Die Aufmerksamkeit von Tieren ist *dyadisch* strukturiert: Sie richtet sich auf einen Bezugspunkt: Auf einen Gegenstand oder ein Ereignis; die Aufmerksamkeit von Menschen ist dagegen *triadisch* strukturiert: Menschen schauen sich an und zeigen auf einen Gegenstand. Kleinkinder

„[...] kommen nicht klüger auf die Welt als Schimpansen, in bestimmter Hinsicht sogar dümmer, nämlich viel hilfloser und ungeschickter, motorisch weitgehend unfähig, das nachzumachen, was ihre Artgenossen um sie herum tun. Dafür haben sie eine starke Neigung, den Erwachsenen, die für sie sorgen, ins Gesicht zu schauen, und zeigen hohe Empfänglichkeit für deren jeweilige Stimmung."[30]

Im neunten Monat kommt es bei Kleinkindern zu einer Zäsur.

„Tomasello nennt sie die ‚Neunmonatsrevolution'. ‚Sechs Monate alte Säuglinge interagieren dyadisch mit Gegenständen, indem sie nach ihnen greifen und sie manipulieren, und sie interagieren dyadisch mit anderen Menschen [...]. Wenn sie Gegenstände in Gegenwart von anderen manipulieren, ignorieren sie meistens die Anwesenden. Zwischen ungefähr neun und zwölf Monaten beginnt jedoch eine Reihe neuer Verhaltensweisen aufzutauchen, die [...] in dem Sinne triadisch sind, daß sie eine Koordination ihrer Interaktionen mit Gegenständen und Menschen beinhalten'. Säuglinge fangen nun an, [...] dorthin zu blicken, wohin die Erwachsenen blicken (Verfolgen des Blicks), mit ihnen während relativ langer Zeitspannen in Bezug auf einen Gegenstand sozial zu interagieren (gemeinsame Beschäftigung), Erwachsene als soziale Bezugspunkte anzusehen (soziale Referenzbildung) und mit Gegenständen in derselben Weise wie Erwachsene umzugehen (Imitationslernen) '. Sich von Erwachsenen auf Dinge hinweisen zu lassen (‚Da, schau mal') und dieses Verhalten selbst übernehmen, nämlich auf Gegenstände zeigen oder sie hochhalten, damit die anderen sie bemerken: das ist ein triadisches Verhalten, welches bei Affen nicht vorkommt. Ein Kind aber, das triadisch agiert, macht deutlich, daß es ‚nicht nur an einem bestimmten Ereignis interessiert ist, sondern wirklich die Aufmerksamkeit mit Erwachsenen teilen möchte'. Und so ergibt sich, ‚daß der bloße Akt des Deutens auf einen Gegenstand gegenüber jemand anderem zum alleinigen Zweck der Aufmerksamkeitslenkung ein spezifisch menschliches Kommunikationsverhalten ist'"[31].

---

[27] *Christoph Türcke,* Hyperaktiv! Kritik der Aufmerksamkeitsdefizitkultur, München 2012.
[28] *Michael Tomasello,* Die kulturelle Entwicklung des menschlichen Denkens, Frankfurt 2002.
[29] Vgl. *Türcke* 2012 [Anm. 27], 57.
[30] Ebd., 59.
[31] Ebd., 59f. mit Zitat aus *Tomasello* 2002 [Anm. 28].

In der „Neunmonatsrevolution" wiederholt das Neugeborene ontogenetisch eine Zäsur, die phylogenetisch vor vielen tausenden von Jahren in der Menschheitsgeschichte stattgefunden hat, als Hominiden zu Menschen wurden. Im Sprung in die triadische Form der Aufmerksamkeit ist letztlich die Entstehung von Kultur begründet. Die Gegenstände werden nicht mehr dyadisch, unabhängig vom gemeinschaftlichen Lebenszusammenhang wahrgenommen, sondern auf ihn hin und von ihm her. Kinder schauen ihren Eltern in die Augen und beschäftigen sich mit den Gegenständen. Später schauen wir generalisiert in die Augen der Gemeinschaft und der Kultur und setzen uns mit den Gegenständen auseinander. Über ‚Wahrnehmen' und ‚Wahrgenommen-Werden' konstituiert sich der Aufmerksamkeitsraum für die Welt. Auch hier gibt es die ‚Dinge' nicht ‚an sich'. Sie geraten ins Blickfeld in Bezug auf den gemeinschaftlich-kulturellen Raum und gewinnen hierin ihre Bedeutung.

Dagegen verbirgt sich hinter dem kompetenzorientierten Verständnis des autonomen, selbstorganisierten Lernens eher ein dyadisches Bild der Aufmerksamkeit: Schülerinnen und Schüler beschäftigen sich in autopoietischer Weise mit den Gegenständen der Welt. Die dritte Dimension der Wahrnehmung und des Wahrgenommenwerdens im Aufmerksamkeitsraum der Eltern, der Lehrerinnen und Lehrer oder in der generalisierten Form der Kulturgemeinschaft, von der her und auf die hin die Gegenstände betrachtet werden, ist ausgeblendet, ja sie wird als ‚störend' und ‚schädlich' zurückgewiesen[32]. Die Schüler erscheinen mit den Gegenständen dyadisch alleine. Damit wird ein voraussetzungsloses Lernen konstatiert, in dem Kultur und Erinnerung nicht vorkommen.

Wird den Schülerinnen und Schülern jedoch die dritte Dimension in der Schule vorenthalten, dann sucht sich ihre Aufmerksamkeit selbst diesen dritten Raum: ‚Interessant' wird, was gerade in Fernsehen und Internet die Gemüter erregt und die ‚öffentlichen Diskussion' bestimmt, was in jugendlichen peergroups en vogue oder in der Jugendkultur aktuell ist. Georg Gnandt räumt für den kompetenzorientierten Unterricht ein: „Ist die Fragestellung nicht mehr in der öffentlichen Diskussion, wird sie nur noch begrenzt unterrichtstauglich sein."[33] Demgegenüber repräsentieren Lehrerinnen und Lehrer jenen dritten Raum in der Schule, der nicht nur ‚Aktualität' widerspiegelt, sondern vor allem auch das, was kulturell und gemeinschaftlich in einem bildungstheoretischen Horizont als wertvoll und tradierungswürdig erachtet wird.

Insofern konstituiert sich in der Schule ein Aufmerksamkeitsraum der Wahrnehmung und des Wahrgenommen-Werdens, in dem Kinder und Jugendliche in der Beschäftigung mit der Welt wachsen, jedoch nicht nur nach ihrer ‚inneren', autopoietischen Logik, – gesetzt den Fall, es gäbe sie abgetrennt und jenseits des ‚äußeren' kulturell gesellschaftlichen Aufmerksamkeitsraumes. Es sind Mütter und Väter, Großmütter und Großväter, Brüder und Schwestern, Lehrerinnen und Lehrer sowie andere für sie jeweils wichtige Personen ihres Lebenszusammenhangs, denen sie ins Gesicht schauen und von denen sie angeschaut werden. Zu

[32] Vgl. *Michalke-Leicht* 2012 [Anm. 20], 37.

[33] *Georg Gnandt,* Jesus Christus, in: Michalke-Leicht (Hg.) 2011 [Anm. 1], 196.

diesen Gesichtern gehören auch Gestalten und Figuren aus der Vergangenheit, aus dem kulturell-religiösen Erzählraum und aus der Phantasie, mit denen sie sich identifizieren und dabei ihr eigenes Leben und Geschick spüren und wiedererkennen: Sie alle ermöglichen den Heranwachsenden die Selbstwerdung in einem kulturell-gesellschaftlichen Aufmerksamkeitsraum.

Dabei entscheiden sich Kinder nicht für diesen oder jenen Weg, sondern sie werden in jeweilige geschlechtliche, geschichtliche, soziale, kulturelle, religiöse Voraussetzungen hineingeboren, die sie prägen und bestimmen, ohne dass sie zunächst darauf einen Einfluss hätten. Das Leben beginnt mit ‚Fremdbestimmung' und Unmündigkeit als Teil eines Umfeldes, das den neuen, werdenden Menschen aus sich entlässt. Eigene Entscheidungen sind erst später möglich, je mehr der Prozess des Wachsens und Er-wachsen-Werdens voranschreitet. Robert Spaemann hat in Bezug auf das Urteil des Kölner Landgerichts zur Beschneidung die Idee der Voraussetzungslosigkeit und des Nullpunktes kritisiert, die zunehmend mehr an die Erziehung herangetragen wird, um dann ‚Fremdbestimmung' entrüstet zurückzuweisen:

> „Der Gedanke, man müsse Kinder vor ‚Fremdbestimmung' bewahren, verkennt, dass ohne anfängliche Fremdbestimmung es nie eine Selbstbestimmung geben kann. Unsere erste Fremdbestimmung ist die Sprache. Sie präformiert unser Denken. Ich kann anstelle meiner Muttersprache später eine andere Sprache wählen. Aber die ursprüngliche Prägung durch die Muttersprache ist irreversibel. Wenn wir warten wollten, bis Kinder imstande sind, die Sprache, die als ihre Muttersprache zur Verfügung steht, zu wählen, dann würde das Kind nie Sprache lernen und deshalb nie zum Gebrauch der Vernunft und zur Selbstbestimmung gelangen. Die Kinder, die Kaiser Friedrich II. von Hohenstaufen dem Schicksal des Sprachelernens entzog, begannen nicht, wie der Kaiser vermutete, hebräisch zu sprechen. Sie sind [...] gestorben."[34]

Wobei die Frage ist, ob die sozialpolitischen Begriffe der *Fremd- und Selbstbestimmung* angemessen das pädagogische Feld beschreiben. Das Begriffspaar konstruiert einen Widerspruch zwischen dem Kind und seinem Umfeld, der so zunächst nicht vorkommt, zumindest nicht mehr zu Beginn des dritten Jahrtausends in Mitteleuropa[35]. Vielmehr geht es zuerst um ein Hineinwachsen, ein Anteilnehmen, ein sich Lösen, ein Abgrenzen und ein erneutes Bejahen auf dem Hintergrund des eigenen Weges: Um das Werden des mündigen, verantwortlichen Subjekts in einem gesellschaftlich-kulturellen Aufmerksamkeitsraum.

---

[34] *Robert Spaemann,* Der Traum von der Schicksalslosigkeit, In: Die Zeit Nr. 28, 5. Juli 2012 (online: http://pdf.zeit.de/2012/28/Beschneidung.pdf).

[35] Die pädagogische Situation war im 19. und in der ersten Hälfte des 20. Jahrhunderts sicherlich eine andere.

‚Den Menschen auf der Spur' – auch im Glauben. Religionspädagogisches Nachdenken über Religion, Religiosität und Glaube

HELGA KOHLER-SPIEGEL

1. Zur gegenwärtigen Situation

‚Religion' kommt uns heute vielfältig entgegen, Glaubensvorstellungen sind nicht mehr von tradierten Religionen und Konfessionen geprägt. Gegenwart wird häufig mit den Stichworten ‚Individualisierung' und ‚Pluralisierung', mit ‚Grenzverwischungen' und ‚Patchwork' beschrieben. Es ist vertraut geworden, dass – wie Wolfgang Welsch sagt – „humanes Leben nur im Plural möglich"[1] ist. Diese hohe gesellschaftliche, kulturelle und religiöse Vielfalt lässt sich in sieben Aspekten skizzieren:

- *Was ich glaube, ist meine Sache.* Religiöse Fragen sind privatisiert, subjektive Wahrnehmung und Empfindung stehen im Vordergrund, es wird von ‚Irgendwie-Religiosität' gesprochen.
- *Was wahr ist, weiß keiner.* Religiöse Fragen sind – angesichts der verschiedenen Religionen – relativiert, das Christentum wird nicht mehr in seinem Anspruch wahrgenommen, einzige und absolute Religion zu sein oder ausschließliche Orientierung in religiösen und ethischen Fragen zu geben.[2]
- *Ich glaube, was mir etwas bringt.* Religiöse Fragen sind funktionalisiert, Religion wird daraufhin geprüft, inwieweit sie sinnvoll und hilfreich für ein gutes und gelingendes Leben ist.
- *Ich suche mir zusammen, was mir passt, was zu mir passt.* Religion wird subjektivierend betrachtet, von Collage oder Patchwork ist die Rede, um auszudrücken: Alles zu glauben und zu denken ist möglich, es gibt keinen überindividuellen verbindlichen Maßstab für Glaubensfragen. Jede Person, jede Familie oder Gruppe muss den Maßstab selbst festlegen.[3]
- *Mal sind Religion und Glauben interessant, mal nicht.* Gegenwärtig ist eine seltsame Mischung aus Interesse und Desinteresse an Religion und Religiösem wahrnehmbar, eine ambivalente Haltung aus Faszination und Distanz.
- *Was ich über Religion und Glaube weiß, ist für mich ausreichend.* Präzise Differenzierungen zwischen Religion, Religiosität und Glaube sind nur in Fachkreisen vorhanden. Wissen und Verstehen von Religion sind dem nachgeordnet, dass Religion gut tun und zum Wohlgefühl beitragen soll.

---

[1] *Wolfgang Welsch*, Unsere postmoderne Moderne, Berlin [6]2002, 41; vgl. *Friedrich Schweitzer u.a.*, Entwurf einer pluralitätsfähigen Religionspädagogik, Gütersloh – Freiburg 2002, 17ff.; 89ff. u.ö.

[2] Vgl. *Johannes Goebel / Christoph Clermont*, Die Tugend der Orientierungslosigkeit, Reinbek [2]1999.

[3] Vgl. *Helga Kohler-Spiegel*, Religiöse Bedürfnisse und christliche Identität, in: Walter Krieger / Balthasar Sieberer (Hg.), Wie religiös ist diese Welt?, Limburg – Kevelaer 2002, 71-90.

- *Religion kann/Religionen können einschränkend und gefährlich sein.* Religionen können sich auch als geschlossene Systeme – mit ihrer destruktiven Macht – zeigen.[4]

Veränderung ist u.a. an den Lebensformen sichtbar, Familie und andere Lebensformen sind plural geworden. Dies gilt ebenso im religiösen Bereich; auch wenn beide Elternteile derselben Konfession angehören, können ihre Formen des gelebten Glaubens weit auseinander liegen. Die Elterngeneration ermöglicht ihren Kindern häufig Einzelerfahrungen im Religiösen, z.B. Ritualisierungen zuhause, die Teilnahme an einer Krabbelfeier oder zu Weihnachten an einer Kindermette.[5] Kinder begegnen Religiösem an einzelnen Punkten, ohne dass dies strukturell oder inhaltlich Kontinuität hätte. Der Tag, die Woche, der Jahreskreis – der Rhythmus des Kindes ist nicht mehr religiös strukturiert und geprägt. Kinder sind gewohnt, Religiösem an verstreuten Punkten im Leben zu begegnen, und Kinder haben meist mehr Religiöses wahrgenommen, als sie benennen können. Wir können (meist) von unzusammenhängenden Einzelerfahrungen ausgehen, die teilweise assoziativ erinnert werden. Ich nenne sie ‚Insel-Erfahrungen'.

2. Neutestamentliche Perspektive

Plurale Kultur braucht Menschen, die sich kenntlich machen in dem, was Religion für sie ausmacht und prägt. Exemplarisch sei christlich Zentrales formuliert.

2.1. Jesu Botschaft

Gemäß der neutestamentlichen Überlieferung steht Jesus im Mittelpunkt der Botschaft: Zuerst ist Jesus selbst gesandt, seine Sendung wird unter den Exegeten – sehr knapp – mit den Worten ‚bei den Menschen sein' umschrieben. Jesus wird zugleich zum zentralen Inhalt des Glaubens: „In ihm begegnet der unsichtbare Gott als unmittelbar nahe, als ansprechbares und erkennbares Gegenüber in der Gestalt eines Menschen."[6] In ihm wird nicht nur die Botschaft, sondern Gott selbst sichtbar.

Die Zeit, in die Jesus hineingeboren wurde, war eine Krisenzeit. Die Bedrohung der kulturellen und religiösen Identität spitzte sich massiv zu.[7] Man ging davon aus, dass das Weltende unmittelbar bevorstehe und Gott durch das Gericht hindurch sein Reich errichten werde. Fast alle Gruppierungen zur Zeit Jesu rufen dazu auf, das Einschreiten Gottes im Gericht zu provozieren und so die heilvolle Wende zu bewirken – die Pharisäer durch kultische Reinheit und das

---

[4] Vgl. umfangreich: *Rudolf Englert*, Religionspädagogische Grundfragen. Anstöße zur Urteilsbildung, Stuttgart 2007.

[5] Vgl. exemplarisch: *Christoph Morgenthaler,* Abendrituale. Tradition und Innovation in jungen Familien, Stuttgart 2011.

[6] *Jürgen Roloff*, Jesus, München 2000, 8.

[7] Es sei nur erinnert, dass der römische Feldherr Pompejus 63 v.Chr. am Jom Kippur den Tempel betrat, um die Beherrschung deutlich zu machen.

Befolgen der Thora, die Zeloten durch offenen politischen Widerstand, Johannes der Täufer durch Umkehr und Buße.[8] Doch in einer Vision erkannte Jesus[9], dass der Machtbereich Gottes nicht durch ein Gericht einbricht in diese Welt, sondern jetzt schon da ist, indem Menschen einander zugewandt sind, indem die Zuwendung erfahrbar wird. Die Erde ist der Ort, wo der Himmel bereits erfahrbar ist – wenn Menschen so leben wie Jesus. Wir können, das wissen wir, ‚den Himmel auf Erden haben' oder es kann ‚die Hölle sein'.[10] Menschen können hier und jetzt in der Zuwendung Gottes leben, und sie können diese Nähe selbst weiterleben und anderen erfahrbar machen. Auf diesem Weg, durch Menschen ‚schreitet Gott ein' und verändert die Welt zum Heil. Diese Ausrichtung ist entscheidend, dass im Hier und Jetzt geschenkt ist, was geglaubt wird: ‚Gott schreitet ein', indem Menschen sich einander zuwenden.

2.2. Gottes Zuwendung wirkt bereits: Beim anderen Menschen sein

Gottes Nähe und Gottes Zuwendung wirken bereits in der Welt, Christinnen und Christen müssen dem nur Platz schaffen und diese Botschaft leben. Das ‚Gute' hat schon begonnen, es wirkt schon – wie das Senfkorn, wie das Samenkorn auf dem Acker, wie das Licht auf dem Berg, wie der Sauerteig im Brot – um in den Bilder des Neuen Testaments zu sprechen. Entscheidend ist, für den da zu sein, der mich gerade jetzt braucht, dass ich demjenigen zum Nächsten werde – gemäß der Beispielerzählung vom barmherzigen Samariter (Lk 10,25-37). Direkt anschließend an die Erzählung folgt der Besuch Jesu bei Martha und Maria (Lk 10,38-42). Diese beiden Stellen gehören zusammen: Dem Gesetzeslehrer, der durch intellektuelles Fragen und Reden sich davor schützen wollte, sich wirklich einzulassen, der zwar die Weisungen kennt, aber nicht lebt, ihm ist gesagt: ‚Handle danach! Mach dir die Hände schmutzig, schau hin, wo du gebraucht wirst, lass die Menschen neben dir nicht im Stich.' Martha hingegen wird gesagt: ‚Es ist genug, setzt dich hin, gönn' es dir, einfach da zu sein.' Wichtig ist, was einem Menschen im Jetzt entgegenkommt, was ‚das Leben' im Jetzt von ihm verlangt. Christlich glauben heißt nicht zuerst, bestimmte Sätze zu glauben, sondern ‚dem Evangelium' zu glauben, der Person Jesu nachzufolgen.

Diese Botschaft, im Hier und Jetzt zu leben und zu entscheiden, was jeweils richtig und wichtig ist, dazu wusste sich Jesus gesandt, auf ganz unterschiedliche Art, je nach Situation, je nach den Menschen, denen er begegnete. Dies sei mit Beispielen erläutert: In Mk 5,21-43, der Heilung der blutflüssigen Frau und

---

[8] Vgl. *Roloff* 2000 [Anm. 6], 61. Das drohende Gericht Gottes wurde durch die Taufe am Jordan vorweggenommen (Mk 1,4). In der Taufe wird das Gericht symbolisiert. „Stellvertretend für den kommenden Weltrichter und von Gott autorisiert, vollzog Johannes einen zeichenhaften Akt der Vernichtung und Tötung, der das kommende Gericht in abgeminderter Form vorwegnahm. Wer sich der Wassertaufe unterzog, dem war – unter der Voraussetzung tatsächlicher Umkehr – Bewahrung vor der kommenden Feuertaufe zugesagt (Lk 3,16/Mt 3,11 [Q])." (Ebd.)

[9] Vgl. *Meinrad Limbeck*, Christus Jesus. Der Weg seines Lebens. Ein Modell, Stuttgart 2003, 22. Exegetisch wird auf Lk 10,18 verwiesen: „Ich sah den Satan wie einen Blitz aus dem Himmel fallen."

[10] *Roloff* 2000 [Anm. 6], 73: „Die Macht des Bösen ist zwar noch nicht ausgeschaltet. Sie ist immer noch spürbar und erfahrbar, doch sie ist gebrochen."

der Auferweckung der Tochter des Jairus, geschieht die Heilung der tabuisierten Erkrankung der älteren Frau in aller Öffentlichkeit, vor den Augen vieler Menschen, die Rückkehr der jungen Frau ins Leben geschieht im Verborgenen, unter Ausschluss der Öffentlichkeit. Das ist m.E. nicht zufällig. Die Verschiedenheit der Menschen und ihrer Situation erfordert die Verschiedenheit des Kontakts, der Beziehung. Für Zachäus heißt die Erfahrung dieser heilenden Nähe Gottes etwas anderes als für Nikodemus, für die Frau am Jakobsbrunnen etwas anderes als für Martha. Das gilt bis heute: ‚Bei den Menschen sein', das erfordert die Bereitschaft zur ‚Unterschiedlichkeit', zur Individualität.

2.3. Die Basis: Beim eigenen Glauben sein

In aller Verschiedenheit – beim Menschen zu sein, ist nur möglich, wenn jemand beim eigenen Glauben ist. Die Reihenfolge ist klar: Jesus ist bei seiner Überzeugung, dass die Liebe die Menschen wieder mit Gott verbindet, er ist bei seinem ‚Glauben'. Und in diesem Glauben ist er bei den Menschen. Basis ist sein eigener Glaube, seine Beziehung zu Gott, seine ‚Vision', dass nicht erst ein Gericht die Menschen in Gut und Böse teilt, sondern „dass der Vater seine Sonne aufgehen lässt über gut und böse" (Mt 5,45). Diese Botschaft weiterzugeben, sind Christinnen und Christen eingeladen und aufgerufen.

3. Religion und Religiosität – zur Differenzierung

Ambivalenz, Heterogenität, Pluralisierung, Individualisierung – längst ist klar, dass Menschsein, auch religiös, nur im Plural zu haben ist. Zugleich ist, immer wieder aufs Neue, die Auseinandersetzung über die inhaltliche Ausrichtung christlicher Religion und über persönliche Religiosität nötig.

‚Religion' kann als ein Gegenstand verstanden werden, als ein Inhalt, der geglaubt werden muss, als institutionalisierte Form, die zwar stabil, aber zugleich auch unbeweglich ist. ‚Religiosität' meint die eigenen Einstellungen und Vorstellungen, die Haltung und die Entscheidung, sich – auch – an einer ‚höheren Macht' zu orientieren. „Da eine so verstandene Religiosität jedoch Teil des Menschseins ist, ist sie im Unterschied zum feststehenden Glaubens- und Normengut einer Religion dem Wandel des Weltverstehens unterworfen."[11] Religiosität ist angebunden an die Entwicklungen im Leben, ist Ausdruck des Lebens und somit ständigen Veränderungen ausgesetzt. Und – auch wenn Religion statisch erscheint, wirken sich vielfältige Formen von Religiosität auf Religion aus und verändern diese. Zugleich entfalten und entwickeln sich innerhalb oder unterhalb vorgegebener Formen von Religion zahlreiche Ausprägungen von Religiosität. „(Individuelle) Religiosität kann durch (institutionelle) Religion geformt werden. Doch muss dies nicht so sein. Zudem wird Religion stets durch

[11] *Knut Walf*, Religion – Unbehagen und Verlangen zugleich, in: ders. (Hg.), Erosion. Zur Veränderung des religiösen Bewusstseins, Luzern 2000, 122-141, 125.

konkrete Menschen mit eigener, individueller Religiosität vermittelt und interpretiert.“[12]

Aus der Perspektive tradierter Religion wird Religiosität als individualisiert, oft als zu individuell erlebt. Nur auf die einzelne Person bezogen, von der einzelnen Person verantwortet und gelebt, scheinen die Verankerung in der Institution und die inhaltliche Ausprägung von Religion zu kurz zu kommen. Während individuell vor allem danach gefragt wird, wie eine Person ihre eigene Religiosität erlebt, wie sie diese empfindet, ob diese sie stärkt und trägt, wird bei institutionalisierter Religion viel mehr gefragt nach der wahren Tradition, den richtigen Formen von Gebet und Ritual. Die unterschiedlichen Ebenen, in denen Religion und Religiosität den Menschen ansprechen, verunmöglichen einen direkten Vergleich der beiden Ebenen. Denn schnell wird bewusst, dass institutionell verbürgte Überlieferungen, Inhalte und Formen sich – oft – nicht ungebrochen eingliedern in Verarbeitung und Deutung von erlebtem und gelebtem Leben. „Ein individueller oder subjektiver, in der Regel existenznotwendiger Versuch des Menschen, Religion für sich plausibel zu machen und in eine mögliche Übereinstimmung zu seiner Alltagswelt zu bringen“[13], ist eben nicht unveränderlich, sondern bewegt und entwickelt sich mit den Erfahrungen und Deutungen eines Menschen. Oder anders gesagt: Es kann sein, dass in der religiösen Sozialisation, in der religiösen Erziehung tradierte Muster, Vorstellungen, Lehren und Normen so sehr verinnerlicht wurden, dass im Verlauf der weiteren Jahre kaum mehr Entwicklung im Religiösen stattfinden kann, weil eine Veränderung als Verstoß gegen diese verinnerlichten religiösen Inhalte und Gebote empfunden wurde. Es kann auch sein, dass sich eine Person, die so religiös sozialisiert wurde, bei Brüchen zwischen Religion und anderen Lebensbereichen der Religion entledigen musste, ‚Religion‘ hinter sich lassen musste, um die Brüche zu ertragen und in den anderen Lebensbereichen handlungsfähig zu bleiben. Oder es kann sein, dass ein Mensch von der anerzogenen zu selbstverantworteter Religiosität findet, was zu (inneren und äußeren) Konflikten zwischen Religion und Religiosität führen kann.

4. Wurzeln von Religiosität und Glaube

Religion und Religiosität werden biografisch erlebt und gelebt, sind also angebunden an die eigene Entwicklung und die eigene Lebensgeschichte. Deshalb ist auch im Religiösen von Bedeutung, was die einzelne Person als Kind erlebt hat, wie die nächsten Angehörigen mit der Person als Kind umgegangen sind, wie sich Gefühle entwickelt haben, wie die einzelne Person gelernt hat, eigenständig zu sein, ohne die Zuwendung zu verlieren, alleine zu sein, ohne einsam zu sein. Es wird bedeutsam, welche inneren Bilder im einzelnen Raum fanden und finden, wie jemand eine Vorstellung ihrer selbst entwickeln konnte.

---

[12] Ebd.

[13] Ebd., 126.

4.1. Bindung – die besondere Beziehung

John Bowlby, britischer Arzt und Psychoanalytiker (1907-1990), fasste Bindung als ein ‚primäres Motivationssystem', einen eigenständigen Prozess in der Entwicklung.[14] Mit Mary Ainsworth kann gesagt werden: Attachement ist „die besondere Beziehung eines Kindes zu seinen Eltern oder Personen, die es beständig betreuen"[15]. Es ist ein „imaginäres Band, das in den Gefühlen einer Person verankert ist und das sie über Raum und Zeit hinweg an eine andere Person, die als stärker und weiser empfunden wird, bindet."[16] Es ist ein Grundbedürfnis, um Sicherheit zu erlangen, sich zu orientieren, um Angst zu mindern, und auch z.B. Werte zu vermitteln. Die Qualität von Bindung beschreibt das „Ausmaß, mit der eine Bindungsbeziehung Sicherheit aus der Sicht des ‚Schwächeren' in der Beziehung vermittelt. [...] Die Hauptqualitäten sind: sicher, unsicher-vermeidend und unsicher-ambivalent"[17]. Bindungsverhalten wird gezeigt, wenn Gefahr für den Erhalt der Bindung besteht.

Bindung entwickelt sich über Blickkontakt mit dem Baby mit passender Affektabstimmung, über das Ankündigen und Kommentieren, also das Verbalisieren der Handlungszusammenhänge, über die wechselseitige Fein-Abstimmung in der Interaktion, über Berührung und Körperkontakt. Das Baby lernt dadurch auf kognitiver Ebene, dass sein Verhalten eine Reaktion der Mutter, des Vaters bzw. der primären Bezugsperson verursacht bzw. herbeiführt, dass es vorhersehbare Zusammenhänge zwischen Ereignissen gibt, was die Welt durchschaubar, steuerbar und sicher macht. Es lernt emotional, dass die Bezugsperson ihre Reaktion auf den Erregungszustand des Babys abstimmt und diesen reguliert, das Baby erlebt, dass seine Gefühle verstanden werden, dass es Trost spendet, wenn man die eigenen Gefühle mitteilt.[18]

Die körperlichen Erfahrungen werden später auch symbolisiert und können dadurch verinnerlicht abgerufen werden. Wir haben ‚ein Modell von Welt', in dem das Selbst und wichtige andere Menschen sowie ihre Beziehungen untereinander repräsentiert sind. So wächst sichere Bindung, das heißt auch, sich sicher und geschützt zu fühlen. Zustand und Qualität der individuellen Bindungen können nach Bowlby in sichere und unsichere unterteilt werden, ‚unsicher gebunden' wird weiter differenziert in: unsicher verstrickt, unsicher abweisend, unsicher ambivalent.[19]

---

[14] Vgl. *Jeremy Holmes*, John Bowlby und die Bindungstheorie, München – Basel 2002, 86ff.

[15] Zit. n. *Karin Grossmann / Klaus E. Grossmann*, Bindungen – das Gefüge psychischer Sicherheit, Stuttgart 2004, 29.

[16] Zit. n. ebd., 72.

[17] Ebd.; vgl. *Helga Kohler-Spiegel*, Über uns selbst hinaus ... Bindungserfahrungen und Religion, in: Anna Maria Kalcher / Karin Lauermann (Hg.), Kompetent für die Welt. Bindung – Autonomie – Solidarität, Wien 2010, 109-127.

[18] Vgl. exemplarisch *Daniel N. Stern*, Tagebuch eines Babys. Wie ein Kind sieht, spürt, fühlt und denkt, München [19]2011.

[19] Eine andere Einteilung der Bindungsmuster erläutert *Bernhard Grom* (Religionspsychologie, München [3]2007, 51f.) mit Bezug auf Bartholomew und Horowitz (1991): „(1) Sicher, von der Bezugsperson akzeptiert zu sein. (2) Präokkupiert, mit dem Wunsch nach enger Beziehung und der Angst, abgelehnt zu werden. (3) Ängstlich-vermeidend, also die Nähe zur Bezugsperson wün-

Die eigene Art, sich zu binden, gilt im Blick auf andere Menschen wie auch im Blick auf Religiöses. Uns mit Religiösem auseinanderzusetzen, uns auch im Religiösen zu binden, geschieht nicht unabhängig unserer Bindungsmuster. Angst vor Trennung und der Wunsch nach Nähe, Frustrationen über ersehnte und nicht erfüllte Nähe, missbrauchte Nähe, die nicht mir als Person gilt, sondern dem Gegenüber die Angst nehmen soll – vielfältige Facetten spielen mit.

4.2. Die Kraft der inneren Bilder

Nur kurz sei der Blick auf entwicklungspsychologische Aspekte geöffnet, die bei Bindung und Religion besonders angesprochen sind. Ein Kind lernt – meist im Trotzalter – seine Eigenständigkeit auszuloten, es lernt, oft mit ‚Übergangsobjekten‘ wie einem Teddybär, einer Schmusedecke unterstützt, dass eine geliebte Person da und zugleich nicht da ist, es lernt die auftretenden ambivalenten Gefühle auszuhalten. Auch Geschichten, Lieder, Symbole können zu Übergangsobjekten werden. Mit Hilfe von Übergangsobjekten lernt das Kind, seine Emotionen zu steuern, auch die heftigen, auch die ambivalenten, das Kind kann den Teddybär, die Schmusedecke wieder in die Hand nehmen, und all diese Erfahrungen sind da, dass die Mama bzw. die Bezugsperson weg ist und dass sie da ist, dass Gefühle so heftig sein können. Ein Kind lernt, Gefühle wieder zu erkennen und zu ihnen zurückkehren, so ist das Kind den Gefühlen nicht ausgeliefert, sondern kann sie gestalten – und allmählich auch erinnern. Erinnern braucht das Verinnerlichen, es braucht die inneren Bilder. Wir können z.B. an einen Menschen denken, den wir gerne haben und der nicht da ist. Wir brauchen also den Teddybär nicht mehr in der Hand zu halten, ich brauche kein Foto, um zu wissen, dass ich mit einem Menschen verbunden bin, auch wenn wir getrennt sind, ich kann spüren, dass Gott mich begleitet, auch wenn ich ihn nicht sehe. Diese Verinnerlichungen werden im Erinnern, im Gespräch, in Liedern oder im Gebet, in biblischen Geschichten oder in Symbolen wieder wachgerufen und weiter entwickelt, so entsteht ein ‚inter-mediärer Raum‘, ein ‚Raum dazwischen‘. In diesem ‚Raum dazwischen‘ können Kinder im Spiel versunken alles vergessen – und auch Erwachsene können beim Lesen, beim Musikhören, im Gespräch, in der Meditation, im Gebet darin eintauchen.[20]

4.3. Sicher gebunden – auch im Religiösen

Das bisher Gesagte öffnet auch den Blick für religiöse Bindung. Es gibt zentrale und zahlreiche Anklänge – heißt doch ‚religio‘, mich zu binden, mich rückzubinden, mich fest machen. Es meint Festigkeit, Beständigkeit, Zuverlässigkeit, Vertrauen. In der hebräischen Wurzel des Wortes ‚mich festhalten‘ ist die Bewegung des kleinen Kindes erkennbar, wenn es sich in einer unsicheren Situati-

---

schend und gleichzeitig ablehnend aus Furcht, von ihr verletzt oder abhängig zu werden. (4) Distanziert-vermeidend, mit dem Willen, von niemandem abhängig zu sein.“

[20] Vgl. *Gerald Hüther*, Die Macht der inneren Bilder. Wie Visionen das Gehirn, den Menschen und die Welt verändern, Göttingen ²2005.

on am Rockzipfel, an den Hosenbeinen der Mama (als primärer Bezugsperson) festhält.[21] Mich rückbinden, mich festhalten – solange es sicher ist, ist es einfach da, erst wenn es unsicher wird, wird dieses ‚Bindungsverhalten' bewusst aktiviert, auch im Religiösen.

Vor allem in der jüdisch-christlichen Tradition wird die Beziehung zwischen Gott und dem Menschen häufig mit der mütterlich-väterlichen Position Gottes dargestellt: der gute Vater, ‚Abba', Gott wird verglichen mit einer Mutter, die ihre Kinder liebt, die sich über ihr Kind beugt und es anlächelt. Im ‚Aaronitischen Segen' heißt es: „Gott segne und behüte dich. Gott lasse sein Angesicht über dich leuchten und sei dir gnädig. Gott wende sein Angesicht dir zu und schenke dir Heil." (Num 6,24ff.) Ich kann so sicher gebunden sein, ich weiß um ein Gesicht, das mir wohlwollend zugewandt ist, das über mir „leuchtet" und unverdient für mich da ist. Jüdisch-christlicher Glaube ist so verstanden ein Bindungsangebot, ein Bindungsangebot über den Tod hinaus.

5. Religionspädagogisches Grundverständnis

5.1. Kinder religiös begleiten

Religiöse Bildung und Begleitung geschieht an verschiedenen Orten, in der Familie (unabhängig ihrer jeweiligen Konstellation) werden bedeutsame Erfahrungen gemacht, diese werden erweitert und ergänzt durch Schule, Religionsunterricht, außerschulische Arbeit mit Kindern und Jugendlichen. ‚Pädagogik' – das Wort selbst hilft zum Verständnis: pais-agein, das Kind bei der Hand nehmen, führen. In der Antike wurde der Begriff verwendet, wenn der Sklave das freie Kind zum Ort des Lernens begleitete. Es ist nicht das Lernen selbst, das wir machen, sondern ein Kind wird an Orte begleitet, an denen es lernen kann. Wenn Menschen also pädagogisch handeln, nehmen sie Kinder an der Hand, im religiösen Bereich gilt das ebenso als Begleitung von Kindern und jungen Menschen, sich im Religiösen zu orientieren, Erfahrungen zu sammeln und diese zu deuten, ihren eigenen Standpunkt im Religiösen und im Glauben zu finden. Denn im Glauben wachsen ist ein aktiver Prozess, auch im Religiösen wachsen Kinder in die jeweilige religiöse Kultur und Tradition hinein, zugleich aber geschieht im Hineinwachsen eine Umgestaltung, inklusive der Entscheidung, was überhaupt übernommen und was vergessen wird. Bei der religiösen Begleitung

[21] Religion beinhaltet mehrere Aspekte: (1) die tradierten Inhalte und Formen des Glaubens, in unserem Fall des Christlichen, (2) die subjektive Dimension, was ich ganz persönlich glaube, (3) und wie sich Religion öffentlich zeigt. Religion ist also immer mehrdimensional, vielfältig zu verstehen, seit Generationen überlieferte Inhalte und Glaubensformen verbinden sich – oder kollidieren – mit persönlichen Erfahrungen, spirituelle Erfahrungen der einzelnen Person sind nicht notwendig deckungsgleich mit tradierter Religiosität und öffentlich sichtbarer Religion. Deshalb ist heute oft davon die Rede, dass religiöses Lernen religionskundliche Aspekte („learning about") beinhaltet, Werterziehung aus reflektierter Grundhaltung, die offen gelegt ist („learning from"), und Elemente gelebten Glaubens und spirituellen Lebens in einer konkreten Tradition („learning in"). Vgl. *Friedrich Schweitzer,* Interne Mitschrift einer Expertentagung über „Religion und Kultur" am 16. Dezember 2003 an der Universität Zürich.

von Kindern werden nicht fertige Inhalte weitergegeben, sondern es wird Begegnung ermöglicht – mit Inhalten, mit Personen, mit Ritualen, mit Traditionen. Ein Raum entsteht, in dem Erfahrungen gemacht werden, um selbst zu lernen und sich zu entwickeln. Menschen können niemanden anderen lernen machen,[22] im Glauben wachsen und sich entwickeln macht jede Person für sich, zugleich geschieht dies in Begegnung und Beziehung, ist also personal und dialogisch – und damit wie jede Kommunikation auch konfliktträchtig und störungsanfällig.

5.2. Religion und Glaube – zum Klingen bringen

Mütter und/oder Väter sowie Erziehungspersonen geben dem Kind – vor jeder ausdrücklichen religiösen Erziehung – die Erfahrungen mit, die Religiöses grundlegen und ausmachen: getragen und gesehen sein, herkommen und weggehen dürfen, geborgen sein und frei sein, danken, bitten, loben, klagen – die ersten Erziehungspersonen sind auch die ersten religiösen Erzieher/-innen, ob ausdrücklich oder unausgesprochen. Der Begriff, der viele Jahrhunderte und bis heute in vielen Sprachen für religiöse Erziehung und Begleitung steht, ist ‚Katechese‘. Das griechische Wort ‚katecheo‘ – auch das deutsche Lehnwort Echo ist darin erkennbar – ist am besten mit ‚antönen, anklingen lassen‘ zu übersetzen.[23] Religiöse Erziehung ist also nicht in erster Linie Unterweisung oder Glaubensvermittlung, sondern meint, dass jemand so vom eigenen Glauben redet, dass im anderen Menschen etwas antönt, anklingt, dass beim Gegenüber etwas zum Schwingen und Klingen kommt. Denn Religiöses geschieht ganz konkret: Wenn sich mir jemand zuwendet, dann geschieht Zuwendung, wenn mir jemand für einen Moment die Hand hält, dann bin ich gehalten, wenn mich jemand bewusst ansieht, bin ich angesehen.

5.3. Religiöses Lernen

Religionsunterricht heute meint, aktiv einen erfahrungsermöglichenden Raum auch für Religiöses und für Glaube zu eröffnen. Der Religionsunterricht kommt inhaltlich und strukturell von außen auf die Schülerinnen und Schüler zu, mit dem Anspruch, Kompetenzen im Bereich von Religion zu entwickeln. Zugleich ist aber auch davon auszugehen, dass nicht erst religionspädagogisch geplantes Tun die Begegnung mit dem erschließt, was Menschen ‚Gott‘ nennen, sondern indem Lebenswelt und Biographie von Schülerinnen und Schülern, von Jugendlichen und Erwachsenen (auch der Lehrperson oder des/der Theologen/in) der ‚Ort‘ sind, an dem Begegnung mit ‚Gott‘ möglich wird. Schönes und Schweres, Liebevolles und Gewalttätiges im Alltag sind der Raum, in dem Menschen ihre Erfahrungen machen – mit Gott und ohne Gott. Geplant werden kann die Erfas-

[22] Vgl. exemplarisch *Rudolf Englert*, Bloß Moden oder mehr? Konzeptionen von Religionsunterricht, in: KatBl 136 (4/2011) 296-303; *ders.*, Was sich im Religionsunterricht lernen lässt, in: KatBl 134 (1/2009) 50-58.

[23] Vgl. *Helga Kohler-Spiegel*, Fremde Geschwister: Schule und Gemeinde, in: KatBl 132 (2/2007) 82-91.

sung der eigenen Erfahrungen unter dem Blickwinkel von Religion, geplant werden kann, den Blickwinkel auf Gott hin anzubieten und einzubringen.

Wir müssen heute von einer inhomogenen Situation bei Kindern und Jugendlichen ausgehen, innerhalb der je eigenen Konfession ebenso wie im Gespräch zwischen individuellem Selbstverständnis und verschiedenen (religiösen) Zugehörigkeiten. Diese Inhomogenität macht es verstärkt zur Aufgabe von Schule und Gemeinde, die Offenheit für Unvertrautes und Fremdes auch im religiösen Bereich zu fördern und den Dialog untereinander einzuüben.

> „Kann es sein, dass man den Dialog auch verfehlen kann, weil man nicht mehr weiß, wer man selber ist; weil man sich selber ständig verschwimmt? Denn das Ziel eines Dialogs ist ja nicht, dass man sich in der Mitte zwischen zwei Lagern trifft. Das Ziel ist, dass jedem zu seiner geläuterten Eigentümlichkeit verholfen wird.“[24]

Ich schließe mich Rudolf Englert an, wenn er für diese (inhomogene) Situation sagt: „Ausgangspunkt [...] sind weniger die Hochformen christlicher Glaubensüberlieferung als vielmehr die verschiedensten Formen lebensweltlich erfahrbarer Religion.“[25] Im Religionsunterricht gehen wir heute von lebensweltlich Erfahrbarem aus; im Vordergrund steht, lebensweltlich bedeutsame Erfahrungen zu erkennen und zu benennen sowie Orientierung und Deutungen dafür zu finden. Dies schließt eine systematische Darstellung von Glaubenssätzen nicht aus, aber diese kommt eher nachfolgend. Im Lehrplan 2000 für den Religionsunterricht in Österreich heißt es:

> „Gegenstand des Unterrichts sind das menschliche Leben und der christliche Glaube und deren Mit-, In- und Gegeneinander. So werden Schülerinnen und Schüler in ihrer religiösen Wahrnehmungs-, Urteils- und Entscheidungsfähigkeit gefördert.“[26]

6. Exemplarische Konkretionen

– *Bilder und Geschichten.* Religionen, hier christliche Religion, bieten einen ungeheuren Schatz an stärkenden, an guten, an herausfordernden, an nachdenklich machenden Geschichten. Diese ermöglichen Kindern und Jugendlichen, dass sie gute Gedanken aufnehmen und verinnerlichen können, dass sie einen inneren Schatz an Bildern und Geschichten haben, auf den sie zurückgreifen können. Deshalb ist es gut, biblische Geschichten zu erzählen, stärkende und warnende Geschichten. Wenn ein Mensch selbst in einer schwierigen Situation ist, dann ist es oft hilfreich, dass er verinnerlichte, erinnerbare Geschichten und Bilder hat. Wenn wir uns einsam fühlen, ist es gut, Men-

---

[24] *Fulbert Steffensky,* Die Gewissheit im Eigenen und die Wahrnehmung des Fremden, in: ru 27 (1/1997) 3-5, 3.

[25] *Rudolf Englert*, Individualisierung und Religionsunterricht. Analysen, Ansatz, Option, in: KatBl 121 (1/1996) 17-21, 18f.

[26] Lehrplan für den Kath. Religionsunterricht an Hauptschulen (BGBl. II Nr. 134/2000), Bildungs- und Lehraufgabe. Entsprechende grundlegende Orientierungen bieten auch die Positionspapiere des Deutschen Katechetenvereins (etwa: Den Religionsunterricht nicht überfordern – die Katechese als lebenslange Begleitung stärken, München 2012).

schen ‚verinnerlicht‘ zu haben, an Menschen denken zu können, auch wenn sie nicht da sind. All dies wird im Religiösen gestärkt. „Durch seine Narrationen konstituiert das menschliche Subjekt seine Welt, seine Beziehungen zu sich selbst und zu anderen, seine Gefühle und Empfindungen.“[27] Sich selbst zu entdecken, sich seiner selbst gewiss zu sein, ist ohne Erinnerung nicht möglich, Identität wird erzählend konstruiert, indem wir erinnern, was in die Konstruktion unserer Identität passt, und vergessen, was diese narrative Identität stört. Religionen haben dabei hohe Bedeutung, sie erinnern und erzählen Geschichten, sie überliefern ‚Heilige Geschichten‘, sie ermöglichen, einzelne Aspekte von Personen und Gruppen in ein Kontinuum zu bringen. Deshalb bleibt es wichtig, Geschichten weiterzugeben und diese zu erzählen.

- *Feiern und Ritualisierungen: der Zeit ein Gesicht geben.* Zum Erzählen gehört das Feiern. Rita – ein Sanskritwort – meint Grundordnung, Riten geben dem Menschen Sicherheit und Geborgenheit, sie geben einen Rahmen, in den ich mich einlassen kann, ohne ihn jeweils reflexiv ganz ausloten zu müssen. Riten eröffnen einen Raum, in dem ich mich aufhalten kann, Riten geben eine Struktur, innerhalb der ich mich frei bewegen kann, mit meinen Gedanken, mit meinen Empfindungen. Mit dem jeweiligen Ritus können wir auch später wieder zurückkehren in diesen inneren Raum, mit den damit verbundenen Erinnerungen und Gefühlen. Deshalb ist es so wichtig, dass (religiöse) Riten positiv besetzt sind, dass sie positive Bilder im Menschen hervorrufen.
- *Ein Blick auf die Erwachsenen.* Es braucht Erwachsene, die sich einlassen auf das Gespräch mit Kindern und Jugendlichen. Es braucht Erwachsene, die auch inhaltlich Rede und Antwort stehen können, die Erfahrung haben in der gelebten Praxis der jeweils eigenen Religion, um Kindern erlebbar zu machen, welche Bewältigungsstrategien für schwierige Lebenssituationen die jeweilige Religion bereithält. Und die bereit sind, sich mit ihren Antwortversuchen kenntlich zu machen, zu zeigen, was sie denken und glauben.[28]
- *Verdaute Theologie.* „Überblickswissen ist erforderlich, um Zusammenhänge zu erkennen, selbständig Spezialwissen zu erwerben und zu verknüpfen. Denken verhält sich zu Wissen wie die Welle zum Wasser [...] – ohne Wissen kein Denken.“[29] Ohne Inhalte kann – so verstanden – Glaube nicht leben, diese Inhalte aber müssen durch die Menschen hindurchgegangen sein, sie müssen ‚verdaut‘ sein. Gelernte Theologie muss zu ‚verdauter Theologie‘ werden. Religiöses Lernen heißt also nicht einfach Übernahme von Tradiertem, sondern in erster Linie Gestaltung des Tradierten für die Gegenwart und auf Zukunft hin.
- *Sprache für Religiöses.* Sprache ist nötig, um das, was den Menschen bewegt, was ihm Angst macht und hoffen lässt, auch ausdrücken zu können. Eine

[27] *Jürgen Reeder*, Die Narration als hermeneutische Beziehung zum Unbewußten, in: Psyche 59 (Beiheft 2005) 22-34, 24.

[28] Vgl. exemplarisch (mit zahlreichen Literaturhinweisen) *Helga Kohler-Spiegel,* Identität und Begegnung mit dem Fremden. Ziele, Reichweite und Grenzen interreligiösen Lernens im schulischen Religionsunterricht, in: rhs 49 (2006) 215-222.

[29] *Johannes Riedl*, Schule als Szenario der Begegnung. Der Beitrag des Religionsunterrichts zu einem Paradigmenwechsel, in: Österreichisches Religionspädagogisches Forum 4 (1994) 16-22, 18.

Kultur braucht Sprache für das, woraus und wofür sie lebt, sie braucht Geschichten und Bilder, um sich und andere zu verstehen. Diese Sprache kann aus Worten bestehen, aus Kunst und Musik, aus Bewegung. Philosophieren und Theologisieren mit Kindern heißt, fragen lernen und Sprache entwickeln. Wenn wir einander erzählen, erzählen wir uns die Welt. Wir begegnen den Worten und Bildern anderer und begegnen damit deren erzählter Welt. Kinder lernen und entdecken Worte und kommen dann selbst zu Wort. Sie tasten nach Worten für die Erfahrungen, die Erzähltes und Gehörtes in ihnen berührt und geweckt haben. Indem sie Wörter und eigene Erfahrungen zusammenbringen, Erfahrungen mit Wörtern verknüpfen, bringen sie die Welt, sich selbst und darin auch Gott zur Sprache, stellen sie sich die Welt und Gott vor, kommen sie zur Welt und zu Gott. Kinder brauchen solche Worte gerade in der Zeit, in der sie Sprache lernen und ihren Standort in der Welt suchen. Weil sie gewohnt sind, einer Sprache zu begegnen, die sie nur zum Teil verstehen, können sie mit Einfühlungsvermögen und Vorstellungskraft mit einer für sie zum Teil auch ungewohnten, ‚fremden' Sprache umgehen.[30] So können Menschen – entgegen der Privatisierung von Religion – in einer größeren Öffentlichkeit gemeinsame Sprache für Religiöses entwickeln, eine ‚Kompetenz zu religiöser Kommunikation'.

Vieles hat sich im religiösen und im religionspädagogischen Bereich längst verändert. An diesen Veränderungen entscheiden sich die nächsten Schritte. Es ist eine Art ‚Plädoyer', wenn ich mit dem Text, den ich zum Abschluss zitiere, an das grundlegende Anliegen christlicher Religion erinnern möchte:

„An jenem Tag

An jenem Tage, der kein Tag mehr ist –
vielleicht wird er sagen:

Was tretet ihr an
mit euren Körbchen voller Verdienste,
die klein sind wie Haselnüsse
und meistens hohl?
Was wollt ihr
mit euren Taschen voller Tugenden
mit denen ihr gekommen seid
aus Mangel an Mut,
weil euch Gelegenheit fehlte
oder durch fast perfekte Dressur?

Habe ich euch davon nicht befreit?
Wissen will ich
Habt ihr die anderen [habt ihr einander]
angesteckt mit Leben?"[31]

---

[30] Vgl. exemplarisch die praktischen Vorschläge von *Rainer Oberthür*, Das große Buch der Symbole. Auf Entdeckungsreise durch die Welt der Religion, München 2009.

[31] *Joachim Dachsel*, anonym überliefert. Zit. n. *Helga Kohler-Spiegel*, Erfahrungen des Heiligen. Religion lernen und lehren, München 2008, 125.

Gretchenfragen? Alltäglich!

Glaubenskommunikation

Die Pastoralreferentin am Telefon klingt besorgt, als wir einen ‚Kompetenztag' für die Katechetinnen planen, die sich in der Erstkommunionvorbereitung engagieren: „Ich kenne die Frauen kaum, die haben wenig Kontakt zur Kirche und zu Glaubensfragen. Ich glaube, die bringen nicht viel mit." Nur eine Menge Fragen. Und so einigen wir uns darauf, eine davon zum Motto der Veranstaltung zu machen: „Muss ich ein Glaubensprofi sein?"

Einige Wochen später treffen wir uns mit 20 Katechetinnen und diskutieren einen Nachmittag bis in den späten Abend über Gott und die Welt und über das, was in der Katechese passiert: wie Kinder und Erwachsene heute Religion in ihr Leben integrieren und wie sie auf ein Glaubenszeugnis reagieren; wie Katechetinnen ihre eigenen Glaubenserfahrungen verständlich und authentisch ins Wort und dann kommunikativ ins Gespräch bringen mit dem, was die kleinen und großen Menschen umtreibt; und wie sich dieser Prozess zum Glauben der Kirche in Rom und in ihrem eigenen Dorf verhält, in deren Auftrag sie ja unterwegs sind.

Viel Gesprächsstoff. Bei der Blitzlichtrunde am Ende des Tages sind einige der Frauen müde. Und die Frage danach, ob man ein Glaubensprofi sein muss, um in der Kommunionkatechese mitzuarbeiten, ist noch nicht abschließend geklärt. Dann kommt eine bemerkenswerte Rückmeldung. Eine junge Mutter, die zum ersten Mal in der Katechese mitarbeitet und nicht aus einem pädagogischen Berufsfeld kommt, fasst für sich den Tag zusammen: „Ich habe heute verstanden, dass Glauben ein wechselseitiger Prozess ist." „Wechselseitig", frage ich zurück, „zwischen was und was?" Sie antwortet sofort: „Dass ich den Glauben brauche, das wusste ich schon. Aber jetzt ist mir bewusst: Der Glaube braucht uns auch. Damit er ins Heute kommen kann."

Am Ende der Runde kommt die Pastoralreferentin zu Wort, die sich anfangs so viele Sorgen gemacht hatte. „Ich gehe heute mit einer großen Ehrfurcht nach Hause. Ich habe Ehrfurcht vor dem Glaubenspotenzial in dieser Gruppe."

Dominik Blum

Neugier als religionspropädeutisches Anliegen. Ein Plädoyer[1]

GOTTFRIED BITTER

1. Vorsichtige Annäherungen

1.1. Neugier-Verlust und Neugier-Gewinn

Das Anliegen, ein Verhalten der Neugier als ein religionspropädeutisches oder sogar religionspädagogisches Desiderat auszurufen, muss überraschen. Auf den ersten Blick sieht es so aus, dass Neugier-Förderung doch ein recht marginales religionspädagogisches Anliegen ist. Aber ein genaueres Anschauen der alltäglichen Umgangsformen mit Christen und Nichtchristen, mit Kindern und Jugendlichen, mit Erwachsenen und Senioren gibt zu denken: Eigentlich sind sie alle religionsfreundlich zu nennen, ja in gewisser Weise auch religionsinformiert – entsprechend einer medieninformierten Gesellschaft. Aber das Interesse an Religion als ihre Sache, als ihr Leben, als ihre Weltsicht ist überraschend gering. In Sachen Religion scheint eine weitverbreitete Informationssättigung zu herrschen: Alle fühlen sich – mitten in einer multireligiösen Gesellschaft – in ihrer Selbstwahrnehmung in Sachen Religion gut informiert, die Fremdwahrnehmung erkennt jedoch einen breiten Schwund religiösen Wissens. Kritische Beobachter sprechen sogar von einem religiösen Analphabetismus. Dieser Zustand muss die christliche Religionspädagogik aufscheuchen – aus ganz unterschiedlichen und sich gegenseitig verstärkenden Motiven: aus sozialen und politischen Motiven, aus religiöser und christlicher Verantwortung. Denn ohne Lernbereitschaft, ohne Lernwillen, ohne Lernhunger (angesichts einer schon subjektiv wahrgenommenen Sättigung) müssen Lernversuche an offener Gleichgültigkeit scheitern. Darum unsere *Zielfrage*: Wie kann Neugier geweckt und entzündet, gefördert und begleitet werden? Vor allem: Wie kann eine religiöse Neugier neu gewonnen werden? Diese religiöse Neugier ist heute umso dringlicher lebensnotwendig, als sich die bislang weithin angeborene Religionszugehörigkeit zu einer neu gewählten, frei optierten Religionspraxis wandelt.[2] Die lernpraktische Sperrigkeit unserer Frage wird noch verstärkt durch die aktuellen lernbiographischen Kontexte: durch das Leben heute in einer hochinformierten, audiovisuell überfluteten Gesellschaft, die eine Informationen abweisende Imprägnierung zum Selbstschutz heranwachsen lässt, denn wache Offenheit oder gar Neugier wirken sich desorientierend aus. Trotzdem wollen wir hier Versuche nach einem Neugier-Wecken unternehmen. Zunächst gilt es in unserer *Gliederung,* den schillernden

[1] Angeregt wurde diese Überlegung von *Rudolf Englerts* Programmschrift Religiöse Erwachsenenbildung. Situation – Probleme – Handlungsorientierung (PTHe 7), Stuttgart 1992, näherhin von dem hier erkennbaren Bildungsbegriff: „Bildung zwischen Indukation und Edukation" (231-238).

[2] Vgl. *Hans Joas*, Religion als Option, Zukunftsmöglichkeiten des Christentums, Freiburg 2012.

Begriff ‚Neugierde' einzukreisen und näher zu bestimmen, ehe dann in einem *ersten Teil* Neugier auf verschiedenen Wissensgebieten nachgezeichnet wird. In einem *zweiten Teil* wird die wiederentdeckte Offenheit und Neugier in den christlichen Kirchen und Gemeinden aufgedeckt. Endlich wirbt ein *dritter Teil* für die Möglichkeiten von Neugier-Gewinn als einem didaktischen Grundton in religionspropädeutischer und sogar religionspädagogischer Absicht. Methodisch wechseln hier eher referierende und eher reflektierende Partien einander ab.

Schon hier muss sich unser Versuch der ‚Gretchenfrage' stellen: „Wie hast du's mit der Religion?"[3] Dazu etwas kleinlaut: Unser Thema ist zunächst weit, sehr weit von der ‚Gretchenfrage' entfernt. Aber es ist unser *Ziel*, Schritt für Schritt Spuren zu suchen – in einer weithin religionsmüden Gesellschaft und Schülerschaft – nach Neugier-Quellen für Religion und ganz ausdrücklich für die christliche Religion, für den Mut, Gott zu denken, und in eigener Urteilskraft das vernünftige Wagnis zu unternehmen, dem Gott Israels, dem Gott Jesu Christi zu glauben.

1.2. Vorsichtige begriffliche Eingrenzung

Wie wird nun hier Neugier verstanden? Neugier scheint ein zwittriges Ding zu sein, das zwar in jedem Menschen lebt, darum wird es auch in allen Humanwissenschaften thematisiert, aber dann doch bald an den Rand geschoben – gerade wegen der Zwitterstellung der Neugier als einem affektiven *und* rationalen Antriebsverhalten. Darum stellt sich die Frage: Ist Neugier überhaupt operationalisierbar? Und darum brauchbar für unser religionspropädeutisches, religionspädagogisches Anliegen? Die Skepsis in den an Neugier interessierten Wissenschaften macht stutzig, darum das tastende Suchen nach einer sachgerechten Bestimmung. – Neugier ist die Antriebskraft in den Menschen auf dem Weg zur Welt, zu Personen und Sachen: *Neugier ist die anthropologische Kategorie der menschlichen Weltzugewandtheit, der Welterkundung, der Weltdeutung.* Neugier wächst aus dem Zwischen, das menschliches Leben auszeichnet, aus dem Zwischen von Greifbarem und Abstraktem, zwischen Geist und Materie, zwischen Erkenntnis und Geheimnis, zwischen Endlich und Unendlich. Diese Neugier soll hier – durch die aktuellen Lebensbedingungen ermüdet – aufgeweckt, verstärkt und begleitet werden.[4]

---

[3] *Johann Wolfgang von Goethe*, Faust I, V. 3415, Hamburger Ausgabe, Bd. 3, München [12]1982, 109.

[4] Um das Aufwecken der Neugierde bemüht sich heute die Werbeindustrie und mit ihr das Medienmanagement. – Zur Erstinformation noch immer hilfreich: *Albert Esser*, Art. „Interesse", in: Hermann Krings u.a. (Hg.), Handbuch philosophischer Grundbegriffe, München 1973, Bd. 3, 738-747. Zum kulturgeschichtlichen Kontext: *Konrad Paul Liessmann*, Theorie der Unbildung, Die Irrtümer der Wissensgesellschaft, München 2008.

2. Neugier, eine geistesgeschichtliche Rückblende

2.1. Neugier und Wachsamkeit als biblische Empfehlungen

Die Psalmen geben ein vielstimmiges Echo vom Leben und Glauben Israels / Judas. Der Gott JHWH ist ein wachender Gott (vgl. Ps 121 passim; Jer 31,28; 44,27; Dtn 13,1), über die Schönheit seiner Schöpfung (vgl. Pss 19,1-7; 89,6-15; 104 passim) und vor allem über das Wohlergehen des Bruders und des Nächsten (vgl. Heiligkeitsgesetz, Lev 19,1-22.32-36). Dieses Staunen über Gott, den Schöpfer (vgl. Ps 8 passim; Jes 40,12-31; Dan 3,51-90), treibt zu jubelndem Danken an. Aber auch eine neugierige Beobachtung der großen und kleinen Geschichte lässt einen Lobpreis anstimmen (vgl. Pss 16; 136).

Die Gleichnispraxis Jesu zeigt, wie wichtig Jesus alltägliche Neugier, Aufmerksamkeit, Wachsamkeit ist: das Sehen und Hören, das Fragen und Staunen (vgl. Mt 13,1-33; Mk 4,1-32; Lk 13,18-21). Denn aus der neugierigen, aufmerksamen Beobachtung des Alltags tun sich Tiefenschichten auf, die zum Begegnen mit offenen und verborgenen Wirklichkeiten einladen. Die Logienquelle überliefert die ausdrückliche Aufforderung Jesu: „Beobachtet die Reben" und weiter „Lernt von den Lilien" (Mt 6,24.27 Q; Lk 12,24.27 Q). Der Evangelist Lukas, der begabte Geschichtenerzähler, überliefert uns eine Neugier-Episode, die ein Leben verändert: die Zachäus-Perikope aus dem lukanischen Sondergut (Lk 19,1-10). Der neugierige, oberste Zollpächter „will sehen, wer Jesus ist" (V. 3). Darum die Neugier-Aktion mit der Ersteigung des Maulbeerfeigenbaums. Und was nun geschieht, kann gelesen werden wie eine Kurzform der lukanischen Soteriologie: Gottes Liebe holt in seinem Christus die Verlorenen in sein Heil, ‚heute', wenn sie sich auf die ‚neugierige'(!) Suche nach dem anderen Leben machen[5] (vgl. auch den ‚neugierigen' Samariter, Lk 10,25-37).

Die nachösterlichen Gemeinden sind neugierige, wachsame Gemeinden – zumindest in zwei Richtungen: Wie wirkt sich der österliche Pfingstgeist Jesu Christi im Leben des einzelnen Christen und der Gemeinden aus? Wo ist die neue, nahende Ankunft des Menschensohnes zu erkennen? – So staunt der Apostel Paulus über die außerordentliche Wirkung seiner Christus-Verkündigung auf seinen Missionsreisen. Mit Dank an den Himmel und mit Dank an die neuen, kleinen Gemeinden freut sich Paulus über die Gemeinden in Thessaloniki (1 Thess 1,2-10) und Philippi (Phil 1,3-11). Paulus staunt einfach über die Kraft des Evangeliums in den Köpfen und Herzen der Menschen. Zugleich schmerzt es Paulus, wenn die Wirkung seiner Verkündigung (nach raschen Anfangserfolgen) so schnell verfliegt (Gal 1,6-9, vgl. 1 Kor; 2 Kor). Darum wird das Wachsam-Sein zur Grundverhaltensweise der frühen Christen (vgl. Mk 13,28-32.33-37 parr); das Wachsam-Sein, das Aufmerksam-Sein ist notwendigerweise eng verbunden mit dem Neugierig-Sein.

---

[5] Vgl. *François Bovon*, Das Evangelium nach Lukas (EKK III, 3), Düsseldorf – Zürich 2001, 264-280.

2.2. Philosophiegeschichtliche Skizzen

Das frühe Christentum ist weltzugewandt, neugierig, aufmerksam – mitten in einer multireligiösen Umwelt mit vielfältigen synkretistischen Neigungen. Aber die Christen suchen nicht die gesicherte Isolation, sondern die neugierige Inkulturation. *Justinus*, der Märtyrer († 165), spricht die theologisch begründete Neugier und Weltoffenheit deutlich aus in seinem Programmwort vom „Logos spermatikos": In Jesus Christus, dem menschgewordenen göttlichen Logos, haben alle Menschen in ihrer Suche nach Wahrheit und Sittlichkeit schon keimhaft (spermatikos) teil an der einen Wahrheit Gottes in Jesus Christus. Damit ist von Seiten des christlichen Glaubens eine Brücke gebaut: zu allen Menschen, zu ihren Philosophien und Religionen. Die Wahrheitskeime aufmerksam, neugierig zu erkunden und zum Wachsen zu bringen, ist die Sache der Christen und Gemeinden.[6]

Augustinus (354-430) ist der Heilsoptimismus des *Justin* eher fremd; gewarnt durch die Lebensformen seiner Jugendzeit und durch die weltfreudigen pelagianischen Umtriebe lehnt Augustinus in seinen „Confessiones" die Neugier (curiositas, eher die Wissbegierde) scharf ab; er sieht in ihr die Gefahr, sich an die Welt zu verlieren und sich vor allem gegen das Geschenk der Offenbarung zu wenden, sich eigene, selbstgenügsame Bilder von Gott und der Welt zu machen. Augustinus vermutet, hinter der Neugier lauere die „Begierlichkeit der Augen" (concupiscentia oculorum) und der blanke Fürwitz, der sich gerne „bemäntelt mit dem Namen der Erkenntnis und der Wissenschaft"[7]; darum wird die Neugierde in den Lasterkatalog gestellt, und das Motiv ist die Weltflucht. – Diese scharfe Warnung vor der Neugier hat über Jahrhunderte Schule gemacht, denn Augustinus als der breitenwirksamste Philosoph und Theologe des Abendlandes spricht sie aus. So verwundert es nicht, dass sich erst *Thomas von Aquin* (1224-1274) entschieden gegen die Warnungen des Augustinus wendet, im Gefolge seines Lehrers *Albertus Magnus* (1193-1280). Die Welt ist für Thomas neugierwürdig, als Gottes Schöpfung, als Feld, auf dem Gott und Mensch gemeinsam wirksam sind. Darum ist es der menschlichen Vernunft aufgetragen (studiositas), die Schöpfung zu erkunden und Gottes Schöpfungsschönheit aufzuweisen. „Es ist Sache der Philosophie, dass sie in ihrer Vernunft (ratio) durch die Beobachtung der Geschöpfe zur Erkenntnis Gottes führt"[8]. – *Nikolaus von Kues* (1404-1464) treibt seine Philosophie und Theologie – noch ausdrücklicher als Albert und Thomas – weltzugewandt. In seiner Schrift „Vom Gottsuchen" sagt Nikolaus: „Wenn diese unsere Welt dem Suchenden nicht behilflich wäre, so wäre der Mensch vergeblich mit dem Ziele in die Welt gesandt, Gott zu suchen"[9]. Nikolaus vermutet sogar, dass die Weisheit Gottes dem Menschen Anreize schenkt: zum neugierigen, aufmerksamen, staunenden Betrachten der

---

[6] Zum christentumsgeschichtlichen Hintergrund: *Ernst Dassmann*, Kirchengeschichte I (Studienbücher Theologie 10), Stuttgart ²2000, 117-122.

[7] *Augustinus*, Bekenntnisse, lateinisch-deutsche Ausgabe von *Joseph Bernhart* (it 1002), Frankfurt 1987, XI 34, 571 ff.

[8] *Thomas von Aquin*, Summa contra gentiles, hg. *Pierre Roux-Lavergne,* Paris o. J. IV/1, 326.

[9] *Nikolaus von Kues*, Vom Gottsuchen [De quaerendo Dei], hg. *Johannes Peters*, Freiburg 1965, 30-54, 31.

Schöpfung, denn Nikolaus sagt allen Menschen einen ganz ausdrücklichen Erkenntnishunger (desiderium naturale[10]) nach und fordert sie auf, „zu Sehen, zu Hören, zu Schmecken, zu Tasten, zu Riechen und zu Sprechen, um sich mit aller Sinnenkraft dem Herrn, dem Herrscher im Weltall"[11] zu nähern, denn dem Gott-Suchen in der Welt ist angesichts des menschgewordenen Wortes Gottes Erfolg versprochen. Die Gotteserkenntnis des Glaubens übertrifft allerdings unendlich die Selbstbekundung Gottes in der Schöpfung – gewonnen im neugierigen, aufmerksamen Beobachten und Horchen.

In der frühen Neuzeit wandelt sich (seit *Galilei, Descartes* und *Leibniz*) die eher passive, *kontemplative Neugier* der Betrachtung zur prüfenden, zur *experimentalen Neugier*; die cusanische Versöhnung von Sinnlichkeit und Geistigkeit wird genauso aufgegeben wie das vermutete Zusammenspiel von Vernunft und Glaube. Ausgangspunkt des Denkens bei *René Descartes* (1596-1650), als dem neuzeitlichen Wissenschaftstheoretiker, ist darum nicht die Betrachtung der Schöpfung und der Geschichte, sondern eine grundsätzliche Skepsis, näherhin der methodisch operierende Zweifel. Damit wandert die Erkenntnisbemühung von Welt in das nach Erkennen fragende Subjekt, in das unbezweifelbare Ich als eines denkenden Dings (cogito, ergo sum). Welt und Geschichte werden vor den kritisch prüfenden Blick des neugierigen, mathematisch orientierten Forschers gerufen[12]. Die Neugier, die aus dem Staunen wächst, und das Staunen, das der Neugier folgt[13], verschwindet zugunsten eines radikalen Skeptizismus. Darum lehnt der optimistische Rationalismus der (katholischen) Barocktheologie Descartes scharf ab und rechtfertigt zugleich die neuen Instrumente der Neugier: das Fernrohr und das Mikroskop.

Nun ein Sprung in unserer knappen Rückblende zu *Hans Blumenberg* (1920-1996); er ist ein Philosoph, der lebenslang die conditio humana unter spätneuzeitlichen Bedingungen näher bestimmen will. In seinem programmatischen Werk „Die Legitimität der Neuzeit" stellt er sich gegen gängige Versuche, die Neuzeit in Kontinuität zur Vorneuzeit zu sehen: mithilfe der Säkularisierungsthese. Für Blumenberg steht die Neuzeit in ausdrücklicher Diskontinuität zur Vorzeit; dies wird erkennbar in der neuartigen Bedeutung der theoretischen Neugierde; in ihr setzt sich das forschende, lenkende Subjekt in notwendiger Selbstbehauptung von der absolutistischen Deutungsvorherrschaft der spätmittelalterlichen, vorab augustinisch geprägten Philosophie und Theologie ab. Die Belege für die Dringlichkeit der theoretischen Neugierde heute liefert Blumenberg in einem geschichtsphilosophischen Durchgang im dritten Teil der „Legitimität"; hier lässt er die ihm wichtigsten Einsichten durch Zitate vortragen, so auch von *Gotthold Ephraim Lessing* (1729-1781):

---

[10] Vgl. *Paulus Engelhardt*, Art. „Desiderium naturale", in: HWP 2 (1972) 118-130.

[11] *Nikolaus von Kues* [Anm. 9], 36.

[12] Vgl. *René Descartes*, Die Abhandlung über die Methode, hg. *Gerd Irrlitz*, in: Ausgewählte Werke, Leipzig 1980, 5-65; vgl. zur theologischen Innenseite bei Descartes: Meditationen über die Grundlagen der Philosophie, 157-227, bes. 181-196.

[13] Vgl. *Platon*, Werke, Bd. 6 (Theaitetos), hg. v. *Gunther Eigler*, Darmstadt ^{6}2011 (155c/d), 43f.

„Das große Geheimnis, die menschliche Seele durch Übung vollkommen zu machen [...], besteht einzig darin, dass man sie in steter Bemühung erhalte, durch eigenes Nachdenken auf die Wahrheit zu kommen. Die Triebfedern dazu sind Ehrgeiz und Neubegierde; und die Belohnung ist das Vergnügen an der Erkenntnis der Wahrheit“[14].

Die kleine, ideengeschichtliche Umschau lässt erkennen: Die Legitimität der Neugier wächst aus der menschlichen Welt- und Selbstverantwortung. Sich der Welt verschließen, führt genauso, wie sich der Welt blind ausliefern, in die Irre, entzweit, ‚entfremdet' das welt- und transzendenzoffene Subjekt von Gott und Welt (vgl. Eph 2,12; 4,18) und aus den organischen Lebenszusammenhängen. Neugier ist als curiositas und als studiositas eine menschliche Grundverhaltensweise angesichts seiner lebensgestaltenden, wechselseitigen Interaktion mit Welt und Anderen, mit sich selbst und der gesuchten, der geglaubten Lebensmitte. Aus christlicher Überzeugung ist diese aktive und passive Interaktion begründet im Schöpfungs- und Erlösungsglauben. Neugier ist somit eine wesentliche Antriebskraft in der Identitätsbildung.

3. Neugier und die wiederentdeckte Weltverantwortung der Christen

Das Vaticanum II (1962-1965) ist nicht zuletzt darum ein kirchen- und ein weltpolitisches Ereignis, weil das Konzil rasch erkennt: Vom Evangelium kann nur person- und sachgerecht gesprochen werden, wenn zugleich person- und sachgerecht von der Welt gesprochen wird. Konkret: Wenn sich die Kirche tatsächlich „in Christus gleichsam als Sakrament, das heißt Zeichen und Werkzeug für die innigste Verbindung mit Gott wie für die Einheit der ganzen Menschheit“ (LG 1) versteht, dann bilden das Nachdenken über die „ecclesia ad intra“ und die „ecclesia ad extra“ zusammen eine polige Einheit; die Kirche kann nur universales Heilssakrament werden, wenn sie Kirche mit den Menschen in ihren jeweiligen Welten wird. Und wenn man die 16 Erklärungen des Vaticanum II anschaut, so wollen sie ganz offensichtlich diesem kühnen Ziel dienen und dabei zugleich die gegenreformatorischen und antimodernistischen Mauern der Angst zwischen Kirche und Welt niederlegen samt Neugier-Verboten. Aus der ermutigenden Kraft der biblischen und frühchristlichen Einsichten will sich darum die Kirche aufmachen, den getrennten Mitchristen, dem ersten Bundesvolk Gottes, den nichtchristlichen Religionen und der gesamten gegenwärtigen Welt mit Neugier und Aufmerksamkeit, mit Offenheit und Empathie zu begegnen. Neugier wird darum zur stillen und zugleich konstitutiven Grundhaltung des Konzils.

---

[14] *Hans Blumenberg*, Der Prozess der theoretischen Neugierde, Frankfurt 1973, 239 (mit dem Zitat aus *Lessings* Briefen, die neueste Literatur betreffend).

3.1. Gottes Offenbarung als Offenbarung für alle Menschen

Wer unbefangen die dogmatische Konstitution „Dei verbum“ des Vaticanums II liest, wird überrascht von dem durchgängigen Heilsuniversalismus. Gott in seiner Verborgenheit tut sich auf, „damit die ganze Welt im Hören auf die Botschaft des Heiles glaubt, im Glauben hofft und in der Hoffnung liebt“ (DV 1). Und dieser Gott offenbart nicht eine Lehre oder eine spezielle Botschaft für Auserwählte, sondern der dreieine Gott teilt sich selber mit: in der Geschichte der Menschheit, in der Schöpfung, in der Geschichte Israels, im Leben und Wirken Jesu, in seinem Tod und seiner Auferweckung und endlich in seiner jetzt andauernden Geistsendung. Dieser verborgene und zugleich mitteilende Gott will offensichtlich mit allen Menschen ins Gespräch kommen, in Verbindung treten, sie „unter seinem Zuspruch und Anspruch“ in ein gelingendes Leben einladen. Offenbarung wird hier in ihrem bibeltheologischen Verständnis dargestellt als Geschichte Gottes in unserer Geschichte. Darum trifft Gottes Einladung unsere Gegenwart (vgl. DV 1-6). Im antwortenden Glauben kommt diese göttliche Lebensofferte an ihr Ziel – durch das Wirken Jesu Christi (vgl. DV 7f.) in der Kirche. Damit aber das Evangelium von der göttlichen Lebensofferte die Menschen erreichen kann, muss sich dieses Evangelium vor den Menschen in ihren Lebensformen und vor ihrer Vernunft als lebenswert und lebensmöglich erweisen. Darum sind die Boten des Evangeliums zur suchenden und zugleich respektvollen Neugier verpflichtet, damit sie analoge Strukturen und authentische Erfahrungen der Gottes-Neugier heute aufdecken, die möglicherweise Keime des Evangeliums aufnehmen können mitten in einer ambivalenten, religionsdurstigen und religionskritischen Umwelt.

3.2. Die Kirche als „Licht der Völker“ (LG 1)

Die dogmatische Konstitution über die Kirche „Lumen gentium“ ist überraschenderweise keine fundamentaltheologisch begründete Selbstdarstellung der römischen Kirche, sondern eine Erklärung über das Selbstverständnis der Kirche in ihrer Sendung und Verantwortung in der Welt, vor der Welt; die Konstitution breitet die Berechtigung ihres programmatischen Titels aus: ‚Kirche als Licht der Völker‘. Die Kirche fordert von den ‚Völkern‘ keine Deutungsvollmacht, keinen Herrschaftsanspruch ein, stattdessen gibt sie ihre alte Angst auf und spricht ihr Selbstverständnis aus: in konsequenter Dialogbereitschaft mit der sie umgebenden Welt. Die Konstitution formuliert das Wesen der Kirche als Mysterium, als Sakrament der innigsten Vereinigung Gottes mit den Menschen und der Menschen mit Gott. In vielen Bildern wird die sichtbare und die unsichtbare Dimension der Kirche als Heilsereignis der communio Gottes eingeholt. Die Kirche ist also in dem Maß tatsächlich das sichtbare Zeichen dieser Menschenliebe Gottes (vgl. LG 2-4), als sie diese Liebe verkündet und darstellt, vernehmlich und erfahrbar. Und dieses Ziel (als leiser cantus firmus des gesamten Konzils und seiner Texte) ist nur erreichbar in hochschätzender Aufmerksamkeit, in forschender Neugier, in ernsthafter Empathie; sie sind die selbstverständlichen Voraussetzungen von Evangelisation und Inkulturation.

3.3. Die neugierige Kirche in der Welt von heute

Man kann mit gutem Recht die Kirchenkonstitution als die erste Hälfte der Programmschrift des Vaticanum II lesen und die Pastoralkonstitution als die zweite Hälfte, hier die Absichtserklärung und dort die Konkretion.[15] In diesem Sinn ist ja wohl auch der Trompetenstoß der ersten Worte zu hören: „Freude und Hoffnung, Trauer und Angst der Menschen von heute [...] sind auch Freude und Hoffnung, Trauer und Angst der Jünger Christi" (GS 1). Schon hier ist zu erkennen: die jeweils zeitgenössischen Kontexte der Kirche in der Welt sind nicht zufällige Umstände, sondern Erkenntnisquelle und Aufgabenstellung. Die Christen und Kirchen stehen also in einem Lernverhältnis zur Welt – in der Welt; sie müssen neugierige, offene Augen und Ohren haben für die Lebens- und Glaubensbedingungen der Menschen, für ihre Armut und ihre Reichtümer. Es liegt auf der Hand, dass in diesem wechselseitigen Lernprozess von Evangelium und Kultur heute eine sensible Aufmerksamkeit und forschende Neugier unverzichtbar sind, eingeschlossen eine Bereitschaft zur Umkehr. Vielleicht darf man sagen: diese Aufmerksamkeit und diese Neugier sind eine ‚heilige Aufmerksamkeit' und eine ‚heilige Neugier': aufmerksam, neugierig für das leise Wehen des pfingstlichen Geistes in den Kirchen *und* Kulturen.

Nun muss freilich auch daran erinnert werden, dass gerade dieses angstfreie Begegnen-Wollen der christlichen Kirchen mit der nicht-christlichen Welt in ihren Suchbewegungen der späten Moderne heftig kritisiert worden ist – vor allem in vier Fragen: 1) Riskiert hier die Kirche nicht eine schleichende Überfremdung gerade durch neuartige Humanismen? 2) Unterschätzt die Konstitution die stille Krise des Gottesglaubens? 3) Lassen sich Kirche und Welt angemessen voneinander unterscheiden, sind sie nicht umschlungen in einer Einheit von Heil und Unheil heute? 4) Korrelieren heute nicht Gotteskrise und Kirchenkrise? Diese Fragen können hier zwar nicht aufgenommen werden, aber sie schwächen in keiner Weise die Dringlichkeit einer ‚heiligen Neugier'.

3.4. Neugier und Dialog

Angestoßen von der wiederentdeckten Weltverantwortung der Christen und Kirchen durch das Vaticanum II rückt ein neuer außerbiblischer Begriff in die Mitte der Aufmerksamkeit: *Dialog* (kommt ca. 25 Mal in den Konzilstexten vor). Dialog bedeutet hier Gespräch, Austausch zwischen gleichberechtigten Partnern auf der Suche nach Formen der Übereinstimmung: im Benennen von Wirklichkeit. Dialog hat bislang in der katholischen Kirche nur eine spärliche Praxis, als das kirchliche Sprechen in der Regel ohne das aufmerksame Hören

[15] Noch immer wegweisend: *Elmar Klinger*, Armut, Eine Herausforderung Gottes, Der Glaube des Konzils und die Befreiung des Menschen, Zürich 1990, bes. 96-134.

auf die Angesprochenen geschieht. Nun wollen / müssen Christen und Kirchen den Dialog pflegen, wenn die erkannte Weltverantwortung auch wirksam werden soll. Dialog wird ganz ausdrücklich als geeigneter Weg erkannt, um mit den getrennten Christen zusammenzukommen (vgl. UR 4, 9, 11, 14, 18-23), aber auch um den Kontakt zu nichtchristlichen Religionen zu finden (AG 41) und endlich mit den Menschen überhaupt in ihrer „Freude und Hoffnung, Trauer und Angst“ sich zu treffen (GS 3, 25, 40, 56, 92). Eine Kirche also, die sich ernsthaft in die Pflicht zum ‚Aggiornamento‘ nehmen lässt und ihren Weg in ihrer dienenden Weltverantwortung zu einer communio aus dem Geist des wachsenden Reiches Gottes gehen will, muss sich mit suchender, staunender Neugier geradezu auf die Pirsch begeben im Aufspüren der Lebenseinstellungen, der Lebensbedingungen der jeweiligen Menschen, denen sie das Evangelium ansagen und vorzeigen möchte – im Respekt vor ihrer Freiheit. Neugier ist folglich ein nonverbaler Dialog, eine Vorstufe des vollen Dialogs. Die neue Dialogbereitschaft der Christen und Kirchen hat ihre theologische Motivation und Legitimation in der Bundes- und Reich-Gottes-Theologie, in der Inkarnations- und Geist-Theologie des Evangeliums. Die Kirche ist *Kirche mit den Menschen*, mit ihren bunten Andersheiten, die die Neugier erkundet, oder sie ist nicht Kirche Jesu Christi. – Dass in den Nachkonzilsjahren dieser dialogische Optimismus gebremst, gestört, versperrt wurde bzw. wird, ist leider eine Tatsache, die aber uns nicht stören darf.[16]

Die kleinen begrifflichen Klärungsversuche, die glaubens- und geistesgeschichtlichen Rückblenden und die wiederentdeckte Weltverantwortung der Christen und Kirchen können zum Antrieb und zur Rechtfertigung werden, jetzt Neugier in ihrer religionspropädeutischen und religionspädagogischen Dringlichkeit zu bedenken und auf ihre Lehr- und Lernbarkeit zu prüfen. Damit öffnen sich auch versteckte Antworten auf ‚Gretchenfragen‘ an die Religionspädagogik.

4. Neugier-Entzünden, ein religionspropädeutisches Anliegen

Der Religionspädagogik als Lehrkunst der Religion, hier als Teildisziplin der Praktischen Theologie in christlichem Verständnis[17], ist es aufgetragen, die Lernbedingungen zu prüfen und so einzurichten, dass Lernmöglichkeiten und Lernerfolge möglich sind. Eigentlich ist das – zumindest seit *Amos Comenius* (1592-1670) – eine Selbstverständlichkeit und in jeder Lernplanung geübt. Aber wenn sich die biographischen und umweltlichen Voraussetzungen erheblich verändern, dann rücken eben diese veränderten Voraussetzungen notwendigerweise in die besondere Aufmerksamkeit der didaktischen Planungen und Refle-

---

[16] Kritische Umschau zum Thema Dialog neuestens: *Hermann J. Pottmeyer*, Dialogstrukturen in der Kirche und die Communio-Theologie des Zweiten Vatikanums, in: Communio 41 (2012) 602-615.

[17] Ausführlich und umsichtig klärt das Verhältnis der Religionspädagogik zur Theologie und den benachbarten Humanwissenschaften *Rudolf Englert*, Religionspädagogische Grundfragen, Anstöße zur Urteilsbildung (PThh 82), Stuttgart 2007, 20-45.

xionen. Konkret: Wenn Schüler/-innen – wie oben angedeutet – bedingt durch einen umweltbedingten Selbstschutz ihre Neugier-Richtungen deutlich auf wenige Interessenfelder einschränken und überdies religionsrelevante Fragen zunehmend als erledigt, als ‚gestorben' einstufen, dann sind religionspädagogische oder gar glaubensvorstellende Versuche via Religionsunterricht oder Katechese, Jugend- oder Erwachsenenbildung in ihren erwarteten Lehr- und Lernwirkungen erheblich eingeschränkt. Darum wird hier ehrlicherweise – aus theologischer und didaktischer Motivation – für religionspropädeutische Einstellungen im Sinn von Neugier-Förderung in religionspädagogischer Absicht bei Lehrenden und Lernenden plädiert. Es ist das *Ziel*, eine neue Offenheit, eine vorurteilsfreie Zuwendung der Lernenden zur sie umgebenden Welt, zum Anderen und zu sich selbst zu entwickeln, zu fördern, zu begleiten, und zwar eine Offenheit und Zuwendung, die nicht nur eine Herzenssache ist, sondern auch den Verstand und seine Vernunft herausfordern.

Propädeutik wird hier zunächst im Sinn von Vorschule, näherhin als Bereitung der Lernbedingungen (also weniger im Sinne von Vermittlung der Vorkenntnisse) verstanden, um das Lehren an den Bedingungen der Lernenden zu orientieren. Eine neugierbezogene Propädeutik will also keine religiösen Grundfragen traktieren, sondern vielmehr als didaktischer Tenor Bereitschaften öffnen für die Welt und die Menschen und ihre Wissenschaften: Neugier des Herzens und Neugier des Kopfes neu entzünden[18]. Diese Neugier kann dann Lernbereitschaften auch für religionsrelevante Fragen stiften, die eben Herz und Kopf ansprechen, denn religiöses Fragen und Glauben gibt zu denken. Darum hier zunächst eine kleine Verhältnisbestimmung von Religion und Vernunft, ehe abschließend einige didaktische Empfehlungen für ein verstärktes Neugier-Verhalten vorgetragen werden.

4.1. Religion und Vernunft

Religion ist heute ein unspezifischer Sammelbegriff geworden, der sein Profil vom Standpunkt des jeweiligen Beobachters gewinnt, darum sind mal soziologische und kulturtheoretische, mal psychologische und kommunikationstheoretische, philosophische und theologische Begriffe zu hören. Wir wählen hier einen sozialwissenschaftlichen Arbeitsbegriff und sagen: Religion ist ein komplexes, kulturelles Gebilde, das aus der Frage nach Sinn, nach dem Ganzen des Lebens und der Welt das Leben einer Gemeinschaft genauso orientiert und inspiriert wie das Leben eines Einzelnen – immer ausgerichtet auf gelingendes Leben (Befreiung, Heil). Dieser funktionale Religionsbegriff verdeutlicht drei Akzente:

- Religion / Religionen sind soziokulturelle Konstruktionen, die in allen Gesellschaften in verschiedener Dichte anzutreffen sind.

[18] Neuestens nimmt *Bernhard Grümme* die aktuellen Lebenskontexte als konstitutiv für die Lernchancen für Religion gründlich auf, in: Menschen bilden? Eine religionspädagogische Anthropologie, Freiburg 2012, bes. 26-68.

- Religion wächst und wirkt – angestoßen von Kontingenz-Erfahrungen – aus der Suche nach Antworten auf lebensentscheidende Fragen aus einer gedachten, geglaubten und gelebten Beziehung zu einem überweltlich Unbedingten, Letztgültigen, Göttlichen.
- Religion benennt Deutungswege von Leben und Welt, sucht Verbindungen zum Unbedingten und verspricht gelingendes Leben, dargestellt in Ethos und Ritus.

Seit in der Kulturgeschichte Religion und Religionen angetroffen werden, stehen sie sogleich unter der Frage: Wie vernünftig sind Religion und Religionen? Und diese rationale Prüfung entscheidet über ihr Ansehen. Heute steht Religion in der öffentlichen Meinung unter dem allgemeinen Verdacht des Pathologischen, des Fanatischen und vor allem des Unvernünftigen. Vernünftige Wissenschaft tritt an die Stelle von Religion. Darum ist Religion für viele junge Leute erledigt, ‚gestorben'. Chancen einer möglichen Wiedererweckung der Neugier auf Religion sind deshalb wohl am ehesten in Rationalitätsnachweisen der Religion i. A. und der Religion des Evangeliums i. Bes. zu erwarten. – Wir wählen dazu einen deskriptiven Weg im Sinn des oben gewählten funktionalen Religionsbegriffs und nennen Religion ein fragendes und deutendes, das Ganze von Leben und Welt, von Anfang und Ende umfassendes Sinngefüge. Dieses hermeneutische Verständnis von dem, was Religion tut, hat seine Vernünftigkeit gerade in dieser umfassenden Deutungsleistung: Religion stiftet Sinn, sie vermittelt Sinn in Beziehung. Negativ gesagt: Das Ganze von Leben und Welt droht sinnlos zu werden – ohne dieses Sinnangebot. Dieser Sinn ist nicht ausgedacht, sondern in unzähligen Lebensversuchen gefunden, erfahren, erprobt, verworfen, neu formuliert. Denn Religion entsteht immer in geschichtlichen, kulturellen Kontexten. Die Vernünftigkeit einer / der Religion ist also aufweisbar in der Vernünftigkeit ihrer Deutungen menschlicher Erfahrungen von Leben und Tod, von Hoffnung und Angst, von Schuld und Heil.[19] – Auch die Religion des Evangeliums und seine Rede vom Gott Israels und Jesu Christi kann als ein solches vernünftiges Sinngefüge verstanden und vorgestellt werden – durchaus im Gespräch mit der aktuellen und historischen Religionskritik. Es ist das Geheimnis der Menschenliebe Gottes, so glauben die Christen, dass Gott sich in diesem menschlichen Konstrukt ‚Religion' auftut, offenbart. Gerade die hier vorgetragenen Stimmen und Gegenstimmen können die Neugier von religiös Interessierten anheizen.

---

[19] *Friedo Ricken*, Glauben weil es vernünftig ist, Stuttgart 2007, ist für diese Kurzdarstellung von Religion und Vernunft sehr hilfreich; dazu ausführlicher: *ders.*, Religionsphilosophie (Grundkurs Philosophie 17), Stuttgart 2003. Ausdrücklich geht auf unseren Themenbereich ein: *Jürgen Werbick*, Den Glauben verantworten. Eine Fundamentaltheologie, Freiburg 200, 3-224. Gegen die heute durchgängig betonte Erfahrungsorientiertheit des christlichen Glaubens weist *Holger Balder* auf die Wissensförmigkeit hin: Glauben ist Wissen. Soteriologie bei Paulus und Barth in der Perspektive der Wissenstheorie von Alfred Schütz, Neukirchen-Vluyn 2007.

4.2. Einladungen zum Neugierig-Machen

Angesichts des sinkenden Neugier-Pegels mit seinen Negativ-Folgen für die lebenslange Lernbereitschaft und damit für die Bildungsgeschichte und vor allem das geringe Interesse von vielen Jugendlichen an religiösen Fragen[20], bringt Lehrer/-innen besonders im Fach ‚Religionsunterricht' dazu, nach Möglichkeiten des Neugier-Stiftens auszuschauen. Die immer gebotene Neugier der Lehrerschaft für die Lernvoraussetzungen ihrer Schüler/-innen treibt sie zur Neugier auf Möglichkeiten des Neugierig-Machens an. Dazu hier einige stichwortartige Empfehlungen.

– Der wohl bewährteste und viel geübte Weg, das Schülerinteresse und ihre Neugier kritisch zu begleiten, ist das Bearbeiten von Lieblingsthemen, etwa im S-II-Bereich der schwierige Dialog zwischen Religion und Naturwissenschaft oder die Grundzüge nicht-christlicher Religionen. Hier kann die vagabundierende Neugier mit Argumenten so gerichtet und geschärft werden, dass die Schüler/-innen ganz gerne selbständig Witterung aufnehmen und Staunen und Freude am Lesen der vielen bunten Zeichen in unserer Welt in Selbsttätigkeit gewinnen und endlich so ihre Bausteine in ihrer Identitätssuche entdecken.
– Das Erregen von Neugier im Religionsunterricht stellt sich auch leicht über Themen ein, die – mit diesen Schüler/-innen, in diesem Alter, in dieser Klasse – zwar schon gestreift worden sind, nun aber – über die Déjà-vu-Hürde hinaus – in aller Gründlichkeit mit höchst widersprüchlichen Stimmen aufgenommen werden. So kann über die bloße Sachinformation hinaus ein Dreifaches erreicht werden: neue Lernlust, Einsichten in die Vielstimmigkeit selbst längst bewährter Lösungsansätze und die grundsätzliche Offenheit zentraler Fragen erkennen. Solches Neugier-Stiften denkt ganz ausdrücklich auf die Schüler/-innen hin.
– Ein deutlich anspruchvolleres Neugier-Unternehmen ist das Prüfen und Bearbeiten von gängigen Vorurteilen, z.B. ‚Religion bedroht den Weltfrieden', ‚Religion macht krank', ‚Wissenschaft löst Religion ab'. Hier kann die öf-

---

[20] Den Zusammenhang zwischen dem allgemeinen religiösen Verhalten und besonders der jungen Generation und den Lebenswelten der Gegenwart breitet aus: *Markus Enders*, Die Herausforderung des Christentums durch die Neue Religiosität, in: ZMR 96 (2012) 165-178. – Schuldekan *Engelbert Schätzle* hat im Winter 2012/13 mit seinen Schülern eine kleine Probebohrung, eine Umfrage in Sachen ‚Neugier', in der 9. und 12. Klasse eines Karlsruher Gymnasiums gemacht mit folgenden resümierten Ergebnissen: Die Mehrheit der Oberstufenschüler versteht sich als ‚neugierig', die Mittelstufler sind eher zögerlich. Bei den Neugierfeldern stehen Schule, Sport, Jugendmusik und Freizeit ganz oben, in der Oberstufe gefolgt von Politik. Niemand von insgesamt 26 Schülern ist in seiner Selbsteinschätzung neugierig auf Religion. Unter den Themen des Religionsunterrichts, die am ehesten Neugier erregen, steht für beide Schülergruppen das Thema „Fremde Religionen", in der Oberstufe gefolgt von „Religion und Naturwissenschaften" und „Religion und Politik" auf dem ersten Platz; das Thema „Christliche Religion und ihre Konfessionen" macht nur insgesamt 5 Schüler/-innen neugierig. In der Einschätzung „Ist Religion / christliche Religion eher wissensfeindlich oder eher wissensdurstig" neigen Mittelstufler durchwegs zu „Religion ist eher wissensfeindlich, kaum neugierig"; die Oberstufenschüler/-innen meinen je zur Hälfte „Religion macht neugierig" bzw. „Religion ist wissensfeindlich."

fentliche Einschätzung dieser Vorurteile zum Motivationsimpuls werden, Fakten und Daten zu sammeln, zu prüfen, zu bewerten. Ein Erforschen der Zuverlässigkeit dieser gängigen Thesen kann auch zum Widerstand gegen Oberflächlichkeiten und Fehlinformationen anfeuern, die lebenslange Fragelust stärken und zur eigenen Urteilsbildung[21] beitragen im Sinn einer (Gegen-) Aufklärung.

- Vielleicht das schwierigste und auch zugleich wichtigste Neugier-Ziel ist die Begegnung mit dem Anderen. Der strukturelle Umbau der Lebenswelten heute ökonomisiert auch die gesellschaftlich-sozialen Umfangsformen mit der Tendenz, auch Personen nach Wert und Gewinn zu taxieren. Hier kann das Stärken der Neugier für die Andersheit des Anderen – jenseits von ethischen Appellen – zum Staunen und sogar zum empathischen Respekt führen. Und aus Staunen und Respekt kann eine überzeugte Anerkennung des Anderen gerade in seiner Andersheit wachsen, die ihrerseits Begegnung und Beziehung fördert – Chancen von hoher Bedeutung in einer multikulturellen, multireligiösen Gesellschaft und möglicherweise auch Lerngruppe.[22]
- Kann man auch auf Gott, vielleicht sogar auf den Gott Israels und Jesu Christi neugierig machen? Ich meine: Ja, und zwar auch im schulischen Religionsunterricht. Denn in der Mitte des geglaubten Glaubens der Juden und Christen steht die Einsicht „Gott ist ein verborgener Gott" (Jes 45,15) – ungeachtet der geglaubten Selbstmitteilung Gottes. Die Herzen und Köpfe aller Menschen mit Gottesbezug leben aus der Neugierde – mal naiv, mal kritisch – auf den sich zeigenden und sich verbergenden Gott. Das Abenteuer ‚Gott' ist darum immer ein Abenteuer der sich neu entzündenden Neugier und des Staunens, des Fragens und des Lernens. – Ein kleiner Hinweis: Schon eine kursorische Lektüre des Markus-Evangeliums kann diese Dialektik von Gottes Verborgenheit und Gottes Offenbarung aufdecken; sie kann sogar „Glauben als Option"[23] heute empfehlen – durchaus in einer pluralisierenden Hermeneutik. Nur ein „Gottesprotz" (Leszek Kolakowski) kann auf Neugier verzichten, weil er vorgibt, schon alles zu wissen. Im übrigen wirkt die stille Neugier der Religionslehrer/-innen für religiöse Fragen durchaus wie eine infektiöse Neugier.

Es ist unbestreitbar, in einer Gesellschaft, die eigentlich an Überdosen von Informationen leidet und dringend Informationsfreiräume braucht, ist es schwierig, für eine neue Kultur der Neugier einzutreten. Leistet das nicht längst perfekt die Werbeindustrie? Zugegeben! Aber gibt es nicht auch viele Anzeichen von Neugier-Verweigerung? Vor allem für religiöse Fragen? Darum wird hier tastend erkundet, wie Neugier-Anregungen ermüdetes religiöses Suchen aufwecken können – in religionspropädeutischem und religionspädagogischem Interesse.

---

[21] Vgl. mehrfach *Rudolf Englert*, ganz ausdrücklich in: Konturen einer pluralitätsfähigen Religionspädagogik, in: *Friedrich Schweitzer / Rudolf Englert / Ulrich Schwab / Hans-Georg Ziebertz*, Entwurf einer pluralitätsfähigen Religionspädagogik, Freiburg / Gütersloh 2002, hier bes. 99-104.

[22] Dazu ausführlich: *Grümme* 2012 [Anm. 21], 111-134.

[23] Vgl. *Joas* 2012 [Anm. 2], 213-218.

Teil III: Fragen aus dem und an den Religionsunterricht

Abb. 1: Schlüsselwörter der Beiträge aus Teil III dieses Bandes

Es ist auffallend, wie die angeblich erledigte Religion in postsäkularen Gesellschaften wieder an Bedeutung gewinnt: Religion als Raum für das Unwahrscheinliche; Religion als Erklärungsformel für die private Identität; Religion, die Leben trägt, und Religion, die Leben und Welt überragt; Religion als Deutungsmuster für höchst unterschiedliche gesellschaftliche, politische und kulturelle Entwicklungen; Religion als humanistische Inspiration; Religion und Religionen werden (wieder) unbefangen als Kulturgüter benannt; auch die Religion des Evangeliums ist als eine Wurzel der alteuropäischen Kultur anerkannt. Zugleich kommen die gerade genannten Erscheinungsformen von Religion und Religiösem in höchst unterschiedlichen, subjektiv geprägten Mischformen und spannungsreichen Ambivalenzen daher. Im Selbstverständnis der Religionspädagogik hat sich heute die

Einsicht durchgesetzt: Die religiöse Pluralität ist eine Chance für den Einzelnen, für die religiösen Gemeinschaften, für eine postsäkulare Gesellschaft und auch für den Religionsunterricht (RU). Wie entschieden und ideenreich die religiöse Vielstimmigkeit von Religionspädagoginnen und –pädagogen heute aufgenommen wird, zeigen die folgenden Beiträge. Anders gesagt: Hier geht es ganz ausdrücklich um die Gretchenfrage – an die Theorie und Praxis des RU und an das Selbstverständnis der Religionslehrer/-innen gerichtet: ‚Wie hast du's mit der Religion?'

Bernd Lutz fragt nach dem Verhältnis des RU zu den übrigen Orten religiösen Lernens, insbesondere zur Katechese: Wie viel Katechese verträgt der RU – und umgekehrt? Nach einer Klärung der spezifischen Bedingungen und Profile kommt er zu dem klaren Plädoyer, dass sich beide Felder nicht nur vertragen, sondern wechselseitig brauchen. Voraussetzung wäre, die Profile nicht zu verwischen und grundlegend überhaupt Interesse aneinander zu zeigen. *Burkard Porzelt* und *Patrik C. Höring* beschäftigen sich in ihren Beiträgen mit didaktischen Neuansätzen für den RU, denen gerade diese Verwischung der Unterschiede immer wieder vorgeworfen wurde: dem performativen und dem mystagogischen Lernen. *Porzelt* bringt diese Anfragen auf den Punkt, wenn er fragt, ob mit der performativen Didaktik *„das ‚Trojanische Pferd' einer Rekatechetisierung*" (S. 192) im RU Einzug hält. Er formuliert Bedingungen, die ein performativer RU erfüllen muss, um weder dessen schulische Begründung noch den Eigenwert religiöser Praxis aufs Spiel zu setzen. *Höring* befragt zudem das mystagogische Lernen auf seine möglichen kritischen Implikationen für den RU und kommt zu dem Ergebnis: Beide, Partizipation wie Reflexion, sollten als „Brennpunkte einer Ellipse" (S. 205) verstanden werden, in deren Spannungsfeld sich religiöses Lernen abspielt.

In einem vergleichbaren Spannungsfeld stehen auch die Religionslehrer/-innen, deren Rollenverständnis und Rollenerwartungen *Hans Mendl* in den Blick nimmt. Sein Anliegen ist es, das ambivalente, weil missverständliche Bild von der Religionslehrkraft als Zeugin und Zeuge neu zu denken. Dazu entwickelt er ein Modell von vier Beziehungsdimensionen, in deren Spannungsfeld er die Rollenbildung der Religionslehrer/-innen verortet. Diese Rollenfindung hat inhaltlich viel damit zu tun, wie im RU glaubwürdig von Gott gesprochen werden kann. *Rainer Lachmann* wendet sich dieser Frage zu, indem er sich kritisch mit dem gleichnamigen Buch von *Klaus-Peter Jörns* (2009) auseinandersetzt. Das Interesse von *Andreas Prokopf* wiederum ist es, wie solche Gottesrede im RU auch die Ebene praktischen Handelns erreichen kann. So klar die oft zu hörende theoretische Forderung, Gott sei ein „Tätigkeitswort" (Kurt Marti), auch sein mag, so wenig ist erprobt, wie diese Einsicht auch im RU eingeholt werden kann. *Prokopf* berichtet von seinem Projekt mit Schüler/-innen einer Fachschule für Erziehungswesen. Eine weitere hoch brisante Gretchenfrage an den RU greift schließlich *Joachim Theis* auf: RU ohne Bibel – haben wir davon zukünftig auszugehen? Wäre das aus didaktischem Realismus vielleicht sogar ehrlich? Theis beantwortet diese Frage mit einem klaren Nein, indem er zeigt, dass der RU weder auf die Begegnung mit biblischen Texten verzichten kann noch muss. Im Anschluss an *Günther Langes* Modell der Bildbegegnung schlägt er ein didaktisches Modell vor, das in fünf elementaren Schritten eine Begegnung mit der Welt des Textes eröffnen kann.

Wie viel Katechese verträgt der Religionsunterricht – und umgekehrt?

BERND LUTZ

1. Religionsunterricht und Katechese – ein spannungsreiches Zueinander

Die Frage, wie sich Religionsunterricht (RU) und Katechese zueinander verhalten, wurde im Laufe der Geschichte kirchlich-christlichen Unterrichtens höchst unterschiedlich beantwortet: Mal wird der RU mit Katechese identifiziert (als Katechismusunterricht oder als Sakramentenvorbereitung in der Schule), mal werden beide strikt voneinander getrennt und gegebenenfalls soweit gegeneinander abgegrenzt, dass sie ein unbezogenes Nebeneinander führen.[1]

In jüngster Zeit gewinnt diese Gretchenfrage allerdings neuerliche Brisanz[2] und es scheint, dass der mit dem Beschluss der Würzburger Synode zum RU gefundene Konsens, (Gemeinde)Katechese und RU als eigenständige, sich wechselseitig ergänzende Formen kirchlichen Handelns zu verstehen[3], in Frage steht. Während dabei die einen den RU aus der Perspektive der Katechese beurteilen und dessen Defizit an Glaubensvermittlung beklagen,[4] warnen andere vor einer Rekatechetisierung des RU, die zu einer gesellschaftlich nicht (mehr) akzeptierten Sonderstellung des RU im Verhältnis zu den anderen Fächern in der öffentlichen Schule führen und letztlich dessen Ende bedeuten würde.[5]

Dass die Debatte gegenwärtig neu aufflammt, kann insofern nicht überraschen, als beide – RU und Katechese – zu allen Zeiten durch die jeweiligen gesellschaftlichen, individual- und christentumsgeschichtlichen Rahmenbedingungen mitbestimmt werden.[6] Diese Bezugsgrößen aber haben sich seit der

---

[1] Vgl. *Carola Fleck*, Katechese in Geschichte und Gegenwart, in: Angela Kaupp / Stephan Leimgruber / Monika Scheidler (Hg.), Handbuch der Katechese (Grundlagen der Theologie), Freiburg – Basel – Wien 2011, 21-38.

[2] Dafür spricht u.a., dass der Deutsche Katecheten-Verein sich zu einer Erklärung veranlasst sah: *Deutscher Katecheten-Verein*, Den Religionsunterricht nicht überfordern – die Katechese als lebenslange Begleitung stärken!, in: unterwegs 2/2012, 13.

[3] Vgl. Der Religionsunterricht in der Schule, in: GSyn 1 (1976) 113-152, bes. 130f.

[4] „In Deutschland hat jedes Kind neun bis dreizehn Jahre Religionsunterricht. Wieso dann so wenig hängen bleibt, um es mal so auszudrücken, ist unbegreiflich. Hier müssen die Bischöfe in der Tat ernsthaft darüber nachdenken, wie der Katechese ein neues Herz, ein neues Gesicht gegeben werden kann" (*Benedikt XVI.*, Licht der Welt. Der Papst, die Kirche und die Zeichen der Zeit. Ein Gespräch mit Peter Seewald, Freiburg – Basel – Wien 2010, 169.; vgl. a. *Reinhard Dörner*, „Wie sollen sie an den glauben, von dem sie nicht gehört haben?" (Röm 10,14b). Der Kampf um den Religionsunterricht, Gescher 2005.

[5] Vgl. *Rudolf Englert*, Inwieweit geht das (noch): Glauben-Lernen?, in: ThGl 99 (2009) 177-188.

[6] Dies hat insbes. Rudolf Englert seit seiner Dissertation immer wieder verdeutlicht (*Rudolf Englert*, Glaubensgeschichte und Bildungsprozess. Versuch einer religionspädagogischen Kairologie, München 1985).

Synode grundlegend verändert.[7] Schlaglichtartig bedeutet dies: 1) Christlicher Glaube wird immer weniger gesamtgesellschaftlich gestützt, sondern im Gegenteil häufiger durch gesellschaftlich vorherrschende Handlungsmuster konterkariert; „so ist die Rede von Gott infolge des Zerfalls religiöser Plausibilitätsstrukturen zu einem ausgesprochenen Kraftakt geworden"[8]. 2) Persönliche Religiosität nimmt – anders als kirchlicherseits vielfach unterstellt – zwar nicht ab, ist aber immer weniger christlich oder gar spezifisch kirchlich geformt[9]; insofern leben wir weniger in einer säkularisierten, als vielmehr in einer entkirchlichten und in mancherlei Hinsicht auch entchristlichten Gesellschaft.[10] 3) Die römisch-katholische Kirche ist hierzulande gegenwärtig in ihrem Handeln derart durch Umstrukturierungsprozesse und -debatten bestimmt, die wiederum von einem tiefgreifenden Rückgang finanzieller und personeller Ressourcen diktiert sind, dass auch die Entwicklung zeitgerechter katechetischer Handlungsmodelle blockiert ist und gelegentlich zugunsten restaurativer Reaktionsformen aufgegeben wird.[11] Solche, durch zeitgeschichtliche Veränderungsprozesse, ausgelöste Krisenhaftigkeit ist zwar weder für die Katechese[12] noch für den RU[13] neu, in Frage steht jedoch, ob sie kreativ gelöst wird. Weil der Übergang von der ‚Moderne' zur ‚entfalteten' oder ‚Post-Moderne' nicht zuletzt durch Individualisierung und das „Ende der Überschaubarkeit" charakterisiert ist,[14] sind Pluralitätstoleranz und der Verzicht auf monolithische Lösungsansätze unumgänglich, wenn man

---

[7] Vgl. *Stephan Leimgruber*, Veränderungen im Bedingungsgefüge der Katechese, in: Kaupp / Leimgruber / Scheidler 2011 [Anm. 1], 39-51.

[8] *Rudolf Englert*, Annäherung an das Geheimnis. Zur Rede von Gott im Religionsunterricht, in: rhs 38 (1995) 49-58, 51.

[9] Vgl. z.B. *Bertelsmann-Stiftung (Hg.),* Religionsmonitor 2008, Gütersloh 2007.

[10] Vgl. *Karl Gabriel*, Christentum zwischen Tradition und Postmoderne (QD 141), Freiburg 1992, 27-68. Dahinter steht freilich auch, was Gianni Vattimo das „säkularisierte Christentum" nennt. Viele der ethischen Grundüberzeugungen des Christentums sind zum Allgemeingut geworden und werden nicht mehr als spezifisch christlich wahrgenommen (vgl. *Gianni Vattimo*, Jenseits des Christentums. Gibt es eine Welt ohne Gott?, Wien 2004). In dem Maße jedoch wie das die Ethik fundierende christlich-proexistent profilierte Gottesbild wegbricht, scheinen auch die daraus folgenden allgemeinen Werthaltungen nur noch schwer vermittelbar. An diesem Wegbrechen hat die Kirche nicht unwesentlichen Anteil, weil sie selbst den Glauben in der Verkündigung (nicht nur im RU) weithin auf Ethik reduziert hat.

[11] Das geschieht z.B. wenn Hauptamtliche sagen, dass sie keine geeigneten Katecheten/-innen finden und deshalb die Katechese selbst übernehmen. Dahinter steht zwar nicht selten eine Überlastungssituation, die dazu verführt, die scheinbar schnelleren Wege zu gehen. Faktisch aber bedeutet sie eine Vernachlässigung der primären Aufgabe der Hauptamtlichen, die – nach Auskunft der deutschen Bischöfe – „vor allem darin [besteht – B.L.], die katechetischen Berufungen in der Gemeinde zu fördern und zur Mitarbeit zu befähigen" (*Die deutschen Bischöfe*, Katechese in veränderter Zeit (DtBis 75), Bonn 2004, 39).

[12] „Die konkrete Gestalt von Katechese sieht in jeder Epoche und in jedem Milieu anders aus" (*Fleck* 2011 [Anm. 1], 22).

[13] „Es scheint, als sei Religionsunterricht in der modernen Gesellschaft nicht nur dann und wann, sondern beständig, ja unvermeidlich krisenhaft. Man kann somit von einer *Permanenz der Krise* sprechen" (*Rudolf Englert*, Zukunftsperspektiven des Religionsunterrichts, in: KatBl 116 (1991) 773-780, 773).

[14] *Rainer Bucher*, Das Ende der Überschaubarkeit. Perspektiven einer zukünftigen Gestalt von Kirche, in: HerKorr spezial 1/2011, 6-10.

nicht ins gesellschaftliche Abseits geraten will.[15] Das gilt zwar primär innerhalb von Katechese[16] und RU[17], aber auch für das Verhältnis beider zueinander, das darüber hinaus wesentlich vom jeweiligen „Ort" (Schule bzw. Gemeinde) bestimmt wird.

Für eine Antwort auf die gestellte Gretchenfrage ist daher eine inhaltliche Bestimmung von Katechese und RU notwendig, die die aktuellen Bedingungen einbezieht. Damit klärt sich auch das ‚Verträgt', das grundsätzlich in zwei Richtungen interpretiert werden kann: 1) Die Katechese ist das innere Prinzip des RU; dann lautet die Frage: Wie viel Katechese soll im RU vorkommen bzw. wie katechetisch kann der RU sein? Oder es wird 2) weiterhin von einem Nebeneinander zweier sich wechselseitig ergänzenden Handlungsformen ausgegangen; dann lautet die Frage: Wie weitgehend sind RU und Katechese aufeinander angewiesen und wie kann dieses Zueinander gewinnbringend für beide Seiten gestaltet werden?

2. Differenziertes Verständnis von Katechese und RU

Insofern sich das Selbstverständnis eines Faches in seinem Namen ausdrückt, ist bezeichnend, dass ‚Religionsunterricht' als Bezeichnung für das Schulfach relativ unumstritten ist. Das heißt: Das Fach selbst steht an der öffentlichen Schule eher in Frage als seine Bezeichnung. Bei ‚Katechese' ist dies anders. Während ‚Katechese' weltweit der geläufigste Sammelbegriff für alle Formen des Glaubenlehrens[18] ist, weil „die Bemühungen, Menschen in den Glauben einzuführen, ihnen darin Heimat zu bieten und so aufzubauen, [...] in der kirchlichen Tradition seit jeher Katechese genannt"[19] werden, wird der Begriff im katholischen (anders als im evangelischen[20]) Kontext zwar nicht gänzlich gemieden[21], wohl aber weithin auf ‚Gemeindekatechese' begrenzt. Insofern diese jedoch als spezifische Form katechetischen Handelns[22] gegenwärtig ihrerseits infrage gestellt

---

[15] Vgl. *Englert* 1991 [Anm. 13], 775.

[16] So fordern kirchenamtliche Dokumente zu Recht eine auf Teilnehmende (Alter, Kirchenbezug, Geschlecht etc.) und Ort abgestimmte Katechese (z.B. *Kongregation für den Klerus*, Allgemeines Direktorium für die Katechese (VApS 130), Bonn 1997, Nr. 163-192).

[17] Vgl. *Ulrich Kropač*, Situation und Konzeption des Religionsunterrichts heute. Drei aktuelle religionsdidaktische Strömungen, in: MThZ 63 (2012) 2-14; *Friedrich Schweitzer / Rudolf Englert / Ulrich Schwab / Hans-Georg Ziebertz*, Entwurf einer pluralitätsfähigen Religionspädagogik (RPG 1), Gütersloh – Freiburg 2002.

[18] Der viel diskutierten Frage nach der „Lehr-Lernbarkeit des Glaubens" kann an dieser Stelle nicht näher nachgegangen werden. Es wird vorausgesetzt, dass „Glaube" im Sinne der fides qua Gnade ist und mithin nicht gelernt, sondern nur als Geschenk angenommen werden kann. Lernbar aber sind Inhalte und Vollzugsformen (christlichen) Glaubens (vgl. *Rainer Lachmann*, Lehr- und Lernbarkeit des Glaubens, in: NHRPG, 435-439; *Englert* 2009 [Anm. 5]).

[19] *Die deutschen Bischöfe* 2004 [Anm. 11], 9.

[20] *Michael Meyer-Blanck*, Art. Katechese/Katechetik – evangelisch, in: LexRP 1, 956-961, 959.

[21] Vermieden wird eher „Katechetik" als Bezeichnung für die wissenschaftliche Disziplin (*Wolfgang Nastainczyk*, Art. Katechese/Katechetik – katholisch, in: LexRP 1, 961-966, 963f.).

[22] Vgl. *Bernd Lutz*, Katechese in der Gemeinde, in: NHRPG, 305-310.

wird[23], was mit der vermeintlichen Wirkungslosigkeit und der umstrittenen Zukunftsfähigkeit der Gemeinde als Sozialform christlicher Gemeinschaft zusammenhängt, steht auch der Begriff zur Disposition oder wird im Sinne katechismusorientierter Instruktion[24] enggeführt. Mit der Rückkehr zum klassischen Instruktionsmodell aber würde jene Entwicklung im Selbstverständnis der Katechese zurückgenommen, die Franz-Peter Tebartz-van Elst als bedeutsamen Fortschritt bezeichnet, insofern er „vom statischen Begriff zum dynamischen Prozess" führte.[25]

Solche prozesshafte Dynamik ist unterstellt, wenn ‚Katechese' als „Dienst der Kirche am Glauben der Menschen, der sich dem Heiligen Geist verdankt" verstanden und erläuternd ausgeführt wird:

> „Mit ihrem katechetischen Wirken begleitet und unterstützt die Kirche den Glaubensweg der Menschen, die von Gott berufen sind und mit denen er seine je ganz persönliche Geschichte hat."[26] Insofern ist auch „die Beziehung der christlichen Botschaft zur Erfahrung [...] nicht einfach eine Methodenfrage, sondern entspringt der Zielsetzung der Katechese, die den Menschen mit Jesus Christus in Gemeinschaft zu bringen sucht".[27]

Solcherart personzentriert darf Katechese „nicht auf eine eng schematische Abfolge festgelegt werden".[28] Ihr Curriculum ist also (theoretisch) weit weniger festgelegt als das des RU. Und doch zeichnet sich in der Auseinandersetzung um instruktive Wissensvermittlung versus biographieorientierte Inhaltserschließung für die Didaktik der Katechese[29] eine ähnliche Kontroverse ab, wie sie für den RU um die Korrelationsdidaktik geführt wurde bzw. immer noch wird.[30] Mit dem gravierenden Unterschied freilich, dass diese Auseinandersetzung im Fall der Katechese kaum offen und differenziert argumentierend ausfällt.

RU und Katechese stehen demnach in vielerlei Hinsicht vor ähnlichen Herausforderungen. Und doch sind sie nicht identisch und können es nicht sein, denn

> „die religionspädagogischen Anliegen des Religionsunterrichts zielen nicht ohne weiteres auf ein evangelisatorisches Ziel (Bekehrung) oder auf ein katechetisches Ziel (vollständige Ein-

---

[23] Vgl. *Deutscher Katecheten-Verein* 2012 [Anm. 2]; *ders.*, Gemeindekatechese an ihren Grenzen? Einladung zum aufrechten und aufrichtigen Dialog, in: KatBl 117 (1992) 368-374.

[24] Damit soll nicht die Sinnhaftigkeit der Instruktion als einer möglichen Lehrform widersprochen werden (vgl. *Rudolf Englert*, Ein Lehrer, der lehrt – schockierend?, in: KatBl 135 (2010) 330-336). Angefragt ist eine auf Wissenserwerb (nach Frage-Antwort-Muster) reduzierte Vermittlung.

[25] *Franz-Peter Tebartz-van Elst*, Gemeindliche Katechese, in: Hans-Georg Ziebertz / Werner Simon (Hg.), Bilanz der Religionspädagogik, Düsseldorf 1995, 467-487, 467.

[26] *Die deutschen Bischöfe* 2004 [Anm. 11], 9.

[27] ADK 117 [Anm. 16].

[28] *Die deutschen Bischöfe* 2004 [Anm. 11], 17.

[29] Vgl. *Angela Kaupp*, Biographisches Lernen in der Katechese, in: dies. / Leimgruber / Scheidler 2011 [Anm. 1], 157-172; *dies. / Markus Kaupp-Herdick*, Geschlechtersensibles Lernen in der Katechese, in: dies. / Leimgruber / Scheidler 2011 [Anm. 1], 247-260.

[30] Vgl. *Rudolf Englert*, Korrelation(sdidaktik). Bilanz und Perspektive, in: RPäB 38/1996, 3-18; *Ulrich Kropač*, Situation und Konzeption des Religionsunterrichts heute. Drei aktuelle religionsdidaktische Strömungen, in: MThZ 63 (2012) 2-14.

führung in den christlichen Glauben und das christliche Leben für solche, die den anfänglichen Glauben bekennen)".[31]

Vergleichbar betont auch das „Allgemeine Direktorium für die Katechese" (ADK) den „Eigencharakter des Religionsunterrichts in den Schulen"[32] und unterscheidet außerdem noch zwischen dem RU an katholischen und dem an staatlichen und nichtkonfessionellen Schulen.[33] „Die Beziehung zwischen Religionsunterricht und Katechese" versteht das Direktorium dabei als „eine Beziehung der Unterscheidung und wechselseitigen Ergänzung".[34]

Diese wird freilich aus historischen Gründen im Osten Deutschlands anders eingeschätzt als im Westen. Auch kirchlicherseits wurde die mit der Übernahme des Grundgesetzes mögliche Einführung des RU in den neuen Bundesländern keineswegs einhellig begrüßt – zum einen weil damit die unmittelbare Glaubensbildung nicht mehr Unterrichtsziel sein kann und zum anderen, weil die Gemeindeanbindung und mit ihr die daraus entwickelten spezifisch katechetischen Programme verlorenzugehen drohen. Gegenwärtig kommt hinzu, dass die Zahl der katholischen Kinder so klein geworden ist, dass mancherorts keine Unterrichtsklasse gebildet werden kann.[35]

Noch einmal anders stellt sich das Beziehungsverhältnis von Katechese und RU angesichts der gesamtdeutschen Entwicklungen zur Ganztagsschule dar. Nicht nur, dass diese in den einzelnen Bundesländern – insbes. hinsichtlich der Mitgestaltungsmöglichkeiten außerschulischer Gruppierungen und Organisationen – unterschiedlich konzipiert wird. Sie stellt die Katechese auch vor die Frage, ob die Sakramentenvorbereitung, wenn möglich, wieder in die Schule verlegt werden soll – zwar nicht in den RU, wohl aber als Kursangebot im Rahmen der außerunterrichtlichen Veranstaltungen. Solche Rückverlagerung der Sakramentenvorbereitung in die Schule aus pragmatischen Gründen bedeutet jedoch nicht weniger als die Aufkündigung jener theologischen Gründe (Bezug zur Lebenspraxis des Volkes Gottes, dessen zentrale Feiern die Sakramente sind), die zur Entwicklung der Gemeindekatechese geführt haben. Das Einbringen von katechetischen Projekten jenseits der Sakramentenvorbereitung kann dagegen auch theologisch sinnvoll sein. Erfüllt es doch die Aufgabe der Präsenz von Kirche an nichtkirchlichen Orten, die vielfach mit Neuansätzen in der Citypastoral assoziiert wird, über die jedoch nicht selten die schon vorhandenen Räume kirchlichen Engagements übersehen werden. Freilich erfordert solche Präsenz an der Schule nicht nur eine schuladäquate Gestaltung, sondern ebenso ein hohes

---

[31] *Ulrich Hemel*, Zum Verhältnis von Katechese, Evangelisation und schulischem Religionsunterricht, in: ThPQ 134 (1986) 237-243, 242.

[32] ADK 73 [Anm. 16].

[33] Vgl. ADK 74 [Anm. 16].

[34] ADK 73 [Anm. 16].

[35] Leider kann an dieser Stelle nicht differenziert auf die komplexe Gemengelage eingegangen werden. Verwiesen sei aber auf: *Wolfgang Ipolt*, Im Spannungsfeld zwischen Katechese und Religionsunterricht in und nach der DDR, in: Diakonia 42 (2011) 130-132.

Maß an Team- und Kooperationsfähigkeit, weil die je unterschiedlichen institutionellen Voraussetzungen konzeptionell berücksichtig werden müssen.[36]

3. Zu unterscheidende Orte religiöser Bildung: Schule und Gemeinde

3.1. Schule im Umbruch

Von außen betrachtet ist ‚Schule' im Vergleich zu ‚Gemeinde' der deutlich klarer umschriebene institutionelle Ort. Doch diese Klarheit existiert nur vordergründig, denn Schule befindet sich gegenwärtig ebenso im Umbruch wie Gemeinde. Nicht nur G8 und Ganztagsschule, sondern mehr noch die Entwicklung von Bildungsstandards und der damit verbundene Wechsel von zielorientiertem zu kompetenzorientiertem Lernen bedingen eine Neukonzeption. Dies gilt erst recht, wenn die geforderte ‚Inklusion' im Schulalltag konsequent umgesetzt wird.

Diese Entwicklungen fordern speziell den RU heraus, denn der kommt – wie kein anderes Fach – unter Legitimationsdruck in einem Bildungssystem, das tendenziell ökonomisch verwertbares Wissen präferiert und dementsprechende Kompetenzen besonders fördert. Zwar lässt sich – wie Rudolf Englert dargelegt hat – der RU (trotz zahlreicher Informations- und Forschungslücken) auch unter diesen Anforderungen bildungstheoretisch legitimieren.[37] Doch setzt dies mehr denn je voraus zu akzeptieren, dass es dabei in der öffentlichen Schule zwar um die Bildung individueller Urteilskompetenz hinsichtlich religiöser Überzeugungen und entsprechender religiöser Inhalten gehen kann. Dies kann und sollte an einer konkreten religiösen Tradition (und das ist in Deutschland vorzugsweise die christliche in ihrer je spezifisch konfessionellen Ausprägung) gebildet werden. Doch die persönliche Gläubigkeit selbst kann unter diesen Bedingungen nicht Unterrichtsziel sein, ohne die Akzeptanz des RU in der öffentlichen Schule zu gefährden.[38] Das bedeutet keineswegs, den RU auf Wissensvermittlung im Sinne von Religionskunde zu reduzieren. Vielmehr soll eine persönliche Stellungnahme angeregt werden,[39] die gegebenenfalls ein weitergehendes Interesse am Glauben evoziert oder eine Glaubensvertiefung sucht.

Solche Weiterführung aber kann der RU selbst in dieser dezidierten Form nicht leisten und ist deshalb auf entsprechend gastfreundliche Verweisorte ge-

---

[36] Vgl. *Michaela Stöhr*, Im Spannungsfeld von schulischem Religionsunterricht und gemeindlicher Katechese. Zur Kooperation zwischen Verantwortlichen in Grundschulen und in kirchlichen Gemeinden (EHS.T 832), Frankfurt 2006.

[37] *Rudolf Englert*, Bildungsstandards für Religion. Was eigentlich wissen sollte, wer solche formulieren wollte, in: Clauß Peter Sajak (Hg.), Bildungsstandards für den Religionsunterricht – und nun? Perspektiven für ein neues Instrument für den Religionsunterricht (Religionsdidaktik konkret 2), Berlin 2007, 9-28.

[38] Vgl. *Englert* 2009 [Anm. 5]; *ders.*, Vorsicht Schlagseite! Was im Bildungsdiskurs der Religionspädagogik gegenwärtig zu kurz kommt, in: ThPQ 158 (2010) 123-131.

[39] Vgl. *Rudolf Englert*, Was sich im Religionsunterricht lernen lässt, in: KatBl 134 (2009) 50-58.

lebten Glaubens angewiesen. Konsequenterweise kommen daher auch die deutschen Bischöfe zu dem Schluss:

> „Damit die Schülerinnen und Schüler den christlichen Glauben auch als Lebensvollzug erfahren können, braucht der Religionsunterricht – wie auch andere Schulfächer in ihren jeweiligen Bereichen – den Kontakt zu außerschulischen Lernorten".[40]

Denn die „Einführung, Vergewisserung und Vertiefung" des Glaubens ist spezifische Aufgabe der Katechese[41], deren „Ursprung, Ort und Ziel" lt. ADK[42] und in konsequenter Fortführung der Volk-Gottes-Theologie des 2. Vatikanischen Konzils[43] „die christliche Gemeinschaft", näherhin die Gemeinde ist.[44] Als Ermöglichung eines verantwortlichen Lebens der Taufberufung ist Katechese entlastet[45], wenn sie auf die im RU vermittelten Grundkenntnisse und eine entsprechend gebildete persönliche Urteilskompetenz zurückgreifen kann.

3.2. Gemeinde im Umbruch

Nun befindet sich derzeit jedoch auch ‚Gemeinde' so sehr in Umbruchprozessen, dass es in der Pastoraltheologie kaum einen weniger umstrittenen Begriff gibt. Tendenziell hat dies seine Ursache darin, dass ‚Gemeinde' – gerade in der Begriffskombination mit ‚Katechese' den Modellen der 1960er bis 80er Jahre entsprechend – zumeist mit ‚Pfarrgemeinde' identifiziert wird. Diese Gleichsetzung ist zwar angesichts der durch Pfarreienfusionen entstehenden pastoralen Großräume obsolet,[46] doch hebt die mit den Großstrukturen wachsende Anonymität die Bedeutung von ‚Gemeinde' als erfahrbare Glaubensgemeinschaft nicht auf, sondern verstärkt sie im Gegenteil noch. Insbesondere die Katechese braucht nicht nur einzelne Zeuginnen und Zeugen des Glaubens, sondern auch deren erfahrbare Gemeinschaft, denn nur in der von erlebbarer koinonia (Gemeinschaft) getragenen Verschränkung von martyria (Verkündigung/ Katechese), diakonia (Handeln aus praktischer Nächstenliebe) und leiturgia (Feiern des Glaubens – nicht nur, aber auch der Sakramente) kann christlicher Glaube in seiner ganzheitlich lebensprägenden Kraft erfahren werden.

---

[40] *Die deutschen Bischöfe* 2004 [Anm. 11], 32.

[41] *Die deutschen Bischöfe* 2004 [Anm. 11], 9.

[42] ADK 254 [Anm. 16].

[43] Vgl. *Paul Schladoth*, Katechese und Religionsunterricht. Ansätze und Wege unterschiedlicher Verhältnisbestimmungen heute, in: Franz-Peter Tebartz-van Elst (Hg.), Katechese im Umbruch. Positionen und Perspektiven (FS Dieter Emeis), Freiburg 1998, 45-68, bes. 55f.

[44] Da im außerdeutschen Kontext ‚Gemeinde' als Begriff nicht in gleicher Weise wie im deutschsprachigen Raum profiliert ist (Referenztext für das ADK ist der englischsprachige Originaltext) und auch die deutsche Übersetzung des ADK begriffliche Klarheit vermissen lässt, kann unterstellt werden, dass an den entsprechenden Stellen eine erfahrbare Gemeinschaft von Gläubigen gemeint ist.

[45] Insbes. von der Taufberufung her entwickelt Monika Scheidler die Unterscheidung zwischen Katechese und RU: *Monika Scheidler*, Gemeindliches Lernen – Schulischer RU, in: JRP 27/2011, 91-102.

[46] Ausführlich dazu *Bernd Lutz*, Gemeinde in Zeiten der Individualisierung – Auslaufmodell oder Notwendigkeit?, in: Kaupp / Leimgruber / Scheidler 2011 [Anm. 1], 52-64.

Wenn aber Gemeinde (als erfahrbare Glaubensgemeinschaft) nicht mehr mit Pfarrei identisch ist und Christen/-innen außerdem zunehmend in den Status einer kognitiven Minderheit kommen, werden sich Gemeinden (gegebenenfalls im Sinne „Kleiner Christlicher Gemeinschaften“[47]) eigenständig und fallweise auch unabhängig von den Pfarrstrukturen bilden. Denkbar wäre dann, dass sich eine solche Gemeinde schulbezogen etabliert, d.h. Christen/-innen aller Lebensalter engagieren sich in bewusstem Bezug zu einer Schule. Das bietet sich v.a. dann an, wenn es sich um ein größeres, möglicherweise regional bedeutsames Schulzentrum handelt, in dessen unmittelbarer Nähe außerdem eine sonst möglicherweise ungenutzte Kirche steht. Schüler/-innen und Lehrer/-innen einladend und zum Teil mit ihnen gebildet wird diese Gemeinde ihr spezifisches Profil aus dem Schulbezug gestalten. Die Gemeindebildung ist damit schulbezogen, aber die Gemeinde ist nicht Teil der Schule oder gar mit der Schulgemeinschaft identisch. Hier ist – wie bei schulbezogener Jugendsozialarbeit[48] – die institutionelle Unabhängigkeit beider Seiten zu wahren und zu achten. Dies wäre auch bei einer Schule in kirchlicher Trägerschaft zu berücksichtigen.

4. Heterogene Teilnehmende bei Katechese und RU

Vielfach wird unterstellt, dass die an katechetischen Veranstaltungen in den Gemeinden Teilnehmenden homogener wären als die Schülerinnen und Schüler in den RU-Klassen. Theoretisch mag dies so sein, faktisch zeigt sich jedoch ein ähnliches Spektrum. Denn an den Katechesen nehmen zunehmend Nicht-Getaufte und nach wie vor eine hohe Zahl Getaufter teil, die jedoch nicht kirchlich sozialisiert sind.[49] Allerdings kann in der Katechese der Glaubensbezug unabhängig von der persönlichen Einstellung der Teilnehmenden direkter thematisiert und Vollzugsformen des Glaubens können intensiver eingeübt und praktiziert werden.

Der eigentliche Unterschied zwischen RU und Katechese liegt jedoch im Altersspektrum. Während in der Schule bis auf die Lehrenden alle Teilnehmenden Kinder oder Jugendliche sind, gilt für die Katechese die Erwachsenenkatechese als „die vorzügliche Form der Katechese, auf die alle anderen Formen, die sicher immer notwendig sind, gewissermaßen hingeordnet sind. Darum muss die Kate-

---

[47] Vgl. *Christian Hennecke (Hg),* Kleine Christliche Gemeinschaften verstehen. Ein Weg, Kirche mit den Menschen zu sein, Würzburg 2009.

[48] Für die schulbezogene Jugendsozialarbeit ist diese Unabhängigkeit unverzichtbar, weil der (gegebenenfalls nur unterstellte) Einfluss der Schule als Anstellungsträger der Sozialarbeiter/-innen und Sozialpädagogen/-innen die vertrauensvolle Arbeit mit den Jugendlichen und ihren Familien blockieren würde (vgl. Bundesministerium für Familie, Senioren, Frauen und Jugend (Hg.), Zwölfter Kinder- und Jugendbericht. Bericht über die Lebenssituation junger Menschen und die Leistungen der Kinder- und Jugendhilfe in Deutschland, Berlin 2005, bes. 418f.).

[49] Vgl. *Johannes Paul II*, Catechesi Tradendae. Apostolisches Schreiben seiner Heiligkeit Papst Johannes Paul II über die Katechese in unserer Zeit (VApS 12), Bonn 1979, Nr. 19. Die deutschen Bischöfe kommen daher zu dem Fazit: „Die Sakramentenkatechese scheint eher etwas von Sympathiewerbung zu haben oder von dem, was gelegentlich als ‚biographische Ritendiakonie‘ bezeichnet wird“ (*Die deutschen Bischöfe* 2004 [Anm. 11], 12).

chese der anderen Altersstufen sie zum Bezugspunkt haben [...]".[50] Dies wird freilich kaum realisiert, denn trotz jahrzehntelanger Interventionen von praktisch-theologischer[51] und lehramtlicher[52] Seite wird Katechese nach wie vor auf Kinder und Jugendliche fokussiert, während die Bildung erwachsenen Glaubens vernachlässigt wird.[53] Nicht zuletzt deshalb erscheint der Glaube vielen Erwachsenen für ihre Lebenswirklichkeit untauglich, denn

> „der Glaube von Erwachsenen bleibt nur lebendig, wenn er die nie abgeschlossenen Lebenserfahrungen durchdringt, sich in Krisen und manchmal durch Brüche hindurch bewährt und bewahrheitet. Das geschieht, wenn sich der Glaube, in seinen zentralen Inhalten persönlich angeeignet, den Fragen von draußen und drinnen stellen kann und letztlich immer tiefer mit dem ihn tragendenden Geheimnis vertraut werden lässt".[54]

Um der Nachhaltigkeit der Kinder- und Jugendkatechese, aber auch der religiösen Bildung im RU willen muss die Erwachsenenkatechese Schwerpunkt der Gemeindekatechese sein, denn Kinder und Jugendliche werden letztlich nur das als auch für sie bedeutsam annehmen, was in der Erwachsenengemeinde gelebt wird. Verstärkend wirkt, dass nicht die Eltern oder eine Lehrperson oder Hauptamtliche der Kirche diese Bedeutsamkeit verkörpern, sondern Ehrenamtliche, denn bei ihnen wird eher unterstellt, dass das Engagement aus Überzeugung und nicht aus Verpflichtung herrührt.

Dementsprechend wurde in der Gemeindekatechese zwar der Einbezug ehrenamtlicher Katechetinnen und Katecheten (auch im Gegenüber dem RU) zum profilierenden Merkmal.[55] Doch dies führte dazu, dass die Gemeinde in ihrer Gesamtheit kaum in die katechetischen Prozesse einbezogen wurde. Die Katechese blieb vielmehr Katechese in der Gemeinde, statt Katechese der Gemeinde zu sein. Formen wechselseitigen, generationenübergreifenden, biographiebezogenen Erschließens und Praktizierens von Glaubensinhalten, wie sie für die Gemeindekatechese spezifisch sein könnten und eine wichtige Ergänzung zum RU darstellen würden, wurden kaum entwickelt.[56] Dies ist dagegen Focus der sich derzeit in den USA entwickelnden „Whole Community Catechesis",[57] dies sich dabei bewusst vom „classroom-model" löst, das beiderseits des Atlantik die Katechese durch die Strukturdominanz des RU nachhaltig geprägt hat.

---

[50] ADK 59 [Anm. 16].

[51] Erinnert sei an dieser Stelle nur an *Adolf Exeler*, Wesen und Aufgabe der Katechese, Freiburg 1966.

[52] ADK 59 [Anm. 16] zitiert wörtlich das Vorgänger-Direktorium von 1971 (AKD 20). Zu verweisen ist auch auf CT 43 [Anm. 49].

[53] Zur Unterscheidung zwischen Gemeinde- und Sakramentenkatechese, die nicht nur auf Kinder- und Jugendliche konzentriert sind, vgl. *Dieter Emeis*, Grundriss der Gemeinde- und Sakramentenkatechese (mit Beiträgen von Franz-Peter Tebartz-van Elst und Thomas Kiefer) (hg. Deutscher Katecheten-Verein) München 2001.

[54] *Die deutschen Bischöfe* 2004 [Anm. 11], 18.

[55] Zu Bedeutung und Anspruch der Qualifizierung und Begleitung: vgl. *Thomas Kiefer*, Qualifizierung ehrenamtlicher Katechetinnen und Katecheten, in: Kaupp / Leimgruber / Scheidler 2011 [Anm. 1], 65-83.

[56] Auch die Familienkatechese realisiert dies durch ihren Familienbezug nur begrenzt.

[57] Vgl. *Bernd Lutz*, Katechetisches Lernen der ganzen Gemeinde als Gemeinschaft, in: Kaupp / Leimgruber / Scheidler 2011 [Anm. 1], 173-184.

5. Inhaltliche Vollständigkeit und Evaluation

Auch hinsichtlich der Inhalte stehen RU und Katechese angesichts der Heterogenität der Teilnehmenden wie auch der Prozesshaftigkeit von Glaubens- bzw. Sinnerschließungsprozessen vor durchaus ähnlichen Herausforderungen. Mit Verweis auf „Catechesi Tradendae“ wird zwar verschiedentlich ein „systematischer“ und „vollständiger Unterricht“ oder „eine vollständige Einführung ins Christentum“ gefordert[58]. Doch selbst wenn dies bedeutet, dass die Katechese „nicht bei der Erstverkündigung des christlichen Geheimnisses stehenbleibt“, geht es „um einen Unterricht, der das Wesentliche behandelt, ohne den Anspruch zu erheben, alle anstehenden Fragen zu behandeln oder zu theologischer Forschung und wissenschaftlicher Exegese zu werden“.[59] Auch für die Katechese braucht es mithin eine „Elementarisierung der Glaubensvermittlung“[60], die sich „auf die Grundwahrheiten des Glaubens und die Grundwerte des Evangeliums“ bezieht[61] und der Entwicklung einer persönlichen Christusbeziehung dient.

Die Betonung der persönlichen Christusbeziehung als Ziel der Katechese bedeutet jedoch nicht, dass Katechese nicht evaluiert werden könnte oder dass sich eine Evaluation ausschließlich auf die kognitiven Anteile beziehen könnte. Dies wird zwar oft unterstellt und Evaluation als für Katechese unangemessen zurückgewiesen. Zugleich aber werden nicht selten massive Urteile bzgl. einer unterstellten Ineffektivität der Katechese gefällt, die sich primär auf fehlende Überzeugung oder mangelnde Glaubenspraxis bei den Teilnehmenden beziehen. Nur werden die mit solchen Urteilen verbundenen Kriterien weder systematisiert, noch reflektiert oder in ihrer Aussagefähigkeit analysiert. Die Folge ist, dass die Katechese zwar z.T. heftig kritisiert wird, transparente und valide Formen der Evaluation jedoch weithin fehlen.[62] Hier könnte die Katechese von den für den RU entwickelten Standards lernen. Ebenso lohnt sich ein Blick auf Evaluationsformen, wie sie in den USA praktiziert werden. Dabei sind freilich für beide Lernfelder (RU und Katechese) die jeweiligen Instrumentarien mit Blick auf die bereits angesprochenen Bildungsstandards und die Kompetenzorientierung weiterzuentwickeln.[63] Eine standardisierte Effizienzkontrolle in der Katechese setzt allerdings voraus, dass die wissenschaftliche Religionspädagogik

---

[58] CT 21 [Anm. 49].

[59] CT 21 [Anm. 49].

[60] *Die deutschen Bischöfe* 2004 [Anm. 11], 11; zu Verständnis und Anforderung einer Elementarisierung vgl. *Karl Ernst Nipkow*, Elementarisierung, in: NHRPG, 451-456.

[61] ADK 67 [Anm. 16].

[62] Vgl. *Monika Jakobs*, Neue Wege der Katechese (hg. Deutscher Katecheten-Verein), München 2010, 210-220.

[63] Zu Kompetenzüberlegungen für die Katechese vgl. *Monika Scheidler*, Das didaktische Profil der Katechese, in: Kaupp / Leimgruber / Scheidler 2011 [Anm. 1], 109-129; *dies.*, Welche Kompetenzen können in der Katechese erworben werden, in: Kaupp / Leimgruber / Scheidler 2011 [Anm. 1], 130-153.

(über die RU-bezogenen Themen hinaus) ein stärkeres Interesse an der Katechese entwickeln würde.[64]

6. ... und wie viel vertragen sie nun?

Katechese und RU, RU und Katechese stehen mithin in vielerlei Hinsicht vor ähnlichen Herausforderungen, denen sie sich aufgrund ihres jeweiligen Kontextes notwendig in unterschiedlicher Weise annähern. Sie bewegen sich zwar in einem gemeinsamen Interessenshorizont (das ist: die Lebensbedeutsamkeit christlichen Glaubens aufzuzeigen) aufeinander zu, müssen aber konzeptionell eigenständig gestaltet werden. Gerade deshalb verträgt der RU nicht nur Katechese, sondern braucht sie als Ort expliziten Glaubenslernens. Die Katechese ihrerseits muss dank RU nicht bei ‚Null' anfangen, sondern kann auf die im RU grundgelegten religiösen Kompetenzen zurückgreifen, die nicht die der Katechese sein können, aber wegen des Ergänzungscharakters auch nicht sein müssen. Insofern verträgt auch die Katechese nicht nur den RU, sondern braucht ihn angesichts schwindender religiöser Allgemeinbildung mehr als zu Zeiten selbstverständlicher Volkskirchlichkeit. Beide sind mithin grundlegend auf Kooperation angewiesen. Sie auszubauen, wäre entlastend für beide Seiten, vorausgesetzt das je spezifische Profil wird akzeptiert und man hat überhaupt ein Interesse aneinander.

[64] Auch für die außerschulischen Lernfelder hat Rudolf Englert sich immer wieder stark gemacht; vgl. insbes. *Rudolf Englert*, Religiöse Erwachsenenbildung. Situation – Probleme – Handlungsorientierung (PTHe 7), Stuttgart – Berlin – Köln 1992; *ders.*, Warum ist Erwachsenenkatechese so schwierig? Erwachsenenkatechese aus katholischer Sicht: ThQ 174 (1994) 107-120.

Gretchenfragen? Alltäglich!

Glaubensdinge

Heilig-Rock-Wallfahrt in Trier, kurz vor dem Mittagessen habe ich den Kindern im Internet einige Bilder gezeigt. Kurze Zeit später am Tisch, mein Sohn Joschua hat den Mund noch voll. „In Wien haben die jetzt auch so ein Tuch gefunden." Bei religiösen Fragen muss man heute lernen, um die Ecke zu denken. Rock und Tuch? Textilien! Und Wien reimt sich einigermaßen auf Turin.

„Meinst du vielleicht Turin? – Das Turiner Grabtuch!?" Müdes Kopfnicken des Siebtklässlers, kurze Info von mir zur Geografie der europäischen Nachbarn nördlich und südlich der Alpen. Ich nehme dabei aus didaktischen Gründen FIFA 11 zu Hilfe: Austria Wien, Juventus Turin. Das Missverständnis resultiere, so erklärt mein Sohn glaubhaft, aus der schlechten Tonqualität des Beamers im Religionsunterricht. Außerdem sitze er schließlich ganz hinten.

Dann halte ich unaufgefordert ein ziemlich schlechtes Kurzreferat über wichtige Herrenreliquien aus Holz und Wolle. Und komme bis zu dem Punkt, an dem es um die Frage nach deren historischer Echtheit geht. „Wisst ihr", bekenne ich, „mir ist es viel wichtiger, dass seit hunderten, ja mehr als tausend Jahren viele Menschen diese heiligen Dinge verehren, vor ihnen beten, ihre Sorgen darauf ablegen und auch das, was sie froh macht. Diese Stoffe, darüber kommen wir mit Jesus in Berührung. Ob die historisch echt sind, interessiert mich gar nicht so."

Joschua platzt. „Ist ja wohl die volle Verarsche. Das ist doch die *einzig* interessante Frage!" Zustimmendes Nicken aller Geschwister und – ich muss es leider sagen – auch von meiner Frau. „Stell dir mal vor, in 2000 Jahren betet einer so'n Tuch an, weil er denkt, das ist von Benedikt in Rom. Und dann erfährt der Typ: Das ist von mir!"

Was soll man dazu sagen? Immerhin hält mein Sohn es für möglich, dass auch in 2000 Jahren noch Leute darüber diskutieren, ob das wohl alles wahr ist mit unseren Glaubensschätzen.

Dominik Blum

Performativer Religionsunterricht. Fluch oder Segen für die Zukunft religiöser Bildung an der Schule?[1]

BURKARD PORZELT

1. Was überhaupt meint ‚performativer Religionsunterricht'?

Schon wieder ein Jahrzehnt ist es her, dass die Umschreibung ‚performativer Religionsunterricht' in die Religionspädagogik eindrang, maßgeblich befeuert durch ein gleichnamiges, von Rudolf Englert konzipiertes Einzelheft der inzwischen leider eingestellten Zeitschrift rhs (Religionsunterricht an höheren Schulen).[2] Binnen eines Jahrzehntes machte die Rede vom ‚performativen Religionsunterricht' eine erstaunliche Karriere, drang vor in berufspraktische, kirchliche und wissenschaftliche Diskurse, fast könnte man meinen, am Performativen solle der Religionsunterricht genesen – angesichts einer unleugbaren ‚Entfremdung'[3] zwischen christlicher Überlieferung und säkularer Gegenwart, zwischen kirchlicher Glaubenspraxis und heutiger Lebenswelt. Um den Chancen und Grenzen eines ‚performativen Religionsunterrichts' auf den Zahn fühlen zu können, gilt es zunächst einmal Auskunft zu geben über den semantischen Gehalt dieser Wendung. Solche Auskunft fällt leicht, wenn wir das englische Verbum *‚to perform'* ins Blickfeld rücken. Das Verbum birgt zwei Bedeutungsdimensionen, die hier gleichermaßen relevant sind. Einerseits benennt ‚to perform' ein *Vor*führen, Aufführen oder Inszenieren (‚acting before an audience'), andererseits bezeichnet dasselbe Verb ein *Durch*führen, Ausüben und Vollziehen (‚doing').[4] Beide Aspekte, gezielte *Vor*führung und unkalkulierbare *Durch*führung, bewusste Präsentation und selbstläufige Aktion verschmelzen im künstlerischen Prozess einer Performance: Mit Blick auf ein Publikum wird hier spontanes Tun in Gang gesetzt.[5] Ebensolche Logik gilt nun auch für die Idee eines ‚performativen Religionsunterrichts'. Sein Ziel ist es, durch religiösen Vollzug (aktionaler Aspekt) Religion zugänglich werden zu lassen (präsentativer

---

[1] Der vorliegende Text fußt auf Statements, die ich im kollegialen Streitgespräch mit *Hans Mendl* anlässlich eines Seminars an der Universität Passau im Mai 2010 sowie bei der Rothenfelser Frühjahrstagung der KRBU (Konferenz der Religionspädagoginnen und -pädagogen an bayerischen Universitäten) im März 2012 vortragen durfte. Ich danke *Hans Mendl* und beiden Auditorien für die kontroverse und produktive Diskussion!

[2] rhs 45 (1/2002): „Performativer Religionsunterricht?!"

[3] Vgl. *Rudolf Englert*, Die Korrelationsdidaktik am Ausgang ihrer Epoche. Plädoyer für einen ehrenhaften Abgang, in: Georg Hilger / George Reilly (Hg.), Religionsunterricht im Abseits? Das Spannungsfeld Jugend – Schule – Religion, München 1993, 97-110, 103, 107 und 109.

[4] Vgl. *Albert S. Hornby u.a.*, Oxford advanced learner's dictionary of current English, Oxford u.a. 1977, 632.

[5] So sind Performances nach *Silke Leonhard* und *Thomas Klie* „in jedem Fall [...] auf Anschauung und aktive Teilhabe aus." (*dies.*, Performative Religionspädagogik. Religion leiblich und räumlich in Szene setzen, in: dies. (Hg.), Schauplatz Religion. Grundzüge einer Performativen Religionspädagogik, Leipzig 2003, 7-16, 7)

Aspekt).[6] Anders gesagt: Im ‚performativen Religionsunterricht' soll Religion durch konkrete religiöse Handlungsvollzüge (‚to perform' = durchführen, ausüben, vollziehen) unterrichtlich in Erscheinung treten (‚to perform' = aufführen, vorführen, inszenieren).

2. ‚Performativer RU' – konventionell begründet

Warum soll der eigene und unmittelbare Vollzug religiöser Handlungen hier und heute ein bevorzugtes Mittel sein, um Religion unterrichtlich begreifbar werden zu lassen? Um diese Frage zu beantworten, bedienen sich Befürworter/-innen eines ‚performativen Religionsunterrichts' eines eingängigen Begründungsmusters. Im Horizont einschlägiger Theorien sozioreligiöser Enttraditionalisierung setzen sie zunächst voraus, dass Formen und Inhalte (kirchlich) geprägter Religion weitgehend aus der Lebens- und Erfahrungswelt heutiger Schüler/-innen entschwunden seien.[7] Empirische Belege für solche Entkirchlichung, Enttraditionalisierung oder gar Säkularisierung finden sich in Fülle.[8] Bis in kirchenoffizielle Verlautbarungen ist die Überzeugung vorgedrungen, dass „eine wachsende Zahl der Schülerinnen und Schüler, die am Religionsunterricht teilnehmen, [...] kaum noch Erfahrungen mit gelebtem Glauben"[9] macht. Somit könne „der Religionsunterricht [...] kaum auf religiöse Erfahrungen zurückgreifen, die die Schülerinnen und Schüler in Familie, Gemeinde oder Jugendgruppe gemacht haben."[10] Entscheidend für die Begründung eines ‚performativen Religionsunterrichts' ist nun ein religionsdidaktischer Zwischenschritt. Dieser geht weit über die empirische Diagnose hinaus, dass gelebte Religion für die Mehrheit der Schüler/-innen eine ‚terra incognita' darstelle. Auf Basis der Überzeugung, dass Religion „gar nicht anders als performativ, *in Vollzügen*, darstellbar" sei und somit „auch in ihrem *Vollzugs*sinn erschlossen werden"[11] müsse, behaupten die

---

[6] Vgl. insb. *Bernhard Dressler*, Darstellung und Mitteilung. Religionsdidaktik nach dem Traditionsabbruch, in: rhs 45 (1/2002) 11-19, 13f.; *Hans Mendl*, Religionsunterricht inszenieren und reflektieren. Plädoyer für einen Religionsunterricht, der mehr ist als „reden über Religion", in: Religionsunterricht heute. Informationen des Dezernates Schulen und Hochschulen im Bischöflichen Ordinariat Mainz 3-4/2006, 6-21, 12.

[7] Vgl. bspw. *Dressler* 2002 [Anm. 6], 11-13; *Rudolf Englert*, „Performativer Religionsunterricht!?" Anmerkungen zu den Ansätzen von Schmid, Dressler und Schoberth, in: rhs 45 (1/2002) 32-36, 32f.; *Hans Schmid*, Mehr als Reden über Religion, in: rhs 45 (1/2002) 2-10, 2f.; *Andreas Verhülsdonk*, „Die erste Sprache des Glaubens kann und muss im Religionsunterricht gelernt werden" [Interview mit M. W. Ramb], in: Informationen für Religionslehrerinnen und Religionslehrer – Bistum Limburg 32 (4/2003) 235-239, 235; *Eckhard Nordhofen*, Situation des Religionsunterrichtes (http://schule.bistumlimburg.de [11.12.04]); *Mendl* 2006 [Anm. 6], 9-11; *Hanna Roose*, Performativer Religionsunterricht zwischen Performance und Performativität, in: Loccumer Pelikan 3/2006, 110-115, 111.

[8] Vgl. die weiterführenden Verweise in: *Burkard Porzelt*, Grundlegung religiöses Lernen. Eine problemorientierte Einführung in die Religionspädagogik, Bad Heilbrunn 2009, 100 (Fußn. 147); *ders.*, Grundlinien biblischer Didaktik, Bad Heilbrunn 2012, 55 (Fußn. 98).

[9] *Sekretariat der DBK* (Hg.), Der Religionsunterricht vor neuen Herausforderungen, Bonn 2005, 13.

[10] Ebd., 14.

[11] *Andreas Feige u.a.*, ‚Religion' bei ReligionslehrerInnen. Religionspädagogische Zielvorstellungen und religiöses Selbstverständnis in empirisch-soziologischen Zugängen, Münster u.a. 2000, 459.

Vertreter/-innen des performativen Ansatzes eine unlösbare Verbindung zwischen gelebter und gelernter Religion.[12] Zumindest mehrheitlich sprechen sie dem Religionsunterricht zwar die schulspezifische Aufgabe zu, Religion auf Basis fundierter Kenntnisse als besonderen Wirklichkeitszugang verstehbar werden zu lassen, um den Schüler/-innen eigene, begründete Positionierungen zu ermöglichen. Allerdings sei die hermeneutische, verstehensermöglichende Bildungsaufgabe des Religionsunterrichts nicht loslösbar von, sondern zwingend verwiesen auf eigene, praktische Vertrautheit mit Religion.[13] Nur wer am eigenen Leib gespürt, erlebt und erfahren habe, was Religion ‚ausmacht', könne Religion in angemessener Weise kennen- und verstehenlernen[14], so lautet das entscheidende Axiom einer performativen Religionsdidaktik. Wenn dies aber so ist, wenn religiöse Bildung der unmittelbaren Verwicklung mit religiöser Praxis bedarf, dann liegt die Schlussfolgerung nahe, dass ebensolche Praxis in die Schule einziehen soll. Knapp gesprochen: Weil Religion kaum (mehr?) außerhalb des Unterrichts erfahrbar wird, müssten religiöse Vollzüge in den Unterricht ‚einwandern'[15], damit Religion angemessen verstehbar und gewinnbringend reflektierbar wird.

3. Notwendige Präzisierungen

Soll die Programmatik eines ‚performativen Religionsunterrichts' in redlicher Weise bedacht, kritisiert und gewürdigt werden, so darf sie nicht karikiert oder verzeichnet werden. Es bedarf somit einiger Präzisierungen, die über den Kerngedanken einer ‚Einwanderung' außerschulisch verblassender religiöser Praxis in den Raum der Schule hinausgehen. Zunächst ist festzustellen, dass maßgebliche Vertreter/-innen des performativen Ansatzes darauf bestehen, dass religiöse Vollzüge im Klassenzimmer einzig und allein in *pädagogischer* Absicht ge-

---

[12] Vgl. insb. *Sekretariat der DBK* 2005 [Anm. 9], 14 („Ohne die Begegnung mit gelebtem Glauben kann die Lebensbedeutung des gelehrten Glaubens nicht erschlossen werden.") und 24 („Die Vermittlung des gelehrten Glaubens [kann] nicht ohne Bezug zum gelebten Glauben gelingen").

[13] Vgl. insb. *Gerhard Büttner / Veit-Jakobus Dieterich*, Religion als Unterricht. Ein Kompendium, Göttingen 2004, 168.

[14] Vgl. *Verhülsdonk* 2003 [Anm. 7], 235: „Ohne das Vertrautsein mit der ersten Sprache des Glaubens droht die kritische Reflexion des Glaubens irrelevant zu werden."

[15] Vgl. ebd., 236 („Der Religionsunterricht kann heute die erste Sprache des Glaubens nicht mehr voraussetzen, sondern muss selbst in sie einführen."); *Nordhofen* 2004 [Anm. 7] (Der Religionsunterricht „holt [...] seinen Gegenstand, die Religion, ins Klassenzimmer."); *Roose* 2006 [Anm. 7], 112 („Das Konzept des Performativen Religionsunterrichts versucht [...], das Erfahrungsreservoir, das nicht mehr vorausgesetzt werden kann, im schulischen Rahmen anzubahnen."); *Mendl* 2006 [Anm. 6], 19 m. Bez. a. *Dietrich Benner* („Wenn originäre religiöse Erfahrungen fehlten, dann müssten diese im Unterricht erst zugänglich werden, um Wissen mit Erfahrung zu erweitern."); *Hans Mendl*, Religion erleben. Ein Arbeitsbuch für den Religionsunterricht. 20 Praxisfelder, München 2008, 162 („Wenn es Gott nur im Vokativ gibt (Martin Buber), Schülerinnen und Schüler aber in dieser Gottesanrede nicht geübt sind, dann kommt der Schule die Aufgabe zu, diese Weltsicht zu kultivieren".); *Karl Ernst Nipkow*, Gott in Bedrängnis? Zur Zukunftsfähigkeit von Religionsunterricht, Schule und Kirche, Gütersloh 2010, 329 („Die Heranwachsenden werden aufgefordert, sich auf ein ‚inszeniertes' religiöses Handeln einzulassen, weil sie es sonst in ihrem Alltag gar nicht mehr kennen lernen.").

rechtfertigt seien. Genuin religiöse Akte des Betens, Meditierens, Klagens, Lobens oder Bekennens seien somit unterrichtlich zu initiieren, um Lernen zu ermöglichen, nicht aber zum Zwecke von Rekrutierung oder Missionierung. Unter didaktischen Vorzeichen wiederum sei religiöse Praxis im Unterricht stets eingebunden in ein übergreifendes Setting des Lehrens und Lernens. Einigkeit besteht deshalb weithin in der Forderung, dass religiöse Vollzüge im Unterricht drei Anforderungen genügen müssen: Zum ersten können sie nur im Modus *befristeten Handelns*[16] stattfinden – mit klarem Anfang und Abschluss. Höchst strittig scheint allerdings in der Fachdiskussion, welcher Status solchem befristetem Handeln zuzumessen ist. Ereignet sich hier authentische Glaubenspraxis[17] – ein ‚Ernstfall' gelebter Religion also? Oder haben wir es mit einem Handeln ‚auf Probe' zu tun[18] – einem Experiment, das sich seines simulativen Charakters stets bewusst sein sollte? Der Zwist um eben diese Frage reicht weit über die Konfessionen hinaus[19] und spiegelt sich vielfach sogar bei ein und demselben Autor[20] oder in einem einzigen Dokument[21]. Unabdingbar verknüpft mit der pädagogischen Verortung schulisch-religiösen Tuns ist dessen *Einbindung in vor- und nachgängige Reflexionsprozesse*[22] als zweite Anforderung an performative Elemente im Religionsunterricht. Der unmittelbare Vollzug religiöser Akte steht somit niemals isoliert für sich. Ausgangs- und Zielpunkt ist stets die kognitive Rekonstruktion und Positionierung. Nur dadurch, dass das erlebte Tun ‚Steilvorlagen' schafft für das einholende Begreifen, findet es im pädagogischen Kontext von Unterricht seinen Ort und sein Recht. Die dritte und letzte Bedingung für performative Unterrichtsphasen firmiert unter dem Stichwort der *Freiwilligkeit.*[23] Grundsätzlich besteht (nach wie vor) ein breiter Konsens, dass Religions-

[16] Vgl. bspw. *Dressler* 2002 [Anm. 6], 16; *Mendl* 2006 [Anm. 6], 17.

[17] Für *Hans Schmid* 2002 [Anm. 7], 3 bspw. werden im performativen Akt „originäre Erfahrungen von Glaube und Religion zugänglich, berührbar und erahnbar".

[18] So plädiert *Bernhard Dressler* 2002 [Anm. 6] für eine strikte Unterscheidung zwischen „authentischer religiöser Praxis" (16) und „probeweise[r] Ingebrauchnahme einer religiösen Sprachform" (18).

[19] Gerade bei *Christoph Bizer* und *Christian Grethlein* sind deutliche Anklänge eines authentischen Verständnisses performativer Handlungen zu vernehmen, obgleich der Mainstream der evangelischen Religionspädagogik einem experimentellen Verständnis zuneigt (vgl. *Rudolf Englert*, Performativer Religionsunterricht – eine Zwischenbilanz, in: ZPT 60 (1/2008) 3-16, 7f. m. Bez. a. *Thomas Klie*).

[20] So changiert *Hans Mendl* zwischen der Beschreibung performativer Akte als „originäre religiöse Erfahrungen" (*ders.* 2006 [Anm. 6], 19) und „Probehandeln ‚auf Zeit'" (ebd., 17), zwischen „volle[r] Ernsthaftigkeit in der aktuellen Situation" (*ders.* 2008 [Anm. 15], 193) und „Probeaufenthalte[n] in religiösen Welten" (ebd., 169).

[21] Obgleich die Forderung des katholischen Bischofswortes von 2005, „mit der Praxis des Glaubens vertraut [zu] machen" (*Sekretariat der DBK* 2005 [Anm. 9], 33; vgl. ebd., 15, 18, 23-25, 27), eindeutig auf kirchlich geprägtes Glaubenshandeln rekurriert (vgl. *Englert* 2008 [Anm. 19], 5f.), ist im selben Dokument die experimentell anmutende Umschreibung zu finden, dass sich „die Bedeutung der Sprach- und Ausdrucksformen des Glaubens [...] in ihrem Vollzug, im Probieren" (*Sekretariat der DBK* 2005, 25) erschließe.

[22] Vgl. *Dressler* 2002 [Anm. 6], 14; *Schmid* 2002 [Anm. 7], 5f.; *Englert* 2002 [Anm. 7], 33; *Leonhard / Klie* 2003 [Anm. 5], 14; *Verhülsdonk* 2003 [Anm. 7], 235; *Sekretariat der DBK* 2005 [Anm. 9], 27; *Mendl* 2006 [Anm. 6], 18; *Roose* 2006 [Anm. 7], 114f.

[23] Vgl. *Schmid* 2002 [Anm. 7], 5 und *Roose* 2006 [Anm. 7], 115. Anders allerdings *Mendl* 2006 [Anm. 6], 17, demzufolge es zur Schule gehöre, dass „Schüler immer auch zu Erfahrungen moti-

unterricht in der öffentlichen Schule weder befugt noch berechtigt sei, den Schüler/-innen eine Bejahung des Glaubens abzufordern. Teilt man diese Prämisse, so sind Glaubensvollzüge im Unterricht nur denkbar unter dem Vorbehalt der Freiwilligkeit. Zu denken gibt allerdings, dass dieser Vorbehalt höchst unterschiedlich ausbuchstabiert werden kann. Bei *offensiver* Beachtung des Freiwilligkeitspostulates obliegt den Religionslehrer/-innen die beständige Pflicht, die Schüler/-innen auf ihre Rechte zu verweisen und im Falle des Falles auch stellvertretend dafür einzutreten, dass sie nicht durch religiöse Aktionen ‚überwältigt' werden. Ein *restriktives* Verständnis von Freiwilligkeit hingegen belässt es bei der Eventualität, dass sich Schüler/-innen aus eigenen Stücken bestimmten Akten verweigern. Während Schüler/-innen im Falle der offensiven Variante kontinuierlich um ihr Entscheidungs- und Verweigerungsrecht wissen, müssen sie dies in der restriktiven Variante je neu situativ geltend machen.

4. Fundamentale Einwände gegen einen ‚performativen RU'

Nach dem Versuch, die innere Logik eines ‚performativen Religionsunterrichts' sorgsam und unpolemisch nachzuzeichnen, gilt es nun, dessen Klippen und Aporien zu beleuchten. Aus dreifachem Blickwinkel ist die Plausibilität des performativen Anliegens prinzipiell in Frage zu stellen.

4.1. Glaubensautonomie der Schüler/-innen

Schulischer Religionsunterricht ist per se dadurch gekennzeichnet, dass er den Schüler/-innen die Freiheit zuerkennt, über ihren Glauben und Nicht-Glauben selbst zu bestimmen. Religionsunterricht ist in diesem Sinne gekennzeichnet durch innere Bekenntnisfreiheit.[24] Sein Ziel ist nicht die Identifikation mit einem Bekenntnis, sondern die Befähigung zur kundigen und verständigen Positionierung gegenüber Religion und Glaube[25], wobei besagte Positionierung bejahend, ambivalent, distanziert oder verneinend ausfallen kann. Als „ordentliches Lehrfach" (GG Art. 7.3) an der öffentlichen Schule kann und darf der Religionsunterricht keine Zustimmung zu Akten und Inhalten des Glaubens einfordern. Genau am Punkte der inneren Bekenntnisfreiheit jedoch verwickelt sich der performative Anspruch, die Schüler/-innen in Vollzüge des Glaubens hineinzuholen, in beträchtliche Schwierigkeiten und Widersprüche. Sofern performative Akte im Religionsunterricht den Anspruch erheben, eine auch nur halbwegs authentische Praxis des Betens, Meditierens, Klagens, Lobens oder Bekennens zu verwirklichen, bergen sie ein Moment der Bejahung. Bar innerer Identifikation lässt sich nicht ernsthaft beten oder feiern! Wie aber lässt sich die Dynamik

---

viert / veranlasst / gezwungen [werden], die sie möglicherweise freiwillig nicht angehen würden. Schule nötigt Schülern Erfahrungen auf, die Erwachsene für sinnvoll erachten."

[24] Vgl. *Porzelt* 2009 [Anm. 8], 69, 79, 104-106, 138, 153f., 157f.

[25] Vgl. *Gemeinsame Synode* der Bistümer in der Bundesrepublik Deutschland, Beschluß: Der Religionsunterricht in der Schule [1974], in: GSyn 1 (1976) 123-152, 139.

religiöser Akte, die Bejahung einschließt, vereinbaren mit dem schulisch induzierten Anspruch, die Glaubensfreiheit der Schüler/-innen zu achten? Zu Recht konstatiert Hanna Roose, dass dem ‚performativen Religionsunterricht' die „Gefahr der Missionierung"[26] innewohnt. Zumindest tendenziell wird die bildungs- und schultheoretische Beteuerung, die Glaubensfreiheit der Schüler/-innen zu respektieren, dabei unterrichtspraktisch unterlaufen – nämlich im Bekenntnismoment der religiösen Akte. Die unterrichtliche Einforderung religiöser Vollzüge steht in Spannung zur Glaubensautonomie und Bekenntnisfreiheit der Schüler/-innen!

4.2. Naive Erkenntnistheorie

Erkenntnislogisch fußt der ‚performative Religionsunterricht' auf der allzu naheliegenden, doch letztlich unsinnigen Prämisse, dass man nur verstehen könne, was man am eigenen Leib erlebt und erfahren habe. Ebendiese Prämisse ist der ideale Nährgrund einer Betroffenheitspädagogik, welche wohl allzu viele Studierende wie Lehrer/-innen fraglos befürworten. Doch ist dem so? Muss ich stets selbst erlebt, genossen und durchlitten haben, was ich zu verstehen trachte? Mit Umberto Ecos Diktum, er könne „Frösche interessant finden, ohne ein Frosch zu sein"[27], kann man diesem Betroffenheitsdogma nur widersprechen. Mancher, der leibhaftig nie in Afrika war, weiß mehr und ist verständiger bezüglich des Schwarzen Kontinentes als andere, die ebendort von Sehenswürdigkeit zu Sehenswürdigkeit hetzten oder gleich im Club Med ‚abgetaucht' sind. Keinesfalls also erfordert die (Er)Kenntnis eines Sachverhaltes dessen eigenes Erleben. Schon gar nicht muss man sich – und sei es probeweise – mit einem Gegenstand identifizieren, um diesen reflektieren zu können. Dass (Er)Kennen und Verstehen auf unterschiedlichen Wegen möglich ist und keineswegs der unmittelbaren Verwicklung bedarf, gilt nicht zuletzt für die Sphäre der Religionen. Niemand muss nach Mekka wallfahren, im buddhistischen Kloster weilen oder ein katholisches Hochamt begehen, um religiös verständig zu werden!

4.3. Dignität religiöser Akte

Wer Glaubensvollzüge in verantworteter Weise ins Klassenzimmer importieren will, kommt nicht umhin, die Codierung ebendieser Akte des Betens, Feierns und Bekennens im Leben gläubiger Menschen – ob Juden, Christen, Muslime, Buddhisten oder Hindus – in Betracht zu ziehen. Ebendiese Gläubigen beten, feiern, bekennen, sie klagen und preisen Gott oder das Göttliche nicht zur Probe, sondern – soweit nur möglich – mit Aufrichtigkeit, Überzeugung und Ehrfurcht. Für die Gläubigen kommt den eigenen religiösen Akten unbedingte Ernsthaftigkeit zu. Was aber geschieht, wenn religiöse Vollzüge den Binnenraum der Glaubenden verlassen und ‚auswandern' ins Klassenzimmer, in dem die Außen-

---

[26] *Roose* 2006 [Anm. 7], 112.
[27] Schwäbisches Tagblatt vom 13.01.2012, 23.

perspektivik unserer Schülerschaft dominiert? Ausgerechnet die von Seiten der Religionspädagogik so gern geschmähte Religionswissenschaft gibt zu bedenken, dass eine *fremd*perspektivische Thematisierung der Religionen ihren Maßstab finden muss in der *Innen*sicht der Gläubigen.[28] Aus deren Sicht aber ist der Rosenkranz weder ein pädagogisches Experiment, um Beten zu verstehen, noch eine skurrile Aktivität, die in der vorigen Schulstunde stattfand, sondern schlichtweg eine reale Hinwendung zu Gott. Die Ernsthaftigkeit religiöser Akte lässt sich nicht bruchlos transformieren in andere, fremde Kontexte. Wie der ‚Export' authentischer Frömmigkeitspraxis misslingen kann, wie deren Dignität verletzt und die Würde von Gläubigen sträflich missachtet werden kann, zeigte uns vor Jahren die damals verbreitete, anmaßende Praxis christlicher Gruppen und Gemeinden, die sich befugt sahen, das jüdische Pessachritual nachzuspielen.[29] Das Pessachmahl wurde herausgerissen aus einer angestammten Überlieferungs-, Erinnerungs- und Festgemeinschaft und an einen Ort versetzt, wo sein Vollzugssinn zwangsläufig verfehlt werden musste – bar identifikatorischer Ernsthaftigkeit. Ein vergleichbares Risiko birgt jeglicher Übertrag religiöser Handlungen in den pädagogischen Kontext des Unterrichts. Auch dies hat Roose treffend markiert, indem sie dem ‚performativen Religionsunterricht' die „Gefahr der Profanisierung"[30] ins Stammbuch schreibt. Ich selbst würde zuspitzend von der Gefahr einer Banalisierung sprechen.[31] Was Gläubigen heilig ist, droht pädagogisch instrumentalisiert zu werden und ohne gewachsene Bejahung ins bloße Spektakel abzugleiten!

4.4. Grundlegendes Dilemma

Die referierten Einwände gipfeln in einem Dilemma. Versteht man performative Akte im Religionsunterricht tatsächlich als authentischen Ernstfall religiöser Praxis, so sprengen sie den Rahmen der öffentlichen Schule. Identifikatorische Praxis nämlich lässt sich im Unterricht nicht dekretieren, will er denn Unterricht bleiben und nicht zum Ort bekennender Glaubenspraxis mutieren.[32] Begreift

---

[28] *„Der/die von außen her Interpretierte muß in der Lage sein, sich selbst in der Interpretation wiederzuerkennen.* Dies ist die Goldene Regel interreligiöser und interideologischer Hermeneutik" (*Leonard Swidler*, Die Zukunft der Theologie. Im Dialog der Religionen und Weltanschauungen, Regensburg – München 1992, 29 m. Bez. a. *Raimon Pannikar*). Vgl. insb. *Wilfred Cantwell Smith* nach Andreas Grünschloß, Religionswissenschaft als Welt-Theologie. Wilfred Cantwell Smiths interreligiöse Hermeneutik, Göttingen 1994, 139.

[29] Vergleichbare Kritik an der schulischen Imitation religiöser Riten äußern bspw.: *Dressler* 2002 [Anm. 6], 16; *Büttner / Dieterich* 2004 [Anm. 13], 172; *Roose* 2006 [Anm. 7], 112; *Mendl* 2008 [Anm. 15], 191.

[30] *Roose* 2006 [Anm. 7], 112. Die Gefahr der Profanisierung rührt maßgeblich daher, dass Schüler/-innen der religiöse Akt im Klassenzimmer stets nur im Horizont ihres eigenen Vorverständnisses (vgl. *Büttner / Dieterich* 2004 [Anm. 13], 176f.) zugänglich ist, was wiederum fraglich erscheinen lässt, inwieweit sie besagten Akt religiös oder gar christlich zu deuten in der Lage sind.

[31] Vgl. *Burkard Porzelt*, Neuerscheinungen und Entwicklungen in der deutschen Religionspädagogik, in: rhs 47 (2/2004) 57-71, 67f.

[32] Prototypisch für einen identifikatorischen Religionsunterricht stand seinerzeit die kerygmatische Schulkatechese: „Der Katechet befindet sich wohl noch im Schulzimmer, aber nicht mehr bloß in einer Schulklasse, sondern im gläubigen Kreis von Katechumenen. Das Schulzimmer ist pfingstlicher Raum geworden, in dem der Glaubende sich am Glaubenden stärkt. In dem aber auch die

man performative Akte dagegen als inszenierte Probehandlungen, dann wären diese den Schüler/-innen zwar qua Experiment durchaus zumutbar. Ins Hintertreffen geriete dann allerdings die innere Würde der simulierten Handlungen. Deren Dignität würde im Modus bloßen Ausprobierens missachtet – als könne man das schrittweise, mystagogische Vertrautwerden mit bejahender Frömmigkeitspraxis brüsk überspringen und Beten, Bekennen und Feiern im ökonomisierten Modus schlichten Ausprobierens kredenzen, am besten noch mit Recht auf Rückgabe bei Nichtgefallen![33]

5. Einige Argumentationsfiguren – genauer betrachtet

Vielfach operieren Befürworter/-innen eines ‚performativen Religionsunterrichts' zur Absicherung und Verteidigung ihres Anliegens mit Argumentationsfiguren, die bei flüchtiger Betrachtung allzu plausibel wirken könnten. Zur deren Prüfung jedoch bedarf es einer genaueren Betrachtung, die ich im Folgenden exemplarisch durchführen will.

5.1. Taufentscheidung

‚Performativer Religionsunterricht' initiiert religiöse Vollzüge, um Religion verstehbar werden zu lassen. Religiöse Akte wiederum erfordern die Bereitschaft, sich (zumindest experimentell) auf ein transzendentes Gegenüber oder letztes Geheimnis einzulassen. Solch innere Beteiligung wiederum darf von Schüler/-innen nicht obligatorisch erwartet werden, da schulischer Unterricht unter dem Primat der Überzeugungsfreiheit steht. Nun ist es in den meisten deutschen Bundesländern die Regel, dass der Religionsunterricht in Auslegung von Art. 7.3 des Grundgesetzes konfessionell separiert ist. Folglich finden sich in diesem Fach sehr häufig Lerngruppen, die konfessionell weitgehend homogen sind. Da liegt es (wie bei einem etwaigen ökumenischen Religionsunterricht) nahe, zur Absicherung des performativen Zugangs auf die vorliegende Taufentscheidung der Eltern zu verweisen und selbige als Einverständnis mit religiösen Vollzügen zu werten.[34] Doch wie tragfähig ist die Argumentation, dass die

---

Finsternis der Welt sich zusammenschließen kann und Ihn nicht erkennt und Ihn nicht aufnimmt." (*Josef Goldbrunner*, Zur Methodik des modernen Religionsunterrichts, in: ders. (Hg.), Katechetische Methoden heute, München 1962, 128-147, 139)

[33] Die dargelegte Aporie eines ‚performativen Religionsunterrichts' wird von *Hanna Roose* 2006 [Anm. 7], 112 mit folgenden Worten umschrieben: „Performativer Religionsunterricht scheint [...] vor einem Dilemma zu stehen, das sich am Begriff des ‚Probehandelns' aufzeigen lässt. ‚Probe' impliziert mangelnde Ernsthaftigkeit und damit – religiös gesprochen – die Gefahr der Profanisierung, ‚Handeln' impliziert Ernsthaftigkeit und damit die Gefahr der Missionierung. Mit anderen Worten: Lässt sich die Gefahr der unfreiwilligen Missionierung, die mit der Ernsthaftigkeit performativer Handlungen rechnet, nur um den Preis einer drohenden Profanisierung ritueller Handlungen abwenden, indem der experimentelle, unverbindliche Charakter betont wird, den diese Handlungen im unterrichtlichen Kontext annehmen?" Vgl. a. *Büttner / Dieterich* 2004 [Anm. 13], 172.

[34] Vgl. *Schmid* 2002 [Anm. 7], 3; *Sekretariat der DBK* 2005 [Anm. 9], 23; *Büttner / Dieterich* 2004 [Anm. 13], 165.

allermeisten Schüler/-innen im konfessionellen Unterricht getauft seien und deswegen Tür und Tor offen stünden für die Einforderung religiöser Vollzüge? Nüchtern ist festzustellen, dass die Taufentscheidung, welche die Eltern in aller Regel stellvertretend für ihre Kinder in deren Säuglingsalter getroffen haben, für die religiöse Selbstverortung der Schüler/-innen *kaum relevant* ist. Das Gros aller Kinder und Jugendlichen, die formell einer bestimmten Kirche angehört, ist im Alltag kirchlicher Gruppen oder Gemeinden, in deren Gebeten, Überzeugungen und Gottesdiensten, wenig bis gar nicht ‚beheimatet'. Somit sind diese Schüler/-innen auch kaum in der Lage (falls überhaupt gewillt!), religiöse Vollzüge aus einer „Teilnehmerperspektive"[35] zu erfahren. Letztlich erweist sich der Hinweis auf die Taufentscheidung der Eltern als ein formales Rückzugsgefecht. Die bloße Kirchenzugehörigkeit lässt nämlich nicht erwarten, dass Schüler/-innen an Gebet oder Gottesdienst in einer Weise partizipieren können wie jemand, der in einer Glaubensgemeinschaft ‚zuhause' ist. Damit aber steht der Religionsunterricht auch getauften Schüler/-innen gegenüber in der Pflicht, religiöse Akte *außen*perspektivisch zugänglich zu machen, was einschließt, dass diese Handlungen weder profanisiert noch banalisiert werden dürfen. Aus der Taufentscheidung der Eltern ein Einverständnis der Schüler/-innen mit religiösen Akten zu konstruieren oder gar eine Vertrautheit abzuleiten, ist pure Fiktion.

5.2. Konfessioneller Religionsunterricht

Unter den regulären Schulfächern nimmt der Religionsunterricht hierzulande insofern eine Sonderstellung ein, als hier ein verbürgtes Abmeldungsrecht besteht. So liegt es nahe, dass Vertreter/-innen der performativen Idee eine nicht erfolgte Abmeldung vom Religionsunterricht zur Zustimmung umdeuten, dass ebendort eine Bereitschaft zu religiösen Bekenntnisakten vorausgesetzt werden könne.[36] Diese Folgerung allerdings steht auf tönernen Füßen. Schließlich ist anzunehmen, dass die Nicht-Abmeldung mit Blick auf jenen „spezifisch schulischen Religionsunterricht"[37] erfolgte, der heutzutage selbstverständlich und im alltäglichen Bewusstsein präsent ist. Innerhalb seiner konfessionellen Prägung, welche nach katholischer Idealvorstellung die konfessionelle Geschlossenheit der Schülerschaft einschließt, steht solch ein schulspezifischer Religionsunterricht „gläubigen" Schüler/-innen ebenso offen wie „suchenden" oder „sich als ungläubig betrachtenden".[38] Würde das real existierende Profil dieses die persönlichen Überzeugungen der Schüler/-innen respektierenden Faches nun durch die Einforderung religiöser Praxis in Richtung eines aktiven Bekenntniszwanges verschoben, dann stünde der Religionsunterricht in der Wahrnehmung von Eltern wie Schüler/-innen wohl ganz neu zur Disposition. Dass das deutsche Konstrukt eines schulischen Religionsunterrichts „in Übereinstimmung mit den

[35] *Sekretariat der DBK* 2005 [Anm. 9], 24 und 34; vgl. a. ebd., 23.

[36] Vgl. *Schmid* 2002 [Anm. 7], 3; *Sekretariat der DBK* 2005 [Anm. 9], 23; *Mendl* 2008 [Anm. 15], 77, 181 et pass.

[37] *Gemeinsame Synode* 1976 [Anm. 25], 131 und 148.

[38] Ebd., 139.

Grundsätzen der Religionsgemeinschaften" (GG Art. 7.3) keineswegs unumstritten ist, signalisierte bereits 2005 eine bundesweit repräsentative TNS-Emnid-Umfrage im Auftrag der Nachrichtenagentur ddp, in der beachtliche 59% der Befragten ein gemeinsames „religionsneutrales Fach Werterziehung" gegenüber einem „von den Kirchen angebotenen Religionsunterricht" präferierten.[39] Würde das Fach nun durch Einforderung religiöser Praxis „ins katechetische Fahrwasser [...] geraten"[40], wäre jene Stabilität gravierend bedroht, die der von den Religionsgemeinschaften mitverantwortete Unterricht an deutschen Schulen über Jahrzehnte hin bewiesen hat. Ein Gutteil der Kirchenmitglieder würde sich einen identifikatorischen Religionsunterricht wohl kaum mehr bieten lassen.

5.3. Analogie mit anderen Fächern

Um die Schulkompatibilität des ‚performativen Religionsunterrichts' zu untermauern, parallelisieren dessen Vertreter/-innen jene religiösen Handlungen, welche solcher Unterricht zu initiieren sucht, gerne mit praktischen Vollzügen, die den Schüler/-innen in anderen Fächern abverlangt werden. Exemplarisch sei hier Albert Biesinger zitiert, der besagte Parallelisierung auf das Gebet als den wohl strittigsten Fall performativer Akte im Religionsunterricht zuspitzt:

> „Was halten Sie von einem Musiklehrer, der mit seinen Schülerinnen und Schülern lediglich Partituren liest und nie mit ihnen singt oder musiziert? Was halten Sie von einem Sportlehrer, der mit seinen Schülerinnen und Schülern nur die Regeln des Basketballspielens diskutiert und nie mit ihnen Basketball spielt? Was halten Sie von einem Biologielehrer, der mit Schülern über Umweltschutz diskutiert, aber mit ihnen keinen Schulteich anlegt, obwohl das leicht möglich wäre? Und: Was halten Sie von einem Religionslehrer, der mit seinen Schülern über Gott spricht, aber nicht mit Gott spricht, mit ihnen betet? Wenn man Unterricht handlungsorientiert realisieren möchte, dann ist es unter schulpädagogischen Gesichtspunkten selbstverständlich, dass im Unterricht geübt, praktiziert, realisiert wird."[41]

„Unter schulpädagogischen Gesichtspunkten" wird hier das eigene Beten parallelisiert mit Singen und Musizieren, mit Basketballspielen und handwerklicher Tätigkeit. Weil im Musik-, Sport- und Biologieunterricht handfestes Tun selbstverständlich ist, gelte dies eben auch für das gemeinsame Sprechen zu Gott im Religionsunterricht. Gänzlich ausgeblendet bleibt dabei allerdings die Eigenart und Besonderheit religiöser Akte wie des Betens. Insofern sich dieses einem letzten Geheimnis und transzendenten Gegenüber zuwendet, sticht es aus den Tätigkeiten unseres Alltages deutlich heraus. Ihrem eigenen Anspruch zufolge betreffen religiöse Akte die ureigene, die existenzielle Letztverankerung des

---

[39] Dankenswerterweise hat mir der *Deutsche Depeschendienst* die detaillierte Auswertung zur Verfügung gestellt! Die Befragung von 500 Personen war bundesweit repräsentativ und nicht auf bestimmte Bundesländer eingeengt. Laut *EMNID* sind Abweichungen von 4,5% nach oben oder unten möglich.

[40] *Mendl* 2006 [Anm. 6], 6.

[41] *Albert Biesinger*, Beten im Religionsunterricht. Die Gottesbeziehungen erschließen, in: Wegbereiter. Magazin für Berufe der Kirche 56 (3/2007) 8f., 8; ähnlich auch: *Verhülsdonk* 2003 [Anm. 7], 236; *Nordhofen* 2004 [Anm. 7]; *Sekretariat der DBK* 2005 [Anm. 9], 25; *Mendl* 2006 [Anm. 6], 11 und 17; *ders.* 2008 [Anm. 15], 192.

Menschen vor Gott. Beten ist ein Akt, der anders als Singen und Musizieren, anders als Ballsport oder handwerkliches Tun ans Ureigene der menschlichen Person rührt. Religiöse Artikulation betrifft somit hoch persönliche und verletzliche Aspekte der menschlichen Person. Ist dies aber der Fall, dann wird die Parallelisierung mit vielerlei Tätigkeiten, die nachvollziehbarerweise aus dem Alltag in die Schule ‚einwandern', der Intimität des religiösen Aktes keineswegs gerecht. Selbstaussagen existenzieller Letztverankerung lassen sich nicht in ähnlicher Weise schulisch initiieren oder inszenieren wie sportliche, musikalische oder handwerkliche Aktivitäten. Religiöse Erziehung erfordert seitens der Schule ein ähnliches Taktgefühl wie die Sexualerziehung, die gleichermaßen hoch sensible Bereiche der Persönlichkeit berührt.[42] Eine plumpe Parallelisierung des Betens und Bekennens, des Lobens, Klagens und Feierns mit Aktivitäten aus anderen Domänen verfehlt die Intimität und Eigenart des Religiösen. Wo private Erfahrungen und Sehnsüchte, wo persönliche Gewissheiten und Ängste auf dem Spiel stehen, ist die Schule den Schüler/-innen zu respektvoller Kommunikation verpflichtet, welche deren Privatsphäre schützt und wahrt.[43] In diesem Sinne ist die Schule weder ein therapeutisches Setting noch eine Stätte der Anbetung.

5.4. „Nicht nur Reden über Religion ...“[44]

Die vierte und letzte Argumentationsfigur, die ich unter die Lupe nehmen will, zeichnet einen wortlastigen und wirklichkeitsfernen Unterricht als Gegenpart zur performativen Initiierung religiöser Akte.[45] Diese schroffe Gegenüberstellung ist ein zweifellos geschickter Schachzug, um Sympathien für den ‚performativen Religionsunterricht' zu erheischen, zumal eine – hier eben performativ geprägte – Handlungsorientierung im pädagogischen Glorienschein steht, wohingegen ein theorieorientiertes ‚Reden über' vielen Studierenden, Referendarinnen und Referendaren sowie Lehrer/-innen ohnehin suspekt ist.[46] Doch wird mit der referierten Entgegenstellung eine Scheinalternative konstruiert. Ausgeblendet bleibt, dass für den Religionsunterricht eine *Vielzahl* wohl durchdachter Wege zum

[42] Vgl. insb. *Iris Mandl-Schmidt,* Performativer Religionsunterricht – eine dauerhafte Perspektive?, in: RPäB 67/2012, 45-55, 51f.

[43] Vgl. *Burkard Porzelt*, Jugendliche Intensiverfahrungen. Qualitativ-empirischer Zugang und religionspädagogische Relevanz, Graz 1999, 261-265.

[44] Schon der Autorenimpuls des rhs-Themenheftes zum ‚performativen Religionsunterricht' „Inwiefern soll und kann religiöses Lernen auch im schulischen Rahmen mehr sein als ‚Reden über Religion und Glaube'?“ (*Rudolf Englert*, Religionsunterricht als Realisation. Einführung in das Thema dieses Heftes, in: rhs 45 (1/2002) 1) barg jene komparativische Kernformulierung, die danach immer wieder aufgegriffen wurde. Vgl. etwa *Schmid* 2002 [Anm. 7], 2f.; *Leonhard / Klie* 2003 [Anm. 5], 7; *Nordhofen* 2004 [Anm. 7]; *Mendl* 2006 [Anm. 6], 6, 9, 12 und 14; *ders.* 2008 [Anm. 15], 164, 183 und 196; *Englert* 2008 [Anm. 19], 3 und 5.

[45] Vgl. bspw. *Dressler* 2002 [Anm. 6], 13-15; *Schmid* 2002 [Anm. 7], 7.

[46] Mit Blick auf das Referendariat vgl. *Burkard Porzelt*, ‚Innenansichten des Referendariats' im bilanzierenden Ausblick, in: Rudolf Englert u.a., Innenansichten des Referendariats. Wie erleben angehende Religionslehrer/innen an Grundschulen ihren Vorbereitungsdienst? Eine empirische Untersuchung zur Entwicklung (religions)pädagogischer Handlungskompetenz, Berlin 2006, 455-474, insb. 461-464.

Religiösen existiert, die in einem *Kontinuum* zwischen reflexiver Versprachlichung auf der einen und performativer Teilhabe auf der anderen Seite angesiedelt sind. Erinnert sei in diesem Zusammenhang an vier elementare Modi schulischer Vermittlung von Religion, die ich andernorts dargestellt habe.[47] Neben dem (1) religiösen Probehandeln[48] umfasst die Palette dieser basalen Zugänge zum Religiösen die (2) außerschulische Erkundung, die (3) religionskundliche Information sowie schließlich – als didaktischen Haupt- und Königsweg – die Begegnung und Auseinandersetzung mit vielfältigen (4) medialen Widerspiegelungen von Religion(en). All diese vier Modi der Begegnung können auf je spezifische Weise „Erfahrungen mit Religion [...] in den Unterricht hineinholen."[49] Mitnichten kann das performative Probehandeln ein Monopol beanspruchen, was die selbsttätige Erschließung von Religion(en) anbetrifft! Angesichts der Aporien des performativen Ansatzes wird der Religionsunterricht sogar bevorzugt andere Zugänge wählen müssen, wenn er Schüler/-innen eigene Entdeckungen im Feld der Religion(en) ermöglichen will, ohne die schulische Verortung des Faches auszuhöhlen.

6. Vier zugespitzte Anfragen an einen ‚performativen RU'

Wie ich aufzuzeigen suchte, birgt der ‚performative Religionsunterricht' grundsätzliche Aporien. Umso erstaunlicher scheint denn aber, dass dessen Programmatik seit Jahren schon landauf und landab ‚gehypt' wird (bspw. in zahllosen Lehrerbildungen und Themenheften) und gerade kirchlicherseits bemerkenswerten Zuspruch erfährt.[50] Diesen eigenartigen Zusammenhang von konzeptioneller Inkonsistenz und erheblicher Resonanz aufgreifend, will ich vier zugespitzte Anfragen formulieren, denen aus meiner Sicht weiterführende Aufmerksamkeit zuteil werden sollte:

- *Ist der ‚performative Religionsunterricht' das ‚Trojanische Pferd' einer Rekatechetisierung?* Argumentativ eignet sich die performative Idee in idealer Weise, um jene Grenzen aufzuweichen, die angesichts der schulischen Emanzipation des Faches zur gemeindlichen Katechese hin gezogen worden waren. Seit den 1970er Jahren bestand ein breiter Konsens, dass identifikatorische Lernprozesse, die eine aktive Bejahung des Glaubens implizieren, dem

---

[47] Vgl. *ders.*, Die Religion (in) der Schule. Eine religionspädagogische und theologische Herausforderung, in: RPäB 54/2005, 17-29, 26-29; vgl. a. *ders.*, „Wer wechselt, wandelt sich." Schulische Transformation des Religiösen im Spiegel einer Lehrererzählung, in: RPäB 58/2007, 53-60, 59f.; *Werner Simon*, Schulischer Religionsunterricht. Der Beschluss „Der Religionsunterricht in der Schule" der Gemeinsamen Synode der Bistümer in der Bundesrepublik Deutschland (1974), in: Religionsunterricht heute. Informationen des Dezernates Schulen und Hochschulen im Bischöflichen Ordinariat Mainz 3-4/2005, 4-9, 8f.

[48] Die schulische Stärke dieses Modus, dem sich auch dieser Artikel widmet, ist wohl primär in propädeutischen Übungen ohne Bekenntnisdruck zu finden (z.B. Einüben von Stille oder elementaren Ritualen; vgl. *Mendl* 2008 [Anm. 15], 166 und 199).

[49] *Englert* 2002 [Anm. 44], 1.

[50] Vgl. etwa *Verhülsdonk* 2003 [Anm. 7] oder *Nordhofen* 2004 [Anm. 7].

schulischen Profil des Religionsunterrichts zuwiderlaufen und innerkirchlich – in der Gemeinde – verortet werden sollten, während der schulische Unterricht seine Aufgabe darin sieht, offene Zugänge zu Religion und Christentum zu bahnen, die kognitiv akzentuiert sind. Angesichts der jahrzehntelanger Vernachlässigung der Katechese, schwindender Ressourcen in der kirchlichen Infrastruktur (‚Megapfarreien'), aber auch mit Blick auf die Tatsache, dass die Gemeinden weithin unvorbereitet jenen sozioreligiösen Umwälzungen gegenüberstehen, die der Religionsunterricht unter schulischen Vorzeichen zu bearbeiten wusste, liegt nun die Versuchung nahe, die Grenzziehungen zwischen Unterricht und Gemeinde aufzuweichen und identifikatorische Lernprozesse in den Raum der Schule zurückzuholen. Das schulpädagogische Mäntelchen, das der ‚performative Religionsunterricht' solchen Tendenzen umzulegen vermag, bedingt seine Eignung, rekatechetisierend verzweckt zu werden, selbst wenn dies der Intention vieler seiner religionspädagogischen Vertreter/-innen zuwiderläuft.

- *Ist der ‚performative Religionsunterricht' eine Gefährdung der schulischen wie gesellschaftlichen Akzeptanz des Faches?* Wie bereits erläutert (vgl. 5.2), liegt die Prognose auf der Hand, dass im Falle einer Renaissance identifikatorischer Lernprozesse, welche Schüler/-innen eine Bejahung des Glaubens abfordern, jene Reputation, die das Fach Religionslehre dank seiner Konzentration auf schulkompatible Zielsetzungen gewinnen konnte, aufs Spiel gesetzt wird. Mit diesem Szenario wäre niemandem gedient. Die Kirchen würden ihren bildungsdiakonischen Einfluss auf die schulisch-religiöse Bildung riskieren, für die gemeindliche Katechese hingegen wäre nichts gewonnen. Sie könnte sogar mit einem von den Kirchen mitverantworteten Religionsunterricht einen wichtigen, arbeitsteiligen Bündnispartner verlieren.
- *Ist der ‚performative Religionsunterricht' ein Symptom einer totalitären Schule, die nicht um ihre Grenzen weiß?* Die performative Idee, außerschulische Frömmigkeitspraxis in den Unterricht zu holen, fügt sich ein in vielfältige pädagogische Bemühungen, Schule zu einem „Lebensraum"[51] auszuweiten, der die gesamte Wirklichkeit integrieren soll. Dementgegen entwickelte sich Unterricht ursprünglich als vom Alltag abgegrenzter Ort, der – mit Hermann Giesecke gesprochen – „gerade die Möglichkeit [bietet], die Alltagserfahrungen, Alltagsbedürfnisse und Alltagsinteressen zu transzendieren, gleichsam neben der tatsächlich gelebten Existenz eine Vorstellungswelt aufzubauen, die mir zum Beispiel die Wüste Sahara bekannt werden läßt, ohne daß ich je dort gewesen bin."[52] Mit Jürgen Baumert ist davor zu warnen, dass sich die Schule einer „totalen Institution"[53] annähert, welche die Unterschei-

---

[51] So bspw. ebd. oder *Mendl* 2008 [Anm. 15], 183.

[52] *Hermann Giesecke*, Pädagogik als Beruf. Grundformen pädagogischen Handelns, Weinheim – München ⁷2000, 80.

[53] *Jürgen Baumert*, Deutschland im internationalen Bildungsvergleich, in: Nelson Killius / Jürgen Kluge / Linda Reisch (Hg.), Die Zukunft der Bildung, Frankfurt 2002, 100-150, 102 m. Bez. a. *Erving Goffman*. Vgl. a. *Alfred Schirlbauer*, Die totale Schule, in: ders., Im Schatten des pädagogischen Eros. Destruktive Beiträge zur Pädagogik und Bildungspolitik, Wien 1996, 31-44.

dung zwischen pädagogisch aufbereiteter stellvertretender Erfahrung einerseits und wirklichem Leben andererseits aufgibt.[54] Der ‚performative Religionsunterricht' muss sich die Frage gefallen lassen, ob er einer totalitären Schule Vorschub leistet, die bis ins Gebetsleben der Schüler/-innen und ihre innersten Überzeugungen ausgreift.

– *Ist der ‚performative Religionsunterricht' der willkommene Anknüpfungspunkt einer ‚denkscheuen' Religionsdidaktik?* Entgegen dem Anspruch, dass performative Handlungsvollzüge in ‚dissoziativer' Weise[55] kritisch reflektiert werden sollen, mangelt es den theoretischen und praxeologischen Schriften zum ‚performativen Religionsunterricht' weithin an schlüssigen Vorschlägen, wozu und wie denn nun stimmige Brücken zwischen im Unterricht initiierter religiöser Praxis und ebendort vorgesehener Reflexion zu schlagen sind. Exemplarisch wird dies deutlich, wo die allzu simple Frage „Was macht das mit mir?"[56] als „Grundformel"[57] und „Leitfrage"[58] firmiert, welche die Reflexion performativer Handlungen ermöglichen und anregen soll.

7. Versöhnlicher Ausblick

Bei aller vorgebrachten Kritik kommt den Vertreter/-innen eines ‚performativen Religionsunterricht' das unzweifelhafte Verdienst zu, die *didaktische Zentralität religiöser Praxis*, die allzu lange unterbelichtet geblieben ist, neu auf die Agenda der Religionsdidaktik gesetzt zu haben. In der Tat bleiben Religion und christlicher Glaube schlichtweg unbegreifbar, wenn ihre *praktische Dimension* ausgespart bleibt. Wer christliche Religion kennen und verstehen will, muss wahrnehmen und wissen, was Christinnen und Christen *tun*, wenn sie Gott als Grund und Ziel unseres Daseins bitten und danken, ihn loben und preisen, ihm klagen und hadern, ihn feiern und anbeten. Zu streiten lohnt allerdings, wie religiöse Vollzüge angemessen erschlossen werden können unter *Achtung* der Freiheit der Schüler/-innen, des dezidiert schulischen Profils von Religionsunterricht und der Dignität religiöser Akte.

---

[54] Die Ausführungen von *Silke Leonhard* und *Thomas Klie* (2003 [Anm. 5]) zur leib-räumlichen Dramaturgie von (Religions)Unterricht thematisieren diese Differenz zwischen „außerschulische[r] Realität" und schulisch „inszenierte[r] Realität" (ebd., 10) in eindrucksvoller Klarheit. Aus dem Blick bleibt dabei allerdings, gemäß welcher Kriterien sich die „Referenz" (ebd., 16) religiöser Alltagswirklichkeit angemessen in unterrichtliche Inszenierungen übersetzen lässt.

[55] Die Unterscheidung von teilhabender ‚Assoziation' und distanznehmender ‚Dissoziation' ist prägend für *Hans Schmids* Überlegungen zum ‚performativen Religionsunterricht' (vgl. *ders.* 2002 [Anm. 7] sowie *ders.*, Assoziation und Dissoziation als Grundmomente religiöser Bildung. Zur Frage nach dem ‚Wozu' religiöser Bildung heute, in: RPäB 50/2003, 49-57).

[56] *Mendl* 2006 [Anm. 6], 18 und *ders.* 2008 [Anm. 15], 174.

[57] *Ders.* 2006 [Anm. 6], 18.

[58] *Ders.* 2008 [Anm. 15], 174.

Rückkehr zur Materialkerygmatik? Mystagogische und performative Konzepte als Anfrage an den schulischen Religionsunterricht

PATRIK C. HÖRING

Kritische Anfragen an den Verbleib des Religionsunterrichts in der öffentlichen (staatlichen) Schule gibt es regelmäßig – mal aus dem innerkirchlichen Raum, mal aus dem öffentlichen Raum. Nicht weniger zahlreich sind die Versuche, ihn didaktisch auf der Basis der im Würzburger Synodenbeschluss theologisch und schultheoretisch grundgelegten Zuordnung von schulischem Religionsunterricht und gemeindlicher Katechese weiterzuentwickeln.

Blickt man in die religionspädagogische Debatte der letzten Jahre zurück, dann fallen vor allem zwei Ansätze auf, die auf ihre Weise eine solche Weiterentwicklung andeuten wollen. Es sind die Vorschläge von Sr. Mirjam Schambeck unter dem Titel „Mystagogisches Lernen"[1] und die für den katholischen Raum vor allem von Hans Mendl vorgetragene Forderung nach einem „performativen Religionsunterricht"[2]. Sie sind deshalb von besonderem Interesse, weil sie nicht nur eine kritische Anfrage an die heute immer noch dominierende Korrelationsdidaktik stellen, sondern auch weil sie sich entlang des sensiblen Grates zwischen den Möglichkeiten religiöser Bildung an der öffentlichen Schule und den Interessen kirchlicher Verkündigung bewegen.

Was steckt hinter diesen Konzepten und wie sind sie im Gesamt der religionsdidaktischen Landschaft zu bewerten? Ein kurzer erinnernder Rückblick in die jüngere Geschichte der Religionsdidaktik im deutschsprachigen Raum lässt sogar die zugespitzte Frage zu: Stellen diese Vorschläge unter Umständen eine Rückkehr zu einer seit der Würzburger Synode überwunden geglaubten katechetischen Verengung, wenn nicht gar Verzweckung des religiösen Lernens an der Schule dar? Gefährden sie vielleicht sogar den Verbleib des Religionsunterrichts an der Schule?

1. Rückblick: Die Ablösung der Materialkerygmatik durch die Korrelationsdidaktik

Der Würzburger Synodenbeschluss zum schulischen Religionsunterricht war ein Meilenstein. Denn ein einseitig katechetisch bzw. missionarisch konzipierter

[1] Vgl. *Mirjam Schambeck*, Mystagogisches Lernen. Zu einer Perspektive religiöser Bildung, Würzburg 2006.

[2] Vgl. *Hans Mendl*, Religion erleben. Ein Arbeitsbuch für den Religionsunterricht, München 2008; *ders.*, Religionsunterricht inszenieren und reflektieren. Plädoyer für einen Religionsunterricht, der mehr ist als „reden über Religion", in: Ludwig Rendle (Hg.), Mehr als Reden über Religion, Donauwörth 2006, 10-37.

‚kirchlicher Unterricht in der Schule' war einem ‚schulischen Unterricht in kirchlicher Verantwortung' gewichen. Die entsprechende didaktische Konzeption war die seit dem Ende der 1970er Jahre sich in Lehrplänen, Lehrmitteln und der Unterrichtspraxis durchsetzende Korrelationsdidaktik.[3] Worin lag die große Errungenschaft dieser neuen Didaktik?

Dazu muss zunächst zurückgeblendet werden in die Zeit der sog. ‚Materialkerygmatik' der 1930er bis 1960er Jahre. Als Reaktion auf eine zuvor intensiv geführte Methodendiskussion (Integration von Psychologie und Pädagogik in die katechetische Konzeption mittels der sog. Münchener ‚psychologischen' Methode), die vielleicht zu stark inhaltliche Fragestellungen überlagerte, sollte sich wieder neu den Inhalten zugewendet werden. Zentraler Inhalt des Religionsunterrichts aber konnte und sollte nichts anders sein als das „Kerygma"[4]. Josef Andreas Jungmann (1889–1975), der ‚Protagonist' der ‚materialkerygmatischen Erneuerung', bringt es auf die Formel: „Das Dogma sollen wir kennen, verkündigen müssen wir das Kerygma."[5] Kerygma versteht Jungmann wie folgt:

> „Unter Kerygma (‚Verkündigung') verstehen wir die christliche Lehre, insofern sie dazu bestimmt ist, verkündigt zu werden, d.i. als Grundlage des christlichen Lebens von der Seelsorge geltend gemacht zu werden."[6]

So wurde der Religionsunterricht nicht zuerst als Lehre, sondern als Verkündigung verstanden, als Dienst am Wort, und damit ausgerichtet auf den Glaubensvollzug des Einzelnen in der Kirche und in der – vor allem in der NS-Zeit kirchenfeindlichen – Gesellschaft. Dahinter steht die v.a. in der Nachkriegszeit in Europa verbreitete „Missionarische Pastoral"[7] und die von ihr bestimmte kerygmatische Epoche der Katechetik. Das vergleichbare evangelische Modell war das u.a. von Helmuth Kittel vertretene Konzept der „evangelischen Unterweisung"[8].

Diese Verkündigung erschien Jungmann umso nötiger, da er bei der Mehrheit der Gläubigen „ein bewusstes, innerlich erfasstes Religionsbekenntnis"[9] nicht mehr gegeben sah. Inspiriert durch die Jugendbewegung und die Liturgische Bewegung (Jungmann war ja zugleich einer der einflussreichsten Liturgiker seiner Zeit) sah er die Notwendigkeit darin, „den Glaubensinhalt selbst dem Verständnis der Gläubigen" näher zu bringen, „dass sie ihn innerlich erfassen und so auch im religiösen Leben zu geistiger Reife [...] erwachsen".[10]

---

[3] Wie sehr Anspruch und Wirklichkeit hinsichtlich der allgemeinen Verbreitung didaktischer Ansätze auseinanderklaffen können, zeigen *Rudolf Englert / Ralph Güth* (Hg.), „Kinder zum Nachdenken bringen". Eine empirische Untersuchung zu Situation und Profil katholischen Religionsunterrichts an Grundschulen, Stuttgart 1999, 169.

[4] *Josef A. Jungmann*, Katechetik. Aufgabe und Methode der religiösen Unterweisung, Freiburg 1953, 290.

[5] *Josef A. Jungmann*, Die Frohbotschaft und unsere Glaubensverkündigung, Regensburg 1936, 60.

[6] *Jungmann* 1953 [Anm. 4], 290.

[7] Vgl. *Alfons Fischer*, Pastoral in Deutschland nach 1945, Bd. 1: Die „Missionarische Bewegung" 1945-1962, Würzburg 1985.

[8] *Helmuth Kittel*, Vom Religionsunterricht zur evangelischen Unterweisung, Hannover 1957.

[9] *Jungmann* 1936 [Anm. 5], 4.

[10] Ebd., 16.

Zwei Werke stellen den Höhepunkt und zugleich den Endpunkt dieser Entwicklung dar: (1) Der „Katechismus der Bistümer Deutschlands" (sog. „Grüner Katechismus" von 1955) und (2) der „Rahmenplan für die Glaubensunterweisung" (München 1967), der das Grundverständnis des Religionsunterrichts als Verkündigung sowie Einübung und Einführung in den Glauben der Kirche in den Mittelpunkt stellt.

Ein sich auflösendes konfessionelles Milieu, eine zunehmende Entkirchlichung, aber auch eine mangelnde Akzeptanz des Religionsunterrichts innerhalb des schulischen Fächerkanons führten einen solchermaßen konzipierten Religionsunterricht Ende der 1960er Jahre in eine Krise. Er wurde schlichtweg als wirkungslos und als Fremdkörper in der Schule erlebt. Das Ende der Materialkerygmatik ging einher mit der aus der evangelischen Religionspädagogik kommenden zunehmenden Schülerorientierung innerhalb der Didaktik (gewissermaßen Anfänge einer empirischen Wende in der Religionspädagogik), die der Lernsituation der Schüler eine größere Bedeutung zumaß und damit letztlich auf ein korrelatives Modell zusteuerte, indem fortan sowohl die Erfahrungen der Schülerinnen und Schüler wie die Inhalte der christlichen Glaubenstradition gleichermaßen die Brennpunkte des Unterrichtsgeschehens bildeten.[11]

Den theologischen Hintergrund bildete die für den jüdisch-christlichen Glauben grundlegende Korrelation von Glauben und Leben, wie sie etwa die Offenbarungskonstitution „Dei Verbum" des Zweiten Vatikanischen Konzils entfaltet und die innerhalb einer anthropologisch gewendeten Theologie vorgedacht und vertieft wurde, als deren bekanntester Vertreter Karl Rahner (1904-1984) gilt.[12] Dieser Zusammenhang von Glaube und Leben, Orthodoxie und Orthopraxis als theologisches und hermeneutisches Prinzip prägt Leben und Arbeiten des flämischen Dominikaners Edward Schillebeeckx (1914-2009): „In der Orthopraxis steht die Orthodoxie auf dem Spiel." [13] Mit seinem Namen verbindet sich die Entwicklung der auf dieser Korrelation basierenden Didaktik[14], die Gabriele Miller, Gottfried Bitter, Georg Baudler und andere ab Mitte der 1970er Jahre zum zentralen Konzept des Religionsunterrichts machen[15].

---

[11] Prägnant nachgezeichnet bei *Rudolf Englert*, Bloß Moden oder mehr?, in: KatBl 136 (4/2011) 296-303, 297.

[12] Vgl. *Karl Rahner*, Hörer des Wortes. Zur Grundlegung einer Religionsphilosophie. Neu bearbeitet v. J.B. Metz, Freiburg 1971; *ders.*, Geist in Welt. Zur Metaphysik der endlichen Erkenntnis bei Thomas von Aquin, München ²1957.

[13] Vgl. *Edward Schillebeeckx*, Menschen. Die Geschichte von Gott, Freiburg 1990, 227. Zur Mitwirkung von Schillebeeckx an „Dei Verbum" vgl. *Helmut Hoping*, Theologischer Kommentar zur Dogmatischen Konstitution über die göttliche Offenbarung Dei Verbum, in: Peter Hünermann / Bernd Jochen Hilberath (Hg.), Herders Theologischer Kommentar zum Zweiten Vatikanischen Konzil, Bd. 3, Freiburg 2005, 695-831,724f.

[14] Vgl. v.a. *Edward Schillebeeckx*, Offenbarung, Glaube und Erfahrung, in: KatBl 105 (2/1980) 84-95.

[15] Vgl. etwa *Gabriele Miller*, Der Zielfelderplan für die Primarstufe. Versuch einer Didaktik der Korrelation, in: KatBl 102 (5/1977) 380-382; *Gottfried Bitter*, Was ist Korrelation? Versuch einer Bestimmung, in: KatBl 106 (5/1981) 343-345; *Georg Baudler*, Korrelationsdidaktik. Leben durch Glauben erschließen. Theorie und Praxis der Korrelation von Glaubensüberlieferung und Lebenserfahrung auf der Grundlage von Symbolen und Sakramenten, Paderborn 1984. Vgl. a. die bilderrei-

Die Korrelation von Leben und Glauben, in der der Erfahrungsbegriff gewissermaßen das ‚tertium comparationis' ist, bildet eine konstruktive Wechselwirkung zwischen den Lebens- und Glaubenserfahrungen heute sowie den ‚geronnenen' und in biblischen und liturgischen Texten, den dogmatischen Aussagen und Bekenntnissen, aber auch vielfachen anderen Zeugnissen dokumentierten Erfahrungen von damals. Der Schwerpunkt der darauf fußenden und bis heute im Mittelpunkt der zahlreichen neueren didaktischen Ansätze stehenden Korrelationsdidaktik liegt in der Vermittlung einer Reflexions- und Deutungskompetenz. Es geht um die Vermittlung eines Instrumentariums mit dem von der Synode formulierten Ziel: „Der Glaube soll im Kontext des Lebens vollziehbar, und das Leben soll im Licht des Glaubens verstehbar werden."[16]

Eine Reduzierung der Offenbarung auf die menschliche Erfahrung wird recht bald dieser Didaktik unterstellt.[17] Doch auch ihre Vertreter weisen selbst schon früh auf die Gefahren einer einseitigen oder naiven Rezeption hin. Offenbarung und Erfahrung verhielten sich gerade nicht wie „Schloss und Schlüssel". [18] Dennoch: Das Wechselspiel von Erfahrung und Glaube will noch eingehender beschrieben werden.[19] Weitere Anfragen werden laut aufgrund der sich wandelnden gesellschaftlichen und unterrichtlichen Situation. So formuliert Anfang der 1990er Jahre Rudolf Englert wohlwollende Anfragen an die Realisierbarkeit der Korrelationsdidaktik.[20] Denn einerseits bringen Schülerinnen und Schüler kaum noch eigene Erfahrungen mit einer christlich-kirchlichen Praxis mit, zum anderen kommt das Korrelationsprinzip in der Unterrichtspraxis wohl oft zu geradlinig zum Einsatz, wenn jeder Unterrichtsinhalt stets mit einer manchmal beliebig erscheinenden Erfahrung der Schüler verknüpft wird. Hier setzt auch die Kritik von Thomas Ruster Ende der 1990er Jahre an, der gänzlich von Erfahrungen im Blick auf religiöses Lernen absehen will und eine Rückkehr zu den Inhalten fordert.[21]

Damit ist die Frage nach dem Zusammenhang von Erfahrung und Lerninhalt neu gestellt. Zwei neuere Ansätze stellen sich dieser Situation und richten den Blick auf die Korrelationsdidaktik.

---

che Rückschau bei *Rudolf Englert*, Korrelation(sdidaktik). Bilanz und Perspektiven, in: RPäB 38/1996, 3-18.

[16] Der Religionsunterricht in der Schule, in: GSyn 1 (1976) 123-152, 136.

[17] Vgl. etwa *Günter Biemer*, Ist die Offenbarung in religiösen Lernprozessen gleichrangig mit der Erfahrung? Für und gegen Georg Baudlers Auffassung von Korrelationsdidaktik, in: Diakonia 18 (6/1987) 419-421.

[18] Vgl. *Gotthard Fuchs*, Glaubhaft ist nur Liebe, in: KatBl 102 (5/1977) 371-377, 375f.

[19] Vgl. dazu *Hans-Georg Ziebertz / Edward Schillebeeckx*, Tradition und Erfahrung. Von der Korrelation zur kritischen Interrelation, in: KatBl 119 (11/1994) 756-762.

[20] Vgl. *Rudolf Englert*, Die Korrelationsdidaktik am Ausgang ihrer Epoche. Plädoyer für einen ehrenhaften Abgang, in: Georg Hilger / George Reilly (Hg.), Religionsunterricht im Abseits?, München 1993, 97-110.

[21] *Thomas Ruster*, Die Welt verstehen „gemäß den Schriften": Religionsunterricht als Einführung in das biblische Wirklichkeitsverständnis, in: rhs 43 (3/2000) 189-203.

2. Zwei Beispiele neuerer didaktischer Konzepte für den schulischen Religionsunterricht

2.1. *Mystagogisches Lernen (Mirjam Schambeck): Herleitung – Anwendung – Einschätzung*

Ausgehend von der These, dass Glaube und religiöses Lernen gleichermaßen Erfahrung voraussetzen[22], bringt Schambeck mit dem Stichwort des ‚mystagogischen Lernens' eine neue ‚Perspektive' in die Debatte um einen neuen Erfahrungsbezug in Feldern religiöser Bildung, vor allem dem Religionsunterricht. Sie untersucht zunächst Konzepte der Mystagogie in der Alten Kirche. Hier wird deutlich, dass mystagogisches Lernen schon immer ein umfassender und vielgestaltiger Prozess war, jedoch mit dem gemeinsamen Ziel, *den Menschen für die Gottesbegegnung zu disponieren.*[23]

Als herausragendes Beispiel einer erfahrungsorientierten und anthropologisch gewendeten Theologie der Gegenwart gilt – nicht nur ihr – Rahner. Seinen Ansatz einer „neuen Mystagogie"[24] entwickelt dieser auf dem Hintergrund der ignatianischen Exerzitien; ein Ansatz, der für die Praktische Theologie der Gegenwart wohl am folgenreichsten war. Hier bestätigen sich die bislang zusammengetragenen Beobachtungen: Mystagogie ist eine komplexe, offene, dynamische Angelegenheit, die dazu dient, eine grundsätzlich auf beiden Seiten freie, jedoch aufeinander angelegte Beziehung zwischen Gott und dem Menschen anzubahnen. Gotteserfahrung ist dabei zugleich Voraussetzung wie Ziel des Prozesses.[25]

Sensibel machen für die schon längst von Gott her auf den Menschen hin angelegte Beziehung, das ist die Aufgabe religiösen Lernens. Dies kann in Stille und mit Formen der Meditation gefördert werden, aber auch durch die Schulung der eigenen Wahrnehmungsfähigkeit für die Welt als Schöpfung, für die eigenen Alltagserfahrungen als Momente des Fragens und Tastens, diese Erfahrungen zu transzendierenden.

Wenn Schambeck darauf aufmerksam macht, dass Christsein im Wesentlichen Teilnahme am Leiden Christi durch Teilnahme am Leiden der Mitmenschen ist (com-passion), wenn eine kenotische Christologie die „Sinnmitte mystagogischer Wege"[26] bildet, dann sind vor allem die Grenzsituationen und Leiderfahrungen, die Begegnung mit den Tiefen menschlichen Lebens und das Mitfühlen mit den Notleidenden Orte, die an die Verwiesenheit auf Gott erinnern. Gerade hier kann und sollte Religionspädagogik ansetzen.[27] Zu denken ist an die

---

[22] Vgl. *Schambeck* 2006 [Anm. 1], 3f.

[23] Vgl. ebd., 66f.

[24] Vgl. *Karl Rahner*, Die grundlegenden Imperative für den Selbstvollzug der Kirche in der gegenwärtigen Situation, in: HPTh II/1 (1966) 256-276, 269-271; *ders.*, Frömmigkeit früher und heute, in: ders., Schriften zur Theologie, Bd. 7, Einsiedeln 1966, 11-31, 22.

[25] Vgl. *Schambeck* 2006 [Anm. 1], 66-77.205-213.

[26] Ebd., 211f.

[27] Vgl. ähnlich *Norbert Mette*, Identität in universaler Solidarität. Zur Grundlegung einer religionspädagogischen Handlungstheorie, in: JRP 6/1989, 27-55.

Bearbeitung eigener Grenzerfahrungen, z.B. mit erlebnispädagogischen Arbeitsformen. Zu denken ist aber auch an das sog. „Compassion-Projekt“[28], das die fächerübergreifende Auswertung mehrtägiger Praktika in Hospizen, Krankenhäusern, Altenheimen oder vergleichbaren Einrichtungen innerhalb der Schulklasse vorsieht. Solche Konzepte liegen inzwischen auch für die Katechese in der Gemeinde in Form einer diakonisch orientierten Firmvorbereitung vor.[29] Hier werden die Erfahrungen in der Begegnung mit leidenden Menschen zum Mittelpunkt des Lernprozesses. Hier kann anfanghaft gelernt werden, was Jesus in seiner Rede vom Weltgericht in Mt 25,31-46 anspricht: Im (notleidenden) Anderen begegnet uns ‚Er‘ selbst. Leiderfahrungen gehören also aus Sicht Schambecks zum „Proprium mystagogischen Lernens“, weil sie ein „‚qualifizierter Ort‘ von Gotteserfahrung“ sind.[30] Hier wird noch einmal deutlich, dass mystagogisches Lernen sich einfügt in den Ansatz subjektorientierter Bildung und diesen inhaltlich neu akzentuiert.[31]

Hier liegt der eigentliche Zielpunkt ihres Beitrags: Das Ziel religiösen Lernens besteht nicht allein im Erwerb einer Reflexions- und Deutungskompetenz, sondern in der Anbahnung einer Beziehung, der Gottesbeziehung.[32] Doch genau hier zeigen sich im Blick auf den schulischen Unterricht Grenzen, weil es den vom Synodenbeschluss gesetzten Rahmen erweitert. Die Gefahr der Vereinnahmung durch materialkerygmatische Ansprüche, die nicht von der öffentlichen (weltanschaulich pluralen Situation der) Schule ausgehen, wird auch von der Verfasserin erkannt.[33] So sehr auch Schule und Religionsunterricht einen Erfahrungsraum bilden, so kann es ebenso wenig darum gehen, die von der Synode initiierte Unterscheidung von schulischem Unterricht und gemeindlicher Katechese aufzuheben – bei aller Verwiesenheit aufeinander. Hier zeigt sich, dass dieser Ansatz noch sehr viel mehr Potential im Blick auf Konzepte gemeindlicher Katechese enthält, die es zu heben gälte.

2.2. Der „performative Ansatz“ (Hans Mendl): Herleitung – Anwendung – Einschätzung

Der Passauer Religionspädagoge Mendl plädiert in Anknüpfung an zuvor in der evangelischen Praktischen Theologie entwickelte Ansätze (Bernhard Dressler, Thomas Klie, Silke Leonhard[34]) für einen „performativen Religionsunterricht“,

---

[28] Vgl. *Johann B. Metz*, Compassion. Zu einem Weltprogramm des Christentums im Zeitalter des Pluralismus der Religionen und Kulturen, in: ders. / Lothar Kuld / Adolf Weisbrod (Hg.), Compassion. Weltprogramm des Christentums. Soziale Verantwortung lernen, Freiburg 2000, 9-18.

[29] Vgl. *Christiane Arendt-Stein / Thomas Kiefer*, Firmvorbereitung mit Herz. Sozialpraktika im Rahmen der Firmkatechese, München 2006.

[30] *Schambeck* 2006 [Anm. 1], 281.332.

[31] Vgl. ebd., 375-385.

[32] So auch *Albert Biesinger / Christoph Schmitt*, Gottesbeziehung. Hoffnungsversuche in Schule und Gemeinde, Freiburg 1998.

[33] Vgl. *Schambeck* 2006 [Anm. 1], 401-415, bes. 414f.

[34] Zuletzt *Thomas Klie / Silke Leonhard*, Performative Religionsdidaktik. Religionsästhetik – Lernorte – Unterrichtspraxis, Stuttgart 2008.

einen Religionsunterricht, der „mehr ist als ‚reden über Religion‘“[35]. Dabei ist zunächst das, was mit ‚performativ‘ gemeint ist, durchaus unterschiedlich.[36]

Performative Ansätze aus der evangelischen Praktischen Theologen neigen dazu, die Schüler als Gestalter einer spielerischen und probeweisen Inszenierung zu verstehen, die zum eigentlichen Entstehen von etwas Neuem beitragen. Katholische Theologen wie etwa Mendl verstehen die Schülerinnen und Schüler eher als Teilnehmer oder Beobachter einer Inszenierung durch die Lehrperson.[37] Drei Blickwinkel lassen Mendl nach (neuen) Möglichkeiten religiösen Lernens fragen: die Situation des lernenden Subjektes (a); das Nachdenken über die Qualität des Lerngegenstandes Religion (b); schließlich die Frage nach einem angemessenen Modus religiösen Lernens (c).[38]

a) Die Situation der Schülerinnen und Schüler in einer als nachchristlich zu bezeichnenden Moderne ist durch ein Erfahrungsdefizit aufgrund mangelnder Sozialisation gekennzeichnet.

b) Religion ist vor allem eine Praxis. Daher versagt eine rein rationale religiöse Erziehung. „Die christliche Religion kann nicht mitgeteilt, ohne immer zugleich auch dargestellt zu werden."[39] Mendl belegt dies mit der Eigenart der religiösen Sprache, die immer zugleich auch das Setzen einer Sache ist: Sie ist „performativ".[40] Das Wesen des Betens könne einem Gebetstext allein nicht entnommen werden, wenn das Gebet nicht auch tatsächlich vollzogen werde. Ebenso wenig lasse sich die Ethik des Christentums begreifen, ohne den Bezug zum praktischen caritativen Handeln. Hier unterscheide sich der Religionsunterricht nicht von anderen Fächern, wie etwa dem Sport, bei dem auch niemand in Frage stelle, dass er durch praktische Übungen erlernt werde.

c) Daher schlägt er vor, das seit der Würzburger Synode dominierende „Reflexionsmodell" (in Familie und Gemeinde gemachte „Erfahrungen ‚in Sachen Religion‘" werden im Religionsunterricht gedeutet) zu ergänzen. Neben der „Deutungskompetenz" gelte es auch eine „Partizipationskompetenz" zu vermitteln.[41] Es gehe nicht nur um die Fähigkeit, das Leben zu deuten, sondern auch darum, damit umzugehen. Nur auf diese Weise könne das Wissen durch Erfahrung erweitert und „im Gegenzug ein tieferes Verständnis des eigenen und fremden Handelns möglich werden".[42] Für Mendl heißt das konkret: inszenieren – einüben – ausprobieren – erproben, zum Beispiel:

---

[35] *Mendl* 2006 [Anm. 2].

[36] Vgl. u.a. die Darstellung bei *Rudolf Englert*, „Performativer Religionsunterricht!?" Anmerkungen zu den Ansätzen von Schmid, Dressler und Schoberth, in: rhs 45 (1/2002) 32-36 sowie *Michael Domsgen*, Der performative Religionsunterricht – eine neue religionsdidaktische Konzeption?, in: RPäB 54/2005, 31-49, 31f.

[37] Zur Unterscheidung vgl. *Rudolf Englert*, Performativer Religionsunterricht – eine Zwischenbilanz, in: ZPT 60 (1/2008) 3-16, 4-10.

[38] Vgl. *Mendl* 2006 [Anm. 2], 16.

[39] Ebd., 19. Vgl. auch *Friedrich Schleiermacher*, Die Praktische Theologie nach den Grundsätzen der evangelischen Kirche im Zusammenhange dargestellt, Berlin – New York 1983, 75.

[40] *Mendl* 2006 [Anm. 2], 21. Hier wird die Nähe zur Sprechakttheorie John L. Austins deutlich.

[41] Ebd., 16ff.

[42] Ebd., 18.

„– nicht nur ‚über' Religion sprechen, sondern das Fach so konzipieren, dass Kinder und Jugendliche mir ihren Fragen und Bedürfnissen im Mittelpunkt stehen
– nicht nur ‚über' Gemeinde und Gemeinschaft etc. sprechen, sondern Gemeinschaft auf jugendgemäße Wiese inszenieren
– nicht nur ‚über' Moral diskutieren, sondern ethisches Verhalten einüben
– nicht nur ‚über' Kirchen nachdenken, sondern in Kirchen Haltungen, Lieder, Riten ausprobieren
– nicht nur ‚über' Meditation reden, sondern meditative Elemente erproben
– nicht nur ‚über' Gebet und Liturgie sprechen, sondern zum experimentellen Beten und liturgischen Handeln anleiten und diese Erfahrung auch reflektieren
– nicht nur ‚über' biblische Texte sprechen, sondern sich von den biblischen Erzählern in Geschichten verwickeln lassen, sie als Spiegelungsfolien und Resonanzräume für eigene Erfahrungen werden lassen
– nicht nur ‚über' religiöse Kunstwerke reden, sondern selbst dem Glauben einen künstlerischen Ausdruck verleihen
– nicht nur etwas ‚über' andere Religionen kennen lernen, sondern Menschen einer anderen Religion begegnen
– nicht nur ‚über' Sakramente und ihre Symbole und Symbolhandlungen sprechen, sondern die heilsame Bedeutung ritueller Handlungen (‚to do things with words') erspüren
– sich nicht nur ‚über' Mönche, andere exotische Christen oder local heroes wundern, sondern in der Begegnung Nähe und Distanz spüren
– nicht nur ‚über' vergangene Geschichte etwas nachlesen, sondern Erinnerungsorte aufsuchen."[43]

Zusammengefasst: ein Plädoyer für einen erfahrungsgesättigten Unterricht. Niemand wird dies ernsthaft kritisieren wollen. Auch in anderen Fächern erfreuen sich Praxismodule, Exkursionen etc. großer Beliebtheit, auch wenn sie sich innerhalb des schulischen Zeitkorsetts nur als seltene Highlights realisieren lassen. Dennoch ist anzufragen:

a) Kann eine Exkursion, eine erlebnispädagogisch angereicherte Kirchenführung oder ein Expertengespräch wirklich Erfahrungen des christlichen Glaubens vermitteln? Bleiben es nicht notwendigerweise Fremderfahrungen? So wichtig etwa kirchen(raum)pädagogische Elemente sein können, aber lassen sie wirklich erleben, was und vor allem *wie* christlich geglaubt wird? Zumal: Lässt sich so etwas bei der Begegnung mit fremden Religionen – und die eigene ist ja oft gleichfalls fremd geworden – inszenieren?

b) Wird Probehandeln dem Lerngegenstand Religion gerecht? Kann ‚experimentell gebetet' werden? Kann man Glauben ‚ausprobieren' – zumal innerhalb der Rahmenbedingungen der öffentlichen Schule? So sehr auch die deutschen Bischöfe in ihrem Schreiben „Der Religionsunterricht vor neuen Herausforderungen" (2005) es für notwendig halten, „mit Formen gelebten Glaubens" vertraut zu machen[44], so warnen sie doch zugleich davor, dass „Gebet und Liturgie […] nicht für pädagogische Zwecke instrumentalisiert werden [… dürfen]"[45]. Noch größere Vorsicht scheint geboten, wenn es sich um Rituale fremder Religionen handelt, die ebenso wenig einfach ‚nachgespielt' werden

---

[43] Ebd., 25.

[44] Der Religionsunterricht vor neuen Herausforderungen, hg. v. Sekretariat d. Deutschen Bischofskonferenz, Bonn 2005, 23-27.

[45] Ebd., 26.

können, wie es bspw. eine zeitlang in vielen christlichen Gemeinden mit der jüdischen Pessah-Feier geschah.[46]

3. Rückkehr zur Materialkerygmatik? – Versuch einer kritischen Bewertung

3.1. Beide Ansätze tragen auf ihre Weise der Beobachtung Rechnung, dass Schülerinnen und Schüler heute immer weniger eigene religiöse Erfahrungen in Familie und Gemeinde machen. Schon der Würzburger Synodenbeschluss hatte die ganze Bandbreite möglicher Schüler vor Augen: den „suchenden" und „im Glauben angefochtenen" Schüler wie den „gläubigen" Schüler.[47] Faktisch war Mitte der 1970er Jahre vielen Schülern eine kirchliche Praxis zwar noch unmittelbar vor Augen, in vielen Fällen aber hatten sie bereits innerlich mit dieser Praxis abgeschlossen, sodass der Religionsunterricht schon damals einem „Sprechen zu Blinden von Farbe" glich.[48]

Wie aber soll religiöses Lernen ohne eigene Erfahrungen gehen, wenn doch der innere Zusammenhang von Leben und Glauben, von Erfahrung und theologischer Reflexion für einen religiösen Lernprozess konstitutiv ist? Eine Rückkehr zu einem Konzept der kirchlichen Verkündigung in der Schule, wie es das Konzept der Materialkergymatik vorsah, ist zweifellos nicht im Interesse der hier vorgestellten Entwürfe. Viel eher müssen sie *als Beiträge ‚post Würzburg' gelesen und auf diesem Hintergrund verstanden werden.*

3.2. Denn: Auch didaktisch *verbleiben die vorgestellten neueren Überlegungen letztlich auf dem Boden der Korrelationsdidaktik.* Sie setzen ebenfalls darauf, dass ein Reservoir an Erfahrungen – wenn nicht aus eigener religiöser, kirchlich vermittelter Praxis, dann doch zumindest durch im Unterricht induzierte oder inszenierte Erlebnisse – einem Reflexionsprozess unterzogen werden, unterzogen werden müssen, der diese Erfahrungen mit anderen (eigenen) Erfahrungen und den Erfahrungen anderer vernetzt: vor allem den Erfahrungen des Gottesvolkes in den verschiedenen Epochen seiner Glaubensgeschichte, dokumentiert in der Heiligen Schrift, in den Dogmen der Kirche, im großen Repertoire an Gebeten, Liturgien, Gesängen etc. sowie den zahlreichen Zeugnissen ‚verborgener Religiosität' in der bildenden Kunst, der Musik und Literatur usf. Damit bleiben sie der Korrelationsdidaktik mehr verpflichtet, als dass sie diese in Frage stellen. Es bestätigt sich die Beobachtung Bitters, der im Blick auf das Thema „Erfahrung und Glaube" von einem „mäandernden Strom" spricht, der mal nach

---

[46] Hier sieht auch Mendl eine klare Grenze. Vgl. *Eva Baumann-Lerch*, Fremde Heimat Religion. Fragen an den Religionspädagogen Hans Mendl, in: Publik-Forum 3/2012, 30f.

[47] Vgl. Der Religionsunterricht in der Schule [Anm. 16], 124f.; vgl. auch ebd., 139f.

[48] Ebd., 125; vgl. auch ebd., 130.

rechts mal nach links ausweiche, aber in dessen „breiten Delta mit vielen Nebenarmen und neuen Namen“ die „alten Wasser weiterfließen“.[49]

3.3. Einen größeren Stellenwert erhält jedoch der Unterrichtsgegenstand, die christliche Glaubenstradition. Sie soll mehr sein als nur ein ‚Katalysator‘ für individuelle Reflexionsprozesse. Christlicher Glaube ist ein echtes Identifikationsangebot[50], und dies soll deutlicher werden als bislang. Aber auch damit wird kein anderer Weg beschritten als jener, den die Würzburger Synode vorsah, wenn diese als Ziel für den Religionsunterricht formuliert, dass er nicht nur „die Frage nach Gott [...] weckt und reflektiert“, sondern auch „mit der Wirklichkeit des Glaubens [...] vertraut macht“ und „zu religiösem Leben [...] motiviert“.[51]

Wird er damit nicht aber zu einer Wiederkehr der Materialkerygmatik, zur kirchlichen Verkündigung in der Schule? Zunächst ist wahrzunehmen, dass Lernen verschiedene Formen annehmen kann, und dazu gehört in der Elementar- und Primarstufe etwa auch die Form imitierenden Lernens. Zumal wenn religiöse Sozialisationsprozesse in der Familie nicht mehr stattfinden, kann solches Lernen im schulischen Religionsunterricht – eine konfessionell homogene Lerngruppe vorausgesetzt – Ausdruck einer staatlich gewährten und gewollten Religionsfreiheit sein.

Faktisch aber findet der Religionsunterricht in immer mehr Fällen mit einer konfessionell oder religiös gemischten Schülerschaft statt. Zugleich wächst die Notwendigkeit, Formen des lebens- und religionskundlichen Unterrichts – durchaus mit konfessorischen Anteilen durch authentische Zeugen der jeweiligen Religionsgemeinschaften – auch für die zahlreichen nicht getauften Schüler vorzuhalten. Ein konfessionell homogener Religionsunterricht, wie er hier also vorausgesetzt wird, steht dann vielleicht noch mehr in der Gefahr, an den Rand gedrängt zu werden.

Entscheidend wird sein, inwieweit Skepsis und Distanz der Schülerinnen und Schüler zu religiösen Vollzügen möglich bleiben. Es handelt sich im Unterricht schließlich nur in den seltensten Fällen um „Glaubenswillige“[52]. Religiöse Vollzüge bleiben ein Angebot, eine Einladung, die nie zur Voraussetzung des schulischen Lernens werden kann.

Tatsächlich sieht schon die Würzburger Synode die Grenzen des Religionsunterrichts und mahnt daher zu größeren Anstrengungen in der gemeindlichen Katechese.[53] Dies gilt heute umso mehr. Die Anstrengungen hinsichtlich neuer,

---

[49] *Gottfried Bitter*, Erfahrung und Glaube. Eine kleine religionspädagogische Topografie, in: RPäB 66/2011, 11-16, 16. Auch Rudolf Englert ordnet die beiden hier besprochenen Ansätze als Formen des konfessionell organisierten und korrelativ konzipierten RU ein. Vgl. *Englert* 2011 [Anm. 11], 302.

[50] Vgl. die Formulierung von der „gesprächsfähigen Identität“ als dem Ziel des RU, in: Die bildende Kraft des Religionsunterrichts. Zur Konfessionalität des katholischen Religionsunterrichts, hg. v. Sekretariat d. Deutschen Bischofskonferenz, Bonn 1996, 28f.49.

[51] Der Religionsunterricht in der Schule 1976 [Anm. 16], 139f.

[52] Das katechetische Wirken der Kirche, in: GSyn 2 (1977) 37-97, 42.

[53] Vgl. Der Religionsunterricht in der Schule [Anm. 16], 130.

von den Bischöfen „evangelisierend-missionarisch“ genannter Lernformen[54] sind daher richtig. Die zwischenzeitlich starr anmutenden Grenzen des Religionsunterrichts zur gemeindlichen Katechese und zur neu profilierten Schulpastoral werden durchlässiger. Eine Offenheit der verschiedenen Handlungsfelder füreinander und ihre gegenseitige Vernetzung hatte schon die Synode für notwendig gehalten.[55] Die Forderung wurde durch die jüngeren bischöflichen Dokumente „Der Religionsunterricht vor neuen Herausforderungen“ (2005) und „Katechese in veränderter Zeit“ (2004) noch einmal wiederholt.[56]

Partizipation und Reflexion bilden, wie die beiden Brennpunkte einer Ellipse, ein Kraftfeld, in dem sich beide Vollzüge gegenseitig gesund halten. Es geht nicht ohne Erfahrungen, Glaube kann nicht allein reflektierend gelernt werden, Glaube lernt sich partizipierend. Und auch umgekehrt: Ein bloßes Einüben ohne Reflexion kann nicht den Ansprüchen eines ordentlichen Lehrfaches an der Schule genügen. Möglicherweise genügt es auch nicht den Ansprüchen eines vor der Vernunft zu rechtfertigenden Glaubens selbst.[57]

So liegen Chancen und Risiken zugleich in diesen beiden neuen Beiträgen. Sie sind ein weiterer Anlass, die Rolle des Religionsunterrichts an der öffentlichen Schule zu überdenken, der in der Vergangenheit ja schon die unterschiedlichsten Formen zwischen Frömmigkeitserziehung und theologischer Propädeutik angenommen hat. Sie machen neu darauf aufmerksam, dass Glaube auf verschiedene Weise wahrgenommen und (kennen)gelernt werden kann. Zugleich ist unbestritten: Wahrnehmung und Reflexion, Erlebnis und Deutung, Erfahrung und Wissen, Anschauung und Begriff führen zur Entwicklung einer religiösen Kompetenz, die den Schüler und die Schülerin in die Lage versetzt, „im Hinblick auf Religion und Glaube“[58] verantwortlich zu handeln.

---

[54] Katechese in veränderter Zeit, hg. v. Sekretariat der Deutschen Bischofskonferenz (DtBis 75), Bonn 2004, 11ff.

[55] Vgl. Der Religionsunterricht in der Schule [Anm. 16], 130. Zur Verhältnisbestimmung vgl. auch: Das katechetische Wirken der Kirche [Anm. 52], 52.

[56] Vgl. Der Religionsunterricht vor neuen Herausforderungen [Anm. 44], 26f. (im Blick auf das Verhältnis zur Katechese); 31ff. (im Blick auf das Verhältnis zur Schulpastoral); Katechese in veränderter Zeit [Anm. 52], 31f. Ein ähnliches Aufweichen der Grenzen beider Lernorte findet sich auf dem Hintergrund performativer Didaktik auch in der evangelischen Religionspädagogik. Vgl. etwa *Bärbel Husmann / Thomas Klie*, Gestalteter Glaube. Liturgisches Lernen in Schule und Gemeinde, Göttingen 2005, bes. 31f.

[57] Auch Hans Mendl weist auf die notwendige Balance hin. Vgl. *Mendl* 2008 [Anm. 2], 15.

[58] Der Religionsunterricht in der Schule [Anm. 16], 139.

Gretchenfragen? Alltäglich!

Glaubensexperten

Die Frauen sitzen in der Küche. Kaffee und Tee auf dem Tisch, intensive, vertraute Gespräche. Ein Kollege von mir, Pastoralreferent, begleitet das Team. Ich bin als Gast dabei, eingeladen als Experte. Es geht um Erwachsenenkatechese. Die Frauen planen für sich und andere einen Glaubens-Tag. Zur Vorbereitung auf die Arbeit in der Katechese mit Kindern, Familien und Eltern.

Hier, an diesem Küchentisch, stimmt alles, sogar der Schaum auf dem Milchkaffee ist spitze. Erwachsene übernehmen Verantwortung für ihre eigene Glaubensbildung – überzeugt, kompetent, attraktiv. Erwachsene Frauen organisieren – leider, wie so oft, ohne Männer – Glaubenskommunikation. Sie erzählen sich und anderen davon, was sie bewegt, woran ihr Herz hängt, was sie glauben. Und dieser Glaube wird anschaulich – in der Sorge um Kinder und Jugendliche und das gute Leben in der Gemeinde.

Als vermeintlicher Experte bin ich hier völlig überflüssig. Besser kann man's nicht machen, finde ich. „Warum tun Sie das alles – warum engagieren Sie sich so?", will ich wissen. Die Kaffeetassen werden abgestellt, das Gespräch unterbrochen. Kurze Stille, Nachdenken.

Und dann die Antwort: „Wir wollen uns doch entwickeln!" Klare Ansage. Religion, selbstorganisierte religiöse Bildung, kompetent, attraktiv, als Entwicklungsfaktor für Erwachsene. Nur so ‚bringt' religiöse Bildung was!

Dominik Blum

Zeugen und Prügelknaben – Religionslehrerinnen und -lehrer im Feld diffuser Erwartungen

HANS MENDL

1. Eine diffuse Ausgangslage

„Missionarisch wie Paulus, systematisch wie Thomas von Aquin, menschenfreundlich wie Maria Montessori“[1] – so sollten Religionslehrerinnen und -lehrer sein. Dabei lässt sich das Füllhorn der Erwartungen verschiedener Personen und Einrichtungen an die Religionslehrkraft mühelos erweitern: Gerechtigkeit und einen attraktiven Unterricht fordern die Schülerinnen und Schüler ein, Sorgfalt und Zuverlässigkeit die Kultusbehörden, Kirchlichkeit die Kirchen und Engagement über den Unterricht hinaus die Schulleiter. Hinzu kommen zeitbedingte konzeptionelle Erwartungen, die auch von Religionslehrerinnen und -lehrern je eigene Kompetenzen einfordern: Beim hermeneutischen Religionsunterricht musste der Religionslehrer exegetisch fit sein, beim symboldidaktischen versiert in Symboltheorien, die Fähigkeit zum intelligenten Korrelieren zählt zur Basiskompetenz einer jeden Religionslehrkraft, und auch mit neuen Medien sollte sie vertraut sein.[2]

Unbestritten ist, dass sich bereits Studierende mit der Frage nach dem berufsprofessionellen Habitus und den verschiedenen Erwartungen auseinandersetzen müssen. Denn aus der Sozialpsychologie wissen wir, dass ein Umgang mit den diffusen und vielfältigen Rollenerwartungen nur gelingen kann, wenn Lehrende lernen, damit umzugehen – und mit den Instrumenten der Reflexivität immer wieder, lebenslang, am eigenen Habitus arbeiten. Die Prozesse eines Zuweisens von Rollen (role-making) und der reflektierten Selbstzuschreibung (role-taking) müssen wohl austariert werden.[3]

Dabei lassen sich in der Berufsbiografie besondere markante Wegmarken benennen, die die Frage nach dem beruflichen Habitus sehr grundsätzlich aufwerfen. Das ist häufig bei der ersten Unterrichtsstunde in einem Praktikum der Fall,

---

[1] *Anton A. Bucher*, ReligionslehrerInnen: missionarisch wie Paulus, systematisch wie Thomas von Aquin, menschenfreundlich wie Maria Montessori, in: Hans Mendl (Hg.), Netzwerk ReligionslehrerInnen-Bildung, Donauwörth 2002, 14-34.

[2] Vgl. a. *Martin Rothgangel*, Der gute Religionslehrer / die gute Religionslehrerin im Spiegel religionsdidaktischer Konzepte und Ansätze, in: Rita Burrichter / Bernhard Grümme / Hans Mendl / Manfred Pirner / Martin Rothgangel / Thomas Schlag, Professionell Religion unterrichten. Ein Arbeitsbuch, Stuttgart 2012, 33-51.

[3] Vgl. *Hans Mendl*, Reflexivität. Die Förderung eines flexiblen berufsprofessionellen Habitus als zentrales phasenübergreifendes Merkmal einer zeitgemäßen Lehreraus- und -fortbildung, in: Ludwig Rendle (Hg.), Was Religionslehrerinnen und -lehrer können sollen. Kompetenzentwicklung in der Aus- und Fortbildung. 3. Arbeitsforum für Religionspädagogik, Donauwörth 2008, 235-255; *ders.*, Handwerker, Künstler, Meister. Eine Problemstudie zum Erwerb eines professionellen Habitus, in: JRP 22/2006, 65-78.

wenn man sich plötzlich auf der anderen Seite befindet und für einen Lerngegenstand Religion geradestehen soll. Die existenzielle und institutionelle Perspektive verbinden sich für viele junge Männer und Frauen auf drastische Weise, wenn es um die Beantragung der kirchlichen Beauftragung geht: „Ich bin bereit, Religionsunterricht in Übereinstimmung mit der Lehre und den Grundsätzen der Katholischen Kirche glaubwürdig zu erteilen (Bayer. Verf. Art. 136) und diese in meiner persönlichen Lebensführung zu beachten“[4], lautet beispielsweise die Missio-Formel des Bistums Bamberg. Wenn dann bei den entsprechenden Informationsveranstaltungen auch noch mit Bezug auf die einschlägig bekannten kirchlichen Dokumente auf die wichtige Rolle des Religionslehrers als Zeugen hingewiesen wird, so löst dies dann endgültig Unbehagen aus. Zeuge – für wen und wofür? Und was beinhaltet das genau? Weil die Zuweisung „der Religionslehrer als Zeuge“ durchaus interessegeleitet vorgebracht, vereinnahmend gedeutet und moralisierend konnotiert erfolgt, wird sie im religionspädagogischen Diskurs auch sehr kontrovers diskutiert. Das ist übrigens nicht erst heute so: Auch Adolf Exeler benennt in seinem Aufsatz aus dem Jahre 1981 mit dem Titel „Der Religionslehrer als Zeuge“ zunächst drei „negative Assoziationen“, die mit dem Begriff verbunden sind: die emphatische Erinnerung an Treueschwüre, die beängstigende Vorstellung, die Zeugenschaft ziele auf das Gläubig-Machen der Schüler, und die Angst vor einer persönlichen Überforderung.[5]

Im Folgenden soll ein Vorschlag unterbreitet werden, der den Begriff des ‚Zeugen‘ von der Leitkategorie der Beziehung aus differenziert unter die Lupe nimmt. Über diese Beziehungsdimensionen dann nachzudenken, erscheint als lohnenswertes Projekt, das in allen Phasen der Lehrerbildung zur Neujustierung des beruflichen Habitus eingebracht werden kann.

2. Zeuge – Beziehung: von der sprachlichen Annäherung zur Leitkategorie ‚Beziehung‘

Schlägt man im Herkunftswörterbuch[6] nach, so findet man vor dem Substantiv „Zeuge“ noch das altgermanische Substantiv „Zeug“ – das Pfluggerät, ein Mittel zum Ziehen. Daraus entwickelte sich die Bedeutung: Mittel, Gerät, Stoff, Vorrat. Die seit dem 18. Jahrhundert gebrauchte abwertende Bedeutung im Sinne von „Kram, Plunder“ haben die Bischöfe hoffentlich nicht im Hinterkopf, wenn sie vom Religionslehrer als ‚Zeugen‘ sprechen. „Zeug“ und „Zeuge“ gehören beide zum Verb „ziehen“: Speziell „das Ziehen vor Gericht“. Der Zeuge ist also

---

[4] Antragsformular auf Erteilung der Missio Canonica des Bistums Bamberg; vgl. Hans-Georg Ziebertz, Wer initiiert religiöser Lernprozesse? Rolle und Person der Religionslehrerinnen und -lehrer, in: Georg Hilger / Stephan Leimgruber / Hans-Georg Ziebertz, Religionsdidaktik. Ein Leitfaden für Studium, Ausbildung und Beruf. Neuausgabe, München 2010, 206-226, 211f.

[5] Vgl. *Adolf Exeler*, Der Religionslehrer als Zeuge, in: KatBl 106 (1981) 3-14.

[6] Vgl. Duden. Das Herkunftswörterbuch. Eine Etymologie der deutschen Sprache, Mannheim 1963, 780.

eine vor Gericht gezogene Person, der Zeugnis ablegen soll. Die Wortgruppe „ziehen" enthält eine Fülle an Bedeutungsausdifferenzierungen, neben dem des „Erziehens" unter anderem auch das Wortfeld „beziehen" und ‚Beziehung'. Deutlich wird, dass der Begriff ein äußerst dynamischer ist und eine Relation zwischen dem Subjekt und einem weiteren Gegenstand oder Subjekt zum Ausdruck bringt.

Es fällt nicht schwer, von dieser sprachgeschichtlichen Annäherung eine Brücke zum religionspädagogischen Zeugenbegriff herzustellen, der von der Kategorie der Beziehung geprägt wird. Reinhold Boschki[7] bezeichnet „Beziehung" als einen zentralen Leitbegriff der Religionspädagogik. Diesen entfaltet er in seiner dialogisch-kreativen Religionsdidaktik vor allem vom lernenden Kind und Jugendlichen aus; die Religionslehrkraft kommt dabei als konstruktiv-kritische Beziehungspartnerin in den Blick. Seine These: „Die Leitkategorie ‚Beziehung' kann Selbstverständnis und Arbeitsweise der Lehrenden im Fach Religion verändern und dynamisieren."[8] Ich möchte im Folgenden diese These insofern ausweiten, indem ich sie konsequent von der Lehrperson aus betrachte und vier zentrale Beziehungsdimensionen genauer untersuche. Dabei gilt es zu beschreiben, wer das Gegenüber ist, mit dem der Religionslehrer in Beziehung steht, um welchen konkreten Gegenstand es sich handelt, zu dem eine Beziehung aufgebaut werden soll, welche Rollenerwartungen an die Religionslehrkraft gestellt werden und wie diese Zeugenschaft begrifflich auf den Punkt gebracht werden kann. Auch die Perspektive des Prügelknaben wird dabei aufgegriffen und ausdifferenziert.

Der Vorteil einer solchen breiten Anlage der Zuweisung „Der Religionslehrer als Zeuge" erscheint evident: Damit wird die Fokussierung auf die ausschließliche Betrachtung des Religionslehrers im Bezug zur Kirche, aber auch eine rein alternative Betrachtungsweise „Zeuge des Glaubens" *oder* „Experte für Religion"[9] gesprengt. Denn neben der institutionell gebundenen Frage nach dem Bezug zur Kirche soll auch die deutlicher persönlich-existenzielle Frage nach dem eigenen Glauben als Beziehungsdimension betrachtet werden; im didaktischen Dreieck Lehrer – Schüler – Gegenstand muss neben dem Bezug zur Wissensdimension auch die Ebene der Lehrer-Schüler-Beziehung thematisiert werden.

---

[7] Vgl. *Reinhold Boschki*, „Beziehung" als Leitbegriff der Religionspädagogik. Grundlegung einer dialogisch-kreativen Religionsdidaktik, Ostfildern 2003.

[8] Ebd., 435.

[9] Vgl. *Rudolf Englert*, Der Religionslehrer – Zeuge des Glaubens oder Experte für Religion?, in: RPäB 68/2012, 77-88.

Religionslehrer/in Beziehung			
Gegen-Stand	Selbst-Stand	Bei-Stand	Wider-Stand
„Religion“	„Glaube“	„Konfession“	„Leben“
Wissender Übersetzer	*Fragmentarisch Überzeugter*	*Kritischer Brückenbauer*	*Transparenter Spiegel*
Theologie	Evangelium	Kirche	Schüler

Abb. 1: Religionslehrer als „Zeuge“: 4 Beziehungsdimensionen

Wenn in den folgenden Teil-Überschriften die ‚Gretchenfrage‘ aus Goethes Faust übernommen wird, so soll damit deutlich werden, dass die Klärung der vier Beziehungsdimensionen weniger auf eine normative Rollenfixierung von außen sondern letztlich auf Prozesse der Selbstevaluation abzielt: „Wie hältst du’s mit …?“ lautet die Schlüsselfrage, die dann der Entfaltung, Überprüfung und Neujustierung eines berufsprofessionellen Habitus[10] zuträglich sein kann.

3. Der Religionslehrer als Zeuge: vier Beziehungsdimensionen

3.1. Wie hältst du’s mit dem Gegenstand Religion?

Religionslehrerinnen und -lehrer sollten Experten für den Gegenstand Religion sein. Die deutschen Bischöfe beschreiben die fachspezifischen Kompetenzen der Studienabsolventen so: Sie verfügen über eine wissenschaftsmethodische Grundlagenkompetenz, über eine exegetisch-historische Kompetenz, über eine systematisch-theologische Argumentationskompetenz, über eine ökumenische und interreligiöse Dialog- und Diskurskompetenz, über eine interdisziplinäre Dialog- und Diskurskompetenz, über eine didaktische Erschließungskompetenz, über eine Entwicklungskompetenz, über eine Wahrnehmungs- und Diagnosekompetenz sowie über eine Rollen- und Selbstreflexionskompetenz.[11] Nun gibt es gerade bei den zuerst genannten fachwissenschaftlichen Kompetenzen immer wieder kritische Anfragen in Hinblick auf Studierende, die Religion nicht als Fach, sondern nur im Didaktikbereich studieren. Die fachpolitische Entscheidung, sich hier nicht aus dem Fächerverbund möglicher Didaktikfächer auszuklinken, steht im Widerstreit zu den wahrnehmbaren Defiziten. Seminarleiter bemängeln aber auch bei den Hauptfachstudierenden immer wieder deren unge-

[10] Zum Habitus-Modell vgl. *Hans-Georg Ziebertz / Stefan Heil / Hans Mendl / Werner Simon,* Religionslehrerbildung an der Universität. Profession – Religion – Habitus, Münster 2005.

[11] Vgl. *Sekretariat der Deutschen Bischofskonferenz* (Hg.), Kirchliche Anforderungen an die Religionslehrerbildung, Bonn 2011, 20ff.

nügendes theologisches Fachwissen, häufig auch ein ‚Oasenwissen' anstatt eines breiten Überblickswissens. Ob solche Vorwürfe, die aus der Perspektive einer subjektiven Empirie geäußert werden, stimmig und hilfreich sind, sei dahingestellt; schließlich sollte auch die zweite Phase der Lehrerbildung als Chance betrachtet werden, vor dem Hintergrund der schulischen Herausforderungen theologisches Sachwissen neu zu verarbeiten bzw. Wissenslücken zu füllen. Entscheidend scheint mir aber zu sein, von einem intelligenten Wissensbegriff aus die Frage nach der theologischen Expertise von Religionslehrern anzugehen. Dabei erweist sich die Perspektive dieses Entwurfs, von der Beziehungsdimension aus das jeweilige Erwartungsfeld genauer anzuschauen, als weiterführend: Denn es geht ja im Kern nicht um die Anhäufung eines theologischen Kompendiumwissens im Studium, sondern um die Entfaltung einer Kommunikationsfähigkeit bezüglich des Modus einer Weltwahrnehmung und -deutung von Religion anhand der Lerngegenstände verschiedener theologischer Fächer: Theologie sollte in ihrem Lebensbezug als korrelative Theologie, die aus der Reflexion über Erfahrungen entstanden ist, studiert werden. Von drei Beziehungsdimensionen aus lässt sich der Anspruch auf ein intelligent aufbereitetes religiöses Wissen konkretisieren:

- Im Vordergrund steht zunächst die Beziehung zwischen dem theologischem Sachwissen und der Person der Lehrenden. Vom Elementarisierungsmodell her können wir die Perspektive der elementaren Wahrheit einfügen: Nicht nur die ‚Wahrheit an sich' interessiert, sondern auch die Bedeutung der ‚Wahrheit für mich'. Die Auseinandersetzung mit historischen, exegetischen, systematischen oder interreligiösen Fragestellungen impliziert auch die eigene Deutung und das persönliche Urteil: Wie steht man zur Entwicklung des Papsttums, wie deutet man biblische Wunder, wie interpretiert man selber die Aussage „Jesus Christus – wahrer Mensch und wahrer Gott", was bedeutet das Konzept einer schwachen bzw. einer starken Toleranz für die eigene interreligiöse Perspektive?
- Die zweite Beziehungsdimension schließt sich hier an: Die Universität sollte ein Ort sein, an dem die künftigen Lehrerinnen und Lehrer über solche Fragen untereinander und mit den Dozierenden ins Gespräch kommen, um so die im Bischofspapier benannte Diskurskompetenz auszubilden; diese brauchen sie auch später an der Schule, um für eine diskursfähige Theologie geradezustehen!
- Wie jede Wissenschaft verfügt auch die Theologie über eine eigene Fachsprache. Spätestens bei den ersten unterrichtspraktischen Versuchen wird aber deutlich, dass Religionslehrende vor allem ‚Übersetzungskünstler' sein müssen: Sie brauchen die Fähigkeit, „zentrale Glaubensaussagen und Intentionen christlicher Ethik Gesprächspartnern verständlich zu machen, die in ihrem Denken und Sprechen nicht kirchlich geprägt sind. Dadurch werden sie genötigt, Glaubensaussagen in die Sprache der Gegenwart zu übersetzen"[12].

---

[12] *Franz W. Niehl*, Wir sind Kirche! Was können Religionslehrerinnen und Religionslehrer zur Reform der Kirche beitragen? Stichworte zur Situation, in: Ludwig Rendle (Hg.), „Nur wer sich

Von da aus erscheinen Studienmodelle, die ein Praxissemester im Studium selbst vorsehen, durchaus als produktiv für die Entwicklung einer gesprächsfähigen Theologie, weil im Anschluss an solche Praxiserfahrungen im Studium theologische Inhalte auch anders wahrgenommen und neu übersetzt werden.

Fazit: Tatsächlich ist die Theologie ein starker und vielschichtiger Gegen-Stand für Religionslehrkräfte. Beständig in Augenkontakt mit diesem oftmals widerständigen Gesprächspartner sollten sich Religionslehrerinnen und -lehrer zu reflektierten und gesprächsfähigen theologischen Experten entwickeln, so dass sie argumentativ überzeugend für den Glauben einstehen können.[13] Der Hinweis von Rudolf Englert, dass nach der Essener Religionsunterrichts-Studie[14] Religionslehrerinnen und -lehrer im Religionsunterricht nicht nur kaum vom eigenen Glauben reden, sondern hier auch ausgesprochen selten ihre theologische Expertise einbringen und fachlich erklären, „was Christen glauben"[15], sondern dies fast ausschließlich medial thematisieren, stimmt durchaus nachdenklich und ist vermutlich die Folge eines missverstandenen konstruktivistischen und instruktionsfeindlichen didaktischen Settings.[16] Damit wird aber die Chance vertan, dass die Schülerinnen und Schüler modellhaft an der Person des Religionslehrers und der Religionslehrerin sehen, wie eine verantwortliche, vernünftige und dialogfähige Bearbeitung von Religion aussehen könnte.[17]

Appellativ gesprochen: Religionslehrer sollten auskunftsfähige Zeugen eines vernünftigen und sachkundigen Umgangs mit dem Gegen-Stand Religion sein!

3.2. Wie hältst du's mit deinem fragmentarischen Glauben?

Die Unterscheidung zwischen den Beziehungspartnern Evangelium und Kirche könnte entlastend für den Anspruch sein, dass Religionslehrerinnen und -lehrer Glaubenszeugen sein sollten. Interessant ist in diesem Zusammenhang, dass in der Priorisierung der Perspektiven durchaus konfessionelle Unterschiede deutlich werden, wenn man in die entsprechenden kirchlichen Dokumente schaut: Vom genuin evangelischen Kirchenbegriff aus erscheint die individuell-bekenntnishafte Zugehörigkeit zur Kirche Jesu Christi als weit bedeutsamer als

---

ändert, bleibt sich treu". Religionsunterricht in einer Kirche im Lernprozess. 6. Arbeitsforum für Religionspädagogik, München 2011, 118-130, 122.

[13] Vgl. *Christoph Böttigheimer / René Dausner*, Kompetente Glaubenszeugen. Was sollen Religionslehrer leisten?, in: HerKorr 65 (2011) 457-461, 460.

[14] Vgl. *Rudolf Englert / Annegret Reese-Schnitker*, Varianten korrelativer Didaktik im Religionsunterricht. Eine Essener Unterrichtsstudie, in: Horst Bayrhuber u.a. (Hg.), Empirische Fundierung in den Fachdidaktiken, Münster 2011, 59-73.

[15] *Englert* 2012 [Anm. 9], 86.

[16] Vgl. dementgegen *Hans Mendl*, Warum Instruktion nicht unanständig ist, in: KatBl 135 (2010) 316-321; *Herbert Gudjons*, Frontalunterricht – neu entdeckt, Stuttgart ^{3}2011.

[17] Vgl. a. die wichtige Differenzierung in der Kindertheologie, wo dem Lehrer neben der Rolle des aufmerksamen Beobachters und stimulierenden Gesprächspartners auch die des begleitenden Experten zugewiesen wird: *Annike Reiß / Petra Freudenberger-Lötz*, Didaktik des Theologisierens mit Kindern und Jugendlichen, in: Bernhard Grümme / Hartmut Lenhard / Manfred L. Pirner (Hg.), Religionsunterricht neu denken. Innovative Ansätze und Perspektiven der Religionsdidaktik. Ein Arbeitsbuch, Stuttgart 2012, 133-145, 138.

die Repräsentation der Institution Kirche. Gerade in den neueren katholischen Dokumenten ist dementgegen eine deutlichere Verschiebung von einer „Bezeugung des Evangeliums" hin zu einer „Bezeugung des konkret Konfessionellen" festzustellen.[18] Wenn zunächst die Bedeutung des Beziehungsgegenstands Evangelium und somit die subjektorientierte Seite der Glaubenszeugenschaft der Lehrkraft herausgearbeitet wird, dann beinhaltet diese Reihung durchaus auch eine Wertung und Einordnung: Maßstab für den individuellen Glauben und für den Glauben der Kirche ist das Evangelium Jesu Christi.

Auch von den Lehrenden anderer Fächer erwartet man nicht nur eine solide Sachkenntnis, sondern zudem einen inneren Bezug zum Gegenstand: Wer sich nicht gerne bewegt, sollte nicht Sportlehrer, wer nicht gerne liest, nicht Deutschlehrer werden wollen. Für einen religionskundlichen Unterricht freilich würde es genügen, wenn ein Lehrer sich gerne mit existenziellen, philosophischen, ethischen oder religiösen Fragen auseinandersetzt. Von der Konzeption eines konfessionellen Religionsunterrichts aus wird dann allerdings mehr verlangt, nämlich ein existenzieller Bezug zur Sache (das unterscheidet diesen Beziehungsaspekte von dem der ersten Gretchenfrage, die stärker intellektuell-reflexiv verstanden werden kann): „Religiosität und Glaube sind nicht nur ein Gegenstand, sondern ein Standort"; ein Religionslehrer sollte deshalb „die Sache des Evangeliums zu seiner eigenen machen", fordert die Würzburger Synode.[19] Vier Problemstellungen geben dieser Glaubenszeugenschaft ein eigenes Gepräge:

- Der Glaube ist theologisch betrachtet zunächst einmal ein unverfügbares Geschenk, das sich jeder Produzierbarkeit, schon gar von einem Dritten gefordert, entzieht. Diesem Angebot Gottes kann sich der Mensch öffnen oder verschließen, er wird damit zeitlebens ringen müssen. „Zu dieser glaubenden Suchbewegung gehören nicht nur Zweifel und Unsicherheit, sondern durchaus auch die eigenständige, subjektive Aneignung von und kritische Auseinandersetzung mit den christlichen Glaubenstraditionen. Wer sich aber nicht zumindest in diesem Sinn in den Spuren dieser Traditionen auf einem (christlichen) Weg der Suche nach Gott weiß, wird sich mit den Aufgaben einer Religionslehrkraft schwer tun, weil er oder sie wahrscheinlich weder zu den zentralen Inhalten des RU eine innere Beziehung aufbauen wird noch die Binnenperspektive des christlichen Glaubens in persönlicher Authentizität darstellen können wird"[20], postuliert Manfred Pirner.
- Die postmoderne Bestimmung einer fragmentarischen und narrativen Patchwork-Identität trifft auch auf Religionslehrende zu. Sie sind gezwungen, dem

---

[18] *Rita Burrichter*, Zwischen Schule und Kirche – Rahmenbedingungen und Selbstverständnis von Religionslehrkräften im Horizont des katholischen und evangelischen Religionsunterrichts, in: dies. / Grümme u.a. 2012 [Anm. 2], 52-71, bes. 57-61.

[19] Der Religionsunterricht in der Schule, in: Gemeinsame Synode der Bistümer in der Bundesrepublik Deutschland. Offizielle Gesamtausgabe, Bd. 1, Freiburg – Basel – Wien 1976, 113-152, 2.8.2-2.8.3.

[20] *Manfred L. Pirner*, Wie religiös müssen Religionslehrkräfte sein? Zur religiösen Kompetenz, Reflexionskompetenz und spirituell-religionspädagogischen Kompetenz, in: Burrichter / Grümme u.a. 2012 [Anm. 2], 107-125, 110.

eigenen Glauben eine je eigene Gestalt zu geben, sie werden aus der vorgegebenen Tradition auswählen und je nach Beziehungsstand, Wohn- und Berufsort, Milieu, religiöser Beheimatung, Lebenssituation und Lebensgeschichte auch eine ganz eigene wandelbare Religiosität aufbauen. Glaubenszeuge sein bedeutet also in diesem Zusammenhang: den eigenen fragmentarischen Glauben authentisch zu bezeugen. So sollte man die Forderung der Bischöfe nach „persönlicher Glaubwürdigkeit und Authentizität“ [21] verstehen! Davon abzugrenzen sind zwei Fehlformen: diejenigen Religionslehrenden, die sich ausschließlich hinter dem Glauben der Kirche verstecken, und diejenigen, die kein reflektiertes und durchaus auch leidenschaftliches Verhältnis zum Evangelium aufbauen.

– Zu unterscheiden ist aber, dass die Religionslehrkraft zwar über einen solchen reflektierten fragmentarischen Glauben verfügen sollte, aber noch zu klären ist, inwieweit sie auch zur Kundgabe dieses authentischen Glaubens verpflichtet werden kann. Auch Religionslehrerinnen und -lehrer haben persönlich ein Recht auf Diskretion, sie werden im eigenen Interesse im Klassenzimmer die persönliche Offenheit in Fragen des Glaubens auch begrenzen. Die Unterscheidung zwischen dem gelehrten und dem gelebten Glauben erscheint hier als weiterführend: Den gelehrten Glauben, wie er in der ersten Gretchenfrage thematisiert wurde, haben die Religionslehrer zu thematisieren, den eigenen gelebten Glauben transparent kundzutun, das muss mit Maß und Ziel erfolgen. Englert ist zuzustimmen: Wenn Schülerinnen und Schüler von sich aus den Religionslehrer auch in persönlichen Belangen ansprechen, dann kann eine „solche Zeugenschaft als eher situativ sich einstellende Gelegenheit und als Chance und nicht als prinzipiell erwartbare Kompetenz und Verpflichtung“[22] verstanden werden. Freilich werden die Schülerinnen und Schüler hier immer wieder weitergehende ‚Gretchenfragen‘ stellen. Das (zu) oft zitierte Diktum aus dem ersten Petrusbrief („Seid stets bereit, jedem Rede und Antwort zu stehen, der nach der Hoffnung fragt, die euch erfüllt“ [1 Petr 3,15b]) kann hier zur Klärung beitragen, wenn man zwei Aspekte heraushebt: Leider unterschlägt die Einheitsübersetzung gegenüber dem griechischen Text das Wörtchen *logos*: Es geht um den „*Grund* der Hoffnung, die euch erfüllt“: Die Religionslehrerinnen und -lehrer sollten also kund tun, dass es rationale Begründungen für eine Orientierung am Evangelium gibt, und sie sollten dies so tun, wie es im Petrusbrief dann weiter heißt: „aber antwortet bescheiden und ehrfürchtig, denn ihr habt ein reines Gewissen“ (1 Petr 3,16).[23]

– Von der respekt- und taktvollen Kundgabe des authentischen Glaubens nochmals zu unterscheiden ist dann die Frage, was das auf die Schülerinnen und Schüler hin bedeutet – eben nicht die Intention eines Gläubig-Machens, von der schon in der eingangs von Exeler skizzierten negativen Assoziation die Rede war. Die Zielintention auf die Schülerinnen und Schüler hin wird

[21] *Sekretariat der Deutschen Bischofskonferenz* 2011 [Anm. 11], 46.
[22] *Englert* 2012 [Anm. 9], 85.
[23] Vgl. *Hans Mendl*, Der Religionsunterricht – ein starker Ort der Kirche. Die prophetische Kraft des Religionsunterrichts für die Zukunft der Kirche, in: Rendle (Hg.) 2011 [Anm. 12], 49-70, 60.

bei der vierten Gretchenfrage genauer untersucht. Den Anspruch dieser zweiten Perspektive bringt Bernhard Grümme, bezogen auf die theologische Kompetenz der Religionslehrkraft, so auf den Punkt: „Gute Theologie ist eine professionsbezogene, subjektorientierte Theologie, die der Kommunikation des Evangeliums dient."[24]

Appellativ gesprochen: Religionslehrerinnen und -lehrer sollten respektvolle Zeugen eines selbstreflexiven, verantwortlichen und (notwendig) fragmentarischen Umgangs mit den Ansprüchen des Evangeliums sein und sich dieses Selbst-Stands immer wieder vergewissern!

3.3. Wie hältst du's mit der Kirche?

Diese Gretchenfrage scheint tatsächlich die heikelste zu sein, sie löst „negative Assoziationen"[25] aus und hat letztlich auch eine beruflich-existenzielle Bedeutung, wenn man an die Möglichkeit der Institution Kirche denkt, die Missio canonica gegebenenfalls zu entziehen. Unbehagen bewirkt diese Beziehungsperspektive auch deshalb, weil kirchlicherseits immer wieder der Eindruck erweckt wird, die Religionslehrerinnen und -lehrer würden zuhauf diese Beziehungsebene zu wenig pflegen. Rita Burrichter[26] arbeitet trefflich heraus, dass der eingeforderte institutionelle Blickwinkel nicht nur ein Charakteristikum vor allem der katholischen Kirche ist und dieser in den jüngeren Verlautbarungen wieder zunehmend eingefordert wird, sondern hier auch die Metaphorik recht schillernd ist: Die Religionslehrerinnen und -lehrer sollten „Zeugen des Glaubens in der Schule"[27] sein; war die Begrifflichkeit des „Bürgen" in „Die bildende Kraft des Religionsunterrichts" (1996) deutlich auf die persönliche Glaubwürdigkeit der eigenen Existenz bezogen, so werden in „Der Religionsunterricht vor neuen Herausforderungen" (2005) vor dem Hintergrund der zunehmenden Entkirchlichung der Schülerinnen und Schüler die Religionslehrkräfte an der Schnittstelle von Kirche und Schule als „Brückenbauer" zwischen den Schülerinnen und Schülern und der Kirche betrachtet: „Religionslehrerinnen und Religionslehrer stehen mit ihrer Person auch für den Glauben der Kirche ein."[28]

Inwiefern Religionslehrerinnen und -lehrer diese Gretchenfrage für sich persönlich positiv beantworten, muss auch bezüglich der verschiedenen Religionslehrer-Generationen unterschieden werden: Gerade ältere Religionslehrerinnen und -lehrer, die mit dem Zweiten Vatikanischen Konzil theologisch erwachsen geworden sind und in der Regel biografisch eine hohe Nähe zu kirchlichen Einrichtungen auszeichnet, leiden unter der gegenwärtigen Erscheinungsform von Kirche, die sie als Stagnation und Rückschritt wahrnehmen. Jüngere Religions-

---

[24] *Bernhard Grümme*, Welche Theologie brauchen Religionslehrkräfte? Zur Frage guter Theologie, in: Burrichter / Grümme u.a. 2012 [Anm. 2], 90-106, 100.

[25] *Exeler* 1981 [Anm. 5], 3.

[26] Vgl. *Burrichter* 2012 [Anm. 18], 52-71

[27] *Sekretariat der Deutschen Bischofskonferenz* (Hg.), Der Religionsunterricht vor neuen Herausforderungen, Bonn 2005, 34; *Sekretariat der Deutschen Bischofskonferenz* 2011 [Anm. 11], 17.

[28] *Sekretariat der Deutschen Bischofskonferenz* 2005 [Anm. 27], 34.

lehrerinnen und -lehrer kennzeichnet eine größere Kirchendistanz, was aber dann auch zu einem unbefangeneren Verhältnis zur fernen Institution führt. Von zwei Blickwinkeln aus soll die Beziehung zwischen Kirche und Religionslehrkraft ausdifferenziert werden:

- Eine wichtige entlastende Perspektive bietet die ausgewogene Darstellung der Würzburger Synode: „Liebe zur Kirche und kritische Distanz müssen einander nicht ausschließen", denn: „Die Spannung zwischen Anspruch und Realität, zwischen der Botschaft Jesu Christi und der tatsächlichen Erscheinungsform seiner Kirche, zwischen Ursprung und Gegenwart, darf nicht verharmlost und schon gar nicht ausgeklammert werden."[29] Religionslehrende müssen also im innerkirchlichen Diskurs durchaus auch eine prophetische Rolle spielen, und der vernunftorientierte Religionsunterricht an der offenen Schule hat gesellschaftlich betrachtet auf die Religionen hin eine zivilisatorische Funktion und bewahrt diese vor Fundamentalismus.[30]
- Außerdem ist Beziehung keine Einbahnstraße. Wenn sich die Religionslehrenden um einen Brückenschlag zwischen Schule und Kirche bemühen, brauchen sie „die institutionelle Unterstützung sowohl der Schule als auch der Kirche", sie können zudem diesen Brückenbau nur „erfolgreich bewältigen, wenn sie sich Quellen erschließen, aus denen ihre Spiritualität gespeist werden kann"[31]. In diesem Sinne sollte die Institution Kirche, die mit der Missio canonica den Religionslehrenden ihr Vertrauen ausspricht, als Bei-Stand für diese verstanden werden – tatsächlich wird im Bereich der Lehrerfortbildung und -pastoral in allen Diözesen viel investiert.

Appellativ gesprochen: Religionslehrerinnen und -lehrer sollten solidarische und kritische Zeugen einer Kirche sein, die unter dem Anspruch des Evangeliums steht und den Religionslehrenden als Brückenbauern Bei-Stand leistet.

3.4. *Wie hältst du's mit deinen Schülern?*

Die Bischöfe sind durchaus Realisten. Sie wissen, dass angesichts der veränderten religiösen Situation die Religionslehrerinnen und -lehrer in der Schule die wichtigsten Ansprechpartner in Glaubens- und Lebensfragen sind.[32] In Zahlen ausgedrückt: Ebenso viele Menschen, wie sonntäglich einen katholischen Gottesdienst besuchen (ca. 3 Millionen), befinden sich Woche für Woche in Deutschland im katholischen Religionsunterricht (auch ca. 3 Millionen) – nur sind es nicht dieselben![33] An der Schule ist der Religionsunterricht gesellschaftlich präsent, nicht nur fürs eigene Binnenmilieu, sondern für alle Milieus dieser Gesellschaft, die auch im Religionsunterricht abgebildet sind. Insofern kommt den Religionslehrerinnen und -lehrern tatsächlich eine wichtige Brückenfunkti-

---

[29] Der Religionsunterricht in der Schule [Anm. 19], 2.8.5.
[30] Vgl. *Mendl* 2011 [Anm. 23], 66.
[31] *Sekretariat der Deutschen Bischofskonferenz* 2005 [Anm. 27], 35f.
[32] Vgl. *Sekretariat der Deutschen Bischofskonferenz* 2005 [Anm. 27], 34.
[33] Vgl. *Mendl* 2011 [Anm. 23], 58.

on und Übersetzungsarbeit zu. Das kann bezüglich der bisher diskutierten drei Gretchenfragen ausgelegt werden:

- Religionslehrerinnen und -lehrer müssen selber im Umgang mit dem Lerngegenstand den Modus einer Begegnung mit der Wirklichkeit unter der Hypothese, dass es Gott gibt, beherrschen. Sie sollen das aber nicht unter der Perspektive eines frommen Gehorsams- und hermetischen Wissensglaubens tun, sondern in ihrer Aufgabe als Übersetzer einer theologischen Fachsprache, die auf Verstehen angelegt ist. Ob die Schülerinnen und Schüler die dargebotene Sicht der Wirklichkeit akzeptieren, entzieht sich der pädagogischen Intention; sie sollten sie zumindest nachvollziehen können.
- Religionslehrerinnen und -lehrer sollten selber in ihrer Art fragmentarisch zu glauben, für die Schülerinnen und Schüler unter den skizzierten Modalitäten des Respekts transparent sein. Gerade im Jugendalter benötigen Jugendliche Spiegel im Sinne fremder Perspektiven, Widerständiges zur Formulierung des Eigenen, Gegenrede als Anstoß zur Überwindung eigener Sprachlosigkeit und zur Entfaltung der eigenen Stimme. Die Angst, dass im Religionsunterricht die Schülerinnen und Schüler missioniert werden, ist derzeit ebenso wenig berechtigt wie der Vorwurf, der Zielhorizont sei beliebig. Empirische Studien deuten darauf hin, dass die Lehrenden hier ein gesundes Mittelmaß gefunden haben und „die Emanzipation ihrer SchülerInnen zur christlich-religiösen Entfaltung ihrer personalen Existenz fördern wollen“[34].
- Religionslehrerinnen und -lehrer müssen damit rechnen, bei den Schülerinnen und Schülern zum Prellbock für aktuelle kirchenkritische Fragestellungen und tatsächlich so zu Prügelknaben zu werden. Eine Religionslehrkraft, die in alle Tiraden einstimmt, gilt hier als ebenso wenig glaubwürdig wie eine, die die Kirche blind verteidigt. Sie ist hier vielmehr den Modalitäten einer differenzierten Argumentation verpflichtet und wird sich um Klärung und gerechte Urteile bemühen. Die große Kirche im Klassenzimmer argumentativ zu retten, erscheint aber unter entwicklungspsychologischen und soziologischen Gesichtspunkten als aussichtsloses Unterfangen. Attraktive religiöse Horizonte am Handlungsort Schule und darüber hinaus zu erschließen und so werbend für gelebte Religion zu wirken, die in ihrer alternativen Gestalt als Schulreligion weit näher an den Lebenswelten von Kindern und Jugendlichen dran ist als viele Pfarrgemeinden, das ist die Aufgabe, der die Religionslehrenden nachkommen sollten.[35]

In diesem dreifachen Sinne kann man die Religionslehrenden als Zeugen bezeichnen. Denn ‚Zeugenschaft‘ bedeutet wörtlich: etwas hervorbringen. Das wird angesichts des Lebens der Schüler häufig Perturbation sein, Gegenrede,

---

[34] *Andreas Feige / Werner Tzscheetzsch,* Christlicher Religionsunterricht im religionsneutralen Staat? Unterrichtliche Zielvorstellungen und religiöses Selbstverständnis von ev. und kath. Religionslehrerinnen und -lehrern in Baden-Württemberg. Eine empirisch-repräsentative Befragung, Ostfildern 2005, 12.

[35] Siehe hierfür exemplarisch mit vielen schulischen Beispielen: KatBl 137 (4/2012), Themenheft: Taizé.

Provokation. So sollte man dann auch die ähnlich missverständliche Rede vom Religionslehrer als ‚Vorbild' verstehen: Dieser soll ein markantes Modell in seiner Einstellung zu Religion, Glaube und Kirche sein, an dem sich die Schülerinnen und Schüler reiben können.

Appellativ gesprochen: Religionslehrerinnen und -lehrer sollten Zeugen verantwortlichen Umgangs mit Religion, eines selbstreflexiven Glaubens und einer solidarischen und kritischen Beziehung zur Kirche sein, so dass sie den Kindern und Jugendlichen als Spiegel und Wider-Stand für die eigene Positionsbestimmung ‚in Sachen Religion, Glaube und Kirche' dienen können.

4. Religionslehrende als Beziehungskünstler – eine spirituelle Abrundung

Die vier skizzierten Beziehungsdimensionen einer Zeugenschaft werden die Religionslehrerinnen und -lehrer dann ertragreich erfüllen können, wenn sie hochgradig kommunikativ kompetent sind.[36] Diese menschliche Ausdrucksform des Miteinander-Redens befähigt die Lehrkräfte zum Verstehen und Übersetzen einer oft nicht nur im Studium als weltfern wirkenden Theologie- und Kirchensprache, zur reflexiven narrativen Verarbeitung der eigenen Einstellung zum Glauben und zum Evangelium Jesu Christi, zum kritisch-konstruktiven Dialog mit der Institution Kirche und ihren Vertretern und vor allem dazu, den Schülerinnen und Schülern mit einem hörenden Herz zu begegnen – offen und entschieden, herausfordernd und begleitend, transparent und respektvoll. Gleichzeitig impliziert die skizzierte Beziehungsdidaktik durchaus auch eine spirituelle Perspektive, denn „Verbundenheit mit" ist laut Anton Bucher[37] ein Grundkennzeichen von Spiritualität: die Beziehung zu sich selbst, zu den Mitmenschen, zur Umwelt und zu Gott. In diesem Sinne sind Religionslehrerinnen und -lehrer, die ihr Geschäft als beziehungsdynamische multiperspektivische Zeugen verstehen, durchaus auch spirituelle Menschen.

---

[36] Vgl. *Hans Mendl*, Miteinander reden, in: Markus Schiefer-Ferrari / Hans Mendl / Georg Langenhorst / Ludwig Sauter (Hg.), Leben lernen. Menschliche Ausdrucksformen als Lernperspektiven im Religionsunterricht (FS Ludwig Rendle), Babenhausen 2010, 105-114.

[37] *Anton Bucher*, Psychologie der Spiritualität, Weinheim – Basel 2007, bes. 33.

Glaubwürdig von Gott reden im Religionsunterricht

RAINER LACHMANN

1. Einführung

„Glaubwürdig von Gott reden"[1] ist der Titel eines kleinen 2009 erschienenen Büchleins des emeritierten Berliner Praktischen Theologen Klaus-Peter Jörns, der besonders mit seinem Buch „Notwendige Abschiede"[2] auf sich aufmerksam machte. Nicht zuerst das anregende provokative Potential, das Jörns theologische ‚Lektionen' auszeichnet und das im Untertitel „Gründe für eine theologische Kritik der Bibel" auch hier anklingt, war es, was mich zur Beschäftigung mit Jörns anregte, sondern die Fragen, die besonders der gleichlautende Beitrag *in religionsdidaktischer Hinsicht* bei mir weckt.

Obwohl nicht spezifisch religionspädagogisch oder religionsunterrichtlich ausgerichtet, kann der Titel „Glaubwürdig von Gott reden" durchaus als geradezu programmatische Formulierung der Aufgabenstellung und Zielsetzung des Religionsunterrichts (RU) angesehen werden. Noch relativ unabhängig von der je vertretenen religionspädagogischen Position dürfte unter den Religionspädagogen darin Konsens herrschen, dass die Frage nach Gott für den RU zentral ist und im Fächerkanon der Schule sein unaufgebbares Spezifikum und ureigenes Proprium ausmacht. Unvergessen bleibt in dieser Beziehung der Aufsatz von Peter Biehl „Zur Aufgabe eines verantwortlichen Redens von Gott im Religionsunterricht"[3]. Erinnerungswert ist auch das Votum der EKD-Denkschrift „Identität und Verständigung", wonach die *„Frage nach Gott"* religionsunterrichtlich „die verantwortungsvolle Mitte des Faches" und das „Kerncurriculum" für die Lehrpläne ist.[4] Aktuell demonstriert das ein ‚Lesebuch' zur Gottesfrage, das mit 41 Texten aus der jüngsten Geschichte der Religionsdidaktik eindrücklich die fundamentale Bedeutung der Gottesfrage für den RU an der Schule dokumentiert.[5]

So gut, so schön, so scheinbar unumstritten und einfach klingt die Ansage „Glaubwürdig von Gott reden". Doch man muss sich nicht unbedingt des berühmten Aufsatzes von Rudolf Bultmann aus dem Jahr 1925 „Welchen Sinn hat

---

[1] *Klaus-Peter Jörns*, Glaubwürdig von Gott reden. Gründe für eine theologische Kritik der Bibel, Stuttgart 2009.

[2] *Klaus-Peter Jörns*, Notwendige Abschiede: Auf dem Weg zu einem glaubwürdigen Christentum, Gütersloh ^{4}2008.

[3] In: *Wolfgang G. Esser* (Hg.), Die religionspädagogische Grundfrage nach Gott, Freiburg u.a. 1969, 150-170.

[4] *EKD* (Hg.), Identität und Verständigung. Standort und Perspektiven des Religionsunterrichts in der Pluralität. Eine Denkschrift der EKD, Gütersloh 1994, 30f.

[5] Vgl. *Gottfried Adam / Rudolf Englert / Rainer Lachmann / Norbert Mette* (Hg.), Gott – ein religionspädagogischer Reader, Münster 2013. Nicht von ungefähr ist *Rudolf Englert* aktiv an diesem Projekt beteiligt.

es, von Gott zu reden"[6] erinnern, um der frag-würdigen Problemhaltigkeit dieser religionsdidaktischen Programmatik gewahr zu werden. Bei Jörns lassen sich unschwer Reminiszenzen an den kritischen Geist Bultmanns wahrnehmen, dessen Leistung als Neutestamentler ja gerade darin bestand, dass er sich eben nicht mit der ‚historischen Kritik' der Bibel begnügte, sondern sie in nicht geringem Maße durch ‚theologische Kritik' ergänzte, begleitete und transzendierte. In diesem Sinne bleibt Jörns sicher auf und in der Spur Bultmanns.

In ganz anderem zeitgeschichtlichen Kontext treiben Jörns freilich andere Fragen um als Bultmann – Fragen und Probleme, die religionspädagogisch hochgradig angereichert sind und bedacht werden wollen. Allein schon der Titel „Glaubwürdig von Gott reden" enthält eine Kumulation religionspädagogisch relevanter Begriffe, Fragestellungen und Probleme:

- „Glaubwürdig" – Welches sind die wesentlichen ‚notae' religionsunterrichtlicher Glaubwürdigkeit?
- „Gott" – Wie ist dieses ‚Wort' auch nur annäherungsweise religiös, theologisch, didaktisch zu (er)fassen?
- „Rede(n)" – Welche religionsdidaktische Bedeutung kommt ihr/ihm im schulisch-religionsunterrichtlichen Interaktions- und Kommunikationsgeschehen zu?

Angestoßen durch die Gedanken und Auffassungen Jörns wollen wir uns im Folgenden mit den von dem Buchtitel vor- und aufgegebenen Fragen ansatzweise auseinandersetzen. Das verlangt eingangs die ‚*Wahr*nehmung' der Anstöße und – für den einen oder anderen auch – Anstößigkeiten, die uns der Berliner Theologe zum Thema „Glaubwürdig von Gott reden" zumutet.

2. K.-P. Jörns: Glaubwürdig von Gott reden

Diese Zumutung beginnt für den Religionspädagogen damit, dass gleichsam das eben aufgeführte Dreigestirn religionspädagogischen Fragens scheinbar völlig reduziert wird auf die theologische Inhaltsdimension der Gottesfrage. Die personenbezogene Seite der Glaubwürdigkeit kommt ebenso wenig in den Blick wie differenziert bedachtes Reden am spezifischen Lernort oder Handlungsfeld. Der besonders seelsorgerlich und liturgisch-gottesdienstlich ausgewiesene Praktische Theologe, der das Gebiet der Religionspädagogik ohnehin ausgespart hat, verfolgt in seinem Glaubwürdigkeitsplädoyer andere Interessen, die deswegen religionsdidaktisch nicht weniger diskussionswürdig sein müssen.

Angesprochen von Jörns sind „wir Heutigen, [die] die Gestalt von Glauben und Theologie selbst verantworten müssen"[7]. Glaubwürdigkeit verlangt also danach grundsätzlich einen denkenden Glauben mit der Fähigkeit zu historischer und theologischer Kritik an Bibel und überliefertem Glauben. Hermeneutisch

---

[6] In: *Rudolf Bultmann*, Glauben und Verstehen, Bd. 1, Tübingen 1964, 26-37.

[7] *Jörns* 2009 [Anm. 1], 9.

setzt das für Jörns eine „Wahrnehmungstheorie" für die „*eine* Wirklichkeit" voraus, „zu der auch wir Christen nur einen fragmentarischen Zugang haben"[8]. Auf diesem so beschriebenen Glaubwürdigkeitsfundament baut Jörns sein Reden von Gott auf. Dabei sind ihm folgende *Inhalts-Elemente* besonders wichtig, die er bei aller vermeintlichen Offenheit doch im Wesentlichen ‚uns Christen' gesagt sein lässt:

- *Glaubwürdiges Reden von Gott* darf sich nicht in einer „Archäologie der Fragestellungen"[9] „an die Vergangenheit verlieren"[10], sondern muss „uns helfen, unsere heutigen Fragen zu beantworten und als gläubige Menschen angstfrei an der Kommunikation teilnehmen zu können, mit der wir den Alltag und unsere wenigen Festtage gestalten"[11].
- *Glaubwürdiges Reden von Gott* „hängt davon ab, ob der kulturelle Zusammenhang, in dem es geschieht, ernst genommen oder aber ausgeblendet wird". Es muss sich deshalb „nicht nur auf biblisch bedeutsame Kulturen, sondern auch und gerade auf die jeweils gegenwärtige Kultur beziehen"[12].
- *Glaubwürdiges Reden von Gott* muss positiv davon ausgehen, dass die „Vielfalt der Religionen und Konfessionen und ihre Geschichte" Gott-gewollt ist[13] und „alle Religionen [...] authentisch von ihnen erfahrene Wahrnehmungsgestalten des einen Gottes"[14] bezeugen.
- *Glaubwürdiges Reden von Gott* heißt für Christen – und hier profiliert Jörns sein undefiniertes und undifferenziertes Verständnis von Religion/en durch „eine Grundüberzeugung" –, „bei der revolutionären Verkündigung und Lebenspraxis Jesu von Nazareth" anzusetzen, der den Menschen sagte, „wo und wie sie Gott und die Strukturen seines Reiches *„in ihrem alltäglichen Leben* finden können"[15].
- *Glaubwürdiges Reden von Gott* orientiert sich am „Dreischritt *Begegnen – Wahrnehmen – Erinnern"* und lässt darüber „alle Religionen und Konfessionen [...] hinein in eine große universale Wahrnehmungsgeschichte Gottes" gehören, in der „Gott sich, *abhängig* von Kulturen und Epochen, auf unterschiedliche Weise von Menschen" hat wahrnehmen lassen. „Eine glaubwürdige Theologie" kann „hinter diese vielfältige Inkarnation Gottes nicht zurück", sondern wird sie „als Ausdruck liebevoller Zuwendung Gottes zu seinen Geschöpfen verstehen und würdigen"[16].
- *Glaubwürdiges Reden von Gott* muss *„mit der Entscheidung für eine universale und vielgestaltige Wahrnehmungsgeschichte"* die „Uneindeutigkeit Gottes" riskieren und ertragen, denn „zu einem lebendigen Gott gehört ein leben-

[8] Ebd., 9 (kursiv im Text).
[9] Ebd., 39.
[10] Ebd., 45.
[11] Ebd.
[12] Ebd., 43f.
[13] Ebd., 49; vgl. dazu auch 15.
[14] Ebd., 21.
[15] Ebd., 46f. (kursiv im Text).
[16] Ebd., 50 (kursiv im Text).

diger Glaube“ und der „ist ein sich mit dem Fortgang der Kulturgeschichte wandelnder Glaube“, was letztlich heißt, dass „das Vorkommen von Offenbarung auch nicht auf bestimmte Religionen und Zeiten“ beschränkt ist. Das aber verbietet allem glaubwürdigen Reden und dogmatischen Theologisieren ein für allemal jedwede „Totalitätsvorstellungen“ und „Absolutheitsansprüche“[17].

- *Alles glaubwürdige Reden von Gott* steht und fällt für Jörns an seiner Bewahrheitung durch das Fundamentalkriterium der „Lebensdienlichkeit“, wonach sich alle Religionen mit ihren Überlieferungen und Dogmen kritisch fragen lassen müssen, welche *„dem Leben gedient und welche sich als lebensfeindlich erwiesen haben“.* Jesuanisch begründet wird im Letzten und Tiefsten alles „glaubwürdig von Gott reden“ daran zu messen sein, ob es im „Dienst am Leben“ geschieht, wie eben „Jesus ihn als Ausdruck der *unbedingten* Liebe Gottes begründet hat“. Das aber verbietet alle Gewalt; sie ist „kein Heilmittel für Gott“ und schließt theologisch nicht nur alle „Opferkulte“ aus, sondern bedeutet für jede christliche Passionsdeutung vor allem den radikalen „Abschied von der Sühneopfertheologie“[18].

3. Religionsdidaktisch buchstabiert: Glaubwürdig von Gott reden

Wollen wir die inhaltsreichen und inhaltsschweren Ausführungen von Jörns auch nur annähernd religionsdidaktisch bedenken, so merken wir sehr schnell, dass unsere drei oben getrennt aufgelisteten religionspädagogischen Fragen engstens miteinander verschränkt sind und keine getrennte Beantwortung erlauben. Schon die bereits angeklungene Feststellung, dass bei Jörns die Glaubwürdigkeit ja eigentlich auf Sachgerechtigkeit reduziert sei, lässt sich so nicht halten. Denn natürlich wollen und sollen die von Jörns geäußerten Gottesvorstellungen von uns ‚Heutigen‘ verstanden werden, sollen verstandesmäßig einsichtig, kontextuell wahrnehmbar, wahrhaftig und nicht zuletzt persönlich überzeugend sein und zu eigener Stellungnahme herausfordern, was alles in allem eine angemessene Kommunikationsform bedingt. Religionsunterrichtlich gesehen sind damit elementar wichtige ‚notae‘ didaktischer Glaubwürdigkeit angesprochen.

3.1. An erster Stelle steht das *nach-denkliche Verstehen*, die verständliche, verstandesmäßige Einsicht, hier: in die Gottesauffassung Jörns, wie er sie auf dem Boden der Theologie der Religionen formuliert. Wie ‚Glauben und Verstehen‘ untrennbar zusammengehören, so kann und darf es m.E. keine Glaubwürdigkeit ohne Verstehen geben; ohne die Anstrengung – in unserem Fall – genuin theologischen Denkens ist sie nicht zu haben und ist darüber hinaus kein RU zu

[17] Ebd., 51ff.
[18] Ebd., 53ff.

verantworten. Auch glaubwürdiger performativer RU kann, richtig verstanden, nicht darauf verzichten.

Die Verstehensdimension der Glaubwürdigkeit würde freilich sabotiert, wenn sie sich zu einseitiger Verkopfung auswachsen würde. Das verhindert die existentielle Potenz, die jedem glaubwürdigen Verstehen eigen ist und es gleichsam haltungsmäßig verankert. Glaubwürdiges Unterrichten der Gottesfrage bedarf auf Seiten der Schülerinnen und Schüler des Gefühls: das geht mich was an, das hat etwas mit meinem Leben zu tun, ja noch weiter: das nutzt, das bringt mir was. Das gilt auch für die religionsunterrichtliche Auseinandersetzung mit Gott. Hier ist Heinz Zahrnts theologisch-puristische Verneinung der Frage „Wozu brauchen Sie Gott eigentlich?“[19] didaktisch ungeeignet und in den Augen der Jugendlichen eher unglaubwürdig und unwahrhaftig. Da lobe ich mir das Fundamentalkriterium der ‚Lebensdienlichkeit‘, an dem Jörns auch das glaubwürdige Reden von Gott misst – ein Kriterium, das als ‚Lebensförderlichkeit‘ auch mein eigenes religionspädagogisches Wirken maßgeblich bestimmte und bleibend bestimmen wird.

Dessen ungeachtet ist solch nachdenkliches, existentielles Verstehen der Gottesfrage, das glaubwürdigem RU aufgegeben ist, nicht, worauf Karl-Ernst Nipkow immer wieder hingewiesen hat,[20] gleichzusetzen oder zu verwechseln mit glaubendem Einverständnis zu den Gottesvorstellungen, wie es von den Religionslehrern in ihren Unterricht eingebracht und hoffentlich auch überzeugend vertreten wird. Pädagogisch wie theologisch sind hier dem RU deutlich Grenzen gesetzt, zumal wenn es im christlichen RU um die Vermittlung von Glaubens-Inhalten geht. Das einverständliche An-Gott-Glauben ist keine nota der Glaubwürdigkeit, sondern höchstens der erbetene und erbetete Hoffnungshorizont im durch und durch propädeutisch strukturierten religionsunterrichtlichen Arbeiten und Reden von Gott.

Unter demselben Vorbehalt letztlicher Unverfügbarkeit steht auch die einverständliche Verständigung, die aus der schulisch-unterrichtlichen Interaktions- und Kommunikationsgemeinschaft eine Glaubensgemeinschaft machen will. So schön und erstrebenswert das vielleicht auch wäre, muss man m.E. allen religionspädagogischen Versuchen wehren, die Kinder und Jugendlichen gottesgläubig zu vereinnahmen und den RU an der Schule als Glaubens-, Gebets- oder Segensgemeinschaft misszuverstehen, und sei es nur ‚auf Probe‘!

3.2. Neben dem nachdenklich-existentiellen Verstehen als erster ‚nota‘ glaubwürdigen Redens von Gott machen uns die Ausführungen von Jörns auf eine *zweite nota der Glaubwürdigkeit* des Redens von Gott aufmerksam, die wir als *kontextuell wahrnehmbar* bezeichnen wollen, was meint, dass der natürliche, geschichtliche und gesellschaftliche Kontext, in dem glaubwürdiges Reden von Gott geschieht, bewusst wahr- und ernst genommen wird. Unter dem Maßstab religionspädagogischer Subjektorientierung heißt das die Beachtung sowohl der

---

[19] *Heinz Zahrnt*, Wozu ist das Christentum gut?, München 1972, 59.

[20] Vgl. z.B. *Karl-Ernst Nipkow*, Bildung als Lebensbegleitung und Erneuerung, Gütersloh 1990, 112.

naturgegebenen und sozialisationsbedingten Voraussetzungen auf Seiten jedes einzelnen Schülers als auch die Wahrnehmung der gesellschaftlichen und kulturellen Bedingungen, unter denen heute im RU von Gott geredet wird.

Dabei liegt Jörns' Interesse primär auf dem gesellschaftlich-kulturellen Zusammenhang und da besonders auf der Pluralität der Religionen in unserer heutigen Welt, die aktuelles Reden von Gott wahrnehmen muss, will es glaubwürdig sein. Auch wenn sich Jörns' pauschaler Vorwurf, dass in der christlichen Theologie die religiöse Vielfalt noch immer „weitgehend ausgeblendet" werde[21], so für eine bemüht „pluralitätsfähige Religionspädagogik" sicher nicht halten lässt,[22] so ist doch gerade seine religionstheologische Gottesauffassung auch didaktisch derart anstößig und frag-würdig, dass es lohnt, sie hier wenigstens ansatzweise in den Blick zu nehmen, zumal ihr unter der Glaubwürdigkeitsnota, den gegenwärtigen religiösen Kontext angemessen wahrzunehmen, durchaus eine theologisch-religionspädagogisch wichtige Rolle beizumessen ist. Der Mehrzahl der Schülerinnen und Schüler begegnen heute in ihrer Lebenswelt verschiedene Religionen und diese wollen im Sinne von Jörns bewusst wahrgenommen und erinnert werden. Ein RU – sei er nun konfessionell, christlich-ökumenisch oder auch religionskundlich angelegt – kann daran nicht mehr vorbeigehen, will er wirklich glaubwürdig unterrichten.

Die Religionspädagogik hat diesen pluralen Befund im gegenwärtigen Szenarium der Religionen didaktisch längst wahrgenommen: zunächst als Konzept einer ‚Weltreligionen-Didaktik', die im Blick auf die nicht-christlichen Religionen zu dialogfähiger Begegnung und besserem Verständnis der religiösen und kulturellen Wurzeln der anderen und eigenen Religion ausrüsten will; dann gegen Ende der 80er Jahre des vorigen Jahrhunderts als ‚Interreligiöses Lernen', das im Sinne eines Lernprinzips bzw. einer Lerndimension die Religionsdidaktik wie überhaupt die schulische Didaktik insgesamt bestimmen wollte und sollte.[23] Zweifelsohne hat von daher die Religionspädagogik die religiöse Pluralität unserer Gesellschaft und Welt längst im Blick und in Arbeit und drückt das auch deutlich aus, wenn sie gleichsam programmatisch eine „pluralitätsfähige Religionspädagogik" entwirft.[24] Für unsere Frage nach den notae der Glaubwürdigkeit des Redens von Gott heißt das, dass die geforderte nota bewusster, bedachter und achtsamer Wahrnehmung der religiösen Pluralität unabdingbar religionspädagogische Pluralitätsfähigkeit verlangt: Glaubwürdigkeit im Sinne unserer zweiten nota impliziert und intendiert also immer Pluralitätsfähigkeit.

Jörns fokussiert diese Pluralitätsfähigkeit nun auf das Reden von Gott und erinnert damit einmal wieder an das inhaltliche Proprium des RU, das bei unseren vielen klugen, konzeptionellen Reflexionen im Umgang mit der Pluralität unse-

---

[21] *Jörns* 2009 [Anm. 1], 18f.

[22] Vgl. u.a. *Reinhard Wunderlich*, Pluralität als religionspädagogische Herausforderung (Arbeiten zur Religionspädagogik 14), Göttingen 1997.

[23] Vgl. *Rainer Lachmann / Martin Rothgangel / Bernd Schröder* (Hg.), Christentum und Religionen elementar. Lebensweltlich-theologisch-didaktisch (TLL 5), Göttingen 2010, bes. 26-40.

[24] So *Friedrich Schweitzer / Rudolf Englert / Ulrich Schwab / Hans-Georg Ziebertz*, Entwurf einer pluralitätsfähigen Religionspädagogik (RPG 1), Gütersloh – Freiburg 2002.

rer Gesellschaft allzu leicht aus dem Blick gerät und offenkundig bereits geraten ist. Wenn auch ohne direkten religionspädagogischen Bezug können uns hier Jörns' provozierend einleuchtende Gottesvorstellungen heilsame Impulse vermitteln und uns in forscher Direktheit mit der ‚Gretchenfrage an die Religionspädagogik' konfrontieren: Frau Lehrerin, Herr Lehrer wie halten Sie es denn mit der ‚Wahrheit' der Religionen?

3.3. Hier sind wir als Lehrer theologisch gefordert, und das schlägt sich in der *dritten nota der Glaubwürdigkeit,* der *Wahrhaftigkeit,* nieder. Glaubwürdiges Reden von Gott verlangt wahrhaftiges Reden und hier ist nach der Wahrheit, dem Wahrheitsanspruch unserer (christlichen) Religion im pluralen Kontext anderer Religionen gefragt. Dem müssen wir uns in aller Wahrhaftigkeit stellen und können uns nicht mehr ungefragt hinter dem Absolutheitsanspruch des Christentums und seines Heilswegs verstecken. Mindestens in dieser Beziehung dürften uns Jörns' Ausführungen in bewegende Unruhe versetzen, denen nicht nur nachdenklich, sondern auch in bescheidener Stückwerk-Mentalität begegnet werden sollte – wahrhaftig unvollkommen, bis wir ruhen in Gott selbst, von dem wir reden sollen, obwohl wir es eigentlich nicht können. Mit dieser gleichsam dialektisch-theologischen Quadratur des Kreises ist das Terrain abgesteckt, in dem die Glaubwürdigkeits-nota der Wahrhaftigkeit zu Hause ist.

In unserer religiös-pluralen Lebenswelt müsste heute eigentlich jede Religionslehrkraft grund-ständig von der Wahrheitsfrage ihres Gottesglaubens umgetrieben sein, es sei denn sie verschanzt sich hinter der unhinterfragten Wahrheitsbastion der eigenen Kirche und Konfession. Letztlich verwirkt sie aber damit den Anspruch, vor sich selbst und ihren Schülern glaubwürdig von Gott zu reden. Von daher ist es deshalb verdienstvoll, wenn in dem Elementarisierungs-Modell der Planung von Unterricht, wie es von Friedrich Schweitzer u.a. vertreten wird,[25] der vierte Vorbereitungs- und Erschließungsschritt für den RU eigens der Frage nach den ‚elementaren Wahrheiten' vorbehalten ist. Dahinter steht Nipkow, der bereits 1982 im Kontext der aufkommenden Elementarisierungsdebatte als wichtigste Frage die Frage nach der elementaren Wahrheit herausgestellt hatte und diese zentral im religionsunterrichtlichen „Kerncurriculum" der *„Frage nach Gott"* verortete.[26]

Entsprechend erfährt die Wahrheit als Wahrhaftigkeit in Frage, Erfahrung und Gewissheit fundamentale Relevanz für glaubwürdiges Reden von Gott im RU. Gegründet ist bei Nipkow die Wahrhaftigkeits-nota in einer ökumenisch-

---

[25] *Friedrich Schweitzer / Karl Ernst Nipkow / Gabriele Faust-Siehl / Bernd Krupka,* Religionsunterricht und Entwicklungspsychologie. Elementarisierung in der Praxis, Gütersloh ^{2}1997, 165-183, bes. 178f.

[26] *Karl Ernst Nipkow,* Das Problem der Elementarisierung der Inhalte des Religionsunterrichts, in: Günter Biemer / Doris Knab (Hg.), Lehrplanarbeit im Prozeß, Freiburg u.a. 1982, 73-96; *ders.*, Grundfragen der Religionspädagogik, Bd. 3, Gütersloh 1982, 191-204. Vgl. a. *Rainer Lachmann,* Problemorientierter Religionsunterricht, Elementarisierung und die Forderung nach einem Kerncurriculum, in: Friedrich Schweitzer / Volker Elsenbast / Christoph Th. Scheilke (Hg.), Religionspädagogik und Zeitgeschichte im Spiegel der Rezeption von Karl Ernst Nipkow, Gütersloh 2008, 28-40, bes. 36ff.

interreligiösen *„Hermeneutik der wechselseitigen Anerkennung in Wahrhaftigkeit“*[27]– sicher ein anderes Fundament als die hermeneutische Wahrnehmungstheorie, wie sie Jörns vertritt. Diese liegt – wie gesehen – auf der Linie einer pluralistischen Religionstheologie und tendiert nach Englert dazu, „die zwischen den Religionen vorhandenen Gegensätze zu relativieren im Blick auf die kontextuelle Bedingtheit und unvermeidliche Partikularität jedweder ‚Offenbarung‘“.[28] Nipkow sieht in dieser Position die Tendenz und Gefahr eines „vergleichgültigenden Relativismus“, setzt sich demgegenüber aber auch genauso entschieden ab von einem „abgrenzenden (oder gar tendenziell ausgrenzenden) Dogmatismus“.[29] Im Zwischen-Spiel, im vermittelnden Spielraum dieser beiden Positionen müsste m.E. das Wahrhaftigkeitskriterium für glaubwürdiges Reden von Gott seine Anwendung finden, was intensive theologische Reflexionen verlangen würde. Hier nur einige Gedankensplitter und fragmentarische Anstöße, die sich Jörns verdanken.

Die ‚Gretchenfrage‘ nach der Gotteswahrheit der Religionen als anspruchsvolle Anfrage an die Wahrhaftigkeit glaubwürdigen Redens von Gott dürfte sich in der Regel auf dem Hintergrund der Gotteserfahrungen und -bilder stellen und abspielen, wie sie von den Kindern und Jugendlichen in den Unterricht mitgebracht werden.[30] Sie können mit biblischen oder andersreligiösen Gottesvorstellungen in Beziehung gesetzt werden und, wo möglich, an menschlichen Grunderfahrungen verifiziert werden.[31] Bereits in diesem didaktischen Zusammenhang wird das Reden von Gott immer wieder an Grenzen stoßen, die mit dem Unterrichtsinhalt ‚Gott‘ gesetzt sind und die wahrhaftiges Unterrichten unbedingt zu (be-)achten hat.

In theologischer Kurzformel lassen sich solche ‚Grenzmarker‘ etwa so elementarisieren: Gott ist semper maior, semper aliter et absolutus und von uns nur stückwerksartig zu verstehen. Die hermeneutische Anerkennung dieser theologischen Grenzmarkierungen erlaubt und eröffnet wahrhaftiges Reden von Gott als permanente Wahrheitssuche auch im Sinne von Jörns. Das selbstbegrenzende Bekenntnis, dass Gott immer größer und anders ist als wir ihn uns vorstellen können, öffnet den Horizont hin auf alle Religionen und schließt ihre Pluralität mit ein, und die fundamentalste Gottesprädikation, seine Absolutheit, weist jeden menschlichen Absolutheitsanspruch kompromisslos in seine kreatürlichen Grenzen. Das gilt nicht nur für absolut gesetzte menschliche Führergestalten, Ideologien und Interessen, sondern verbietet auch jeden Absolutheitsanspruch einer Religion, denn auch ihre Offenbarungstraditionen sind im Vorletzten menschlich vermittelt und haben teil am Stückwerks-Wissen und -Glauben! Hier

---

[27] *Karl Ernst Nipkow,* Bildung in einer pluralen Welt, Bd. 2: Religionspädagogik im Pluralismus, Gütersloh 1998, 361 u. 306.

[28] *Rudolf Englert*, Dimensionen religiöser Pluralität, in: Schweitzer u.a. 2002 [Anm. 24], 15-50, bes. 36.

[29] *Karl Ernst Nipkow*, Bildung als Lebensbegleitung und Erneuerung, Gütersloh 1990, 507.

[30] Vgl. die Beispiele bei *Schweitzer* u.a. ^{2}1997 [Anm. 25].

[31] Vgl. *Rainer Lachmann*, Grundsymbole christlichen Glaubens, Göttingen 1992, 27-56; *ders.*, Gott, in: ders. / Gottfried Adam / Werner H. Ritter, Theologische Schlüsselbegriffe. Biblisch-systematisch-didaktisch (TLL 1), Göttingen ^{4}2012, 108-123.

macht auch der Absolutheitsanspruch des Christentums keine Ausnahme, der sich vom Deus absolutus seine Relativierung gefallen lassen muss.

Wer im kritischen Horizont dieser theologischen Grenzmarkierungen die Gretchenfrage nach der Wahrheit richtungsweisend beantwortet sieht, kann darüber ein Stück weit befreit werden, um mit seinen Schülern und Schülerinnen im RU wahrhaft glaubwürdig den Gottesdiskurs aufzunehmen. Freilich markiert solche Wahrhaftigkeit im Reden von Gott nur die gleichsam ‚kautelische' Seite der Gottes-Wahrheit, die emanzipieren kann von unangemessenen Gottes-Vorstellungen, darüber aber leicht das Positive am Gottesglauben vernachlässigt oder gar ganz vergessen kann.

Hier nun kommen die im doppelten Sinne ‚positiven' Glaubensinhalte der Religionen ins didaktische Blickfeld und müssen versuchen, ihre – um mit Jörns zu sprechen – „lebensdienlichen" Potenzen im Reden von Gott in den religionsunterrichtlichen Interaktions- und Kommunikationsraum einzubringen. Unter dem kritischen Aspekt der theo-logischen Grenzmarkierungen wird sich jetzt das um Verstehen bemühte Nachdenken und Reden von Gott schwerpunktmäßig auf eine Religion konzentrieren, in unserem abendländischen Kontext noch immer auf das Christentum und seine wesentlichen Glaubensinhalte.

In meiner theologischen Diktion wären das etwa die ‚positiven' Elementaria: Gott, der Schöpfer – Gottes Wille – Gott in Jesus Christus – Gottes Liebe über den Tod hinaus. Im religionspädagogisch übergreifenden Zielhorizont der „Kommunikation des Evangeliums" (Ernst Lange) wäre daran inhaltlich das glaubwürdige Reden von Gott auszurichten. In kritischer Referenz und Korrelation zu den theologischen ‚Grenzmarken' müsste das methodisch eine narrativ, diskursiv oder auch performativ arrangierte und inszenierte religionsunterrichtliche Kommunikation auf den Weg und ins Spiel bringen, die sich je nach Bedarf, Gelegenheit oder thematischer Notwendigkeit interreligiös öffnen könnte. Nicht zuletzt geben hier die synkretistischen Spurenelemente in den Religionen immer wieder Möglichkeiten integrativer Gottesrede als Entdeckung theologischer Gemeinsamkeiten.

Dessen ungeachtet wird die Prägung durch einen bestimmten kulturellen und religiösen Kontext stets ein theologisches Datum sein, das Differenz und Spezifität jedweder Gottesvorstellung bedingt und dem Hineingeborenwerden in eine eigene Kultur- und Frömmigkeitswelt gerade auch in religionspädagogischer Hinsicht große Bedeutung beigemessen sein lässt. Im Blick auf die Entwicklung und Bildung der Ich-Identität muss sie nicht nur wahrgenommen werden, sondern will auch in seiner individuellen Eigenart und Eigenständigkeit angenommen werden. Christlicher RU interessiert sich dabei besonders für die christlich verwurzelten und geprägten Voraussetzungen, mit denen er theologisch gleichsam als ‚Fügungspotential' umzugehen hat. Das tut dem Wahrheitsanspruch anderer Religionen keinen Abbruch, begründet aber in unserem religiöskulturellen Kontext auch heute noch einen christlich-konfessionellen RU.[32] Die-

[32] Vgl. *Gottfried Adam / Rainer Lachmann*, Begründungen des schulischen Religionsunterrichts, in: dies. / Martin Rothgangel (Hg.), Religionspädagogisches Kompendium, Göttingen ^{7}2012, 144-159.

ser muss zunehmend ökumenisch-interreligiös ausgerichtet sein, will er nicht unglaubwürdig werden.

3.4. Hier ist nun der Ort, um uns *der 4. und letzten nota der Glaubwürdigkeit* zuzuwenden: *der persönlichen Überzeugungskraft* unseres Redens von Gott. Das schließt ein objektiv-neutrales Reden von Gott als leitender Kommunikationsform des RU von vornherein aus und verbietet von daher auch einen religionskundlichen Unterricht, der sich auf den ersten Blick für Jörns religionstheologische Vorstellungen nahe zu legen scheint. Doch widerrät religionskundlich-objektives Informieren über die Gottesvorstellungen verschiedener Religionen dem Glaubwürdigkeitsanspruch, denn es steht in der Gefahr, Gott zu vergegenständlichen und zu verzwecken und damit zum menschlich verfügbaren Götzen zu machen, dem seine radikale Absolutheit genommen wird. Glaubwürdiges Reden von Gott im RU verlangt von den Lehrern und Lehrerinnen existentiell bestimmtes Reden in persönlicher Überzeugung, das haltungsmäßig von heiterer Glaubensgewissheit bis hin zu Zweifel und radikaler Angefochtenheit reichen kann.

Im Entscheidenden verträgt die Gottesfrage keine Neutralität, sondern fordert Stellungnahme, Parteilichkeit und, wenn's drauf ankommt, auch Bekenntnis. Hier haben die Schülerinnen und Schüler das Recht auf den Lehrer als Person mit seinen Meinungen, seinem persönlichen Glauben, seinen Überzeugungen, Fragen und Zweifeln. Gerade in der Gottesfrage können sie sich an ihm, seinen Glaubensüberzeugungen und -erfahrungen abarbeiten und zu eigenen Überzeugungen gelangen, seien sie nun einverständlich, kontrovers oder suchend offen. Richtig verstanden erfährt hier die grundgesetzlich vorgegebene Konfessionalität des RU ihre sachgerechte Begründung und bedingt in christlich-ökumenischer Elementarisierung persönlich überzeugtes Reden von der Gott-Wahrheit christlichen Glaubens.

Deren theologische Besonderheit liegt darin, dass diese Wahrheit eine Person ist, nämlich Jesus Christus, der mit seinem Leben, Sterben und Auferstehen Gott als verborgene und offenbare Liebe ereignet hat. Hier lässt sich an positiven Glaubensinhalten manches von dem finden und einbringen, was Jörns in Orientierung an „der revolutionären Verkündigung und Lebenspraxis Jesu von Nazareth"[33] für glaubwürdiges Reden von Gott einfordert. Agape-gemäß gegründet und begründet gehört dazu vor allem eben auch das leitende Kriterium der „Lebensdienlichkeit", an dem Jörns mit Recht alle Religionen und alles glaubwürdige Reden von Gott gemessen sehen will. Die christliche Verwurzelung dieses lebensförderlichen Maßstabes kann und soll gerade in ökumenisch-interreligiöser Hinsicht eine fruchtbare Auseinandersetzung um glaubwürdig wahrhaftiges und persönlich überzeugtes Reden von Gott anstoßen.

---

[33] *Jörns* 2009 [Anm. 1], 46.

4. Religionspädagogische ‚Nach-Sicht'

Religionsunterrichtlich sind bereits die mit und von Gott gegebenen Grenzen unseres Erkennens und Verstehens interreligiös dimensioniert, was sich gleichsam programmatisch fortsetzt, wenn über die Schuljahre hinweg in immer neuen Anläufen und Fragestellungen die biblisch-christliche Gottessicht thematisiert wird. Hier müssen im Sinne von Jörns die Gottesvorstellungen der nichtchristlichen Religionen in Konsens und Differenz zur christlichen Gotteswahrheit wahrgenommen, erinnert und, so weit möglich, verstanden werden. Das kann sicher auf religionskundliche Information nicht verzichten,[34] sollte aber besonders im ‚intrareligiösen Lernprozess' christlichen Religionsunterrichts dem Streit um die Wahrheit und Wirklichkeit Gottes, des einen absoluten Gottes in und hinter allen Religionen nicht ausweichen. Das ist die besondere Aufgabe, die dem RU im Kontext der Schule und ihrer Fächer gestellt ist, will er theologisch dem Anspruch genügen, mit seinen Schülern und Schülerinnen glaubwürdig von Gott zu reden.

Wie dieses Reden in didaktisch-methodischer Hinsicht aussieht und gestaltet werden soll, das habe ich bereits an anderer Stelle angedeutet,[35] das hätte aber sicher einen neuen, innovativ inspirierten Beitrag verdient. Wie die notae der Glaubwürdigkeit gezeigt haben, kann sich solches Reden nicht mit sachkundlich-neutraler oder kerygmatisch-unvermittelter Mitteilung begnügen, sondern braucht den themenzentrierten Diskurs zwischen Schülern und Lehrer mit Verstehens- und Vermittlungshilfen und dabei die kommunikative Offenheit und Toleranz zu eigenständiger Meinungsbildung in persönlicher Aneignung und möglicher Verständigung. Das ist zweifellos anspruchsvoll, dürfte sich aber – methodisch gekonnt umgesetzt – wahrhaftiglich lohnen!

---

[34] Vgl. *Claußß Peter Sajak*, Interreligiöses Lernen im schulischen Religionsunterricht, in: Bernhard Grümme / Hartmut Lenhard / Manfred L. Pirner (Hg.), Religionsunterricht neu denken. Innovative Ansätze und Perspektiven der Religionsdidaktik (Religionspädagogik innovativ 1), Stuttgart 2012, 223-233, bes. 226f.

[35] Vgl. *Lachmann* 1992 und 2012 [Anm. 31].

Pragmatik im Religionsunterricht – ein praktischer Versuch, Ausgang ungewiss

ANDREAS PROKOPF

Im Religionsunterricht (RU) wird Gemeinschaftsanspruch thematisiert und reflektiert: pragmatisch kann er nur ‚glaubwürdig' werden, wenn erlebbar[1] ist, dass von ihm eine Wirkung ausgeht.[2] Rudolf Englert ist ein Vordenker einer pragmatischen Religionspädagogik, wenn er mit Hans-Georg Ziebertz dafür plädiert, in religionspädagogischen Bezügen

> „[...] Jugendliche anzuregen, mit sich selber darüber in Kommunikation zu treten, was sie als tragfähig oder brüchig in ihrem Leben erfahren". Es geht Englert darum, dass „Sinnfragen aus ihrer Privatheit in soziale Zusammenhänge reintegriert [werden], wobei Jugendliche lernen, ihre eigene Ordnung sprachlich zu formulieren und mitzuteilen und gleichzeitig die Mitteilungen anderer zu rekonstruieren und sich zu ihnen zu verhalten"[3].

Dieser Schritt von der Kommunikation zur Pragmatik ist ein religionspädagogisches Desiderat. Idealerweise werden im RU Möglichkeiten angeboten, Glauben nicht nur zu reflektieren und zu analysieren, sondern auch konkret zu erfahren, wie gerade die Diskussion um eine ‚performative Religionsdidaktik' zeigt.[4] Religiöse Erlebnisräume können entstehen, wenn aus dem Glauben heraus eine Reflexion des realen Alltags möglich und tatsächliche Verbesserung erlebbar wird. Ein solcher Raum wird hier anhand eines Gemeinschaftsprojekts des St. Ursula Berufskollegs, Düsseldorf mit dem Jugendpastoralen Zentrum „die botschaft" in Düsseldorf beschrieben.[5]

1. Projektbeschreibung

Am Ende des Schuljahres 2010/2011 fand im Vorfeld einer Klassenfahrt in einer Unterstufenklasse (Fachschule Erziehungswesen, Schülerinnen zwischen 19-23 Jahre alt) eine Reflexion zur Klassengemeinschaft statt. Dieser Rückblick nach einem Jahr gemeinsamer Arbeit hatte ein niederschmetterndes Ergebnis: Miss-

---

[1] Vgl. *Helmut Jansen*, Wenn Freiheit wirklich wird. Erlebnispädagogische Jugendpastoral in kritischer Sichtung, Münster 2007.

[2] Vgl. *Hans-Joachim Sander*, Von der abduktiven Korrelation religiöser Zeichen zur Abduktion des Glaubens durch semiotische Präsenz von Religion, in: Hans-Georg Ziebertz / Stefan Heil / Andreas Prokopf (Hg.), Abduktive Korrelation. Religionspädagogische Konzeption, Methodologie und Professionalität im interdisziplinären Dialog, Münster 2003, 53-66.

[3] *Rudolf Englert u.a.*, Entwurf einer pluralitätsfähigen Religionspädagogik, Gütersloh – Freiburg 2002, 73.

[4] Zu dieser Diskussion vgl. die Beiträge von *P. Höring* und *B. Porzelt* in diesem Band.

[5] Homepage des Jugendpastoralen Zentrums „die botschaft": http://jugendpastoral.erzbistum-koeln.de/fachstelle_nord/jugendseelsorge_regional/duesseldorf/die_botschaft/die_botschaft.html (23.8.2012).

trauen gegeneinander, Unlust auf Zusammenarbeit mit bestimmten Mitgliedern der Klasse, Grüppchenbildung, usw. lautete die Problemanalyse vor der Fahrt. Die erlebnispädagogisch ausgerichtete Klassenfahrt im Juli 2011 zeigte jedoch auch das Potential der Klasse auf, außerhalb des Schulbetriebs gemeinschaftlich leben zu können. Diese Gemeinschaftserfahrungen haben religiöse Dimension, denn auf der Fahrt sind zwischenmenschliche Konflikte beigelegt worden, Menschen sind einander näher gekommen. Als Religionslehrer stellte ich mir dazu die pragmatische Frage: Haben religionspädagogisch dargebrachte und erarbeitete Inhalte zum christlichen Gemeinschaftsanspruch die Kraft, die Gemeinschaft der Studierenden untereinander zu verbessern?

Die Lerngruppe setzte sich aus 32 Studierenden der Oberstufe der Fachschule für Sozialpädagogik im zweiten Ausbildungsjahr zusammen. Ausbildungsziel der Studierenden ist es, staatlich anerkannte Erzieherinnen und Erzieher zu werden. Für das Fach Katholische Religionslehre/Religionspädagogik bedeutet dies, Teilhabe „an den froh machenden und Leben stiftenden Erinnerungen und Traditionen des Glaubens" zu vermitteln und damit „Orientierungen für das persönliche Leben und die Beziehungen zu anderen Menschen" zu geben.[6] Religionspädagogisch kommt hinzu, dass die zukünftigen Erzieherinnen gerade im religiösen Bereich (Feiertage in Kita und Offener Ganztagsschule [OGS], Weihnachtsfeiern im Heim usw.) immer wieder mit der Friedensbotschaft des Evangeliums zu tun haben werden, um diese auf die eine oder andere Weise in der Praxis zu vertreten. Albert Biesinger und Kollegen sehen darin eine religiöse Gestaltungskompetenz als „Bereitschaft, Wille und Fähigkeit, [...] Gestaltungsformen [der Reich-Gottes Botschaft] situationsgerecht zu entwickeln".[7]

Das Zielspektrum des Projektes umfasst folgende Aspekte: Die Studierenden erarbeiten in Projektarbeit Beispiele, die den christlichen Friedens- und Gemeinschaftsanspruch verdeutlichen. Sie entwickeln dazu eigenständig Problem- und Zielbeschreibungen zur Verbesserung des Gemeinschaftslebens. Die Studierenden eignen sich gestalterische und technische Methoden an, die eine kreative Bearbeitung von religionspädagogischen Fragestellungen ermöglichen, die für ihre Berufspraxis hilfreich sind.

2. Religionspädagogische Verortung der Projektarbeit

Dass Menschen in Gemeinschaft und Frieden leben sollen, ist ein christliches Grundgebot. Gebet wird zur Erreichung dieses Zieles biblisch und theologisch als unabdingbar beschrieben. Im Zweiten Vatikanischen Konzil wird Ecclesia (Kirche) aus dem Griechischen abgeleitet: „Herausrufung" bzw. „Volksver-

---

[6] *Ministerium für Schule und Weiterbildung des Landes Nordrhein-Westfalen* (Hg.), Richtlinien und Lehrpläne zur Erprobung. Fachschulen des Sozialwesens Fachrichtung Sozialpädagogik, Düsseldorf 2010 (http://www.berufsbildung.schulministerium.nrw.de/cms/upload/_lehrplaene/e/sozialpaedagogik.pdf, 27.11.2011), 24.

[7] *Albert Biesinger u.a.*, Religiöse Kompetenz. Ein Definitionsangebot für den Religionsunterricht an berufsbildenden Schulen, in: rabs 1/2010, 7-10, 9.

sammlung" als Gemeinschaft derer, die von Jesus Christus berufen wurden, um ein Leben in Glaube, Hoffnung und Liebe zu führen (LG 9-13). Kirche sieht die Berufung der Menschen auf Gemeinschaft bezogen an, menschliche Beziehungen sind auf Einheit und Liebe hin geordnet, eine Ordnung der Liebe, die gestärkt wird durch Leben und Lehre Jesu (vgl. Lk 22,14-27; Joh 13,1-20; 15,1-17; 17,20-24). Als Gottesvolk sollen Menschen zu Stiftern des Friedens werden, die „hungern und dürsten nach der Gerechtigkeit" (Mt 5,6). Gebet ist ein Weg, diesem Gemeinschaftsanspruch näher zu kommen: „Nur dann, wenn das Reden von und über Gott in der Rede zu Gott gründet [...] wird es nicht zum leeren Gewäsch [...]."[8]

Nach Edward Schillebeeckx geschehen Glaubenserfahrungen in einem dialektischen Prozess: Wir können z.B. im Gebet „nicht plötzlich Gott erfahren, wenn wir ihn in unseren alltäglichen Erfahrungen niemals wahrnehmen."[9] Damit macht Schillebeeckx deutlich, dass Tradition nur über aktuelle Erfahrung verständlich wird, die sie aufnimmt, auslegt und versteht. Um nicht das eine gegen das jeweils andere auszuspielen und damit einseitig auf einen dieser Bereiche zu setzen, schlägt Schillebeeckx das theologische Modell der wechselseitig-kritischen Korrelation zwischen beiden vor: Wechselseitige kritische Korrelation setzt voraus, dass religiöse Überlieferung und Erfahrung eine „produktive oder befreiende Kraft"[10] haben können.[11] Die Themen Gemeinschaftswerdung und Friedenssuche sind deshalb religionspädagogisch am wirksamsten in einem korrelativen Wechselspiel zwischen christlicher Tradition und Erfahrungen der Studierenden anzugehen.

Das hier beschriebene Projekt zielt darauf ab, den allgemeinen, biblisch und traditionell verankerten christlichen Gemeinschaftsanspruch mit einer konkreten Anforderungssituation (zerstörtes Gemeinschaftsgefüge) in der Klasse zu koppeln:

> „Anforderungssituationen bezeichnen herausfordernde Situationen, die dem Menschen [...] begegnen und für die im Religionsunterricht Deutungs-, Entscheidungs- und Handlungswege bereitgestellt, erarbeitet, reflektiert und eingeübt werden können."[12]

Aggi Kemmler geht davon aus, dass die Reich-Gottes-Botschaft eine christliche Perspektive ist, die gegenwärtig keinesfalls ein auslaufendes Modell ist. Gerade auch vom Gemeinschaftsgedanken gilt: Wer „das Reich Gottes denken will, muss es vom Sein Gottes her als Reich von Menschen und für Menschen denken."[13] Eine explizit religiöse Kompetenzerweiterung wäre es demnach, wenn die Studierenden diese Botschaft für ihre Klassengemeinschaft fruchtbar machten.

---

[8] *Martha Zechmeister*, Beten – Wagnis des anderen, in: Thomas Dienberg / Michael Plattig (Hg.), Leben in Fülle – Skizzen zur christlichen Spiritualität, Münster 2001, 192-200, 195.

[9] *Edward Schillebeeckx*, Erfahrung und Glaube, in: CGG 25 (1980) 73-116, 82.

[10] Ebd., 90.

[11] Vgl. *Burkard Porzelt*, Jugendliche Intensiverfahrungen. Qualitativ-empirischer Zugang und religionspädagogische Relevanz, Graz 1999, 82.

[12] *Aggi Kemmler*, Anforderungssituationen im Religionsunterricht, in: rabs 3/2010, 26ff., 26.

[13] *Biesinger u.a.* 2010 [Anm. 7], 10.

3. Konzeptentwurf Projektablauf

Mit Beginn des Schuljahres 2011/2012 wurden die Studierenden darüber informiert, dass der Religionsunterricht bis zu den Herbstferien im Modus der Projektarbeit mit Einbezug von Portfolioarbeit stattfinden würde. Die Studierenden waren damit sehr einverstanden, verstanden sie doch die freie, auf Eigenverantwortung aufbauende Projektmethode als Abwechslung und zugleich als Einübungsphase für das anstehende Praxisprojekt. Weiterhin wurden die Studierenden darüber informiert, dass die Ergebnisse der Portfolioarbeit benotet werden, damit den Anforderungen eines ordentlichen Unterrichtsfachs genüge getan wird. Unterrichtsausfall ergab sich aufgrund der nachbarschaftlichen Lage der „botschaft“ nicht. Aus diesem Konzeptentwurf wurde für die Studierenden ersichtlich, dass es sich um ein Projekt mit räumlichen Wechseln zwischen Schule und dem Jugendpastoralen Zentrums „die botschaft“ handelt, das in besonderem Maße Eigeninitiative verlangt.

Da die Studierenden mich aufgefordert haben, im Religionsunterricht zum Thema Klassenfrieden und -gemeinschaft zu arbeiten, entwarf ich eine lose Blattsammlung, die das Themenfeld ‚Gebet‘, ‚Frieden‘, ‚Gemeinschaft‘ exemplarisch behandelt und auf das Friedensgebet des Hl. Franz von Assisi fokussiert ist. In den ersten vier Unterrichtsstunden sowie über zwei umfangreiche Hausaufgaben entstand aus dieser Blattsammlung ein persönliches Arbeitsportfolio für die Studierenden, indem sie die Beiträge, Fragestellungen und Bilder mit Kommentaren, Glossen, Erträgen von Partnerarbeiten, Unterrichtsdiskussionen sowie eigenen Gedanken und Gedichten anreicherten.

Insgesamt haben sich acht Gruppen gebildet, von denen sechs Filme gedreht und zwei Skulpturen hergestellt haben. Von den Film-Gruppen haben drei mit Legomaterial gearbeitet, eine Gruppe fertigte eine Reportage an, eine Gruppe drehte einen Dokumentationsfilm über alle Projekte, die in der „botschaft“ im Rahmen des Projekts entstanden sind.

4. Pragmatik pur: ‚Produkte‘

Die folgenden Produktbeschreibungen aus den Kleingruppen basieren auf dem ‚Logbuch‘ der Gruppen sowie aus Gruppenevaluationen mit den Lernbegleitern, die in handlungsorientierten Reflexionsbögen am Ende der praktischen Arbeit gemeinsam zusammengefasst wurden.

Gruppe I: „Ursula will's wissen“: „Bei unserem Produkt handelt es sich um einen Film nach dem Vorbild von ‚Willi will's wissen‘ [...]. Thematisch geht es in dem Video um Gemeinschaft und die Frage: ‚Was ist Gemeinschaft‘? Zu diesen Themen haben wir in verschiedenen sozialen Gruppen nachgefragt, was für sie Gemeinschaft bedeutet. Diese persönlichen Aussagen haben wir mit Definitionen zum Wort Gemeinschaft verbunden. Wir haben ein Produkt erstellt, welches sowohl von Kindern als auch von Jugendlichen oder Erwachsenen genutzt werden kann." Der so entstandene Film wurde mit dem bekannten Gemeindelied „Ein Schiff, das sich Gemeinde nennt" (Martin G. Schneider) unterlegt, so dass der Gemeinschaftsanspruch des Christentums sehr deutlich ausgedrückt wurde. Die Zuschauer werden in dem Film mit einer soziologischen Definition zum Thema Gemeinschaft, mit Gemeinschaftserlebnissen bei der Jugendfeuerwehr, den Ministranten, der Weltkirche (Papst während des Weltjugendtages Köln) und der konkreten Schulklasse (Bilder der Klassenfahrt) konfrontiert; eine thematisch passende Verbindung zum Friedensgebet von Franz von Assisi besteht ebenfalls. Es ist ein Film entstanden, der das Themenfeld ‚Gebet', ‚Frieden' und ‚Gemeinschaft' mit dem Schwerpunkt ‚Gemeinschaft' kreativ thematisiert. Die religionspädagogische Relevanz ist anhand der verwandten Musik sowie dem Bezug auf Franz von Assisi gegeben; die Klassensituation wurde ebenfalls angesprochen.

Gruppe II: „Die Mauersterne": „Wie kann die konkrete Situation in der Klasse gestalterisch dargestellt werden, insbesondere die periodisch wiederkehrenden Störungen des Gemeinschaftslebens?" Es soll deutlich werden, dass in der Klasse, exemplarisch für viele Gruppensituationen auf der Welt, eine paradoxe Situation herrscht: Gruppenbildung, Zerwürfnisse und Unlust an der Gemeinschaftssituation sind an der Tagesordnung. Dies ist die eine Seite der Medaille, die andere ist laut Logbuch: „Dennoch wünscht sich jeder Einzelne Frieden und eine Gemeinschaft, jeder will wertgeschätzt, respektiert und toleriert werden – so wie er ist, mit seinen Stärken und Schwächen". Die erarbeitete Skulptur ist auf der Fläche von ca. 4 Standardschachbrettern sehr anschaulich ausgefallen: Mehrere bunte, drahtgefertigte Figuren in Fantasiekleidern stehen in zerbrechlich anmutender Manier vor einer sie überragenden Mauer, deren einzelne Steine Inschriften tragen wie: Streit, Neid, usw. Es sieht so aus, als ob die Figuren ihren Blick auf diese Mauer fixiert hätten, anstatt zu den über ihnen angebrachten leuchtenden Sternen am Firmament mit den Inschriften „Teamgeist", „Vertrauen" usw. zu schauen. Die Skulptur hat hohen symbolischen Gehalt und kann bewegt werden, was die Mauer und die Figuren betrifft. Dies lädt zu Planspielen und Umbauten ein und ist damit geeignet, systemisch[14] an Gemeinschaftskonstellationen in der Klasse zu arbeiten. Religionspädagogisch kann die Skulptur auch im Rahmen sinnesorientierter Arbeit (z.B. Kett-Methode)[15] eingesetzt werden. Als Ausdruck der Hoffnung auf Veränderung dieser komplexen Strukturen hat die Gruppe noch zusätzlich zu den normalen Figuren eine größere angefertigt, die alle anderen überragt und tatsächlich an die Sterne reicht. Logbuch: „In der Klasse treffen verschieden starke und schwache Charaktere aufeinander, sodass es täglich zu Auseinandersetzungen, Reiberein und Streit kommt. Es ist sogar schon so weit gekommen, dass sich innerhalb der Klasse Gruppen untereinander gebildet haben. Ebenso erging es dem heiligen Franziskus. Er wurde von seinen Freunden verspottet und ausgelacht, als er sein

[14] Vgl. *Christa Hubrig / Peter Herrmann*, Lösungen in der Schule – Systemisches Denken in Unterricht, Beratung und Schulentwicklung, Heidelberg 2007.

[15] Vgl. *Martin Schneider*, Religionspädagogische Praxis als Weg ganzheitlicher Erziehung. Ein Darstellungs- und Interpretationsversuch, Landshut 1996.

Leben veränderte und sich von da an mehr für den Frieden untereinander einsetzte. Zudem entschloss er sich, nicht mehr der reiche, egoistische Junge aus einem reichen Elternhaus zu sein, sondern wollte mit den Menschen teilen. Auch seine Eltern verstanden sein Verhalten nicht und hatten von diesem Zeitpunkt an keinen Kontakt mehr zu ihrem Sohn. Unser Projekt symbolisiert unsere Klasse, die vor einer Mauer von Problemen steht. Es wird untereinander gelästert, nicht auf den anderen geachtet, es herrscht kein respektvoller Umgang untereinander, es gibt Gruppenbildungen usw. […]".

Gruppe III: „Die Friedenstaube – Gemeinschaft durch Verschiedenheiten": Als Ziel wurde festgelegt, eine Friedenstaube aus Styropor anzufertigen, die einerseits den Friedenscharakter der biblischen Taube und damit auch Nähe zur Botschaft des Franziskus verkörpert, andererseits aber auch die teilweise massiv auftretende Unfähigkeit von Gruppen, diesen Frieden zu realisieren. Logbuch: „Wir haben uns für die ‚Friedenstaube' entschieden, die schon im Buch Genesis vorkommt und von Noah losgeschickt wird, um zu erkunden, wo sich Festland befindet. Die Taube kommt zurück, und zwar mit einem Olivenzweig, was ausdrücken soll, dass sie Land entdeckt hat. Dies ist natürlich die Grundlage von allem; die Menschen konnten jetzt wieder von Neuem beginnen […]". Die erarbeitete Taube ist auf der Fläche von ca. fünf Standardschachbrettern sehr anschaulich ausgefallen: Fünf Styroporplatten, auf denen der Umriss einer Taube mit Ölzweig im Schnabel gezeichnet ist. Platte 1 zeigt den Kopf der Taube, unifarben in einem Farbton, der sowohl die Weite des Meeres als auch die Unendlichkeit des Himmels symbolisiert. Kontrastierend zu den Unendlichkeitszügen des Wassers und des Äthers, die beide neben ihrer Faszination für den Menschen auch Unsicherheit und Verlorenheit ausdrücken, kommt konkrete Erdverbundenheit durch das Geschenk des Ölzweigs im Mund der Taube zum Ausdruck. Dieses Geschenk des neuen Lebens, das seinen Kommentar in der Ausgesetztheit der Noah-Geschichte hat, wird von der Geschenkschleife auf dem Kopf des Tieres unterstrichen. Frieden ist immer ein Geschenk, das der Not geschuldet ist. Die Skulptur hat hohen symbolischen Gehalt: Hoffnung auf Neubeginn, der in der Gefahr geschenkt wird (1), Gemeinschaftsvisionen des Friedens im Alltag (2), die Spannungen zwischen Individuum und Gemeinschaft (3), der ‚fremde Blick' einer anonymen Masse auf das Individuum (4), sowie Liebe und Gemeinschaft (5) sind die Themen, die im Motiv der biblischen Taube vereinigt werden. Religionspädagogisch interessant ist, dass die Taube in ihre Einzelteile zerlegt und beliebig bewegt werden kann.

Gruppe IV: „Prinz von Ägypten": „Franziskus von Assisi lebte in seiner Jugend in Reichtum. Er hatte wohlhabende Eltern und eine gute Bildung. Doch das alles gibt er auf, um für Gott in Demut und Armut zu leben. In unserem Thema ‚Der Auszug aus Ägypten' ist Moses die Hauptperson. Moses hat eine ähnliche Geschichte wie Franziskus. Er ist ein Adoptivsohn von Ägyptern und hat eine wohlhabende Familie um sich. Außerdem hat er kaum Kontakt zu den Sklaven. Doch nachdem Gott mit Moses gesprochen hat, befreit Moses die Israeliten. Er gibt sozusagen seinen Reichtum auf, um Gottes Willen, nämlich die Sklaven zu befreien, zu befolgen. Auch er lebt daraufhin in Armut, weil er 40 Jahre durch die Wüste zieht und nicht viel bei sich hat". Ein Film entstand, der mit märchenhaften Bildern die Flucht des Mose mit den Israeliten durch das rote Meer schildert. Dabei ist es gelungen, Jugendsprache zu verwenden, was den Einsatz in der OGS und Heimen erleichtern kann. Die religionspädagogische Relevanz ist anhand des biblischen Themas sowie des Bezugs auf Franz von Assisi gegeben. Logbuch: „Durch die Arbeit am Lego-Videoclip konnten wir die Erfahrung sammeln, wie man diese Methode in verschiedenen Einrichtungen für Kinder einsetzen kann. Wir finden, dass sich diese Methode sehr gut für die Arbeit mit Kindern eignet, da den Kindern das Material Lego meist im Alltag zur Verfügung steht und es ihnen somit bereits vertraut ist. Durch die Erstellung eines Lego-Videoclips bekommen die Kinder eine neue Anregung, was man mit bekanntem Material machen kann. Außerdem kann man den Kindern mit dieser Methode Themen gut vermitteln, da diese dabei bildlich dargestellt werden und somit gut visualisiert werden [...]. Zudem haben wir die Fähigkeit zum Umgang mit Movie-Maker erlernt bzw. erweitert. Dies kann bei der Arbeit mit Kindern oft hilfreich sein".

Gruppe V: „Drei Schäfchen": „Wie ist eine friedvolle Haltung in einer Gemeinschaft möglich, in der es manchmal durchaus aggressiv zugeht?" In erster Linie wurden Bilder aus einer bestehenden Weihnachtsgeschichte[16] adaptiert und der entsprechende Text eingeführt. Es ist ein Film entstanden, der das Thema ‚Frieden' kreativ thematisiert. Die religionspädagogische Relevanz ist anhand der verwandten Weihnachtsmusik sowie des Bezugs auf die Weihnachtsgeschichte gegeben. Logbuch: „In unserer Geschichte ging es vorrangig um den Frieden und das Verhalten untereinander. Es ist wie im Friedensgebet des heiligen Franziskus, wo man zwischen dem Guten und dem Bösen steht und Gott um Hilfe bittet, um die Kraft zu haben, für das Gute einzustehen. Unsere Hauptfigur ‚Johanna' ist mit dem heiligen Franziskus zu vergleichen, da sie wie er nicht auf sich selbst schaut, sondern darauf, wie man anderen Gutes tun kann. Es ist ein präsentierfähiges ‚Produkt' entstanden, das in Kita und OGS einsetzbar ist."

Gruppe VI: „Senfkörner": „Wir haben uns in unserem ‚Lego-Bibelclip' auf das Gleichnis vom Senfkorn bezogen und das Senfkorn als ‚mutmachende Kraft' gedeutet. Es ist nicht schwer, mit unserem Projekt einen Bezug zu dem Friedensgebet des hl. Franziskus aufzunehmen. Franziskus bittet Gott in seinem Gebet, dass er ihn zu seinem Werkzeug des Friedens macht. Dies soll geschehen, indem er auf verschiedenen Ebenen etwas gibt und erst durch dieses Geben etwas zurückbekommt und empfängt. Er soll ‚lieben, wo gehasst wird' oder ‚Freude bringen, wo Kummer wohnt'. In unserem Projekt haben wir genau das zum Ausdruck bringen wollen. Mit dem Zitat aus Indien ‚Das Lächeln, das du aussendest, kehrt zu dir zurück' wird in einem Satz gesagt, was die Kernaussage unseres Projektes ist. Dieses Zitat lässt sich ebenso auf das Friedensgebet beziehen. Das Lächeln steht für viel mehr als ein einfaches Lächeln, es steht für Liebe oder Hoffnung, für Glauben oder letztendlich Frieden. Damit ist ein präsentier-

16 „Das Schäfchen Johanna und die Heilige Nacht" (http://www.christkids.de/?pg=5302, 28.10.2011).

fähiges ‚Produkt' entstanden, das auch in OGS – bzw. Heimzusammenhängen einsetzbar ist." Die Gruppe hat über den eigenen Gruppenbezug hinaus gedacht und vorsichtige Anregungen zum weiteren gemeinsamen Umgang in der Klasse gefunden: Aus dem Logbuch der Gruppe: „[...] Einen Bibelclip zum Thema Frieden zu erstellen und sich mit dem Thema auseinanderzusetzen, hat uns einen positiven Anreiz gegeben, mehr über den Frieden nachzudenken. Jedoch hat sich unsere Einstellung zum Thema Frieden nicht schlagartig verändert. Durch die Arbeit haben wir gelernt, dass es vorteilhaft ist, unvoreingenommener zu sein, unsere Mitmenschen mehr zu schätzen und zu akzeptieren. Jedoch stellt dieses Thema in unserer Welt ein Problem dar, was nicht durch solch eine Methode behoben werden kann. Solch eine Arbeit kann die Einstellung eines Menschen nur teilweise verändern. Des Weiteren hat uns der Satz ‚Sende ein Lächeln aus und es kehrt zu dir zurück' sehr zum Nachdenken angeregt und uns ist bewusst geworden, dass jeder Mensch mit dieser Einstellung einen Teil zum Frieden beitragen könnte [...]. Das Lächeln strahlt eine positive Stimmung aus und kann im besten Fall dazu führen, dass diese Stimmung andere Menschen ‚ansteckt' und das Umfeld dieses Lächeln weiter in die Welt heraus trägt."

Gruppe VII: „Friedensfeind": Die Gruppe erarbeitete unter Rückgriff auf die im Portfolio behandelten Themenfelder sowie eigener Schwerpunkte folgende Fragestellung für ihr Einzelprojekt: „Welche Hinweise zur Etablierung von Frieden gibt der ‚Friedensfürst' genannte Jesus?" Jesus wird in Lk 12,51ff. als jemand geschildert, der vor den Konflikten in Familien und Gesellschaft keinesfalls die Augen verschließt. Er schildert sie sehr genau. Er zeigt aber auch auf, dass in diesen Situationen des Streitens nur eines hilft: Sofortiger Friedensschluss und Aufgabe aller Vorurteile und Beschuldigungen. Ein Film entstand, der mit comicartigen Bildern und mit aktuellem Bezug Szenarien von Unfrieden schildert, aber auch die Möglichkeit, vor den Augen eines Richters noch vor Beginn des ‚Verfahrens' für Frieden zu sorgen. Dabei ist es gelungen, Jugendsprache zu verwenden, was den Einsatz in der OGS und Heimen erleichtern kann. Es ist ein Film entstanden, der Jesu paradoxe Einlassung zum Frieden aus Lk 12 mit aktuellem Bezug kreativ umsetzt. Die religionspädagogische Relevanz ist anhand des biblischen Themas gegeben. Hervorzuheben ist, dass der schwierige biblische Text ungewöhnlich greifbar und plastisch dargelegt wurde.

5. Überprüfung der Projektziele sowie der angestrebten Kompetenzerweiterungen

Die Studierenden zogen Vorgaben aus der christlichen Tradition (Bibelstellen, Gebete, Feste) heran und korrelierten diese mit aktuellen Anforderungssituationen. Die Studierenden eigneten sich gestalterische und technische Methoden (Videotechnik, Skulpturarbeit, Aufstellungsarbeit etc.) an, die eine kreative Bearbeitung von religionspädagogischen Fragestellungen ermöglichen und die sie in ihrer Berufspraxis nutzen können. Die Studierenden bewiesen ein hohes

Maß an intrinsischer Motivation zur Projektentwicklung und -vollendung. Dinge wurden gemeinsam erarbeitet, Konflikte, sofern sie überhaupt aufkamen, waren schnell gelöst, es herrschte eine Atmosphäre der Kreativität und Kollegialität. Die Studierenden konnten in diesem Projekt selbstbestimmt auf dem Boden des christlichen Gemeinschaftsanspruchs, der biblisch und theologisch grundgelegt ist, Ideen und Vorschläge für konkrete Schritte zur Verbesserung ihrer Klassengemeinschaft liefern. Von der Kraft des Lächelns, die wie das Senfkorn ungeahntes gemeinschaftliches Wachstumspotential hat, über die Verdeutlichung des Wertes von Verschiedenheit für eine Gesamtgruppe anhand einer zusammensetzbaren Styropor-Taube bis hin zu gemeinschaftsstiftendem Aufbrechen aus versklavenden Strukturen am Beispiel der Mose-Geschichte, entdeckten Studierende Wege zu echter Gemeinschaft.

6. Und was ist jetzt pragmatisch?

Englert formulierte einmal, dass die Blickrichtung substantieller Religiosität darin liege, danach zu forschen, „wie Probleme gelöst werden“[17]. Welche Probleme in der Klasse sind nun durch das Projekt gelöst worden, wie hat sich das Leben der Studierenden pragmatisch geändert? Ist, existentialistisch gefragt, der ‚Sprung‘ in die im Projekt gewonnen Erkenntnisse gelungen? Auf diese anspruchsvolle Frage kann es zum jetzigen Zeitpunkt keine abschließende Antwort geben: Die Klasse müsste sich in der nächsten Zeit wirklich ändern, umkehren, Konflikte angehen, kurz: an das Evangelium glauben, welches sie – das zeigen ja die Projektarbeiten – offensichtlich kognitiv versteht. Wenn dies gelänge, diente der Religionsunterricht dabei nicht nur als religionsgeschichtlich-biblische Kulisse, sondern als Sprungbrett: Es kommt daher im Religionsunterricht nicht nur darauf an, religiöse Zeichenkontexte zu präsentieren: Vielmehr sollen Zeichen Wirklichkeit werden.

> „Die Rede von Christus hat eine eigene Welt von Zeichen erzeugt; sie erschöpft sich nicht darin, für alle leicht verständlich zu sein, sondern markiert die Fähigkeit, wider alle Selbstverständlichkeiten Berge zu versetzen [...]. Das hält Jesus nicht vom Leben heutiger Menschen fern, vielmehr wird eine Menschwerdung vorgestellt, die bisher ausgegrenzte Lebensressourcen freilegt“[18].

Wichtig ist die Erfassung der Bedeutung des Glaubens, nicht eine sinnvolle Äußerung oder die Entdeckung eines alten Dogmas.[19] Die vorkommenden Zeichenkontexte sind in ihrer Relevanz zu entdecken. Es geht also um die Erzeugung eines Ortes, von dem aus jemand sich mit eigenen Zeichen zu öffentlich präsentierten religiösen Anschauungen kompetent und kritisch, vernünftig und lebensgeschichtlich verhalten kann. Dieser Ort war hier das Projekt in der Botschaft. Wie sich die Klasse jetzt verhält, ist die wichtige, pragmatische Frage.

---

[17] *Englert* u.a. 2002 [Anm. 3], 62.
[18] *Hans-Joachim Sander*, Nicht verleugnen. Die befremdende Ohnmacht Jesu, Würzburg 2001, 13.
[19] Vgl. *Sander* 2003 [Anm. 2].

„Glauben ist die semiotische Präsenz von Religion […]. Nur mit einem entsprechenden Glauben kann Religion jene Macht unter Menschen bleiben, die sie einst zur Entdeckung ihrer Zeichen geführt hat […]. Die Frage ist zum einen, wie Religion in den Humanisierungsfaktor der Schule eingepasst werden kann, und zum anderen, ob religiöse Zeichen in der Schule subversiv an einer weiteren Humanisierung der Ordnung der Dinge arbeiten können.“[20]

Um dies zu erreichen, bedarf es mehr als eines Projektes: Es geht um ein Ringen um die Glaubwürdigkeit der religiösen Zeichenkontexte und um die Tragfähigkeit ihrer Aussagen, letztlich um Glauben. Und hier liegt eine große religionspädagogische Herausforderung, wie Matthias Sellmann mit Blick auf verschiedene empirische Studien zur Jugendreligiosität feststellt:

„Der persönliche Glaube [der Jugendlichen] wird ohne die Erwartung einer realen Wirkkraft entworfen […]. Insgesamt geht es um ein privates, selbstbezogenes, nicht um ein öffentlich nutzbares Phänomen […]. Außerdem ist zu betonen, dass die pragmatische Aneignung von Religion und von religiöser Tradition vor allem narrativ erfolgt“[21].

Ob die Aneignung von Religion, wie sie die Jugendlichen im hier beschriebenen Projekt vollzogen haben, über Narrativität und Performanz hinausgeht, das ist der springende Punkt. Anders gewendet: Der Alltag wird es weisen, ob die performierten Narrationen zu Religion glaubwürdig sind. Unterrichtende und Lernende werden sich gegenseitig weiter vom Erlebten erzählen müssen und immer wieder neu prüfen müssen, ob Erkenntnisse vor dem konkreten Handeln bestehen können und umgekehrt. Jeder Tag liefert dafür neue Lernsituationen. Die Frage nach der Gemeinschaft liegt immer an, nicht nur in einem Projekt.

---

[20] Ebd., 62.

[21] *Matthias Sellmann*, Jugendliche Religiosität als Sicherungs- und Distinktionsstrategie im sozialen Raum, in: Ulrich Kropac / Uto Meier / Klaus König (Hg.), Jugend, Religion, Religiosität, Regensburg 2012, 25-55, 31.

Religionsunterricht ohne Bibel? Elemente einer Didaktik der Textbegegnung

JOACHIM THEIS

Die Bibel ist kein Buch, das in unserer Alltagssprache von unseren Alltagsdingen spricht: Wir begegnen unbekannten Welten, fremden Bildern, entlegenen Orten, fernen Ländern und unverständlichen Namen. Es ist, als lernten wir ein fremdes Land kennen, in dem wir aber unsere geistige Heimat finden können. Die Bibel ist ein Buch, das unsere existentiellen Erfahrungen kennt, das uns herausfordert Antworten auf unsere Fragen zu suchen und zu finden.

1. Einführung

Im Frühjahr 2012 wurde eine empirische Untersuchung zur Situation von Lehrerinnen und Lehrern am Lehrstuhl für Religionspädagogik in Trier durchgeführt. In einer ersten Untersuchungsperiode im Frühjahr und Sommer 2012, die online stattfand, konnten 405 Lehrerinnen und Lehrer gewonnen werden, ihre Selbstwahrnehmung und Selbstbeschreibung in einem Blogeintrag zu benennen.[1] Aufgabe war es, Alltagssituationen als Religionslehrerin und Religionslehrer zu schildern. Die Selbstauskunft und Offenlegung ihrer Praxis dokumentiert die von den Lehrerinnen und Lehrern wahrgenommene Herausforderung gegenüber den Ansprüchen sowohl der Kirchen als auch der Schule.

Betrachtet man die ersten Ergebnisse dieser Untersuchung, so ergibt sich folgende Rangfolge bezüglich der gefundenen Schüsselbegriffe[2]: 1. Kirche, 2. Kollegen, 3. Schulleitung, 4. Wertschätzung, 5. Fortbildungen, 6. Eltern. Erste vorsichtige Interpretationen lassen vermuten, dass die Teilnehmerinnen und Teilnehmer der Untersuchung ihr Verständnis als Lehrperson von ihrem sozialen Umfeld (Kirche/Schule/Eltern) und dessen Anforderungen her definieren. Die Rollenerwartungen, die von den unterschiedlichen Seiten her an sie gestellt werden, bestimmen ihr Berufsverständnis. Demgegenüber fällt ins Auge, dass in den Selbsteinschätzungen keine inhaltlichen Bezüge zum Religionsunterricht genannt werden und der Begriff Bibel in den Schlüsselwörtern nicht gefunden wird. Spielt die Bibel in ihrem Berufsprofil keine Rolle? Kommt der Religionsunterricht ohne Bibel aus?

---

[1] Ziel der Untersuchung war die Frage nach der reflektierten Selbstauskunft der Lehrerinnen und Lehrer. Dazu wurden die Teilnehmer/-innen wie folgt aufgefordert: „In diesem Formular haben Sie die Möglichkeit ihre Alltagssituation als Religionslehrerin und Religionslehrer zu schildern. Ihre Selbstauskunft ist zentraler Bestandteil der Untersuchung. Bitte nehmen Sie sich Zeit, denn unsere Auswertung stützt sich auf Ihre Darlegung."

[2] Zur korpuslinguistischen Methode in der empirisch ausgerichteten Praktischen Theologie vgl. *Stefan Altmeyer*, Fremdsprache Religion? Sprachempirische Studien im Kontext religiöser Bildung, Stuttgart 2011, 127-157.

Diese Fragen lassen sich zunächst mithilfe dieser Untersuchung nicht beantworten. Wer sich jedoch mit der Bibel als einem Gegenstand des Religionsunterrichts beschäftigt, wird aufgrund der Befragung nicht umhin können, diesen Bildungsgegenstand auch aus kirchlicher und schultheoretischer Sicht bedenken zu müssen. Von daher ergibt sich der Aufbau meiner Überlegungen. In einem ersten Schritt gehe ich der Frage nach, inwieweit aus christlich-theologischer Sicht die Bibel für den Religionsunterricht von Bedeutung ist, dann geht es um die schultheoretische Perspektive. In einem dritten Kapitel möchte ich bibeldidaktische Perspektiven und Lernschritte aufzeigen.

2. Die Bibel im RU aus christlich-theologischer Sicht

Die Bibel ist ein „Entwurf der Hoffnung“[3] und zielt auf die Wirklichkeit als Utopie, also „auf etwas, was noch keinen Platz hat, aber Bedeutung gewinnen soll für das Leben“[4]. Die Bibel als konkrete Utopie vermittelt zwischen Gegenwart, unerledigter Vergangenheit und vor allem: möglicher Zukunft.

> „Und solange die Wirklichkeit noch keine vollständig ausdeterminierte geworden ist, solange sie in neuen Keimen wie neuen Räumen der Ausgestaltung noch unabgeschlossene Möglichkeiten besitzt: solange kann von bloß faktischer Wirklichkeit kein absoluter Einspruch gegen Utopie ergehen.“[5]

Die Bibel war und ist ein bedeutender Bestandteil im Religionsunterricht. Sie ist das wichtigste Buch der Juden und Christen und somit auch Grundlage für jede Religionslehrerin/jeden Religionslehrer und deren Unterricht. Doch trotzdem „[gehört] die Bibel zu den unbeliebtesten Inhalten des Religionsunterrichts“[6]. So belegte Berg bei einer Schülerbefragung von 1989 deutlich das sinkende Interesse der Schülerinnen und Schüler an dem Thema Bibel. Unter anderem konnte er feststellen, dass „die Zustimmung zur Frage nach der persönlichen (nicht institutionell veranlaßten) Benutzung der Bibel [...] schon bei den 11 jährigen auf einem niedrigen Level [ansetzt] (48 %) und [...] sehr kräftig [absinkt]“[7]. Dieser Trend bestätigt sich, betrachtet man neuere empirische Untersuchungen. Allensbach[8] stellt 2005 fest, dass Deutsche ab 16 nur noch selten bzw. nie in der Bibel lesen (häufig: 4 %; hin und wieder 9 %; selten 25 % und nie 62 %). Laut der 13. Shell-Jugendstudie[9] geben nur sehr wenige der befragten Jugendlichen an, sehr oft in der Heiligen Schrift zu lesen. Der Großteil der deutschen Jugendlichen liest so gut wie gar nicht mehr in der Bibel (1 % sehr oft und 79 % nie). Wird sie demzufolge für die Mehrzahl der Jugendlichen nicht als wertvolle Hilfestellung

---

[3] *Ingo Baldermann*, Einführung in die biblische Didaktik, Darmstadt 1996, 15.

[4] *Wolfgang Wagerer*, Wozu Bibeldidaktik? Was sie leistet und warum sie für biblische Begegnungsprozesse unabdingbar ist, in: CPB 124 (2/2011) 76-81, 76.

[5] *Ernst Bloch*, Das Prinzip Hoffnung. Gesamtausgabe, Bd. 5, Frankfurt 1959, 226f.

[6] *Horst Klaus Berg*, Grundriss der Bibeldidaktik, Stuttgart 1993, 11.

[7] Ebd., 16.

[8] Vgl. *Institut für Demoskopie Allensbach* (Hg.), allensbacher berichte 2005/ Nr. 20, 1.

[9] Vgl. *Deutsche Shell* (Hg.): Jugend 2000, Bd. 1, Opladen 2000, 167.

für die Orientierung im Leben in Erwägung gezogen? Zumindest ist eine Abnahme der Bibellektüre festzustellen. Während einer Befragung zum Verstehensprozess des Gleichnisses vom barmherzigen Samariter[10] wurde festgestellt, dass 86,6 % aller Befragten heute nur noch selten (32 %) und nie (54,6 %) mit Bibeltexten in Kontakt kommen. Nur noch 2 % der Schüler gaben an, regelmäßig in der Bibel (ab und zu 11,3 %) zu lesen. Dagegen besitzen aber 65,8 % aller Probanden eine (Kinder-) Bibel.

Wie realistisch ist es also, die Bibel nicht nur als zentrales Buch der Juden und Christen, sondern auch als Kerngegenstand des Religionsunterrichts anzusehen? Es stellt sich durchaus die Frage, ob dieses Buch heutigen Kindern und Jugendlichen überhaupt noch zuzumuten ist. Macht es denn eigentlich noch Sinn, ihnen „diese alten, schweren, fremden Texte vorzulegen“[11]? Setzt der Religionsunterricht nicht viel zu viel voraus: nicht nur ein Textsortenbewusstsein, sondern auch die Fähigkeit eine Fachsprache zu lernen? Darüber hinaus sollen Schülerinnen und Schüler auch eigene Gefühle, persönliche Meinungen, Überzeugungen und Einstellungen verbalisieren. Sind aber diese mündlichen und schriftlichen Anforderungen nicht zu hoch? Kinder und Jugendliche müssen nicht nur die Bereitschaft zu lesen mitbringen, sondern darüber hinaus müssen sie mit so alten und gedanklich oft schweren Texten sinnvoll umgehen. Das kann dazu führen, dass die Motivation der Schülerinnen und Schüler die Bibel betreffend extrem belastet ist. Dabei können biblische Texte für sie schwer aber auch leicht, fremd aber auch zugänglich sein. Das ist davon abhängig, ob sie in ihnen eigene Erfahrungen und Erwartungen wahrnehmen und entdecken können. Texte werden als ‚leichter‘ empfunden, wenn die Sprache der Bibel (die Lebens- und Weltdeutungen jüdisch-christlicher Tradition) mit dem konkret heute erfahrenen Leben in produktive, kreative Wechselbeziehung eintreten kann. Darin liegt jedoch die Herausforderung der unterrichtlichen Auseinandersetzung: „Soll mein Unterricht einen Sinn haben […], muß ich mit den Kindern an den Punkt kommen, an dem solche biblischen Worte genau so direkt zu ihnen sprechen wie zu mir.“[12]

Die Heilige Schrift fordert also heraus, nicht nur die Lebenswelt der Kinder und Jugendlichen wahrzunehmen, sondern auch in die ureigenen Fragen und Erfahrungen der Bibel selbst einzudringen. Diese Erkenntnis führt in jedem Fall dazu, dass Lehrerinnen und Lehrer ihr im Unterricht[13] einen zentralen Platz einräumen müssen, um den Kontakt bzw. den Dialog zwischen der Bibel und den Schülerinnen und Schülern zu fördern.[14] Die Feststellung scheint fast trivial: Die Distanz zwischen den Lernenden und der Bibel kann nur überwunden werden, wenn die Bibel nicht nur am Rand, sondern im Zentrum des Religionsunter-

---

[10] Vgl. *Joachim Theis*, Biblische Texte verstehen lernen. Eine bibeldidaktische Studie mit einer empirischen Untersuchung zum Gleichnis vom barmherzigen Samariter, Stuttgart 2005, 199.

[11] *Baldermann* 1996 [Anm. 3], 1.

[12] Ebd., 26.

[13] Aber nicht nur im beruflichen Umfeld, sondern auch in ihren persönlichen Lebenssituationen, ihrer Orientierungssuche und ihren individuellen Glaubensversuchen!

[14] Vgl. dazu *Franz W. Niehl*, Bibel verstehen. Zugänge und Auslegungswege. Impulse für die Praxis der Bibelarbeit, München 2006, 148ff., bes. 155.

richts verortet wird. Wenn Schülerinnen und Schüler mit der biblischen Vielfalt in Kontakt kommen, lernen sie sich Gott im radikalen und leidenschaftlichen Fragen zu denken „und als Frage zu erfahren."[15] Zugleich werden sie befähigt, ihr Verständnis von Welt zu weiten, ihre eigene Lebens- und Glaubensgeschichte zu reflektieren und in die abendländische Kultur hineinzuwachsen. Nur so können sie die Bibel als Buch entdecken, das Antwort auf die Probleme des Menschen gibt, weil in ihr die großen Fragen des Lebens thematisiert werden. „Wollen wir der kommenden Generation nicht das Entscheidende schuldig bleiben, müssen wir so mit der Bibel umgehen, daß schon Kinder Erfahrungen machen, die ihnen die Chance geben, ihrer eigenen Hoffnung gewiß zu werden."[16] Im kritischen Dialog mit den Heiligen Schriften können sie dialog-, kritik- und urteilsfähig gegenüber dem eigenen Gott und den (eigenen) Götzen werden. Sie können Kompetenzen gewinnen, die den Umgang mit der eigenen Identität, den eigenen Glauben fördern[17] und die helfen, dem Fremden gegenüber ohne Ängstlichkeiten und Vorurteile zu begegnen. Insofern müssen Kinder in der Schule sprachfähig werden, um Schritt für Schritt Zugänge zur Bibel und deren Bildern von Mensch, Welt und Leben zu finden.[18] Interpretieren von Sprache und Texten wird zum zentralen Bestandteil des Religionsunterrichts, insbesondere mit Blick auf die Texte der Heiligen Schriften. Biblische Texte, die uns begegnen, ermöglichen, fördern, ja fordern zu einem solchen Kompetenzerwerb heraus. Sie sind darauf angelegt, Menschen in das große Gespräch hineinzunehmen, das erinnerungsgeleitet fähig macht, die religiöse Wirklichkeit wahrzunehmen, zu verstehen und mit ihr umzugehen. Und darüber hinaus ermöglichen die Kompetenzen im Umgang mit den Heiligen Schriften Anteil zu nehmen an dem, was Bildung allgemein heute auch sein muss, nämlich Leben-Können in einer pluralen Gesellschaft.[19]

Inzwischen wird sowohl von Seiten der Exegese als auch von Seiten der Religionspädagogik der rezeptionsästhetische Ansatz als Möglichkeit gesehen, diese Problematik neu zu überdenken. Insbesondere die konstruktivistische Zuspitzung[20] macht darauf aufmerksam, dass der Leser sich beim Lesen und Verstehen von Texten die Textwelt selbst konstruiert und ihr Sinn bzw. Bedeutung verleiht.[21] So kommen Lebensskript und persönlicher ‚Glaubenstext' in einen

---

[15] *Rainer Oberthür*, Kinder fragen nach Leid und Gott. Lernen mit der Bibel im Religionsunterricht, München [5]2006, 39.

[16] *Baldermann* 1996 [Anm. 3], 7.

[17] Hier soll nur noch angedeutet und kann aufgrund der Zielsetzung dieser Überlegungen nicht entfaltet werden, dass der konkrete Glaubens-Ausdruck in Liturgie und Frömmigkeit ohne biblische Kompetenzen nicht denkbar ist.

[18] Vgl. dazu *Ingo Baldermann*, Die Bibel – Buch des Lernens. Grundzüge biblischer Didaktik, Göttingen 1980, 21-50; *ders.*, Wer hört mein Weinen? Kinder entdecken sich selbst in den Psalmen, Neukirchen [2]1989.

[19] Vgl. *Burkard Porzelt*, Grundlinien biblischer Didaktik, Bad Heilbrunn 2012, 12ff.

[20] Vgl. *Christian Cebulj*, Wege aus der Theologenfalle. Eine Spurensuche im Feld konstruktivistischer Bibeldidaktik, in: Jahrbuch für konstruktivistische Religionsdidaktik 2/2010, 98-108, 99f.

[21] Vgl. *Theis* 2005 [Anm. 10], 244; *ders.*, Bibeldidaktik als Ermöglichungsdidaktik, in: Michael Bachmann / Johannes Woyke (Hg.), Erstaunlich lebendig und bestürzend verständlich? Studien und Impulse zur Bibeldidaktik, Neukirchen 2009, 319-332, 326f.

kritischen Dialog, in Korrelation mit dem Bibeltext. Ein solcher Dialog kann aber auch misslingen. Deshalb ist das Ziel des hier vorgestellten Modells, diesen Dialog zu initiieren, zu fördern und zu vertiefen. Wenn Menschen mit der Bibel in Kontakt kommen, so spiegelt sich beim Verstehen ihr Leben, ihr Glaube im Text selbst. Bibelunterricht sollte dies bedenken und versuchen zu ermöglichen, dass die Adressaten ihren Lebenstext weiterentwickeln und weitervertiefen.

3. Schultheoretische Begründung des Bibelunterrichts

Diese Aspekte finden sich durchaus explizit oder implizit in den Leitgedanken für die schulische Erziehung in Deutschland und auf europäischer Ebene.[22] Der Europarat spricht in diesem Zusammenhang immer wieder von der Aufgabe, den Menschen zur Wahrnehmung einer aktiven, selbstbestimmten Rolle als Individuum („social agent“) sowie einer demokratischen Bürgerrolle („democratic citizenship“) zu befähigen. Diese übergeordneten Ziele der Schule sind auch im Religionsunterricht und speziell im Bibelunterricht im Auge zu behalten – und das bei den oftmals sehr unterschiedlichen und eingrenzenden Voraussetzungen auf Seiten mancher Schülerinnen und Schüler, vor allem im Bereich ihrer Motivation und ihrer (religiösen) Sozialisation.

Um diese Zielsetzungen zu erreichen, bedarf es nicht nur der fachlichen, sondern auch der fachübergreifenden und überfachlichen Kompetenzen.[23] Um sicherzustellen, dass die schultheoretischen Leitgedanken auch in den bibeldidaktischen Entwürfen nicht einseitig kognitiv ausgerichtet werden, sondern mehrperspektivisch und vielstimmig im Unterricht umgesetzt werden, müssen unterschiedliche Formen der Weltbegegnung und Welterfahrung mit Hilfe von Bibeltexten ermöglicht werden. Es geht darum, dass Schülerinnen und Schüler im Umgang mit der Bibel solche Kompetenzen erwerben, die ihre individuelle Entfaltung ermöglichen und ihre Teilnahme an gesellschaftlichen Prozessen und Herausforderungen – auch im Sinne kritischer Urteilskraft – gewährleisten. Die Bezugnahme auf die Formen der Weltbegegnung garantiert, dass der Bibelunter-

---

[22] Vgl. u.a. *Council of Europe* (Hg.), Recommendation 12 of the Committee of Ministers to member states on education for democratic citizenship, 16 October 2002: 812th meeting of the Ministers' Deputies (https://wcd.coe.int/ViewDoc.jsp?id=313139&Site=CM [eingesehen am 27.11.12]); ebenso *H.J. Vollmer / J.C. Beacco*, Towards a Common European Instrument for Language(s) of Education. Preliminary Study on Languages of Education. Intergovernmental Conference on Languages of Schooling: Towards a Framework for Europe. Held in Strasbourg 16. – 18. October 2006.

[23] Im Rückgriff auf *Franz E. Weinert*, Leistungsmessung in Schulen, Weinheim ^{2}2002, 27f. wird der Kompetenzbegriff ‚ganzheitlich‘ definiert und bildungstheoretisch verstanden. Im Anschluss an die Erkenntnisse von *Ulrich Hemel*, Religionsunterricht, religiöse Kompetenz, kompetenzorientierte Lehrpläne. Oder: die Chance zum Gestalten eines persönlichen Lebensentwurfs, in: RPäB 67/2012, 17-30 werden pädagogische und theologische Überlegungen zur Lebenskompetenz aufgegriffen. Dazu zählen Wahrnehmungs-, Dialog-, Standpunkt- und Pluralitätskompetenz. Neben diesen allgemeinen pädagogischen und implizit theologischen Kompetenzen ermöglichen explizit biblische Handlungskompetenzen Menschen, Sprachfähigkeit angesichts der „Fragen des Lebens und Glaubens“ zu entwickeln.

richt an den Schulen in ein breites Verständnis von Bildung eingebettet ist und mit den unterschiedlichen schulischen Fächern in engem Bezug steht. Ein so konzipierter kompetenzorientierter Bibelunterricht befähigt zur aktiven Beteiligung am kirchlichen und öffentlichen Leben sowie zur Gestaltung des eigenen, privaten Lebens. Insbesondere stellt er zur persönlichen Entfaltung und Enkulturation ein breites gesellschaftliches und religiöses (biblisches) Wissen bereit. Unter dieser Perspektive sind nicht nur fachspezifische, sondern vor allem auch fachübergreifende Aspekte zu bedenken.

- Überfachliche Kompetenzen: Gerade die biblische Didaktik eröffnet Räume, Kompetenzen zu erwerben, die einen selbstbestimmten und reflektierten Zugang zu sich selbst und zur Welt eröffnen, so dass biografische Entwicklungsphasen erfolgreich bewältigt werden können (*Identitätsbildung*). Es werden Fertigkeiten ermöglicht, die der *Alltagsbewältigung* dienen (Kompetenzen, die im Alltag handlungsrelevant sind und über ‚Alltagswissen' oder ‚Allgemeinwissen' hinausgehen), und insbesondere auch *Partizipationskompetenzen*, um am gesellschaftlichen Diskurs teilzuhaben und zusammen mit anderen – im Sinne sozialer Kohäsion – begründet zu handeln. In dieser Perspektive klingt die Aussage ‚die Bibel als Lebens- und Glaubensbuch' nicht mehr einengend und kirchlich restriktiv, sondern entschränkend und impliziert eine entgrenzend-transzendierende Bewegung im korrelativen Beziehungsgefüge von Leben und Glauben.
- Fachübergreifende Kompetenzen: Dazu ist es unter anderem wichtig, sich Kompetenzen anzueignen, die einen verstehenden und reflektierten Umgang mit Texten ermöglichen. So lassen sich durchaus im Religionsunterricht sprachliche Fertigkeiten lernen, die in anderen Lernfeldern (z.B. in den Fächern Deutsch, Geschichte, Kunst, Sozialkunde …) sinnvoll erweitert werden können. Diese ergänzen sich und bauen wechselseitig aufeinander auf. Das gilt insbesondere für andere Textsorten, die nicht primär religiöse Texte sind (z.B. Lyrik, fiktionale Literatur), die eingesetzt werden, um Alltagssituationen und Gefühle der Schülerinnen und Schüler mit einzubeziehen, oder Sachtexte über andere Religionen, über Riten/Bräuche, ethische Fragen usw. Auch hier muss der sachgemäße Sprachgebrauch geübt werden. Der richtige Umgang mit Texten gilt daher als Schlüsselqualifikation.
- Fachspezifische Kompetenzen: Gerade im Religionsunterricht begegnen die Lernenden Bildern, Symbolen und Metaphern. Religionsunterricht muss sich daher zur Aufgabe machen, Kompetenzen zum Interpretieren dieser Bilder und Symbole zu vermitteln. In der Auseinandersetzung mit solchen verdichteten Sprachformen erwerben die Kinder und Jugendlichen (religiöse) Sprachkompetenz, die weit über die christliche Sprachlehre hinausgreift.[24] Im Umgang mit biblischen Texten wie beispielsweise Gebeten, Liedern und Gedichten entdecken Kinder eine Sprache, die Gefühle, Ängste und Hoffnungen

---

[24] Vgl. *Hubertus Halbfas*, Religiöse Sprachlehre. Theorie und Praxis, Ostfildern 2012, 13ff. sieht im Sprachverständnis „kein Thema neben anderen Themen […], sondern das Thema für alle anderen" (13); ähnlich *Rainer Oberthür*, Kinder und die großen Fragen, München 1995, 21.

beschreibt. Zur Förderung ihrer biblischen und sprachlichen Kompetenzen ist es jedoch notwendig, diese Sprache bewusst einzuführen bzw. mit ihr zu arbeiten. Voraussetzung ist es, Bibeldidaktik als didaktische Aufgabe und nicht nur als methodische Anleitung zu verstehen.[25]

Nicht methodische Spielarten, welche der Frage nachgehen, in welchen Schritten ich diese Botschaft des Textes anwenden kann, dürfen im Zentrum des Vermittlungsgeschehens stehen. Denn die Kinder/Jugendlichen und die für sie nötigen (überfachlichen) Kompetenzen, ihr Leben und auch ihr Glauben (bzw. ihr Zweifeln oder ihr Unglauben) bilden die notwendigen Rahmenbedingungen einer schulischen Bibeldidaktik. Nur dann, wenn die didaktischen Fragestellungen im Vordergrund stehen, ist auch garantiert, dass die inhaltliche Dimension eines Bibeltextes nicht verloren geht.

Betrachtet man aber biblische Texte einseitig nur im Hinblick auf christliche und kirchliche Überlieferung, so stehen sie in Gefahr ihren Zukunfts- und Gegenwartsbezug zu verlieren. Die Herausforderung durch den schulischen Religionsunterricht spiegelt die weitaus größere Aufforderung wider, biblische Texte lebens- und gesellschaftsbedeutsam zu erschließen. Werden biblische Texte ungeachtet ihres didaktischen Potentials und ihrer inhaltlichen Ressourcen im Bildungsgeschehen verwendet, so werden sie oftmals funktional missbraucht, methodenorientiert angewendet oder medial verzweckt.[26] Hier werden die Leserinnen und Leser und ihre Lebenswelten ebenso wenig wie der biblische Text im Verstehensprozess bedacht; im Vordergrund steht dort die Frage, mit welcher Methode und welchen Medien dieser Text vermittelt werden soll.[27]

Demgegenüber möchte ich für eine Bibeldidaktik als Ermöglichungsdidaktik plädieren.[28] Deren große Chance sehe ich darin, dass Schülerinnen und Schüler die Fähigkeit gewinnen, relevante Informationen im Blick auf den Text wie auch im Blick auf ihr eigenes Leben zu filtern, einen Text selbstständig zu untersuchen, zu analysieren, zu verstehen und für eigene Bedürfnisse zu nutzen. Nur so kann er auch die für das religiöse und fachliche Verständnis notwendige Funktion erfüllen. Es fehlt dem Religionsunterricht nicht an spannenden und vielseitigen Texten, sondern an (didaktischen) Materialien, die Schülerinnen und Schülern helfen, Texte eigenständig erfassen und verarbeiten zu können.[29]

Diese Didaktik der Bibel soll dabei helfen, dass Schülerinnen und Schüler die Auseinandersetzung mit biblischen Texten wieder schätzen lernen. Doch stellt

---

[25] Vgl. *Peter Müller*, Schlüssel zur Bibel. Eine Einführung in die Bibeldidaktik, Stuttgart 2009, 19; vgl. auch das bibeldidaktische Dreieck bei *Porzelt* 2012 [Anm. 19], 9ff.

[26] Vgl. dazu auch *Porzelt* 2012 [Anm. 19], 89ff., der von „kontextuellen Kraftfeldern“ eines biblischen Textes spricht.

[27] Vgl. dazu *Rudolf Englert*, Religionspädagogik – ein Fremdkörper im theologischen Studium?, in: ThPQ 150 (2002) 24-34.

[28] Vgl. *Gerhard Büttner* (Hg.), Lernwege im Religionsunterricht – Konstruktivistische Perspektiven, Stuttgart 2006; *Hans Mendl*, Religion erleben. Ein Arbeitsbuch für den Religionsunterricht, München 2008; *Joachim Theis*, Der Ansatz der Ermöglichungsdidaktik, in: Forum für Religionsunterricht und Schulpastoral im Bistum Trier 4 (2010) 2ff.

[29] Vgl. *Peter Kliemann*, Impulse und Methoden. Anregungen für die Praxis des RU. Stuttgart 1997, 66.

sich die Frage, wie dies zu erreichen ist. Sicherlich ist es grundlegend wichtig, dass sie einen Bezug zu ihrem Leben, ihren Erfahrungen und ihrem Alltag erleben können. Sie müssen dazu ermutigt werden, sich auf den Text einzulassen und mit ihm zu kommunizieren. Zudem muss verdeutlicht werden, dass es niemals eine einheitlich richtige oder falsche Deutung des Textes gibt, da jeder Mensch diesen mit anderen Erfahrungen und Einstellungen liest. Überdies sollte man immer versuchen, dass die Schülerinnen und Schüler sich mit dem Text und seinen Inhalten (z.B. Personen) identifizieren.

> „Biblische Geschichten laden zur Identifikation ein, sie ermöglichen, eine andere Person verstehen zu lernen, ohne mit dieser identisch zu werden, sie helfen, den Blickwinkel dieser Person zu übernehmen, ihre Fragen und ihre Gefühle zu teilen, mit ihr zu hoffen, Neues zu wagen und zu leiden.“[30]

4. Zur Didaktik der Textbegegnung – Schritte der Texterschließung

Ermöglichungsdidaktik fordert aber vom Lehrenden ein ‚Loslassen-Können‘. Darin liegt eine Form der Professionalität, nämlich es den Lernenden zu ermöglichen, sich selbsttätig einen Text anzueignen. Das bedeutet für Lehrerinnen und Lehrer in einem so ausgerichteten bibeldidaktischen Konzept, dass ihre Professionalität sich im Gestalten einer Kultur des selbstgesteuerten Lernens zeigt. Sie ‚lehren‘ deshalb nicht (nur) an der Seite von Schülerinnen und Schülern, sondern sie ermöglichen, dass Selbsterziehung bzw. Selbstbildung möglich wird. Ihre Aufgabe ist es, in die Kraft und Kompetenz ihrer Schülerinnen und Schüler zu vertrauen und es zu verstehen, diese zur Wirkung zu bringen und zu entwickeln.[31] Zugleich vertrauen sie in die didaktische Kraft biblischer Texte, die ihre Eigendynamik erst in der Interaktion, im Dialog mit den Schülerinnen und Schülern entfalten können. Ein solches subsidiäres Lehrerhandeln ist nicht von den Lehr-Interventionen her konzipiert, sondern ist zentral an den Lernleistungen und Aneignungsmöglichkeiten der Subjekte orientiert. Ein solches die Schülerinnen und Schüler unterstützendes Vorgehen begleitet und fördert das selbstgesteuerte und selbstorganisierte Lernen und fordert von den Lehrenden neben einer Bibelkompetenz auch eine Wahrnehmungskompetenz.

4.1. Eckpunkte der Textbegegnung in der (schulischen) Vermittlung

Wer also die Bibel bildend ins Spiel bringen möchte und wer die Schülerinnen und Schüler als Subjekte des Lernens ernst nehmen will, muss schließlich einen Lernprozess konzipieren und arrangieren, der die Eckpunkte (biblischer) Text-

---

[30] *Helga Kohler-Spiegel*, Wider das Vergessen – wider das Verstummen. Erfahrungen mit der Bibel, in: JRP 23/2007, 19-28, 24.

[31] Vgl. *Rolf Arnold*, Betriebliche Weiterbildung, Hohengehren ^{2}1995, 56; vgl. dazu auch *ders. / Claudia Gomez-Tutor*, Grundlinien einer Ermöglichungsdidaktik. Bildung ermöglichen – Vielfalt gestalten, Augsburg 2007.

verstehensprozesse beachtet. Diese Rezeptionsprozesse machen darauf aufmerksam, dass nur im gelungenen Dialog und in der (geglückten) Textbegegnung des Lesers mit dem Text Verstehensprozesse initiiert werden. Dies sind die Fixpunkte, von denen aus die Dramaturgie konkreter Unterrichtsprozesse entwickelt werden muss. Eine so ausgerichtete Bibeldidaktik orientiert sich also sowohl am Text und seiner theologischen bzw. exegetischen Struktur als auch an dem Leser, seinem Denken und seiner Welt. Oft handelt es sich ja bei Bibeltexten um vielschichtige (polyvalente), geheimnisvolle, für verschiedene Deutungen offene Texte. Wenn man sich hier zu schnell auf eine Deutung festlegt, wird eine komplexe und mehrdeutige Auslegung verhindert. Vielleicht ist es besser, diesen (biblischen) Texten so gegenüber zu treten, wie wenn wir einer zunächst fremden Person begegnen, mit der wir eine persönliche Beziehung aufbauen möchten. Damit verbietet sich eine Aufgabenstellung, die darauf hinauslaufen würde, eine verbale Kurzformel, einen Ziel- oder einen Merksatz für den Text zu suchen, die dann praktisch die Textaussagen (Dimensionen des Textes) ersetzen. Hier wird deutlich, dass sich die vielfältigen Sinndimensionen eines biblischen Textes in neuen, vielgestaltigen Verstehensdimensionen aufbauen – ausgelöst durch die Interaktion mit dem (Bibel-) Text. Daraus ergibt sich, dass die subjektive Auslegung eines Bibeltextes nicht identisch mit der wissenschaftlichen Auslegung ist und sein kann. Es gibt nicht den Bibeltext und seine Deutung an sich, da der verstandene Text nicht identisch mit dem gelesenen oder gehörten Text ist. Im Gegensatz zu Verkehrszeichen, die nur die Deutung ‚richtig' und ‚falsch' zulassen, kann man Bibeltexte als ‚offene Sprachkunstwerke' bezeichnen, die der verstehende Leser in einem Akt der Kongenialität mit dem Verfasser neu erfindet bzw. neu entwirft.[32]

4.2. Zum Umgang mit Texten

Der mögliche Verlauf einer so angezielten dialogischen Textbegegnung soll im Folgenden stärker systematisiert vorgestellt werden. Dabei orientiere ich mich am Modell des ästhetischen Lernens[33]. Mit ihm ist eine produktive, rezeptive, instruktive und kommunikative Seite[34] zu differenzieren, nämlich in Aisthesis, (gr. αίσθησις, Wahrnehmung), Katharsis (gr. κάθαρσις, Reinigung) und Poiesis

[32] Folglich sind auch die Schwierigkeiten innerhalb dieses Prozesses nicht durch Vereinfachung zu lösen, sondern nur durch emotionale und kognitive Aufarbeitung. Deshalb zielt ein elementar biblisch orientierter Unterricht im Sinne einer Ermöglichungsdidaktik auf kommunikativ anschließbares Wissen. Kommunikativ anschließbares Wissen meint ein (Beziehungs-)Wissen, das für die Schüler und die Lehrer plausibel ist, weil deren Leben und Denken darin vorkommen. Dieses Wissen ist dialogfähig und praktikabel. So wird biblisches Lernen und Verstehen nicht durch eine Anhäufung von Faktenwissen gekennzeichnet. Denn Wissen, das keine Bedeutung für die Schülerinnen und Schüler hat, mit dem sie nichts anfangen können, wird im Informationsverarbeitungssystem nur störend wirken. Nur das Wissen, das den Subjekten hilft, sich und ihre Welt besser erklären zu können, das Anschluss an die vorhandenen emotionalen und kognitiven Schemata und Konzepte findet, kann verarbeitet und damit verstanden werden.

[33] Vgl. *Stefan Altmeyer*, Von der Wahrnehmung zum Ausdruck. Zur ästhetischen Dimension von Glauben und Lernen, Stuttgart 2006, 143.

[34] Vgl. *Cebulj* 2010 [Anm. 20].

(gr. ποίησις, schöpferisches Machen, Verfertigen). In diesem Sinne meint erstens Aisthesis/Wahrnehmung, vor allem auch auf den Bibeltext neu aufmerksam zu werden und seine eigene Person mit dem Bibeltext in Bezug zu bringen. Zweitens stiftet Katharsis/Reinigung zur Urteils- und Entscheidungsfähigkeit an und fordert zur Stellungnahme gegenüber dem Text heraus. Schon diese Prozesse und Lernerfahrungen können innerlich verändern. Man kann sie sozusagen von innen entdecken, indem man sich danach fragt, was sie auslösen und bewirken. Hier sind ganz unterschiedliche innere Wahrnehmungen zu erwarten, je nach Standpunkt, der vom zustimmenden über beobachtendes bis zum ablehnenden Lesen und Verstehen reichen kann. Aber auch diesen Prozess darf man sich hier nicht zu homogen vorstellen. Nicht jeder Bibeltext wird von jedem gleich wahrgenommen und beurteilt und nicht jeder schreibt einem (Bibel-)Text gleiche Relevanz zu. Wo aber im Kontext der Bibellektüre Gelegenheit dazu besteht, über die vielen subjektiven, inneren Wahrnehmungen ins Gespräch zu kommen, kann biblisches Lernen beginnen. Und schließlich verleiht Poiesis/Schöpfung als ein schöpferisches, zweckgebundenes Handeln dem Lernen und Verstehen Gestalt. Innere Vorgänge und Emotionen werden in diesem didaktischen Schritt angezielt, um ihren vielfältigen Ausdrucksformen Raum zu geben. So wird ein neues (biblisches) Handeln initiiert.

Bei diesem Dreischritt, der im Folgenden noch differenziert werden soll[35], handelt es sich zunächst nur um ein Schema und vor einer rein ‚schematischen' Anwendung ist gerade deshalb zu warnen. Je mehr aber das Schema verinnerlicht ist, umso souveräner kann der Umgang damit sein. Die vorgeschlagene Reihenfolge ist nicht beliebig, aber auch nicht absolut zwingend, z.B. wird sich in der Praxis die Frage nach dem Thema oder Titel des Textes – vor allem bei Ungeübten – nicht immer so lange hinausschieben lassen, und häufig wird das Bibelgespräch einfach bei der Frage einsetzen: Was ist ungewohnt? Was ist auffällig? Was stört mich? Womit komme ich gut zurecht?

Wichtig ist jedoch, dass die zeitliche Dramaturgie der einzelnen Schritte gut abgestimmt ist. Dabei ist darauf zu achten, dass der Wahrnehmungsphase zum Beginn der Textbegegnung/Texterschließung genügend Aufmerksamkeit geschenkt wird.

[35] Im Anschluss an Günther Lange und seine „Fünf Stufen der Bildbegegnung". Vgl. *Günther Lange*, Bilder zum Glauben. Christliche Kunst sehen und verstehen, München 2002, 41-45; *ders.* Umgang mit Kunst, in: Gottfried Adam / Rainer Lachmann (Hg.), Methodisches Kompendium für den Religionsunterricht, Göttingen ^{2}1996, 247-261, 259f. Auch *Hans Schmid*, Die Kunst des Unterrichtens. Ein praktischer Leitfaden für den Religionsunterricht, München 2012, 129-182, arbeitet Langes fünf Schritte in sein Grundmodell des Unterrichtsaufbaus ein. *Peter Orth* vertritt einen sehr ähnlichen „Umgang mit Bildern", in: NHRPG, 489-493; vgl. aber auch Die Fünf-Schritt-Lesemethode (auch SQ3R-Methode), in: https://de.wikiversity.org/wiki/Kurs:Methodik/Material/5-Schritt-Methode (31.10.2012).

Schritt	*Leitfrage*	*Aufgaben*
Spontane Wahrnehmung	Was lese ich?	Text *in Ruhe lesen* (in der Gruppe/ Klasse gemeinsam), auf sich wirken lassen – erst lesen, nochmals hinschauen und noch einmal: Was lese ich/ höre ich? Welchen Eindruck macht der Text auf mich? Eventuell unterstreichen, markieren oder (schriftliche) Sammlung erster spontaner (assoziativer) Eindrücke: Was fällt mir zu dem Text ein? Woran denke ich? Was möchte ich dem Text sagen?
Analyse der Formensprache – volle Außenkonzentration	Wie ist der Text gebaut? Welche Informationen sind zum Textverständnis notwendig und wichtig?	*Analyse* des Bibeltextes (noch keine Deutung!): Wie ist der Text aufgebaut und gegliedert? Welche Wörter und Formen, welche Strukturen kennzeichnen den Text? Welche Gegenstände, Personen, welche Handlungen etc. fallen auf? Wie steht der Text zu anderen Texten in Bezug? Etc.
Innenkonzentration	Was löst der Text in mir aus?	*Neue Aufmerksamkeit erzeugen*: Auf welche Gestimmtheit zielt der Text selbst? Welche Textteile sprechen mich an? Welchen Inhalten stimme ich zu und welche lehne ich ab? Mit welchen Textabschnitten kann ich viel und mit welchen wenig anfangen? An was erinnert er mich, an welche Menschen, Situationen und Erfahrungen? Ist er anziehend oder abstoßend?
Analyse des Textgehalts	Was hat der Text zu bedeuten?	*Deutung* des Textes: Was hat der Text zu bedeuten? Gibt es Bezüge zu gesellschaftlichen oder religiösen Themen? Spiegelt sich eine bestimmte Epoche oder ein spezielles Ereignis im Text wider? Wann und von wem wurde er niedergeschrieben? Können die Biografie oder Zitate des Autors bzw. der Autoren des Textes, sein „Sitz im Leben", sein kultureller Kontext seine Bedeutung vertiefen? Für wen wurde der Text verfasst? Etc.
Identifizierung mit dem Text	Wo siedele ich mich in dem Bibeltext an? Wie kann ich ihn (neu) zum Ausdruck bringen und gestalten?	*Bedeutung* des Bibeltextes für mich: Kommen in dem Text Erfahrungen zum Ausdruck, die ich (nicht) teilen kann? Provoziert oder motiviert mich der Text zu einer weiteren Auseinandersetzung? In welcher Figur finde ich mich am ehesten wieder? Wie behandelt mich der Text als Leser (und Dialogpartner)? Was erwartet er von mir? Führt er mich zu einer schöpferischen Gestaltung, zu einem kreativen Ausdruck?

Tab. 1: 5 Schritte der Textbegegnung

Diese fünf didaktischen Schritte zum Umgang mit Bibeltexten versuchen konsequent Text- und Versteherorientierung miteinander zu verschränken. Sie geben kein methodisches oder mediales Programm vor!

Im ersten Schritt (*Spontane Wahrnehmung*) geht es um ein stilles Abtasten und Lesen sowie um spontane, unzensierte Äußerungen zum Bibeltext. Die Erstbegegnung geschieht durch ein ‚Im-Text-Spazieren-Gehen', wo der Leser hier und dort mit ungelenkter Aufmerksamkeit verweilen kann. Die systematische Wahrnehmung und Benennung der Syntax des Textes, seiner Formen, Strukturen und Rhythmen stehen im zweiten Schritt (*Analyse der Formensprache* – volle Außenkonzentration) an. Durch die erste genaue Kenntnisnahme sind die Einzelheiten und der Zusammenhang des Ganzen im Blick. Im dritten Schritt (*Innenkonzentration*) sind meine Gefühle und Assoziationen angesprochen; es werden eigene Erfahrungen und Vorstellungen aktiviert (auch im Dialog mit der Gruppe). Nun treten im vierten Schritt (*Analyse des Textgehalts*) das Thema bzw. die Themen des Textes in den Blick. Es wird die Frage nach seinem Bezug zu anderen Textstellen in der ganzen Bibel oder zu sonstigen Quellen nachgegangen. Wie sieht sein Standort innerhalb des vorliegenden biblischen Buches aus? Bestätigt er die Tradition, ist er innovativ? Welche Glaubenssichten und Glaubensgeschichten kommen in ihm zum Ausdruck? Welche individuellen oder epochalen Lebenserfahrungen schlagen sich im Text und seiner Wirkungsgeschichte nieder? Im fünften und letzten Schritt (*Identifizierung mit dem Text*) geht es darum, sich in den Text neu hineinziehen zu lassen, ihn zu ‚bewohnen', sich in die Geschichte verwickeln zulassen. Im Sinne der Poiesis geht es hier vor allem darum, schöpferisch eigene persönliche Ausdrücke zu entwerfen sowie kreative Produkte als handelndes Subjekt (Bibelleser/in) zu entwickeln. Diese Ergebnisse sind dann selbst auch so etwas wie ein neuer Gegenstand eines weiterführenden biblischen Lernens. Diese schöpferischen Produkte/Lernergebnisse kann die Verstehensgemeinschaft dann wieder neu wahrnehmen. Also in gewisser Weise wird hier wieder mit dem ersten Schritt begonnen und in eine zirkuläre und spiralförmige Struktur eingetreten. Beispielsweise könnte eine Textverfremdung, die Schüler als Ergebnis ihrer Auseinandersetzung verfassen und die dann mit der gesamten Lerngruppe neu gelesen wird, oder ein Bild, das betrachtet wird, ein Gedicht, das geschrieben wird, … Ausgangspunkt eines neu einsetzenden Lernprozesses sein.

Dieses Fünf-Schritte-Schema macht darauf aufmerksam, dass sich ein Leser auf den Text als solchen einlassen muss, bevor es zu (gefühlsmäßigen) Reaktionen kommt. Er muss wirklich auf die Form reagieren. Deshalb kommt es zunächst nicht so sehr auf den spezifischen Gehalt des Textes an, sondern auf das, was die verstehende Realisierung des Textes beim Leser daraus macht. Infolgedessen sollte die Besprechung (die Instruktionsphase) der Schrift- und Traditionsquellen innerhalb des Lernprozesses möglichst hinausgeschoben werden.

Es ist eine Grundbedingung der Textbegegnung, dass sich ein ‚Ich-Bezug' entwickelt bzw. vorbereitet wird. Bewirkt der Text Einverständnis oder Irritation? Kann er mich unmerklich verwandeln? Zieht es mich in seinen Bann? Kann ich mich ihm überlassen oder sträube ich mich? Antworten auf diese Fragen geschehen bewusst oder unbewusst zu Beginn der Textbegegnung. Deshalb ist es zunächst notwendig durch die möglichst genaue Beschreibung der je persönlichen Textwahrnehmung (vor aller Interpretation) eine solche Erstbegegnung zu initiieren. Eine solche ‚verbale (Re-)Konstruktion' kann zwar den Textgehalt nicht einholen und erst recht nicht ersetzen, aber sie ist die Voraussetzung dafür, dass Dialogprozesse innerhalb einer hörenden und sehenden (Versteher-)Gemeinschaft[36] stattfinden. Das ‚verbale Annähern' gehört insofern zum methodischen Rüstzeug. Die positionelle Beschreibung enthält die Einladung und den Versuch, sich auf das Textgeschehen voll und ganz einzulassen – so als gäbe es im Augenblick nichts anderes als dieses.

> „Wenn Kinder und Jugendliche tatsächlich in ernsthafte Gespräche mit der Bibel treten, dann werden deren Texte wohl kaum in ‚Watte gepackt'. [...] Vielmehr fordern und vertragen sie jegliche ernsthafte Infragestellung, sofern sich die Leser/-innen umgekehrt auch durch die Bibel selbst anfragen lassen."[37]

Im Grunde geht es bei der Textbeschreibung auch um eine spirituelle Forderung: Aufmerksam zu sein mit angespannter Außen- und Innenkonzentration, Sich-Einlassen, Sich-Öffnen, Etwas-Mit-Sich-Geschehen-Lassen. Dazu treten dann natürlich immer auch der erdenklichste angemessene Umgang und die möglichst genaue Reflexion über das, was von anderen wahrgenommen und ihnen in den Sinn gekommen ist.

5. In der Bibel Welt begegnen und Gott entdecken

Zentrales Ziel des katholischen Religionsunterrichts ist es, „zu verantwortlichem Denken und Verhalten im Hinblick auf Religion und Glaube"[38] zu befähigen, wie es schon die Würzburger Synode vor fast vierzig Jahren formuliert hatte. Wer sich dieser Aufgabe stellt, kommt nicht umhin, Menschen die Möglichkeit zu eröffnen, dafür Hilfestellungen zu geben und Wissen anzubieten, die Welt und das Leben in den verschiedenen Dimensionen wahr- und anzunehmen, zu befragen und zu deuten. Grundlegendes Ziel der Schule ist es, Menschen auf ihr Leben vorzubereiten, ihnen Fertigkeiten und Kompetenzen zu vermitteln, so dass sie in ihrem Leben bestehen. Dazu leistet die Bibel einen zentralen und wichtigen Beitrag.[39] Sie kann dazu befähigen, das eigene Leben immer wieder neu zu „vermessen"[40] und neu auszurichten, indem sie biblische Tradition und heutige Erfahrungen miteinander in ein wechselseitiges kritisches Gespräch

---

[36] Damit sind sowohl Lehrer/-innen als auch Schüler/-innen gemeint!

[37] *Porzelt* 2012 [Anm. 19], 83.

[38] *Gemeinsame Synode* der Bistümer in der Bundesrepublik Deutschland, Beschluß: Der Religionsunterricht in der Schule [1974], in: GSyn 1 (1976) 123-152, 140.

[39] „Wir brauchen diese Geschichten, um nicht blind zu sein für die Erfahrung der Erfüllung, wenn sie auf uns zukommt.", so *Baldermann* 1996 [Anm. 3], 233.

[40] *Franz W. Niehl*, Die Bibel im Religionsunterricht. Hermeneutische Grundlagen und didaktisch-methodische Hinweise (Theologie im Fernkurs. Religionspädagogisch-katechetischer Kurs Lehrbrief 14) Würzburg 1994, 62.

(Korrelation) bringt. Auch für Menschen, die der Bibel gegenüber indifferent, skeptisch oder ablehnend sind, ist eine offene und kritische Auseinandersetzung bildend. Denn die Bibel erzwingt nicht, im biblischen Wortsinn zu glauben, aber sie befähigt, in jener Welt sinnvoller leben zu können, von der die biblischen Texte erzählen. Nicht nur, weil sich deren Texte kulturgeschichtlich und existentiell über die Jahrtausende bewährt haben, sondern weil in der konkreten Begegnung mit den Texten die eigene Identität entdeckt und erprobt wird.

Die theologische Begründung hierfür liegt im Offenbarungsgeschehen selbst: Gott offenbart sich in der Geschichte der Menschen und tritt in die Welt menschlicher Erfahrungen in Jesus, dem Christus ein. Dies vermitteln Zeugen und dies überliefern die biblischen Texte, besonders die Evangelien. Ein Religionsunterricht, der diese Bezüge auch ernst nimmt, wird daher immer nach ihnen fragen und sich mit ihnen auseinandersetzen. Biblische Texte ermöglichen die Erfahrung, dass sich die Wirklichkeit dem Menschen in verschiedenen Dimensionen erschließt. So können Schülerinnen und Schüler im Religionsunterricht dazu befähigt werden, die Bibel als ein zentrales Buch menschlicher Wirklichkeit und menschlicher Lebensvollzüge wahrzunehmen und darin aber auch Glaubensinhalte und Orientierungskraft kennen und verstehen lernen.

Teil IV:
Fragen an das Selbstverständnis der Religionspädagogik

Abb. 1: Schlüsselwörter der Beiträge aus Teil IV dieses Bandes

Religionspädagogik sieht aus wie ein Chamäleon, denn die Sensibilität für die jeweiligen Zeiten, für die wechselnden Lernpartner und unterschiedliche Lebenskontexte machen sie notwendigerweise zeitgebunden: mit wechselnden Dringlichkeiten und darum auch mit einem anpassungsbereiten Selbstverständnis. Aus einer kritischen Außenperspektive betrachtet erscheint das sich ständig wechselnde Farbenspiel der religionspädagogischen Prioritätserklärungen als eine Schwäche.

Von innen betrachtet erweist sich gerade diese vermeintliche Schwäche als Stärke: als Aufmerksamkeit für neue Lernpartner, für neue religiöse Sozialisationsbedingungen, für die Kulturalität jeder religiösen Praxis und Theorie. Also: Gerade diese Wandlungsbereitschaft ist ein Qualitätssiegel der Religionspädagogik. Und die folgenden Beiträge belegen jeweils auf eigene Weise diese Wachheit der Autorinnen und Autoren sowohl für den Wandel der religiösen Praxen wie auch für das Selbstverständnis der Religionspädagogik und ihre Aktionsformen.

Die Konfessionsverschiedenheit der Schüler/-innen in einer Lerngruppe oder in der religiösen Erwachsenenbildung ist längst eine Selbstverständlichkeit. Allerdings nicht ganz so selbstverständlich ist der konfessionell-kooperative Alltag. Darum fragt *Reinhold Boschki*: Wie können die konfessionellen Unterschiede und Differenzen zu einer ökumenisch geprägten religiösen Bildung führen, ja vielleicht sogar zu einer Wertschätzung des Anderen, die deutlich die bislang angezielte ‚versöhnte Verschiedenheit' übersteigt? *Friedrich Schweitzer* geht einen Schritt weiter und prüft die impliziten Religionsbegriffe, die die verschiedenen Modelle interreligiösen Lernens steuern. Hier erweist sich der Religionsbegriff *Schleiermachers*, wonach „Religion konstitutiv zum Menschsein gehöre" (S. 270), als ideenkräftig auch für aktuelle Überlegungen. Aber angemessener für heutige interreligiöse Lernprozesse bewährt sich die EKD-Denkschrift „Identität und Verständigung" (1994). – Manche kritischen Beobachter vermuten, die Religionspädagogik löse sich heute aus dem Selbstverständnis der Theologie und wechsle in das Lager der Religions- oder Kulturwissenschaften; diesen Mutmaßungen widerspricht *Monika Tautz* und legt den christlich-theologischen Kern in der Praxis und Theorie des interreligiösen Lernens frei – inspiriert von Leitvorstellungen der komparativen Theologie. Dabei werden „Kriterien interreligiöser Urteilsbildung" (S. 284) inmitten einer kulturellen Matrix erkennbar. *Jan Woppowa* fragt nach der Binnenlogik interreligiöser Lernprozesse und öffnet damit einen weiteren Einblick in das Selbstverständnis der Religionspädagogik. *Rudolf Englert* hat schon vor Jahren dafür geworben, das Erlernen von Pluralität *und* Positionalität zusammenzudenken. *Woppowa* nimmt diesen Gedanken auf und bahnt aus der Komplementarität von Identifizieren und Distanzieren Wege, mit Schüler/-innen sogar nach „Wahrheit als Bewährung" (S. 297) zu fragen. – Rasante bevölkerungs- und kulturpolitische Entwicklungen verändern auch die universitäre Bildungslandschaft. *Martina Blasberg-Kuhnke* zeichnet den langen Weg zu einem Studiengang für islamische Theologie an der Universität Osnabrück nach. Ein neuer Typ von Theologie – interdisziplinär, interkulturell, interreligiös – keimt auf: erwachsen aus dem differenzsensiblen Selbstverständnis der Religionspädagogik heute. *Guido Hunze* schließlich ruft gezielt eine alte Grundfrage der Praktischen Theologie wieder auf: das Theorie-Praxis-Problem. Seit den grundlegenden Arbeiten der 1970er Jahre (*Helmut Peukert, Norbert Mette, Rolf Zerfaß*) scheinbar geklärt, erweist sich heute ein umfassendes ‚Update' als notwendig – nicht zuletzt angesichts tiefgreifender Studienreformen samt wachsender Praxisanteile. Hunze plädiert mit *Englert* für ein dialogisches Theorie-Praxis-Verständnis, in dem „es nicht allein um die Optimierung des Studiums angehender Lehrkräfte" geht, sondern „das auch die wissenschaftliche Forschung voranbringt." (S. 318)

Wie ökumenisch kann und soll religiöse Bildung sein? Kleine ‚Theologie der Wertschätzung' für den ökumenischen Dialog

REINHOLD BOSCHKI

1. Hinführung

Zwei Schlaglichter zu Beginn dieser Reflexionen sollen die im Titel genannte Frage blitzlichtartig anleuchten:

Bei unseren empirischen Forschungen zum konfessionell-kooperativen (katholisch-evangelischen) Religionsunterricht in der Grundschule[1] erlebten wir in einer 3. Klasse eine überraschende Unterrichtssequenz. Der evangelische Religionslehrer einer gemischt-konfessionellen Gruppe behandelte die verschiedenen Frömmigkeitsformen evangelischer und katholischer Christen, die sich im Laufe der Jahrhunderte als konfessionelle Identitätszeichen herausgebildet hatten, unter anderem das Kreuzzeichen in der katholischen Kirche. Er erklärte, dass Katholiken ein Kreuzzeichen machen, wenn sie die Kirche betreten und verlassen, an mehreren Stellen im Gottesdienst und beim Gebet. Aufrichtig sagte er, dass er leider selbst nicht genau wisse, wie man ein Kreuzzeichen macht, da er als evangelischer Pfarrer dieses Zeichen nicht verwendet. Ob es denn jemand von den katholischen Schülerinnen oder Schülern einmal vormachen könne? Nach zwei Fehlversuchen kam ein Schüler nach vorne, der sagte, er hätte es von der Oma gelernt, und er machte in korrekter Weise ein Kreuzzeichen. Der Lehrer fragte, ob er es auch einmal probieren dürfe. Etwas hilflos, sichtlich zum ersten Mal, machte er mehrfach ein Kreuzzeichen. Darauf lud er die Gruppe ein, wer möchte, dürfe es auch einmal ausprobieren: von Stirn zu Brust, von der linken zur rechten Schulter. Wisst ihr, sagte er nach einiger Zeit, ich selbst mache es als evangelischer Christ ja nicht, aber was die Katholiken hier machen, ist etwas Schönes: Wenn man als Christ betet, in die Kirche geht oder an Gott denkt, stellt man sich mit diesem Zeichen sichtbar unter das Kreuz. Es drückt aus, ich gehöre zu Jesus, der am Kreuz gestorben ist.

In anderem Zusammenhang erlebte ich einen katholischen Religionslehrer, der in der 9. Klasse einer Realschule wiederum vor einer konfessionell gemischten Gruppe den Brauch der evangelischen Losungen erläuterte. Er habe es sich, sagte er der Klasse, von seiner evangelischen Kollegin erläutern lassen und würde seit einiger Zeit die Tageslosungen jeden Tag aus dem Internet auf seinen Bildschirm bekommen. Er sei sehr beeindruckt davon, wie sich der Tag verändert, wenn man mit einem Bibelwort in Kopf und Herz durch den Alltag geht.

[1] Vgl. *Friedrich Schweitzer / Albert Biesinger* u.a., Gemeinsamkeiten stärken – Unterschieden gerecht werden. Erfahrungen und Perspektiven zum konfessionell kooperativen Religionsunterricht, Freiburg 2002.

Beide Szenen aus realem Religionsunterricht zeigen zunächst einmal, dass die ersten Lernenden in konfessionell-kooperativen Unterrichtssettings die Lehrenden selbst sind. In den Lehrerbefragungen spiegelte sich diese Einsicht als konstantes Muster. Wer kooperiert, lernt. Wer mit der Kollegin, dem Kollegen gemeinsam Unterricht vorbereitet, zwei Religionsgruppen gemeinsam im Blick hat, sie zu bestimmten Projekten zusammen bringt, wird von den Erfahrungen und Prägungen des jeweils anderen selbst bereichert. Der Lernerfolg spiegelt sich auch auf Schülerebene: Schüler lernen an Differenzen, am Unvertrauten, am Widersprüchlichen. Für die meisten ist heute sowohl die eine als auch die andere Form konfessioneller Wege unvertraut. Durch das Arbeiten an Differenz werden Lernchancen ermöglicht.

Was beide Szenen aber in erster Linie zeigen ist: Die *Haltung* des Lehrenden gegenüber Differentem war in beiden Fällen die des Respekts. Der wertschätzende Umgang mit dem jeweils anderen, dem Fremden, stellte ein Verhaltensmuster bereit, das sich im günstigsten Fall (zumindest manche) Lernende zu Eigen machen können. Im Hintergrund steht eine bestimmte, ökumenisch inspirierte Haltung: Der, die und das Andere werden zur Bereicherung des Eigenen. Im folgenden Beitrag werden diese beiden – hier zunächst phänomenologisch ermittelten – Konzepte ‚Differenz' und ‚Wertschätzung' näher ausgeführt, um sie für die Frage nach der ökumenischen Dimension religiöser Bildung fruchtbar zu machen.

2. Ökumene heißt: Leben und glauben in der Spannung von Einheit und Differenz

Das Wort ‚Ökumene' war vor einigen Jahrzehnten ein Hoffnungswort. Es wirkte wie eine kräftige Brise in den Segeln von Kirchenschiffen, die festgefahren schienen oder vor sich hin dümpelten. Mit der ökumenischen Bewegung im 20. Jahrhundert war frischer Wind aufgekommen. Man hoffte auf eine neue Ära des Zusammenwachsens und der Veränderung. ‚Ökumene' war gleichbedeutend mit ‚Aufbruch'.[2] Die Zielsetzung der ökumenischen Bewegung, die sich sowohl in den weltweiten ökumenischen Versammlungen ausdrückte wie auch vor Ort, in der seit Mitte des vergangenen Jahrhunderts sich verstärkt entwickelnden Zusammenarbeit der Kirchengemeinden, war „[…] die Verwirklichung der zerbrochenen sichtbaren Einheit der Kirche"[3].

In Blick auf diese Zielvorstellung ist viel geleistet worden, insbesondere was das konkrete Zusammenleben, den gegenseitigen Austausch, das Miteinander in Glaubensfragen und die gemeinsame Tätigkeit für eine friedliche, gerechte und lebenswerte Welt betrifft. Orthodoxe, evangelische, katholische Christen und

---

[2] Exemplarisch und zusammenfassend vgl. *Michael Kappes,* Ökumene im Aufbruch – Die Entwicklungslinien der ökumenischen Bewegung im 20. Jahrhundert, in: ders. / Michael Faßnacht (Hg.), Grundkurs Ökumene, Bd. 1, Kevelaer 1998, 16-42.

[3] Ebd., 33.

Mitglieder der vielen weiteren Denominationen können sich heute auf gleicher Augenhöhe begegnen, bei allen regionalen Schwierigkeiten, die es in zahlreichen Teilen der Welt noch gibt.

Dennoch ist – wie allseits, nicht nur in Fachkreisen, bekannt – der ökumenische Frischwind abgeflaut. Die Segel hängen tief. Auf die Frage ‚Wo stehen wir heute in der Ökumene?' wird hierzulande meist eine ernüchternde Bilanz gezogen, beispielsweise: „Die evangelisch-katholische Ökumene erlebt gegenwärtig nicht gerade die Zeit ihrer höchsten Blüte. Resignation droht sich breit zu machen und das Interesse an Ökumene schwindet."[4]

Die Gründe hierfür sind vielschichtig. Neben kirchenamtlichen Rückwärtsbewegungen, die nicht selten aus der Angst vor Verlust der eigenen konfessionellen Identität resultieren, und der daraus erfolgenden Ernüchterung auf Seiten vieler Gläubiger über die Langsamkeit des Fortschritts und die Zementierung so mancherlei Rückschritts, ist der gesellschaftliche Wandel eine wesentliche Ursache. Die plurale, individualisierte, teilsäkularisierte Medien- und Konsumwelt reißt die Menschen aus den traditionellen Milieus heraus, trägt zur Entkirchlichung und Enttraditionalisierung bei, so dass für die Individuen konfessionelle Profile erheblich an Bedeutung verlieren oder fast völlig verschwinden. Im alltäglichen Zusammenleben fragt uns (mit Ausnahme des Finanzamts) kaum mehr jemand nach unserer Konfession. Und wo das Konfessionelle bedeutungslos zu werden scheint, wird auch die Überwindung konfessioneller Unterschiede uninteressant.

Dennoch, das Christentum gibt es auch in der „flüchtigen Moderne"[5] nur in konfessioneller Gestalt. Gerade angesichts der Auflösung traditioneller Milieus und sozialer Strukturen suchen nicht wenige Christen wieder verstärkt Halt in konfessionell geprägten Mustern. ‚Differenz' löst sich weder theologisch, kirchenamtlich noch gesellschaftlich einfach auf, sondern bleibt zum Teil abwehrend-konfrontativ, zum Teil dialogoffen-konstruktiv präsent. Nicht zuletzt deshalb hat die ökumenische Bewegung gegen Ende des 20. Jahrhunderts einen Paradigmenwechsel vollzogen. Ökumene heißt nicht länger, Einheit der Christen um jeden Preis, bedeutet nicht, Abschleifen der Profile bis der kleinste gemeinsame Nenner gefunden ist und alle Christen in einheitlicher Weise glauben, lieben, hoffen könnten. Die Formel von der „Einheit in versöhnter Verschiedenheit", die zurückgeht auf den evangelischen Ökumenetheologen Harding Meyer[6] und die sich in der ökumenischen Verständigung weit verbreitet hat,[7] wird mittlerweile als Modell gewertet, „das gegenwärtig in der Ökumene wohl die größten Chancen haben wird, allgemein akzeptiert zu werden"[8]. Die Formel will eine neue ökumenische Zielvorstellung ins Bewusstsein der Gläubigen rücken, näm-

---

[4] *Johannes Brosseder / Joachim Track,* Kirchengemeinschaft jetzt! Die Kirche Jesu Christi, die Kirchen und ihre Gemeinschaft, Neukirchen 2010, 7.

[5] *Zygmunt Bauman,* Flüchtige Moderne, Frankfurt 2003.

[6] *Harding Meyer,* Versöhnte Verschiedenheit. Aufsätze zur ökumenischen Theologie I, II, III, Frankfurt – Paderborn 1998, 2000, 2009.

[7] Vgl. *Peter Neuner,* Ökumenische Theologie, Darmstadt 2005.

[8] *Brosseder / Track* 2010 [Anm. 4], 143.

lich das Ziel einer Einheit unter Christen, die Differenzen in Glaubensüberzeugungen und Lebenspraxis bestehen lässt. Unterschiede werden nicht länger als Hindernis auf dem Weg zur Einheit wahrgenommen, sondern als notwendige Ausdifferenzierungen des christlichen Wegs, der niemals einheitlich, sondern stets vielgestaltig verlaufen wird. Christsein und damit Ökumene bedeutet leben und glauben in der Spannung von Einheit und Differenz. Der entscheidende Punkt ist die *versöhnte* Verschiedenheit, die den jeweils anderen in seinem Anderssein akzeptiert, respektiert und wertschätzt.

3. Wertschätzung: Mehr als ‚versöhnte Verschiedenheit'

Das Konzept der ‚Wertschätzung' qualifiziert das der ‚versöhnten Verschiedenheit' nochmals tiefer, denn letztere könnte auch als ‚gleichgültiges Nebeneinander' missverstanden werden. Sie könnte bedeuten: Wir sind versöhnt, wir bekriegen uns nicht mehr, aber wir lassen uns gegenseitig in Ruhe. Wir leben nebeneinander her und erwähnen uns aus *‚political correctness'*. Leider ist genau diese ‚Indifferenz' (Gleichgültigkeit) gegenüber anderen Konfessionen in manchen gegenwärtigen Strömungen erkennbar, z.B. bei extrem konservativen Katholiken, die mit protestantischen Christen nicht zusammenarbeiten wollen. Wertschätzung ist das Gegenteil von Gleichgültigkeit. Sie impliziert Wahrnehmung, Ernstnehmen, Zuhören, Aufmerksamkeit, ehrliches Interesse am Anderen – und nicht zuletzt: gemeinsames Lernen.

Üblicherweise werden im Blick auf die Fortschritte der ökumenischen Theologie katholischerseits die Dokumente des Zweiten Vatikanischen Konzils herangezogen, die in besonderer Weise das ökumenische Anliegen aufgreifen: *Sacrosanctum Concilium* (Liturgiekonstitution), *Lumen Gentium* (Kirchenkonstitution), *Unitatis Redintegratio* (Ökumenismusdekret), *Gaudium et Spes* (Pastoralkonstitution) und *Dei Verbum* (Offenbarungskonstitution). Ich möchte im Folgenden ein anderes Dokument zur Grundlage nehmen, um die Haltung der Wertschätzung, die für den ökumenischen Dialog von entscheidender Bedeutung ist, theologisch durchzubuchstabieren, um so zu einem vertieften Verständnis von Ökumene beizutragen: *Nostra Aetate,* die Konzilserklärung zum Verhältnis der katholischen Kirche zu den nicht-christlichen Religionen (1965).[9]

Nostra Aetate (NA) definiert das Verhältnis zu den anderen Religionen auf völlig andere Weise, als es in der fast zweitausendjährigen Geschichte der Kirche der Fall war. Insbesondere macht ein neuer Ton die neue Musik. Mit der Erklärung hat die Kirche ein neues Kapitel in ihrer „Haltung" (*„habitudo"*: NA 1) zu den Weltreligionen aufgeschlagen. Der Kern der Erklärung, der der Kirche eine neue Wertschätzung der jüdischen Wurzeln, der jüdischen Herkunft des christlichen Glaubens sowie des gegenwärtigen Judentums aufgibt, weitete

---

[9] *Nostra Aetate* (lat./dt.), in: Peter Hünermann / Bernd Jochen Hilberath (Hg.), Herders Theologischer Kommentar zum Zweiten Vatikanischen Konzil (5 Bde.), Freiburg 2004-2006; Bd. 1, 355-362; Kommentar: *Roman A. Siebenrock,* Nostra Aetate. Theologischer Kommentar, in: ebd., Bd. 3, 591-693.

sich im Konzilsgeschehen zu einer neuen Wertschätzung aller Weltreligionen aus. Die in Artikel 1 entfaltete Hermeneutik der Gemeinschaft und Gemeinsamkeit, die freilich immer eine Hermeneutik der Differenz einschließt, stellt die Menschen aller Religionen in eine gemeinsame existentielle Bewegung der Suche nach dem Sinn des Daseins, nach Antworten angesichts von Leid und Tod sowie nach Halt in der Bindung an Transzendenz: „Alle Völker sind nämlich eine Gemeinschaft, haben einen Ursprung, da Gott das ganze Menschengeschlecht auf dem gesamten Antlitz der Erde hat wohnen lassen.“ (NA 1)

Aus diesem gemeinsamen Ursprung, der in der Schöpfung und Gottebenbildlichkeit aller Menschen wurzelt, resultiert ein tiefer Respekt vor jedem Menschen, gleich welchen religiösen Weg er oder sie geht. Deshalb spricht das Konzil mit nie dagewesener Wertschätzung von den anderen Religionen. Mit „aufrichtiger Hochachtung“ („*observantia*“) betrachtet es die Lebens- und Glaubensäußerungen fernöstlicher Religionen, zählt exemplarische Formen davon auf (Meditation, Askese, Versenkung etc.) und erkennt darin „einen Strahl jener Wahrheit [...], die alle Menschen erleuchtet“ (NA 2). Die Haltung der Christen gegenüber Andersgläubigen wird nach Jahrhunderten der Devaluation (Abwertung, Geringachtung) gewandelt in eine Haltung der Wertschätzung, die in dem Satz gipfelt: „Die katholische Kirche lehnt nichts von alledem ab, was in diesen Religionen wahr und heilig ist.“ (NA 2).

„Mit Wertschätzung“ („*cum aestimatione*“) betrachtet die Kirche auch die Muslime, die sich aufrichtig bemühen, den alleinigen Gott anzubeten, die ihren Glauben in Gebet, Fasten und Pilgern ausdrücken und ein sittlich verantwortetes Leben führen. Die Kirche will sich „aufrichtig um gegenseitiges Verständnis bemühen“ (NA 3). Schließlich wird die besondere Verbundenheit zwischen Christen und Juden ausführlich dargelegt, weshalb das Konzil als Konsequenz „die gegenseitige Kenntnis und Wertschätzung beider“ besonders fördert und empfiehlt (NA 4).

Die konziliare Erklärung *Nostra Aetate* entwickelt eine, wie ich es nennen möchte, *‚Theologie der Wertschätzung‘*, die als epochaler Wandel in der Verhältnisbestimmung zu anderen Religionen gewertet werden darf. Ohne alle Probleme theologisch gelöst zu haben, ist die Bedeutung dieser kleinsten, aber vielleicht wichtigsten Konzilserklärung in der *neuen Haltung* und der *neuen ‚Theologie der Wertschätzung‘* zu sehen, die schöpfungstheologisch begründet wird (erster Satz von NA 5). Nicht länger Abwertung, Abschätzung und Geringachtung anderer Religionen bestimmt die kirchliche Haltung, sondern Respekt und Achtung.

Strukturanalog ist eine solche Haltung der Wertschätzung für den ökumenischen Dialog zu entwickeln, wobei sie nicht nur schöpfungs- sondern auch tauftheologisch grundgelegt werden kann. Das Verbindende kann hervorgehoben, die Differenzen können klar benannt werden, so dass die Wertschätzung des konfessionell verschiedenen Weges und vor allem der gläubigen Menschen in ihrer jeweiligen Lebenspraxis Vorrang bekommt.

4. Elemente der Wertschätzung: Konsequenzen für ökumenische Bildung

Um das Konzept der Wertschätzung etwas genauer zu konturieren, es bildungstheoretisch und in ökumenischer Hinsicht fruchtbar zu machen, können Seitenblicke auf philosophische und pädagogische Ansätze weiterhelfen, in denen ‚Wertschätzung' eine herausgehobene Rolle spielt. So können Elemente zusammengetragen werden, die für Bildung im Allgemeinen sowie religiöse Bildung in ökumenischer Perspektive im Speziellen wichtig sind.

4.1. Wertschätzung aus Respekt vor der Würde des Anderen

In seinem bahnbrechenden Buch „Politik der Würde" hat der israelische Philosoph Avishai Margalit bereits 1996 die Grundlegung einer Philosophie der Wertschätzung vorgenommen.[10] Ex negativo, aus phänomenologischen Studien über Verachtung und Demütigung von Menschen, begründet er eine wertschätzende Haltung gegenüber jedem Menschen gleich welcher Herkunft, aufgrund der ihm einwohnenden Würde. Margalit sieht, analog zu Botschaft und Werk des Auschwitzüberlebenden Elie Wiesel, in der Erinnerung an Menschenverachtung und Devaluation in der Vergangenheit die entscheidende Kraft, um gegenwärtig ethisch sensibilisiert zu werden.[11] Der Erinnerung an Unrecht wohnt eine Dynamik inne, die sich verhaltensverändernd auf die Gegenwart auswirkt.

Die in der Erinnerung an das Negative aufscheinende positive menschliche Würde kann, so Margalit, philosophisch oder theologisch begründet werden. Die theologische bzw. religiöse Begründung folgt stets einem schöpfungstheologischen Verständnis, wonach jeder Mensch deshalb Achtung verdient, weil er oder sie von Gott erschaffen ist.[12] Die Gottesgewolltheit verleiht jeder Person eine unhintergehbare Würde, die auch durch das konkrete Verhalten, und sei es noch so verwerflich, nicht mehr gebrochen werden kann. Dadurch verdient jeder Mensch Wertschätzung, auch dann, wenn sein oder ihr Handeln zu kritisieren ist. Die unbedingte Anerkennung, die dem anderen „die positive Bedeutung einer Befürwortung"[13] verleiht, geht weit über Toleranz oder Duldung hinaus.

4.2. Wertschätzung aus Respekt vor den Kindern

Neben philosophischen Begründungen können in der *Geschichte der Pädagogik* Begründungsmuster für Wertschätzung gefunden werden, die sich am Kind orientieren. Kaum irgendwo anders kommt eine *Pädagogik der Wertschätzung*

---

[10] Vgl. *Avishai Margalit,* Politik der Würde. Über Achtung und Verachtung [1996], Frankfurt 2012.

[11] Vgl. *Avishai Margalit,* Ethik der Erinnerung, Frankfurt 2000; dazu: *Gerhard Höver,* Überlegungen zu einer Ethik der Erinnerung, in: Reinhold Boschki / Albert Gerhards (Hg.), Erinnerungskultur in der pluralen Gesellschaft. Neue Perspektiven für den christlich-jüdischen Dialog, Paderborn 2010, 69-81.

[12] Vgl. *Margalit* 2012 [Anm. 10], 67f.

[13] *Axel Honneth,* Unsichtbarkeit. Stationen einer Theorie der Intersubjektivität, Frankfurt 2003, 15. In seiner Philosophie der Anerkennung bezieht sich Honneth (ebd., 7) ausdrücklich auf Margalit.

so radikal zum Ausdruck wie im Gesamtwerk des im Holocaust ermordeten polnischen Pädagogen und Kinderarztes Janusz Korczak.[14] Seine Pädagogik, die eher narrativ als systematisch entfaltet ist, gründet auf direkter Anschauung und Beobachtung ‚seiner' Kinder, mit denen er in Warschauer Waisenhäusern zusammen lebte. An zahlreichen Stellen seines Werks nimmt Korczak von ihm beobachtete kleine Episoden aus dem Erziehungsalltag zum Anlass, den Kindern seinen Respekt zu zollen, woraus er ein Grundrecht des Kindes auf Achtung ableitet: Achtung selbst vor den Misserfolgen, den Tränen der Kinder, Achtung vor ihrer Unwissenheit, ihrer Erkenntnisarbeit, Achtung vor jedem Augenblick des gelebten Zusammenseins.[15] Achtung ist ein Grundbegriff, vor allem eine Grundhaltung, eine „ethische Grundlage der Korczak-Pädagogik"[16].

4.3. *Anerkennung in Wahrhaftigkeit*

Neben dieser Haltung und grundsätzlichen Einstellung dem Anderen gegenüber, sei es im interreligiösen oder interkonfessionellen Kontext, braucht die Begegnung eine *inhaltliche* Bestimmung. Es geht nicht darum, dass alles, was der andere sagt, unbesehen anerkennenswert ist. Das Vatikanum II hat die Anerkennung anderer Glaubensäußerungen, wie oben zitiert, insofern eingeschränkt, als dass sie nur das respektiert, was „in diesen Religionen wahr und heilig ist" (NA 2). Das Unwahre und Unheilige, sprich in unserer Zeit v.a. Fundamentalismus und Gewalt, werden nicht anerkannt, da sie per definitionem nicht zum Schatz an Wahrem und Heiligem einer Religion gehören. Auch im Dialog der Konfessionen und v.a. in bildungstheoretischer Hinsicht kann Anerkennung nicht bedeuten, die Inhalte zu vernachlässigen, nach dem Motto: Egal, was der Andere sagt, ich erkenne es an. Im Gegenteil! Die Wertschätzung des Anderen beruht gerade darauf, dass ich dem Gesagten Aufmerksamkeit zolle, es bedenke, meine Zustimmung aber auch kritische Einwände bedacht und sensibel zum Ausdruck bringe. Karl Ernst Nipkow hat dies schon vor geraumer Zeit als eine „ökumenische Hermeneutik der wechselseitigen Anerkennung in *Wahrhaftigkeit*" bezeichnet.[17] Darunter versteht er eine positive Auseinandersetzung mit den Inhalten der anderen Konfession, die nicht unter dem Signum der Gleichmacherei und Verwischung von Unterschieden steht, auch nicht der Gleichgültigkeit.

4.4. *Das Gegenteil von Gleichgültigkeit ist Interesse*

In Abwandlung eines berühmten Diktums von Wiesel, wonach das Gegenteil von Liebe nicht Hass ist, sondern Gleichgültigkeit,[18] kann man für den ökume-

---

[14] Vgl. *Janusz Korczak,* Sämtliche Werke (16 Bde.), Gütersloh 1996ff.

[15] Vgl. ebd., Bd. 4, 1999, 402-405.

[16] *Silvia Ungermann,* Die Pädagogik Janusz Korczaks. Theoretische Grundlegung und praktische Verwirklichung, Gütersloh 2006, 460-475, 460.

[17] Erstmals: *Karl Ernst Nipkow,* Bildung in einer pluralen Welt, Bd. 2: Religionspädagogik im Pluralismus, München – Gütersloh 1998, 306.

[18] *Elie Wiesel,* Erinnerung gegen die Gleichgültigkeit, in: Olaf Schwencke (Hg.), Erinnerung als Gegenwart. Elie Wiesel in Loccum, Loccum 1987, 138-160, 157.

nischen Austausch sagen: Das Gegenteil von Gleichgültigkeit ist Interesse. ‚Ich interessiere mich für dich, du bist mir wichtig, was du sagst, glaubst, wie du lebst und wonach du handelst, das alles interessiert mich, will ich verstehen und ein Stück weit mit dir teilen.‘ Das Interesse beginnt mit dem Kennenlernen. Hand aufs Herz: Kennen Katholiken – und damit schließe ich katholische Theologen und mich selbst ein – tatsächlich die Glaubenswege anderer Konfessionen? Interesse für die Ökumene beginnt mit detailliertem Interesse für die verschiedenen Ausprägungen des Christseins, das heißt mit Konfessionskunde.[19] Diese Konfessionskunde beginnt mit dem Interesse an den anderskonfessionellen Gemeinden in der Nähe der eigenen Gemeinde. Welche Gemeinschaften gibt es eigentlich in unserer Seelsorgeeinheit? Können wir (Pfarrgemeinderat, Arbeitskreise, Familienkreise etc.) sie einmal besuchen? Wie leben sie? Was ist ihnen wichtig? Was haben wir gemeinsam, was unterscheidet uns? Ehrliches Interesse ist der erste Schritt eines nachhaltigen Miteinanders. Das gilt auch für Schulklassen, wobei der Besuch und das Kennenlernen der ‚eigenen‘ Kirchengemeinde, Gespräche mit den Verantwortlichen, Erkundung des Kirchengebäudes etc. den Ausgangspunkt für Besuche in anderen Gemeinden und Gemeinschaften bilden kann. Welche katholische Religionsgruppe hat schon einmal die (russisch, griechisch oder anders) *orthodoxe* Gemeinde in der Nähe besucht. Die Ausrede, bei uns im Ort gäbe es keine, gilt nicht: Exkursionen werden bis zu 100 km von der Schule aus gemacht, warum nicht in der nächstliegenden Stadt eine ökumenische Erkundungstour organisieren?

4.5. Dein Glaubensleben ist wichtig für mich

Konfessionskunde ist nur ein erster Schritt auf dem Weg zu ökumenischer Verständigung. Er kann das Bewusstsein für die Vielfalt christlicher Glaubensformen schaffen bzw. stärken. Doch ist echte Begegnung mehr als etwas vom Anderen zu wissen. Begegnung beginnt dort, wo das Andere eine Bereicherung für das Eigene wird. Dabei muss zunächst gesagt werden, dass ‚das Eigene‘ in vielen Fällen weder bewusst ist noch gelebt wird. Das konfessionelle Selbstbewusstsein unter Schülerinnen und Schülern im Religionsunterricht ist in Zeiten der Enttraditionalisierung und Entkirchlichung der Gesellschaft nicht besonders ausgeprägt und in aller Regel besitzt „die Konfessionszugehörigkeit persönlich keine Bedeutung“[20] mehr. ‚Das Eigene‘ ist also ebenso zu entdecken wie ‚das Andere‘. Dabei ist es eine irrige Vorstellung, man müsse zuerst in der ‚eigenen‘ Tradition beheimatet sein und eine ‚eigene‘ konfessionelle Identität ausbilden, bevor man auf andere zugehen könne. In der Welt der Pluralität besteht bildungstheoretisch nur noch die Hoffnung, dass *in* der Begegnung mit Anderen gleichzeitig etwas kennen gelernt wird, was man als ‚Eigenes‘ entdecken kann.

---

[19] Bspw. erläutert in *Markus Mühling,* Kirchen und Konfessionen, Göttingen 2009; *Peter Neuner / Birgitta Kleinschwärzer-Meister,* Kleines Handbuch der Ökumene, Düsseldorf 2002.

[20] *Friedrich Schweitzer / Albert Biesinger u.a.,* Dialogischer Religionsunterricht, Freiburg 2006, 45.

Konzepte für ein so verstandenes ökumenisches Lernen liegen seit längerem vor.[21] Für den Religionsunterricht wurde der Suchbegriff ‚konfessionelle Kooperation' geprägt, der als Impuls für eine Weiterentwicklung der starren Form des Unterrichts in getrennten Gruppen gedacht ist.[22] Dabei geht es um eine partielle Zusammenarbeit katholischer und evangelischer Religionslehrkräfte, die ihre Lerngruppen möglichst oft in Austausch bringen, sei es durch Teamteaching, durch Phasen gemischter Gruppen, gemeinsame Unterrichtsvorbereitung und gemeinsame Projekte, durch Lehrertausch oder andere innovative Konzepte. Die empirischen Studien konnten einen Lerngewinn für alle Beteiligten aufzeigen: Lernende, Lehrende, Eltern.[23] Eine Haltung der Offenheit ist ebenso wichtig wie die der Wertschätzung. So kann im Religionsunterricht – analog in der Gemeinde – eine „Ökumene des dritten Wegs" wachsen, die aus dem Bewusstsein der Christusgemeinschaft eine „interkonfessionelle theologische Suchgemeinschaft"[24] entstehen lässt, wo es möglich wird, Gemeinsamkeiten und Differenzen zu würdigen. Wenn dabei Lernchancen ähnlich der eingangs beschriebenen aufkommen, wäre ökumenisches Lernen einen gewaltigen Schritt weiter. Lernen in und an Differenz entspricht dem Programm einer „pluralitätsfähigen Religionspädagogik", die didaktische Strategien erarbeitet, „wie sich ‚diffuse' in Richtung ‚markanter' Pluralität entwickeln lässt".[25] Markante Pluralität ist das Gegenteil von Gleichgültigkeit.

4.6. Gastfreundschaft und Solidarität

Ökumenische Gastfreundschaft ist ein in der ökumenischen Bewegung vieldiskutiertes Konzept, das von der römisch-katholischen Kirche jedoch sehr restriktiv verstanden und gehandhabt wird. Gleichwohl ist sie das zentrale Ziel, ja gleichsam das innerste Herz ökumenischer Verständigung. Die Mahlgemeinschaften Jesu, die gerade die Ausgeschlossenen einschlossen und niemanden aufgrund seiner Herkunft oder Zugehörigkeit ausgrenzten, sind der theologische Referenzpunkt einer solchen ökumenischen Hoffnung. Verschiedene ökumenische Institute und ökumenische Theologinnen wie Theologen haben aufgezeigt, dass eucharistische Gastfreundschaft schon jetzt möglich ist, wenn auch nur in Einzelfällen und nicht unterschiedslos als Programm für jede Form von Abendmahl und Eucharistie. Dennoch gilt sich immer wieder zu vergegenwärtigen:

---

[21] Zusammenfassend u. weitere Literatur: Kap. „Dimension ökumenisches Lernen", in: *Christina Kalloch / Stefan Leimgruber / Ulrich Schwab,* Lehrbuch der Religionsdidaktik. Für Studium und Praxis in ökumenischer Perspektive, Freiburg ²2010, 256-273; *Sören Asmus* (Hg.), Lernen für das Leben. Perspektiven ökumenischen Lernens und ökumenischer Bildung, Frankfurt 2010.

[22] Vgl. *Reinhold Boschki,* Ökumenisch lernen oder ‚nur' konfessionell kooperieren? Neue Impulse für die Praxis der Ökumene, in: JRP 18/2002, 171-181; *Richard Schlüter,* Konfessioneller Religionsunterricht heute? Hintergründe – Kontroversen – Perspektiven, Darmstadt 2000.

[23] Vgl. *Schweitzer / Biesinger* u.a. 2002 [Anm. 1]; *Schweitzer / Biesinger* u.a. 2006 [Anm. 20].

[24] Beide Zitate aus: *Ulrike Link-Wieczorek,* Ökumene und Religionsunterricht, in: KatBl 137 (1/2012) 52-59, 58.

[25] *Rudolf Englert,* Skizze einer pluralitätsfähigen Religionspädagogik, in: Friedrich Schweitzer u.a., Entwurf einer pluralitätsfähigen Religionspädagogik, Gütersloh 2002, 89-106, 101f.

„Jesus Christus lädt zum Abendmahl ein. Er ist Geber und Gabe. Allein in seinem Namen und Auftrag spricht die Kirche die Einladung aus."[26] Aus diesem Grund ist die Gewissensentscheidung des einzelnen, am Abendmahl oder an der Eucharistie teilzunehmen, unbedingt zu respektieren, denn das Gewissen steht allein vor Gott, allein vor Jesus Christus. Dieses Verständnis kann wegweisend sein für den weiteren Weg der ökumenischen Bewegung.

Dazu kommt, dass gemeinsames ökumenisches Tun im Horizont einer ‚Gerechtigkeitsökumene' all das weiterführen kann und muss, was die ‚Dialogebene', die theologische Verständigung über zentrale konfessionelle Glaubensinhalte, erreicht hat und noch erreichen wird. Das gemeinsame solidarische Handeln für Frieden, Gerechtigkeit, Bewahrung der Schöpfung war und ist ein weiteres Herzstück der ökumenischen Bewegung. Handlungs- und Bewährungsfelder der Ökumene sind: soziale Gerechtigkeit in der Gesellschaft, Frieden, ökologische Verantwortung. Beides, Gastfreundschaft und solidarisches Handeln, sind Metaphern und Handlungsmodelle mit größtem Potential für ökumenisches Lernen.[27]

4.7. Ökumenische wertschätzende Spiritualität

Ökumene wird erst dann wirklich gelebt und gelernt, wenn sie die Ebene der Spiritualität erreicht. Kopf- und Hand-Ökumene benötigen die Tiefendimension einer Ökumene des Herzens, um nicht kopflastig oder aktionistisch zu werden. Im Idealfall kommen ökumenische Aktion und Kontemplation zusammen. Ein Beispiel für eine seit Jahrzehnten gelebte Realisierung einer solchen Ökumene ist bekanntlich die Gemeinschaft von *Taizé* mit ihren internationalen Jugendtreffen, die in religionspädagogischer Hinsicht ein erstaunliches Phänomen darstellt.[28] *Taizé* kann als Realisierung des ökumenischen Zusammenlebens verschiedener Konfessionen gelten, wobei die Konfessionen nicht einfach nivelliert werden; konfessionelle Unterschiede werden mit Aufmerksamkeit betrachtet und respektiert. Die Brüder und Schwestern von *Taizé* wollen bewusst keine Gemeinschaftsgründungen vor Ort anstoßen. Sie fordern die meist jungen Menschen auf, zu Hause, in ihren jeweiligen Gemeinschaften, Kirchengemeinden und Konfessionen die Spiritualität von *Taizé* zu leben, weiterzutragen, um so für die notwenige Veränderung bzw. Erneuerung der Christenheit im ökumenischen Geist zu sorgen. Ökumenische Wertschätzung des Anderen in seiner konfessionellen und kulturellen Andersartigkeit ist ein Basiselement der *Communauté,* das die Besucher ganz nebenbei, unprätentiös und nachhaltig erlernen.

---

[26] *Centre d'Études Oecuméniques* (Strasbourg), *Institut für Ökumenische Forschung* (Tübingen), *Konfessionskundliches Institut* (Bensheim), Abendmahlgemeinschaft ist möglich. Thesen zur Eucharistischen Gastfreundschaft, Frankfurt 2003, 40; dazu: *Bernd Jochen Hilberath,* Jetzt ist die Zeit. Ungeduldige ökumenische Zwischenrufe, Ostfildern 2010, 187-190.

[27] Vgl. *Rudolf Englert,* Gastfreundschaft – eine Metapher mit großem Potential, in: Hans Schmid / Winfried Verburg (Hg.), Gastfreundschaft. Ein Modell für den konfessionellen Religionsunterricht, München 2010, 10-21.

[28] Zur religionspädagogischen, aber auch liturgiewissenschaftlichen Würdigung der Aktivitäten von *Taizé* siehe: Themenheft *Taizé:* KatBl 137 (5/2012).

Gewiss, *Taizé* ist nicht die einzige Form gelebter Ökumene. Es ist gut, dass es verschiedene ökumenische Bemühungen und Wege gibt. Dennoch stelle man sich vor: In Europa tragen Millionen von Menschen in der Kirche, aber auch in der Gesellschaft, in der Industrie, im Bildungssystem und Dienstleitungsbereich Verantwortung, die irgendwann in ihrer Lebensgeschichte Kontakt mit der *ökumenischen Spiritualität von Taizé* hatten oder selbst dort waren. Seit Jahrzehnten besuchen jährlich ca. 200.000 meist junge Menschen diesen Ort und erleben die Gemeinschaft. Andere lernen die von Frère Roger gegründete *Communauté* durch die Gebete und Gottesdienste in Gemeinden oder durch den Religionsunterricht kennen – eine ungeheure Bildungschance für eine *wertschätzende Spiritualität im ökumenischen Geist.*[29]

Um keine abschließende, aber eine weiterführende Antwort auf die im Titel genannte Frage zu geben, möchte ich vor dem Hintergrund der erarbeiteten ‚Elemente' als Diskussionsanregung thesenartig formulieren: *Folgt man einer ‚Ökumene der Wertschätzung', die die Differenzen nicht aufhebt, die aber aus einem tiefen Respekt vor dem Glaubensweg des Anderen lebt, kann religiöse Bildung nicht ökumenisch genug sein.*

---

[29] Zu den vielfältigen Lernmöglichkeiten von *Taizé* in Klassenzimmer, Schule und Gemeinde vgl. ebd.

Gretchenfragen? Alltäglich!

Rechtfertigung

Die Luft ist geschwängert von teuren Parfums. Man spürt die Anstrengung, die investiert wurde, um die eigene Unverwechselbarkeit wie eine Monstranz vor sich her zu tragen. Gewinner unter sich, die das Spiel des Beobachtens und Ignorierens perfektioniert haben. „Und was machst du so?“ Heiko macht in Mode. Katja ist selbstständig mit einer PR-Agentur. Marc ist Psychologe und Karin sucht gerade. „Und du?“ „Ich?“ Jetzt nimmt der Abend seinen vorausschaubaren Verlauf. „Ich, ich bin Theologe und arbeite bei der Kirche.“ Warum habe ich nicht Jurist oder Mediziner gesagt? Lässig könnte ich mich jetzt dem nächsten Lachshäppchen widmen. Zu spät, der Abend ist gelaufen. Eine ad hoc Koalition formiert sich – feindselig, sprungbereit. Wie könne man nur in einem solchen Laden mitarbeiten, der eigentlich abgeschafft gehöre. Dabei wird der Bogen mühelos von der Hexenverfolgung zum Zölibat über das Priestertum der Frau bis zu Kondomen und Aids, Missbrauch und natürlich der Kirchensteuer gezogen. Und den Papst nicht zu vergessen! Nach einer Stunde erhitzter Diskussion ist mein Überzeugungsakku leer und meine freundliche Gelassenheit auf null abgesenkt. Höchste Zeit zu gehen. Am Ausgang passt mich Manfred, einer der Koalitionäre, ab. Nachdem er erwähnt hat, er sei früher Messdiener gewesen, setzt er gönnerhaft hinzu, ich solle mir das Gesagte nicht so zu Herzen nehmen, das hätte ja schließlich nichts mit mir zu tun. Ich sei ja eigentlich ein ganz netter Typ. Wie tröstlich, denke ich, du Armleuchter, dass das alles nichts mit mir zu tun haben soll, und verabschiede mich wortlos.

David Hober

Die Religion des interreligiösen Lernens. Neue Antinomien einer religionspädagogisch-wissenschaftstheoretischen Grundfrage

FRIEDRICH SCHWEITZER

Weithin besteht inzwischen Konsens darüber, dass die Situation der religiösen Pluralität der Religionspädagogik abverlangt, sich in Gegenwart und Zukunft vermehrt mit der religiösen Vielfalt auseinanderzusetzen. Dafür steht im vorliegenden Zusammenhang der Begriff des interreligiösen Lernens. Für diesen Begriff gibt es freilich noch keine konsensuelle Definition,[1] weshalb ich ihn hier nur in vorläufiger Weise in der Bedeutung verwende, dass ein dialogisches Verhältnis zwischen verschiedenen Religionen angezielt wird, also im Unterschied zu einer superioritätsorientierten oder religionspolemischen Position, wie sie für frühere Formen der Thematisierung anderer Religionen weithin bezeichnend war. Weitere Bestimmungen und Präzisierungen werden sich im Folgenden ergeben, auch wenn der Akzent des vorliegenden Beitrags vor allem beim Religionsverständnis der Religionspädagogik liegen soll.

Genauer gesagt soll es um den im Begriff der *Religions*pädagogik selbst enthaltenen Religionsbegriff gehen. Damit folge ich der Auffassung, dass eine interreligiöse Öffnung die Religionspädagogik auch dazu zwingt, vermeintlich bereits abschließend erreichte Klärungen ihrer disziplinären Konstitution noch einmal auf die Probe zu stellen. Denn wenn es nicht zu einer interreligiösen Religionsdiffusion oder gar zu einem interreligiösen Kulinarismus kommen soll,[2] stellen sich weitreichende theoretische Fragen. Denn auch hier gilt, dass die Praxis nur so gut ist wie die Theorie, von der sie ausgeht oder die sie – bewusst oder unbewusst – in sich schließt. Das Umgekehrte soll und darf dabei nicht vergessen sein: Eine religionspädagogische Theorie ist nur so gut wie die Praxis, die ihr – zumindest auf längere Sicht – entsprechen kann.

Die wissenschaftstheoretische These, von der ich mich hier leiten lasse, kann folgendermaßen umschrieben werden: Der theoretische und praktische Gewinn,

---

[1] Für die vorliegende knappe Darstellung kann nur begrenzt auf Literatur verwiesen werden. Grundlegende Informationen zum Verständnis Interreligiösen Lernens bietet *Folkert Rickers,* Art. Interreligiöses Lernen, in: LexRP 2, 874-881; als derzeit aktuellste Monographien zum Thema mit entsprechenden Literaturhinweisen vgl. *Stephan Leimgruber*, Interreligiöses Lernen. Neuausgabe, München 2007 bzw. *Kath Engebretson et al. (Hg.),* International Handbook of Inter-religious Education. 2 Vls., Dordrecht et al. 2010.

[2] So die (kritischen) Befürchtungen von *Rudolf Englert*, Tradition und Kritik – Grundfragen religiöser Bildung, in: Herbert-Quandt-Stiftung (Hg.), Religionen in der Schule. Bildung in Deutschland und Europa vor neuen Herausforderungen, Bad Homburg 2007, 29-33 und *Bernhard Dressler*, Blickwechsel. Religionspädagogische Einwürfe, Leipzig 2007, 252. Zu meiner eigenen Position, die ebenfalls über die befürchteten Fehlformen hinausgelangen soll, vgl. zuletzt *Friedrich Schweitzer*, Interreligiöses Lernen und Differenz. Doppelte Fremdheitserfahrung als Herausforderung und Chance für religiöse Bildung, in: Thomas Klie / Dietrich Korsch / Ulrike Wagner-Rau (Hg.), Differenz-Kompetenz. Religiöse Bildung in der Zeit, Leipzig 2012, 61-69.

der seit mehr als 100 Jahren von einem Übergang von der Katechetik zur Religionspädagogik erwartet wird, sieht sich in der durch interreligiöse Lernaufgaben bestimmten Gegenwart neuen Antinomien ausgesetzt. Um Antinomien handelt es sich dabei insofern, als die damit angesprochenen Spannungen weder einfach nach der einen noch nach der anderen Seite hin aufgelöst werden können, zumindest nicht ohne deutliche Substanzverluste.

1. Der Religionsbegriff als religionspädagogische Brücke zur Bildungstheorie und zum Christentum außerhalb der Kirche

Zunächst soll noch einmal der traditionell für die Religionspädagogik bestimmende Zusammenhang umrissen werden, auf den sich die Überschrift zu diesem Abschnitt bezieht.[3] Als Brücke zur Bildungstheorie und zu einem Christentum außerhalb der Kirche sollte der Religionsbegriff freilich bereits fungieren, als der erst zu Beginn des 20. Jahrhunderts aufkommende Begriff ‚Religionspädagogik' noch nicht verfügbar war. Gleichsam paradigmatisch stehen dafür die „Reden" von Friedrich Schleiermacher, erschienen im Jahre 1799.[4] Statt einer kirchlichen wird hier eine „menschheitliche"[5], also sich aus dem Gedanken der Humanität speisende Begründung für religiöse Bildung formuliert. Da Religion konstitutiv zum Menschsein gehöre, könne Bildung ohne Religion nicht umfassend oder vollständig sein. Religiöse Bildung wird damit anthropologisch begründet und auf diese Weise auch bildungstheoretisch plausibilisiert.

Diese Begründungsfigur wird von Schleiermacher in seiner dritten Rede ausführlich dargestellt, und auch wenn die dabei eingesetzten begrifflichen Mittel durchaus zeitgebunden sind – etwa die Berufung auf eine „Anlage" zur Religion –, hat sich diese Art der Begründung bis heute als tragfähig erwiesen und im Begriff der Religionspädagogik später eine gleichsinnige Aufnahme gefunden, sowohl im evangelischen als auch im katholischen Bereich (wobei hier auf die unterschiedlichen theoretischen bzw. theologischen Hintergründe nicht weiter eingegangen werden kann). In der vierten Rede führt Schleiermacher dann mit der Perspektive der „religiösen Geselligkeit" eine alternative Sicht religiöser Vergemeinschaftung aus, welche die damals zunehmend kritisierte Kirchlichkeit zumindest in ihrer herkömmlichen Gestalt freiheitlich überwinden sollte. Wenn

[3] Dieser Zusammenhang wurde sowohl für die evangelische als auch für die katholische Religionspädagogik in einem eigenen Forschungsprojekt detailliert erschlossen; vgl. *Friedrich Schweitzer / Henrik Simojoki*, Moderne Religionspädagogik. Ihre Entwicklung und Identität (Religionspädagogik in Pluraler Gesellschaft 5), Freiburg – Gütersloh 2005; *dies. / Sara Moschner / Markus Müller*, Religionspädagogik als Wissenschaft. Transformationen der Disziplin im Spiegel ihrer Zeitschriften (Religionspädagogik in Pluraler Gesellschaft 15), Freiburg 2010. Als präzise Zusammenfassung aus katholischer Sicht vgl. *Rudolf Englert*, Religionspädagogische Grundfragen. Anstöße zur Urteilsbildung, Stuttgart 2007 („Zu den Grundlagen religionspädagogischer Theoriebildung", 20-34, „Zum Verhältnis von Theologie und Religionspädagogik", 35-45).

[4] *Friedrich Schleiermacher*, Über die Religion. Reden an die Gebildeten unter ihren Verächtern (1799). Hg. v. Rudolf Otto, Göttingen [6]1967.

[5] Diesen Begriff übernehme ich als treffende Kennzeichnung von *Englert* 2007 [Anm. 3], 15ff.

sich die Religionspädagogik im 20. Jahrhundert verstärkt auf Kinder und Jugendliche bezieht, die keine kirchliche Sozialisation und Prägung mitbringen, dann folgt sie auch in dieser Hinsicht – durch die über die kirchlichen Bezüge hinausreichende Orientierung – den schon mit Schleiermachers Religionsbegriff verbundenen religionspädagogischen Optionen.

Bereits bei Schleiermacher und seinen Zeitgenossen war auch, was heute häufig übersehen wird, die Frage nach der Pluralität der Religionen gegenwärtig. Immerhin hat Schleiermacher dieser Thematik seine fünfte – und damit eine eigene – Rede bzw. Abhandlung gewidmet. Eine auch in interreligiöser Hinsicht begründete und reflektierte Religionspädagogik haben aber weder die christlichen Pädagogen des frühen 19. Jahrhunderts noch die religionspädagogischen Konstitutionstheorien im 20. Jahrhundert wirklich ins Auge gefasst. Und auch die heutigen religionspädagogischen Ansätze zum interreligiösen Lernen stellen entsprechende Fragen nur selten. Interreligiöse Ansätze und wissenschaftstheoretische Diskurse konstitutionstheoretischer Art sind bis heute kaum miteinander verzahnt. Dafür gibt es freilich bestimmte Gründe, auf die nun in einem weiteren Schritt genauer eingegangen werden soll.

2. ‚Religionspädagogik der Religionen' als neuer Grundbegriff?

Konnte im ersten Abschnitt noch ein klar fassbarer, historischer Tatbestand beschrieben werden, so muss die Darstellung nun, angesichts noch offener Entwicklungen, in den Modus der Frage übergehen. Deshalb setze ich bei der Überschrift zu diesem Abschnitt wie auch bei den folgenden ein Fragezeichen. Weiterhin verwende ich dabei eine bislang nicht geläufige Formulierung – ‚Religionspädagogik der Religionen' – deren Sinn erst im Folgenden geklärt werden kann.

In Frageform kann der Ausgangspunkt so ausgedrückt werden: Lässt sich der Begriff der Religionspädagogik so erweitern, dass er – angesichts der veränderten, religionspluralen Situation der Gegenwart – nun auch als Brücke zwischen den Religionen und als Weg zum Religionsdialog fungiert? Für diese Möglichkeit spricht zumindest auf den ersten Blick der Befund, dass die im Begriff der Religionspädagogik implizierte, oben bereits angesprochene Entkoppelung von religiöser Bildung und Kirche oder Kirchlichkeit prinzipiell auch außerchristliche Verbindungen und Orientierungen zulässt. Abzulesen ist dies beispielsweise auch an den angelsächsischen religionspädagogischen Zeitschriften, in denen ‚Religious Education' inzwischen offenbar problemlos auch auf nicht-christliche Religionen bezogen werden kann.[6] Ähnlich wird in Deutschland heute, scheinbar ganz selbstverständlich, von einer jüdischen und einer islamischen Religionspädagogik gesprochen. Nicht immer beachtet wird dabei, dass hier zunächst

---

[6] Ich beziehe mich auf die amerikanische Zeitschrift „Religious Education" und den „British Journal of Religious Education". Ähnliches gilt aber auch für andere Zeitschriften vor allem im englischsprachigen Raum.

grundsätzliche Anschlussfragen geklärt werden müssten: Lässt sich die für die christliche Tradition charakteristische Verbindung von Glaube und Bildung, aus der die Religionspädagogik allererst hervorgegangen ist,[7] auch aus der Sicht anderer religiöser Traditionen bejahen? Welche Begründungsmöglichkeiten spielen dabei eine Rolle – und was impliziert dies für eine christliche Religionspädagogik? Um nur ein Beispiel zu nennen: Vor allem im Christentum wird heute gerne auf die Gottebenbildlichkeit des Menschen nach Gen 1,26f. als Grundlage und Voraussetzung eines christlichen Bildungsverständnisses verwiesen.[8] Der Islam kennt eine solche Gottebenbildlichkeit nicht und kann sie, aus prinzipiellen theologischen Gründen (Bilderverbot), auch nicht anerkennen. Was bedeutet dies nun für theologische Begründungen von Bildung? Ist der uns inzwischen selbstverständliche Bezug auf die Gottebenbildlichkeit für das Bildungsverständnis doch weit weniger gewichtig, als gemeinhin angenommen wird? Was genau bedeuten eventuell alternative islamische Begründungsfiguren?[9] – Hier liegen offene Fragen für interreligiös-vergleichende Untersuchungen sowie für einen interreligiösen Dialog zur Bildungslehre und ihren möglichen religiösen Begründungen.

Fragen im Blick auf eine ‚Religionspädagogik der Religionen' ergeben sich auch aus dem Verhältnis zu anderen religionsübergreifenden Ansätzen. Der Begriff der Religionspädagogik und der religiösen Bildung stößt nämlich vor allem dort auf Widerspruch, wo pädagogische Fragen aus der Perspektive der Religionswissenschaft aufgenommen werden. Mit religionswissenschaftlich geprägten Begriffen wie ‚Religions-Bildung' statt ‚religiöse Bildung' oder ‚Religionspädagogik' soll deutlich gemacht werden, dass die Bildung selbst eben nicht religiös sein kann.[10] Die im Begriff der Religionspädagogik enthaltene Verknüpfung von Bildung und Religion erscheint aus dieser Sicht prinzipiell suspekt. Das zeigt auch die Entwicklung der englischen Religionspädagogik, die sich in den 1960er und 1970er Jahren unter dem Einfluss von Ninian Smart ganz auf ein „Lernen *über* (about) Religion" konzentrierte, das dann später freilich als unpädagogisch kritisiert wurde.[11]

Smart steht zugleich für den Übergang zu dem Versuch, Religionspädagogik religionstheologisch zu verantworten und zu konzipieren. Vor allem das von John Hick[12] entwickelte Modell wurde dann mitunter als Grundmodell ange-

---

[7] Vgl. auch dazu noch einmal stellvertretend *Englert* 2007 [Anm. 3], 11ff.

[8] Vgl. die Darstellung bei *Friedrich Schweitzer*, Menschenwürde und Bildung. Religiöse Voraussetzungen der Pädagogik in evangelischer Perspektive (Theologische Studien NF 2), Zürich 2011.

[9] Vgl. dazu etwa *Harry Harun Behr*, Islamische Bildungslehre, Garching 1998; *Lamya Kaddor* (Hg.), Islamische Erziehungs- und Bildungslehre, Berlin – Münster 2008.

[10] Vgl. als knappe Darstellung *Christa Dommel*, Religion – Diskriminierungsgrund oder kulturelle Ressource für Kinder?, in: Petra Wagner (Hg.), Handbuch Kinderwelten. Vielfalt als Chance – Grundlagen einer vorurteilsbewussten Bildung und Erziehung, Freiburg 2008, 148-159.

[11] Diese Entwicklung ist in der deutschen Literatur mehrfach nachgezeichnet worden, zuletzt von *Christoph Knoblauch*, Interreligiöser Dialog beginnt an den Wurzeln. Religionsunterricht und Religious Studies auf der Suche nach interreligiösem Verständnis. Eine Analyse und empirisch-explorative Vergleichsstudie beider Konzeptionen, Ostfildern 2011.

[12] Vgl. etwa *John Hick*, Religion. Die menschlichen Antworten auf die Frage nach Leben und Tod, München 1996.

sprochen, das sich geradezu von selbst für die Religionspädagogik empfiehlt. Denn bei diesem Modell sei Raum für alle Religionen, die nun insofern im Geiste epistemologischer Bescheidenheit, eben weil keine Religion allein Recht haben könne, zueinander finden. In Deutschland können vor allem die Arbeiten des frühen Hubertus Halbfas im Sinne einer religionstheoretischen oder auch religionstheologischen Grundlegung der Religionspädagogik, welche die verschiedenen Religionen übergreift, gelesen werden.[13]

Inzwischen ist freilich allgemein bewusst, dass der von Hick empfohlene Geist epistemologischer Bescheidenheit de facto um den Preis einer absoluten Epistemologie erkauft werden muss. Denn der allwissende Philosoph erkennt ja bei diesem Modell, dass keine Religion Recht hat. Und es bleibt offen und unausgesprochen, woher der dialogisch gestimmte Religionsphilosoph dies eigentlich weiß und wissen kann. So ist es verständlich, wenn eine religionsdialogische Grundlegung der Religionspädagogik dieser Art heute kaum mehr überzeugen kann, sondern umgekehrt insofern als durchaus abträglich gilt, als sie in Richtung einer relativistischen Verschleifung religiöser Unterschiede und Identitäten wirken könnte.

An Grenzen stößt eine ‚Religionspädagogik der Religionen' gewiss auch dann, wenn sie nicht auf eine schulische Religions*didaktik* verengt wird. Denn eine Religions*pädagogik*, die nicht auch informelle und non-formale Lern- und Bildungsprozesse in Familie und Gemeinde oder Gesellschaft thematisiert, bleibt unzureichend. Die Vertrautheit aber bereits mit den Praktiken unterschiedlicher christlicher Traditionen, Konfessionen und Kirchen und noch mehr im Falle verschiedener Religionen hängt an einer entsprechenden Ausdifferenzierung der Religionspädagogik. Als evangelischer Religionspädagoge bin ich nicht kompetent, wenn es um die Koranrezitation zumal in arabischer Sprache oder um die Vorbereitung auf die Bar Mitzwa geht. Da solche Zusammenhänge, genauer betrachtet, immer auch in die Schule hinein spielen, käme eine ‚Religionspädagogik der Religionen' schon in diesem Kontext an ihre Grenzen.

Trotz solcher unabweisbar kritischer Einwände gegen eine interreligiöse Ausdehnung des für die Konstitution einer Religionspädagogik maßgeblichen Religionsbegriffs darf allerdings nicht übersehen werden, dass der Religionsbegriff etwa für die Grundlegung des Schulfachs Religion unerlässlich ist. Ein solches Fach war schon immer ganz selbstverständlich mit der Aufgabe betraut, sich auch mit – für die christliche Tradition gesprochen – nicht-christlichen Religionen zu befassen, etwa im mitunter missionarisch ausgelegten Unterricht über Weltreligionen. Auch in kirchlicher oder theologischer Sicht wird ja nicht davon ausgegangen, dass es sich etwa beim Judentum oder beim Islam nicht um Religionen handele. Der Religionsbegriff schafft auch hier einen gemeinsamen Horizont, in dem religionsvergleichende Überlegungen aller erst möglich werden. Wollte man, wie neuerdings wieder vorgeschlagen, auf den Religionsbegriff zur Bestimmung eines religionsunterrichtlichen Inhaltsbereichs verzichten

---

[13] Vgl. *Hubertus Halbfas*, Fundamentalkatechetik. Sprache und Erfahrung im Religionsunterricht, Düsseldorf 1968.

und stattdessen etwa nur noch von der „Kommunikation des Evangeliums“ sprechen,[14] würden solche Möglichkeiten verloren gehen oder zumindest erheblich reduziert.

3. ‚Religionspädagogik im Plural‘ als Voraussetzung für differenzsensible Kooperation?

In meiner eigenen Erfahrung als Wissenschaftler hat sich die Möglichkeit der Kooperation mit anderen Formen der Religionspädagogik – vor allem bereits im katholischen Bereich, zum Teil aber auch im islamischen Bereich – als besonders gewinnbringend erwiesen. Gerade unterschiedliche, dann auch wechselseitig profilierte Perspektiven ermöglichen einen Erkenntnisgewinn sowie gemeinsame Initiativen, die auf andere Weise nicht erreichbar wären. Grundmodell ist dafür der konfessionell-kooperative Religionsunterricht, der – mit der EKD-Denkschrift von 1994 gesprochen[15] – der doppelten Zielsetzung von „Identität und Verständigung“ folgt. Die dafür in Tübingen entwickelte Programmformel „Gemeinsamkeiten stärken – Unterschieden gerecht werden“[16] hat sich jedoch ebenso in anderen religionspädagogischen Praxisbereichen bewährt, etwa im Blick auf Tageseinrichtungen für Kinder, und sie kann, unter Beachtung der theologischen Unterschiede, auch auf den interreligiösen Bereich ausgeweitet und angewendet werden.

Die Religionspädagogik selbst nimmt dabei eine plurale Gestalt an.[17] Genauer gesagt, ihre faktisch schon immer gegebene plurale Gestalt wird bewusst und intentional wahrgenommen, und sie wird gezielt genutzt, wenn die verschiedenen Formen von evangelischer, katholischer, islamischer usw. Religionspädagogik so miteinander kooperieren, dass ihre unterschiedlichen Profile im Sinne differenter Hermeneutiken und Kompetenzen zum Tragen kommen. Differenz wird nicht als Problem wahrgenommen, sondern als besondere Chance, auch in einem wissenschaftlichen Sinne.

Soll und muss die Kooperation differenzsensibel sein, eben um auch Unterschieden gerecht werden zu können, ohne dass sich die Beteiligten auf die vermeintlich sichere Grundlage der Neutralität zurückziehen, muss auch der Religionsbegriff genauer bestimmt werden. Dabei stellen sich mehrere Antinomien ein:

- Kooperationen über die eigene Konfession oder religiöse Tradition hinaus können nur gelingen, wenn der Religionsbegriff dafür genügend offen ist. Sie

---

[14] So etwa *Christian Grethlein*, Der Inhalt des Evangelischen Religionsunterrichts – ein praktisch-theologischer Impuls, in: ZPT 64 (2012) 325-334.

[15] Vgl. *EKD* (Hg.), Identität und Verständigung. Standort und Perspektiven des Religionsunterrichts in der Pluralität. Eine Denkschrift der EKD, Gütersloh 1994.

[16] Vgl. *Friedrich Schweitzer / Albert Biesinger u.a.*, Gemeinsamkeiten stärken – Unterschieden gerecht werden. Erfahrungen und Perspektiven zum konfessionell-kooperativen Religionsunterricht, Freiburg – Gütersloh 2002.

[17] Vgl. *Friedrich Schweitzer*, Religionspädagogik im Plural. Aufgaben der evangelischen Religionspädagogik im Kontext islamischer Religionspädagogik, in: ZPT 64 (2012) 66-74.

sind zugleich nur sinnvoll, wenn der jeweils vorausgesetzte Religionsbegriff die jeweilige eigene Perspektive zu erkennen gibt, in meinem Falle also die einer evangelischen Religionspädagogik bzw. eines evangelischen Glaubensverständnisses.

- Die ursprünglichen Anforderungen an den Begriff der Religionspädagogik als Brücke zur Bildungstheorie und zum Christentum außerhalb der Kirche werden auch in der Gegenwart nicht hinfällig. Sie stehen aber in einer unaufhebbaren Spannung zu dem nun geforderten deutlich erkennbar christlichen oder evangelischen bzw. katholischen Profil.
- Die jeweilige religionspädagogische Perspektive lässt sich ohne Rückgriff auf die religiöse Tradition und damit auch auf theologische Lehre nicht bestimmen. Die für den die Religionspädagogik leitenden Religionsbegriff vorausgesetzte Unterscheidung zwischen Theologie und Religion wird damit zumindest ein Stück weit infrage gestellt.

Die Liste solcher Antinomien ließe sich gewiss noch verlängern. Deutlich werden sollte an dieser Stelle nur, dass es viele Möglichkeiten gibt, wie eine sich für interreligiöse Aufgaben öffnende Religionspädagogik, die zugleich ihre eigene Identität nicht preisgeben will, in verschiedenen Hinsichten zugleich scheitern kann. Weiterführend ist offenbar allein eine solche Bestimmung des für die Religionspädagogik konstitutiven Religionsbegriffs, der Profil und Offenheit so aufeinander bezieht, dass eine gleichzeitige Steigerung beider möglich wird. Dabei bin ich mir bewusst, dass auch dies ebenfalls wie eine weitere Antinomie oder sogar wie eine Paradoxie klingt, was an der sachlichen Begründung freilich nichts ändert.

4. Gelebte Religion – eine alternative Begründungsmöglichkeit?

Die Frage nach der gelebten Religion steht heute für Religionspädagogik und Praktische Theologie weit im Vordergrund. Gemeint sind damit solche Formen von Religion, wie sie im alltäglichen Leben von Menschen zu finden sind. Naturgemäß unterscheiden sich diese Formen erheblich von den Erwartungen der theologischen Dogmatik oder der Kirche. Eben deshalb ist es erforderlich, die gelebte Religion eigens in den Blick zu nehmen. In der Situation religiöser Individualisierung und Pluralisierung, die für unsere Gegenwart bezeichnend ist, gewinnt die Forderung nach einem konsequenten Bezug auf die gelebte Religion erheblich an Plausibilität. Ohne einen solchen Bezug ist eine erfolgreiche religionspädagogische Praxis heute nicht mehr denkbar.

Die Forderung nach einem konsequenten Bezug auf die tatsächlich gelebte Religion findet sich auch im Bereich des interreligiösen Lernens. Sie spielt hier allerdings eine etwas andere Rolle als in der herkömmlichen religionspädagogischen Diskussion. Der international weithin beachtete ‚interpretative Ansatz' des englischen Religionspädagogen Robert Jackson etwa, der in diesem Zusammenhang als prominentes Beispiel genannt werden kann, zielt darauf, die Begegnung mit anderen Religionen nicht von der Tradition, der Lehre und den Institutionen der verschiedenen Religionen her zu konzeptualisieren, sondern ganz im Ausgang von den religiösen Praxis- und Ausdrucksformen, die sich bei Kindern und Jugendlichen oder bei ihren Familien tatsächlich finden lassen.[18] Ausführlich durchgespielt und anhand eigener Forschungsergebnisse ausgestaltet wurde dies von Jackson und seinem Team in Warwick für hinduistische Kinder in England. Die Erforschung von deren gelebter Religion mündete dann in der Erstellung von Kinder- bzw. Schulbüchern, aus denen andere Kinder mit anderer Religionszugehörigkeit oder auch ohne eine solche Bindung an konkreten Beispielen erfahren können, was gelebter Hinduismus in England heute ist. Entsprechend wurden, allerdings ohne parallele Forschungsgrundlagen, auch Schulbücher zu gelebten Formen des Christentums, des Judentums und des Islam usw. entwickelt.

Was bedeutet dieser Bezug auf die gelebte Form von Religion und Religionen für die Konstitutionsproblematik der Religionspädagogik? Dass der Bezug auf gelebte Religion sinnvoll und notwendig ist, liegt bereits im Programm der Religionspädagogik selbst. Was oben als gewünschter Brückenschlag zur Bildungstheorie und zum Christentum außerhalb der Kirche beschrieben wurde, entspricht ganz dem Interesse an der gelebten Religion. Ebenso leuchtet ein, dass interreligiöses Lernen sich nicht auf die Lehr- und Institutionsgestalten der Religionen beschränken sollte. Es ist überaus sinnvoll, wenn Kinder und Jugendliche sich mit den tatsächlich im Bereich anderer Religionen gelebten Formen auseinandersetzen, wenn sie ein realistisches Verständnis gewinnen sollen. Beispielsweise geht der Islam, wie ihn Kinder und Jugendliche in Deutschland erfahren, in den in der Schule immer wieder behandelten Fünf Säulen nicht auf. Eine Behandlung des Islam im christlichen Religionsunterricht, die sich auf Tradition, Lehre und Institutionen des Islam beschränkt, eröffnet noch kein Verständnis für das Leben muslimischer Mitschülerinnen und -schüler. Im Gegenteil: Sie könnte zu stereotypen Festlegungen führen (*„Als Muslim glaubst Du doch ...“*). Aber kann sich die Religionspädagogik deshalb allein im Rückgriff auf gelebte Religion konstituieren?

Gegen die ausschließliche Orientierung der Religionspädagogik an gelebter Religion spricht vor allem, dass auch diese Form von Religion deutliche Bezüge auf religiöse Traditionen, Lehren und Institutionen aufweist. Es wäre deshalb nicht angemessen, die von Kindern, Jugendlichen oder Familien gepflegten Religionsformen in Isolation von allen diesen weiterreichenden Zusammenhängen zu betrachten oder verstehen zu wollen. Das gilt auch für den Unterricht. Die gelebten Religionsformen bilden die religiösen Traditionen allerdings nicht eins zu eins ab. Es kommt vielmehr zu komplexen Interaktionen, möglicherweise auch zu Neubildungen und Entwicklungen, die sich nicht mehr einfach einer bestimmten religiösen Tradition zuordnen lassen. Im Bereich des Christentums ist dafür das vielleicht bekannteste Beispiel die weite Verbreitung des

[18] Vgl. bes. *Robert Jackson*, Religious Education: An Interpretive Approach, London 1997.

Glaubens an eine Art Seelenwanderung, wie ihn Jugendliche mit ihrem auch von ihnen selbst als christlich angesehenen Glauben verbinden können. Bei alldem kommen aber doch auch immer wieder die religiösen Traditionen, Lehren und Institutionen als prägende Faktoren mit ins Spiel, auch wenn die von ihnen ausgehenden Prägungen in der individuellen Aneignung durchaus noch einmal verwandelt werden.

Im Blick auf interreligiöses Lernen läge in einer ausschließlichen Orientierung an gelebter Religion zudem eine erhebliche Gefahr der Verflachung und sogar der Banalisierung. Wollte man beispielsweise muslimischen oder jüdischen Kindern den christlichen Glauben lediglich in der Gestalt der heute in vielen Familien in Deutschland gepflegten Weihnachts- oder Osterbräuche vorstellen – vom Weihnachtsbaum und den Geschenken bis hin zu Osterei und Schokohase –, dann bliebe von der christlichen Tradition kaum etwas übrig. Was diese Tradition tatsächlich zu sagen hat – über das Menschsein, über das Verständnis Gottes, zu Glaube, Liebe und Hoffnung –, all dies bliebe ebenso auf der Strecke wie die Frage, was dies heute bedeuten kann.

So stellt der Bezug auf gelebte Religion für die Religionspädagogik in der Gegenwart, auch in interreligiöser Hinsicht, eine unausweichliche Anforderung dar. Eine Alternative – im Blick auf das die Konstitution der Disziplin leitende Religionsverständnis – ist darin aber nicht zu sehen.

5. Bleibende Fragen – wissenschaftliche Religionspädagogik im Wandel

Was ergibt sich aus der vorliegenden Analyse für das Verständnis von Religionspädagogik? Zunächst ist sicher festzuhalten, dass in einem zunehmend multireligiösen Umfeld auch für die wissenschaftliche Religionspädagogik und ihr Selbstverständnis neue Fragen aufbrechen, die noch keine abschließende Antwort gefunden haben. An diesen Fragen muss weiter gearbeitet werden. Sie betreffen nicht nur die Praxis, sondern auch die Grundlegung von Religionspädagogik als Wissenschaft bzw. die Ebene der Wissenschaftstheorie. Dies muss noch stärker bewusst und entsprechend reflektiert werden, was bislang zu wenig geschieht.

Sodann hat sich gezeigt, dass das herkömmliche Selbstverständnis der Religionspädagogik, dem zufolge der Religionsbegriff als Brücke zur Bildungstheorie und zum Christentum außerhalb der Kirche fungieren soll, einerseits bedeutsam bleibt und angesichts der religiösen Pluralisierung und Individualisierung vielleicht sogar noch einmal an Gewicht gewinnt. Andererseits sieht sich die Religionspädagogik aber auch zu einer klareren Bestimmtheit im Blick auf ihre Verankerung in der jeweiligen konfessionellen und religiösen Tradition bzw. in entsprechenden Kontexten herausgefordert. Ohne eigene religiöse Identität wäre die Religionspädagogik als interreligiöser Partner nicht mehr interessant.

Im Vergleich zu einer ‚Religionspädagogik der Religionen' erwies sich das Leitbild einer ‚Religionspädagogik im Plural' als tragfähiger, weil es auch ein Differenzbewusstsein einschließt und Differenzsensibilität unterstützen kann. Dies macht es erforderlich, bei der Konstitution der wissenschaftlichen Religionspädagogik ihre jeweilige konfessionelle oder auf eine bestimmte religiöse Tradition bezogene Verankerung herauszuarbeiten. Gleichzeitig muss dies jedoch so geschehen, dass ein allgemeiner Religionsbegriff die Offenheit für religionsvergleichende Perspektiven, für interreligiöses Lernen und für interreligiöse Begegnungen gewährleistet. Ohne diese Offenheit verlöre die Religionspädagogik ihre Gesprächsfähigkeit.

Zumindest in gewisser Weise begegnet hier eine alte Thematik in neuer Gestalt. Schon immer verband sich mit dem Übergang von der Katechetik zur Religionspädagogik die Frage nach dem christlichen Profil. Sahen die Vertreter der Religionspädagogik den Gewinn der neuen Disziplin gerade in deren Offenheit für allgemein menschliche („menschheitliche") religiöse Ausdrucksformen, die nicht auf Kirche und Theologie beschränkt sind, so befürchteten ihre Kritiker einen Identitätsverlust durch die Preisgabe eindeutiger Profile. In der Gegenwart gewinnt diese Kontroverse durch einen multireligiösen Kontext offenbar eine neue Gestalt. Eine eindeutigere Bestimmtheit der Religionspädagogik erscheint nun gerade um ihrer Handlungs- und Gesprächsfähigkeit willen in einer sich interreligiös öffnenden Praxis erforderlich. Wie eine solche Bestimmtheit gewonnen werden kann, ohne dabei in alte Muster der Katechetik zurückzufallen, die zwar eine christliche Identität, aber eben keine interreligiöse Offenheit aufweisen, dürfte die entscheidende Zukunftsfrage für das Selbstverständnis der Religionspädagogik sein. Wissenschaftstheoretische Fragen sind nicht nur um des Elfenbeinturms willen zu pflegen, sondern gerade im Interesse der Praxis müssen hier klare Orientierungen gewonnen werden.

Welche Rolle spielt die Theologie im interreligiösen Lernen?

MONIKA TAUTZ

Wenn hier die Frage nach der Theologie im interreligiösen Lernen gestellt wird, so soll unter Theologie die Rede von bzw. über Gott verstanden werden, die aus der Perspektive und der Haltung des Glaubens heraus geführt wird, die mithilfe vernünftiger Argumente zu einem Diskurs einlädt und die, sich wissenschaftlicher Methoden bedienend, an den Universitäten betrieben wird. Damit ist Theologie ein „analoger Begriff mit einem weiten Kontinuum [von] Bedeutungen“[1]. Dies gilt auch, wenn von Theologie im Raum religionspädagogischen Denkens und Handelns die Rede ist, in dem in vielfältiger Weise Theologie betrieben werden kann.[2]

Unter dem Begriff des interreligiösen Lernens[3] wird in der religionspädagogischen Diskussion weitgehend das Einüben in einen den Anderen achtenden Perspektivenwechsel, das Einüben in eine Unterschiede wahrnehmende und als solche respektierende Toleranz, Erwerb von Kenntnissen fremder Religion(en), Reifung des eigenen Glaubens in und durch die Begegnung mit der/den nichtchristlichen Religion(en) verstanden, wobei gleichsam das „inter“ in Form eines „dialogischen Begegnungslernens“[4] erfolgen soll.

Allein diese erste, mehr tastende denn zugreifende Annäherung an die beiden zentralen Begriffe der zu erörternden Frage machen deutlich, dass es sich hier tatsächlich um eine Art Gretchenfrage handelt, die auf den ersten Blick einfach zu beantworten scheint, auf den zweiten aber ihre Tücken offenbart. Denn zum einen sind die oben skizzierten Ziele interreligiösen Lernens weitgehend solche einer die Pluralität heutiger Gesellschaften achtenden Haltung, so dass keineswegs klar ist, ob und inwiefern hier die (christliche) Theologie als Bezugswissenschaft gefragt ist und nicht vielmehr die von einem neutralen Standpunkt aus reflektierende Religionswissenschaft. Wenn zum anderen spezifisch theologische Fragen hinsichtlich der geglaubten, bezeugten und gelebten Tradition in das Zentrum interreligiösen Lernens rücken, bleibt zu fragen, aus welchem theo-

---

[1] *Siegfried Wiedenhofer*, Art. Theologie, in: LThK^3 9 (2000) 1435-1444, 1435.

[2] Für den religionsdidaktischen Kontext sei hier beispielhaft auf die Kinder- bzw. Jugendtheologie mit der von Friedrich Schweitzer vorgeschlagenen Differenzierung einer Theologie der (von), für und mit Kindern verwiesen. Vgl. hierzu *Friedrich Schweitzer*, Was ist und wozu Kindertheologie?, in: JaBuKi 2 (2003) 9-18. Hierzu können, gleichsam als Aufweis des oben zitierten weiten Kontinuums, die kritischen Anfragen von Bernhard Dressler gelesen werden. Vgl. *Bernhard Dressler*, Religionspädagogik als Modus Praktischer Theologie. Mit einem kritischen Blick auf den Diskurs der „Kindertheologie“, in: ZPT 63 (2/2011) 149-163.

[3] *Martin Jäggle*, Interreligiöses Lernen – römisch-katholisch, in: VF 52 (1/2007) 19-31, 20, merkt zum Begriff des interreligiösen Lernens kritisch an: „So ist die Karriere des Begriffs flach, er selbst wenig profiliert und seine zunehmend häufige Verwendung im religionspädagogischen Diskurs nicht verbunden mit einem Fachkonsens über seine Semantik.“

[4] *Stefan Leimgruber*, Katholische Perspektiven zum interreligiösen Lernen: Konziliar und inklusivistisch, in: Peter Schreiner / Ursula Sieg / Peter Elsenbast (Hg.), Handbuch interreligiöses Lernen, Gütersloh 2005, 126-133, 131.

logischen Selbstverständnis heraus, mit welchen theologisch begründeten Kriterien und mit welchem, ebenfalls theologisch begründeten Ziel ein solches Lernen initiiert und begleitet werden soll.

Da interreligiöses Lernen im Raum einer weitgehend durch Säkularisierung und Pluralisierung gleichermaßen geprägten Gesellschaft angesiedelt ist, sollen zunächst einige, die gesellschaftliche Situation beachtende theologische Aspekte angesprochen werden, die für religiöses Lernen heute im Allgemeinen und für interreligiöses Lernen im Besonderen von Bedeutung sind. In einem zweiten Schritt geht es um genuin theologische Grundlagen für interreligiöses Lernen, um sich so schließlich der Frage nach der Bedeutung der Theologie für interreligiöses Lernen annähern zu können.

1. Theologie im Kontext einer von Pluralität geprägten Welt

1.1. Religion und Religiosität

Heutige Lebenswelt(en) sind wesentlich vom Phänomen der Pluralität geprägt. Diese Pluralität meint mehr als Vielheit, denn die einzelnen, die jeweilige Lebenswelt prägenden kulturellen, religiösen, ökonomischen usw. Teilsysteme können nicht mehr eindeutig voneinander unterschieden werden. Besonders deutlich wird dies mit Blick auf das, was mit Religion(en) und was mit Religiosität umschrieben wird.[5] Neben der Vielfalt an tradierten Religionen, die in einem objektiven bzw. normativen Sinne als Systeme von Weltdeutung beschrieben werden können, ist hier auch an eine durch fortschreitende Individualisierung sich immer mehr ausdifferenzierende Religiosität des Einzelnen mit ihren ganz subjektiven, z.T. synkretistischen Formen[6] zu denken. Dabei kann diese ganz individuelle Form von Religiosität eher als ein diffuses Gefühl denn als reflexive Gewissheit umschrieben werden.[7] Damit rückt die Pluralisierung nicht-institutioneller Religiosität ins Zentrum religionspädagogischer Überlegungen, so dass die je eigene, individuelle Form von Religiosität im religionspädagogischen Diskurs heute Ausgangs- wie Zielpunkt empirischer Forschung und wissenschaftlicher Reflexion gleichermaßen ist. Es geht darum, das lernende Subjekt selbst mit seinen je eigenen Zugängen zur Welt in den Blick zu nehmen und von ihm aus wie auch auf es hin religiöse Lehr- und Lernprozesse zu gestalten. Die Gegenüberstellung einer Didaktik der Vermittlung gegen eine Didaktik der Aneignung, in und mit der Kinder und Jugendliche als Subjekte wertgeschätzt

---

[5] Rudolf Englert unterscheidet positionelle und stilistische Optionen, deren jeweils unterschiedliche kontextuelle und biographische Varianten zu bedenken sind. Vgl. *Rudolf Englert*, Dimensionen religiöser Pluralität, in: Friedrich Schweitzer u.a., Entwurf einer pluralitätsfähigen Religionspädagogik, Gütersloh – Freiburg 2002, 15-50.

[6] Vgl. *Bertelsmann Stiftung* (Hg.), Woran glaubt die Welt? Analyse und Kommentare zum Religionsmonitor 2008, Gütersloh 2009.

[7] Vgl. *Norbert Mette*, Einführung in die katholische Praktische Theologie, Darmstadt 2005, 46; *Manfred L. Pirner*, Zur Religiosität von Jugendlichen heute. Schlaglichter aus der aktuellen empirischen Forschung, in: rhs 51 (1/2009) 3-10.

werden, statt als bloße Adressaten religiöser Lehrsätze zu dienen, kann als Ausdruck eines solchen Bemühens um eine religionspädagogische Antwort auf Pluralität verstanden werden.[8] Angesichts der mit dem Zweiten Vatikanischen Konzil vollzogenen anthropologischen Wende kann solch ein um die Religiosität des Einzelnen bemühtes religionspädagogisches Engagement nur positiv gewürdigt werden. Gleichwohl bleibt die Frage nach dem „Umgang mit alten Überlieferungen im Kontext neuer Religiosität"[9].

1.2. Identität und Verständigung

Wenn es um die Frage geht, wie mit den vielfältigen Formen von Pluralität religionspädagogisch verantwortlich umgegangen werden soll und kann, lässt sich im religionspädagogischen Diskurs als eine weitgehend konsensfähige Auffassung die Notwendigkeit einer religionspädagogischen Unterstützung sowohl einer (konfessionellen) religiösen Identität als auch einer Verständigungsbereitschaft und -fähigkeit mit fremden konfessionellen und religiösen Orientierungen erkennen. Dabei wurde und wird über das Zu- und Miteinander beider Aspekte breit und kontrovers diskutiert.[10] Gerade im Rahmen interreligiösen Lernens wird dabei der These einer Identität *vor* Verständigung diejenige einer Identität *durch* Verständigung gegenübergestellt.

Nun lassen sich gute Argumente dafür finden, dass Identität in einer von Pluralität geprägten Welt wesentlich durch Verständigung gefunden werden kann und muss.[11] Bereits in den Überlegungen Martin Bubers zum dialogischen Prinzip menschlichen Daseins wird deutlich, dass Identitätsentwicklung immer auf ein Du angewiesen ist, das das Ich in seinem „Dasein und Sosein wirklich meint"[12] und sich ihm in der Intention zuwendet, lebendige Gegenseitigkeit zwischen ihnen zu stiften.[13] Andererseits haben Linguisten wie John Searle, John L. Austin und Sprachphilosophen wie Ludwig Wittgenstein nachgewiesen, dass der Mensch zu einer derartigen Kommunikation gar nicht in der Lage ist, dass Sach- und Be-

---

[8] Interessant sind in diesem Zusammenhang die Überlegungen einer konstruktivistischen Religionsdidaktik, der es darum geht, subjektorientierte religionsdidaktische Zugänge lerntheoretisch zu untermauern. Vgl. *Gerhard Büttner* u.a., „Jahrbuch für konstruktivistische Religionsdidaktik" – Wer braucht es und wozu?, in: dies. (Hg.), Religion lernen. Jahrbuch für konstruktivistische Religionsdidaktik, Bd. 1: Lernen mit der Bibel, Hannover 2010, 7-18.

[9] *Rudolf Englert*, Religionspädagogische Grundfragen. Anstöße zur Urteilsbildung (PTHe 82), Stuttgart 2007, 83.

[10] Vgl. ebd., 83f. Auch Klaus von Stosch weist auf die noch nicht hinreichend geklärte Frage hin, „welche Bedeutung die Perspektive des [A]nderen in der Ausbildung religiöser Identität hat." (*Klaus von Stosch*, Komparative Theologie als Wegweiser in der Welt der Religionen, Paderborn 2012 (Beiträge zur komparativen Theologie 6), 329.)

[11] Vgl. hierzu a. die das Prinzip konfessioneller Bestimmtheit mit dem Prinzip dialogischer Kooperation verbindenden Überlegungen der *EKD* (Hg.), Identität und Verständigung. Standort und Perspektiven des Religionsunterrichts in der Pluralität. Eine Denkschrift der Evangelischen Kirche in Deutschland, Gütersloh [4]1997.

[12] *Martin Buber*, Das dialogische Prinzip, Darmstadt [5]1984, 166.

[13] Diesen Gedanken spiegeln auch die Überlegungen von N. Mette zum Glauben, der „sich nicht nur auf die anderen [richtet], sondern [...] sich allererst der Begegnung mit dem Anderen [verdankt]" (*Mette* 2005 [Anm. 7], 46).

ziehungsebene sich für den Menschen immer wechselseitig bestimmen und dass die Verständigung wesentlich von den Sprachspielen geprägt ist, in der die Gesprächsteilnehmer zu Hause sind. Da auch die Weltbilder religiöser Überzeugungen erst in konkreten Sprachspielen zum Ausdruck gebracht werden können und verständlich werden, diese jedoch in der Regel nicht selbst zum Gegenstand einer kritischen Überprüfung werden, „bleiben uns tragende Elemente des eigenen Weltzugangs versperrt, solange wir uns nicht einem ganz anderen Weltzugang öffnen.“[14]

Auch theologisch ist dieses Argument stark zu machen, ist doch religiöse Identität im Sinne des Glaubens des Einzelnen nicht ‚machbar‘, ist Gabe Gottes, die pädagogisch eben nicht herstellbar ist.[15] Ein dem Menschen von Gott geschenkter, zugesprochener und damit als Grundlage für die Gottesbeziehung des Menschen, aber auch für die Beziehung der Menschen untereinander verstandener Glaube muss, wenn er im Alltag des Glaubenden lebendig werden soll, als solcher wahrgenommen und kultiviert werden. Den Raum dieser Kultivierung bilden die religiösen Traditionen. In diese sich zu beheimaten, hieße dann, der eigenen Religiosität Form und Inhalt zu geben. Nun ist eine solche Beheimatung nicht nur angesichts der faktischen Pluralität heute nicht in einer ein-fachen, eindimensionalen Weise möglich, denn religiöse Sozialisation wird von vielen Faktoren bestimmt. Erfahrungen religiöser Pluralität, ganz eigen-sinnige Formen subjektiver Religiosität und unterschiedliche nicht-religiöse Weltdeutungen sind prägend für die religiöse Sozialisation.[16] Diese Überlegungen werfen nun die Frage auf, inwiefern die Herausbildung einer eignen religiösen Identität des Rückgriffs auf spezifische religiöse Traditionen bedarf.[17]

1.3. Tradition und religiöse Pluralität

Von der These Aleida Assmanns ausgehend, dass Tradition eine auf Dauer gestellte kulturelle Konstruktion von Identität ist, erkennt Rudolf Englert die Bedeutung von Tradition für religiöse Lehr- und Lernprozesse darin, dass sie erstens geschichtliche Beziehungszusammenhänge stiftet, zweitens unbeliebige Konfigurationen darstellt, drittens vielstimmige Auslegungsangebote macht, viertens sich in Praxiserfahrungen erschließt und schließlich konstitutiv für menschliche Selbstauslegung ist.[18] Ein solches Verständnis von religiöser Tradition ist für die Frage nach der Rolle der Theologie im Kontext interreligiösen Lernens insofern von Bedeutung, als hier Tradition deutlich mehr konnotiert als lediglich eine auch in anderer Weise interpretierbaren Lesart von Erfahrungen

---

[14] *von Stosch* 2012 [Anm. 10], 332.

[15] Diese theologische Dimension ist auch bei M. Buber entscheidend, da echter Dialog in der dem Menschen immer schon vorausgehenden Ansprache durch Gott begründet ist. Eine fundamentaltheologische Reflexion zum Gabe-Diskurs leistet *Jürgen Werbick*, Vergewisserungen im interreligiösen Feld, Münster 2011, 283-296.

[16] Klaus von Stosch würdigt solche Art der Pluralität mit der These: „Wenn Gott aber der immer Größere und Andere ist, dürfte Beheimatung unter Ignorierung des Fremden keine erfolgversprechende Strategie für religiöse Sozialisation sein.“ (*von Stosch* 2012 [Anm. 10], 333)

[17] Vgl. *Englert* 2007 [Anm. 9], 84.

[18] Vgl. ebd., 86f.

zu sein. Tradition in diesem Sinne meint „Dispositionen, ohne die bestimmte Erfahrungen überhaupt nicht zustandekämen."[19] So können religiöse Traditionen als eigene Weltdeutungssysteme verstanden werden, die für unterschiedliche Aspekte immanenter wie transzendenter Erfahrungsräume sensibilisieren und diese erst wahrnehmen lassen. In diesem Zusammenhang kann auch die von Hubertus Halbfas aufgestellte Forderung nach einer „elementaren religiösen Sprachlehre"[20] eingeordnet werden.

Wenn es, wie bereits im Beschluss der Würzburger Synode zum Religionsunterricht erarbeitet, ein zentrales Ziel des Religionsunterrichts ist, junge Menschen dazu zu befähigen, in Sachen Religion zu begründeten eigenen Positionen zu gelangen, so kann dies unter den heutigen Bedingungen nur bedeuten, dass die Lernenden sich der christlichen Tradition in der Auseinandersetzung mit anderen religiösen Traditionen, aber auch mit nicht-religiösen Weltdeutungssystemen nähern können. Das fordert dann aber nicht nur von den Lernenden, sondern auch von der Theologie selbst, sich von der je anderen Perspektive anfragen zu lassen, sich einer Aus-ein-Ander-Setzung zu stellen, Wahrheitsgehalte zu prüfen und dadurch auch zu neuen Perspektiven oder Erkenntnissen zu gelangen. Für die Theologie fordert N. Mette eine solche Bereitschaft, da sie nur dann „die Relevanz der Lebens- und Weltbedeutung der von ihr vertretenen Religion – oder besser ihr zugrunde liegenden Glaubens – plausibel ausweisen"[21] kann.

2. Theologie im Kontext wissenschaftlicher Reflexion

2.1. Theologie des Christentums – Theologie der Religion(en)

Die Pluralität heutiger Lebenswelten bringt auch für die Theologie neue Aufgaben, so dass sie heute herausgefordert ist, die Ganzheitlichkeit christlicher Heilsverheißungen einerseits und die Kulturalität des Glaubens andererseits systematisch und praktisch zur Geltung zu bringen.[22] In diesem Zusammenhang sind die jeweils zu differenzierenden Modellbildungen im Rahmen einer Theologie der Religionen unter dem Stichwort des Inklusivismus und des Pluralismus zu nennen. Einzelne Konzepte interreligiösen Lernens greifen auf diese Modelle im Sinne eines theologischen Argumentationsrahmens zurück.[23] Das Problem

---

[19] Ebd., 87. Vgl. a. die an L. Wittgensteins Spätphilosophie ansetzenden Ausführungen zu Fundament und Struktur menschlicher Überzeugungssysteme bei *von Stosch* 2012 [Anm.10], 177-193.

[20] *Hubertus Halbfas*, Religionsunterricht nach dem Glaubensverlust. Eine Fundamentalkritik, Ostfildern 2012, 87. Dass auch über die Medien eine Form von ‚elementarer religiöse Sprachlehre' erfolgt, darauf hat K. Gabriel aufmerksam gemacht. Vgl. hierzu *Karl Gabriel*, Gottesglaube, Theologie und Öffentlichkeit, in: Tobias Kläden / Judith Könemann / Dagmar Stoltmann (Hg.), Kommunikation des Evangeliums. Festschrift für Udo F. Schmälzle (Theologie und Praxis 35), Berlin 2008, 259-272.

[21] *Norbert Mette*, Religionsunterricht – mehr als Ethik. Sein Beitrag zum Bildungsauftrag der Schule, in: StZ 135 (2010) 303-314, 308.

[22] Vgl. *Wiedenhofer* 2000 [Anm. 1], 1439.

[23] Vgl. *Jäggle* 2007 [Anm. 3]. M. Jäggle beschreibt in seinem Forschungsbericht Konzepte interreligiösen Lernens im Horizont des Inklusivismus wie des Pluralismus.

für eine theologische Begründung interreligiösen Lernens besteht nun darin, dass bisher keines der erarbeiteten Konzepte allgemein Anerkennung gefunden hat, dass aber die mit dem jeweiligen Konzept verbundenen theologischen Implikationen Inhalt und Form interreligiösen Lernens wesentlich bestimmen.

Der weit verzweigte und nicht auf einen einfachen Nenner zu bringende Diskurs um eine angemessene Modellbildung im Rahmen einer Theologie der Religionen ist im Wesentlichen von zwei Geltungsansprüchen christlichen Glaubens geprägt, die zutiefst mit dem christlichen Welt- und Gottesverständnisses verknüpft sind: Zum einen gilt es, an den eigenen Unbedingtheitsansprüchen festzuhalten, womit die Frage nach der Wahrheit oder einer Hierarchie der Wahrheiten verbunden ist, zum anderen geht es um die Würdigung des Anderen um seiner selbst willen, die immer auch gelebte Solidarität einschließt.[24] Die Notwendigkeit, christliche Theologie um ihrer selbst willen in diesem Sinne weiterzudenken, hat bereits Karl Rahner mit Verweis auf den allgemeinen Heilswillen Gottes, seinem Theorem des übernatürlichen Existentials und seiner damit verbundenen Rede vom anonymen Christen herausgearbeitet. Gestärkt durch die Argumentation Rahners und die Dekrete des Zweiten Vatikanischen Konzils kann nun das Wirken Gottes in anderen religiösen Überlieferungen anerkannt werden. Darüber hinaus bleibt zu fragen, ob nicht auch den Christen, gleichsam in umgekehrter Weise,

> „in den Antworten anderer Religionen auf das Wirken des Gottesgeistes Gottes Herausforderung neu aufgehen und sich noch nicht wahrgenommene, vergessene oder gar verdrängte Dimensionen des Gotteswortes neu erschließen."[25]

Dieser nicht hoch genug einzuschätzende inklusivistische Zugang zeigt nun allerdings in der Praxis interreligiöser Begegnung, nicht zuletzt auch auf universitärer Ebene, seine Grenzen darin, dass die Würdigung des Anderen so sehr aus der eigenen Perspektive heraus erfolgt, dass von einer „inklusivistischen Zähmung"[26] gesprochen werden kann. Vor einer derartigen inklusivistischen Verengung mahnt auch Hans Zirker, wenn er die Frage nach dem Gewinn der Wahrnehmung anderer Religionen für den christlichen Glauben, christliche Spiritualität und Theologie als eigenes theologisches Problem zu wenig bedacht sieht.[27]

2.2. Kriterien interreligiöser Urteilsbildung

Ob und inwiefern in diesem Zusammenhang die Bemühungen einer komparativen Theologie[28] weiterführen können, kann hier nicht näher erörtert werden. Für Prozesse interreligiösen Lernens scheint mir jedoch das auf ein konkretes, weitgehend abgrenzbares Thema fokussierte Bemühen um gegenseitige Verständigung, um kritische An- und Nachfrage der fremden wie der eigenen religiösen

---

[24] Vgl. *von Stosch* 2012 [Anm. 10], 132; *Mette* 2005 [Anm. 7], 48 und 53f.

[25] *Werbick* 2011 [Anm. 15], 170.

[26] *von Stosch* 2012 [Anm. 10], 333.

[27] Vgl. *Hans Zirker*, Der Koran. Zugänge und Lesarten, Darmstadt 1999, 15.

[28] Zu Anliegen und Vorgehen der sog. komparativen Theologie vgl. eingehend *von Stosch* 2012 [Anm. 10].

Überzeugung ein theologisch begründbarer wie auch praktisch umsetzbarer Zugang zu sein. Die entscheidende Frage ist dabei, welche Kriterien sowohl im theologischen Diskurs als auch im Kontext interreligiösen Lernens herangezogen werden können, um sowohl den Prozess als auch das Ergebnis der interreligiösen Urteilsbildung gleichsam von einer Metaebene her, also außerhalb der selbstverständlich weiterhin bedeutsamen und für den einzelnen Gläubigen entscheidenden religionsinternen Plausibilitäten, zu strukturieren und noch einmal kritisch anfragen zu können.[29]

Interreligiöser Dialog bedarf, will er neben der achtsamen Begegnung von Menschen unterschiedlichen Glaubens auch den jeweiligen Glauben selbst zum Gegenstand des Austausches, der kritischen Anfrage und Würdigung machen, Kriterien für eine entsprechende Urteilsbildung. Entgegen den oft auf eine Mischform von rein formalen, religionsexternen Kriterien einerseits und material gehaltvolleren, religionsinternen Kriterien andererseits zurückgreifenden Kriteriologien sucht Klaus von Stosch nach glaubensunabhängig entwickelten Kriterien, um auf diese Weise sowohl Lernprozesse im Verständnis des eigenen Glaubens anzuleiten als auch anderen Glaubenszugängen zur Wirklichkeit gerecht werden zu können. Die von ihm diskutierten Kriterien dienen nicht dem Zweck, ein für allemal zu entscheiden, „[w]elche Religion und welche religiösen Überzeugungen dabei das adäquateste Licht auf die letzte Wirklichkeit werfen“[30], sondern finden im Rahmen einer „mikrologisch orientierte[n] Vorgehensweise und [der] damit zusammenhängende[n] Bezugnahme auf den Einzelfall“[31] ihre Anwendung.

Von Stosch erkennt in religiösen Überzeugungen eine Doppelstruktur, die einerseits eine durch die religiöse Überzeugung geprägte Lebenseinstellung und Handlungsweise orientierend-expressive Komponente hat, andererseits eine kognitiv-propositionale in Form des unaufgebbaren Gehalts.[32] Neben dieser Doppelstruktur ist ein weiteres Merkmal religiöser Überzeugungen die Unhintergehbarkeit des Moments der Kontingenz. Diese beiden Merkmale beachtend, beschreibt von Stosch fünf Kriterien, die im Rahmen interreligiöser Urteilsbildung als kritische Instanz dienen können. Das erste Kriterium ist ein *Kontingenzbewusstsein*, das durch eine „doppelte, weltbildextern und -intern gegebene Nichtnotwendigkeit bzw. Kontingenz des regulativen Status religiöser Überzeugungen“[33] gekennzeichnet ist. Mit dem Kriterium der *Konsistenz*, der „Forde-

---

[29] Auf die Notwendigkeit solcher Kriterien beispielsweise für den Umgang christlicher Theologie mit dem Koran verweist auch *Hans Zirker*, Der Koran in christlicher Perspektive, in: Andreas Renz / Stephan Leimgruber (Hg.), Lernprozess Christen Muslime. Gesellschaftliche Kontexte – Theologische Grundlagen – Begegnungsfelder (Forum Religionspädagogik interkulturell 3), Münster 2002, 183-197, 194.

[30] *von Stosch* 2012 [Anm. 10], 316.

[31] Ebd.

[32] Vgl. hierzu und zum Folgenden ebd., 301-316.

[33] Ebd., 310. Das doppelte Kontingenzbewusstsein bezieht sich „erstens auf die Kontingenz, die einer regulativen Behandlung religiöser Überzeugungen schon aufgrund ihrer Pluralität aus weltbildexterner Sicht faktisch zukommt; zweitens aber auch auf die weltbildinterne Kontingenz, die dadurch gegeben ist, dass die Rede von der letzten Wirklichkeit notwendig die angezielte regulative Bedeutung allenfalls antizipativ verwirklichen kann, ohne deshalb gänzlich auf sie verzichten zu

rung nach einer internen Widerspruchsfreiheit bei der Artikulation der religiösen Überzeugung“[34], ist ein Kriterium genannt, das religionsintern von Bedeutung ist. Das Kriterium der *Kohärenz* nimmt die erfahrbare Wirklichkeit als Ganze in den Blick. Wenn Religionen den Anspruch auf Rationalität nicht verlieren wollen, kann der Anspruch der jeweiligen Religion nicht in Widerspruch zu allgemein anerkannten Einsichten über die Wirklichkeit stehen. Mit dem Kriterium der *Symmetrie* ist zwar ein „nicht mehr so klar ausweisbarer Bereich der rationalen Prüfung“[35] angesprochen, es kann aber darauf nicht verzichtet werden, geht es doch beim Kriterium der Symmetrie im Sinne Wittgensteins um die innerhalb eines Sprachspiels, einer Weltdeutung geltenden bzw. als schlüssig erachteten Zusammenhänge. Bezogen auf die vom Subjekt vertreten religiöse Überzeugung ist hier vor allem dessen nachvollziehbarer und stimmiger Aufbau im Blick. Wichtig für diese vier erstgenannten Kriterien ist, „dass sie sich nicht nur auf den kognitiv-propositionalen Gehalt religiöser Überzeugungen beziehen, sondern auch auf ihre regulative Rolle.“[36] Damit ist auch auf das abschließende fünfte Kriterium verwiesen, dem *ethischen*. Es hebt die Notwendigkeit der Bereitschaft hervor, „die Perspektive Andersgläubiger ernst zu nehmen und ihre Wertschätzung nicht aus apriorischen Gründen auszuschließen.“[37] Allerdings findet dieses Kriterium dort seine Grenzen, wo die anzuerkennende und wertzuschätzende Perspektive der Andersgläubigen ihrerseits die ihnen fremde Perspektive definitiv verurteilt und irreversibel deren Lebensmöglichkeiten einschränkt.

3. Theologie im interreligiösen Lernen

Die oben in aller Kürze mehr benannte denn dargelegte Kriteriologie zielt darauf, ein Reflexionsniveau zu etablieren, dass es Gläubigen unterschiedlicher religiöser Traditionen erlaubt, aufgrund gemeinsam erarbeiteter Kriterien in interreligiöse Such- und Verständigungsprozesse einzutreten.[38] Gerade dies macht diese Kriteriologie für Formen interreligiösen Lernens im Religionsunterricht, aber auch in der Erwachsenenbildung oder in der Jugendarbeit interessant.[39] Das gerade im Rahmen der Erwachsenenbildung oder außerschulischen Jugendarbeit zu beobachtende Gefühl der Überlegenheit angesichts der zuvor herausgearbeiteten Differenzen der eigenen und der fremden Religion einerseits und das ebenso anzutreffende Minderwertigkeitsgefühl beispielsweise angesichts muslimischer Frömmigkeit andererseits muss selbst noch einmal einer

können.“ (ebd.) Vgl. hierzu a. *Klaus von Stosch*, Glaubensverantwortung in doppelter Kontingenz. Untersuchungen zur Verortung fundamentaler Theologie nach Wittgenstein (ratio fidei 7), Regensburg 2001, 268-277.

[34] *von Stosch* 2012 [Anm. 10], 311.

[35] Ebd. Ausführlich zum Begriff der Symmetrie vgl. *von Stosch* 2001 [Anm. 33], 109f.

[36] *von Stosch* 2012 [Anm. 10], 311.

[37] Ebd., 312.

[38] Vgl. ebd., 293.

[39] Es wäre eine wichtige Aufgabe zukünftiger Forschung, die Breite und Tiefe der von K. von Stosch aufgeführten Kriterien auf ihre religionspädagogische Relevanz hin zu prüfen.

rationalen Auseinandersetzung unterzogen werden,[40] bei der die genannten Kriterien leitende Funktion haben können.[41]

Die auf die Doppelstruktur religiöser Überzeugungen angewandte Kriteriologie ist für interreligiöses Lernen insofern von Bedeutung, als damit neben den jeweiligen Inhalten in Form von Glaubensüberzeugungen, Texten der Tradition, Liturgie und Riten auch die gelebte Religion in den Blick kommt. Denn es geht um einen Ausweis für die Korrelation religiöser Überzeugungen mit religiös motivierten Handlungsweisen. Dass sich – ganz im Sinne der Gretchenfrage – die den Menschen existenziell durchdringende Weltdeutung in Form einer (religiösen) Überzeugung im konkreten Tun im Alltag bewähren muss, ja hier erst lebendig werden kann, ist eine These, der in religiösen Lehr- und Lernprozessen sowohl kognitiv als auch affektiv nachzuspüren ist. Dabei ist es

> „unerlässlich, auch der Religionskritikerin oder Andersgläubigen aus der Perspektive ihres Weltbildes die Korrelierbarkeit zwischen den regulativ aufgefassten religiösen Überzeugungen und den jeweiligen eingefleischten Handlungsweisen aufzuweisen."[42]

So wichtig ein versöhnlicher Abbau von Vorurteilen gegenüber Andersgläubigen ist, so wichtig und *notwendig* religionskundliche Einsichten in Religion(en) sind, so wenig reichen sie aus, um *hinreichend* in der Lage zu sein, das eigene religiöse Selbstverständnis nicht nur kritisch anzufragen, sondern auch oft als beunruhigend wahrgenommene ‚Überarbeitungen' vorzunehmen, die gerade in einer von Pluralität und Säkularisierung geprägten Welt von Bedeutung sind.[43] Wenn nämlich Religion im Kontext interreligiösen Lernens vor allem in ihrer funktionalen Bedeutung als Instrument zur Kontingenzbewältigung verstanden wird, wenn religiöse Handlungen und Riten vorwiegend in ihrer ethischen Bedeutung bedacht werden, verliert gerade der sich einem als Du ansprechbaren Gott gegenüber verpflichtet wissende Glaube der abrahamischen Religionen sein Zentrum, sein Innerstes.

Dies mag an einem Beispiel veranschaulicht werden. Wird im Religionsunterricht über das Fasten der Muslime nachgedacht, so erscheint es vielen Schülerinnen und Schülern als eine überaus seltsame, heutigen Lebensgewohnheiten fremd und altertümlich anmutende Frömmigkeitsübung, die allenfalls in ihrer ethischen Bedeutung anschlussfähig ist. Um solch eine Anschlussfähigkeit leisten zu können, betonen Muslime, dass das Fasten den einzelnen Gläubigen für den Hunger so vieler Zeitgenossen sensibilisieren soll und kann, um auf diese Weise die Bereitschaft des Teilens zu fördern. Dass das Fasten für den Gläubigen selbst aber auch eine dem An-Spruch Gottes[44] gemäße Ant-Wort auf dessen

---

[40] Vgl. *Klaus von Stosch*, Befruchtendes Denken. Warum sich die christliche Theologie für den Islam interessieren sollte, in: HerKorr Spezial 2/2009, 60-64, 64.

[41] In diesem Zusammenhang ist dann auch die religionspädagogische Aufgabe zu sehen, die „pro-vokative Qualität religiöser Überzeugungen herauszuarbeiten" (*Rudolf Englert*, Skizze einer pluralitätsfähigen Religionspädagogik, in: *Schweitzer u.a.* 2002 [Anm. 5], 87-106, 102).

[42] *von Stosch* 2012 [Anm. 10], 311.

[43] Vgl. hierzu a. *Hans Zirker*, Islam. Theologische und gesellschaftliche Herausforderungen, Düsseldorf 1993, 309.

[44] Zur weitreichenden Bedeutung einer Formulierung vom An-Spruch Gottes vgl. *Andreas Renz*, Der Mensch unter dem An-Spruch Gottes. Offenbarungsverständnis und Menschenbild des Islam im Urteil gegenwärtiger christlicher Theologie, Würzburg 2002.

ihm immer wieder aufs Neue gewährte Barmherzigkeit ist, kommt nur selten in den Blick oder wird mit einem kurzen Verweis gleichsam abgehakt.[45]

Die für religiöse Überzeugungen charakteristische Verwurzelung in einer transzendenten, letzten Wirklichkeit kann nicht aus der Außenperspektive erfasst werden, sondern verlangt ein Hineingehen in die von der Religion geprägten Lebensvollzüge im Denken und Handeln. Wenn nun aber in exemplarischer Weise, an ganz konkreten einzelnen Aspekten arbeitend, etwas von dem die jeweilige Religion Prägenden aufscheinen soll, wenn also, um es mit anderen Worten zu formulieren, das Proprium der jeweiligen Religion im mikrologischen Arbeitsfeld interreligiösen Lernens erkennbar und erfahrbar werden soll, dann bedarf es einer fundierten theologischen Bildung der den Unterricht planenden und strukturierenden Lehrerinnen und Lehrer.

Aber auch von den Schülerinnen und Schülern fordert solch ein ins Detail gehender Unterricht viel Engagement. In diesem Zusammenhang verweist Englert auf ein im Religionsunterricht nicht allein im Kontext interreligiösen Lernens zu beobachtendes Spannungsverhältnis.[46] Kritisch fragt er an, ob und inwiefern interreligiöses Lernen den jeweiligen Traditionen überhaupt gerecht werden kann, wenn das Lernen an vermeintlichen Fakten wie dem islamischen Festkalender oder den ‚fünf Säulen' festgemacht wird und so ein lediglich kursorischer Zugriff das, was die (religiöse) Welt im Innersten zusammenhält, erst gar nicht zu berühren vermag. Einerseits wird Religion im Sinne einer überlieferten religiösen Überzeugung von religiöser Pluralität, subjektiver Religiosität und Formen neuen Atheismus in Frage gestellt, andererseits schwindet „die Bereitschaft, an befremdenden Texten zu arbeiten"[47]. Wenn der Text selbst als Gesprächspartner ernst genommen werden soll, geht letztlich kein auch noch so ausgeklügelter didaktisch-methodischer Weg an einer mühsamen, ja am Widerspenstigen des Textes selbst leidenden Aus-ein-ander-Setzung vorbei, die ebenfalls eine Kriteriologie religiöser Urteilsbildung notwendig macht.

So lässt sich eine doppelte Bedeutung der Theologie für interreligiöses Lernen erkennen. Theologie in Prozessen des Lernens muss sowohl inhaltlich als auch formal eine Rolle spielen, soll die interreligiöse Begegnung mit ihren religiösen Implikationen nicht geradezu ausgehöhlt oder zu einer Sache der Interkulturalität verkürzt werden. Die Rolle der Theologie in interreligiösen Lehr- und Lernprozessen zeigt sich dabei nicht nur im Inhalt, sondern auch in der Art und Weise der interreligiösen Begegnung, und das heißt im hier erörterten Kontext zum einen in der Form des Theologisierens und zum anderen in einer religiöses Denken und Handeln angemessen reflektierenden Kriteriologie.

---

[45] Vgl. hierzu die Erläuterung von Stoschs: „Und die Tatsache, dass Muslime auch heute keine Schweinefleisch essen und so merkwürdige Fastengewohnheiten einhalten sollen, kann man besser verstehen, wenn man nicht einen ethischen Sinn in ihnen sucht, sondern wenn man sie als die liebende Antwort des Menschen auf die Barmherzigkeit Gottes sieht." (*von Stosch* 2009 [Anm. 40], 63)

[46] Vgl. hierzu und zum Folgenden *Englert* 2007 [Anm. 9], 86.

[47] Ebd.

Über den Bildungswert interreligiöser Lernprozesse: Vom Perspektivenwechsel zur Positionalität

JAN WOPPOWA

1. Zur Relevanz interreligiösen Lernens

Auf der Internetpräsenz einer großen deutschen Wochenzeitung war kürzlich der folgende Satz zu lesen: „Vielleicht sollten wir als Christen uns auch wieder mehr Gedanken über unsere Religion machen und mehr über das Christentum sprechen, als Angst zu haben vor dem Islam."[1] So wurde Ende September 2012 die deutsche Bundeskanzlerin zitiert, im Kontext ihres Werbens für eine differenzierte Betrachtung des Islams und vor dem Hintergrund der jüngsten gewalttätigen Proteste in den islamischen Ländern. Der Satz ist mindestens zweifach bemerkenswert: Zunächst ist positiv anzumerken, dass hier ausgehend von politischen und gesellschaftlichen Konflikten eine selbstkritische Besinnung der eigenen Herkunft und Tradition in den Blick genommen wird. Darüber hinaus ist ebenso bemerkenswert, angesichts staatlich verordneter Neutralität mitunter sogar befremdlich, dass dies eine Politikerin tut. Die dahinter vermutete Absicht ist zu begrüßen, auch wenn sie hier etwas leichtfüßig daher kommt – aber: Ist es Aufgabe der Politik, daran zu erinnern? Müssen sich dadurch nicht mindestens Theologen und Religionspädagogen herausgefordert fühlen?

Das Beispiel zeigt, dass interreligiöse Fragestellungen insgesamt gesellschaftlich notwendig und dringlich geworden sind. Erst recht gilt dies für ein interreligiöses Lernen im schulischen Religionsunterricht mit weiteren offenkundigen Argumenten: eine zunehmend religiös plurale bzw. konfessionslose Schülerschaft auch im konfessionellen Religionsunterricht; ein nach wie vor bestehendes Interesse für Weltreligionen auf Seiten der Schülerschaft; ein neues Unterrichtsfach Islamische Religion innerhalb der Fächergruppe etc. Nicht zuletzt aus theologischer Perspektive stehen immer noch Fragen und Antworten zu einer Theologie der Religionen aus, insbesondere nach den Neuansätzen des Zweiten Vatikanischen Konzils.[2]

In der Religionspädagogik ist das interreligiöse Lernen seit einigen Jahren zu einem intensiven Gegenstand religionsdidaktischer Forschung und Theoriebildung geworden, dem es an einer Vielfalt unterschiedlicher Ansätze nicht mangelt. Ein überblicksartiger Bogen über die Entwicklung des interreligiösen Lernens spannt sich von primär religionskundlichen Zugängen auf religionswissen-

---

[1] *Angela Merkel* am 27.09.2012, zit. n. http://www.zeit.de/politik/deutschland/2012-09/merkel-islam [letzter Zugriff 29.09.12].

[2] Zur ungebrochenen Bedeutung der beiden Konzilserklärungen Nostra Aetate und Dignitatis Humanae vgl. in prägnanter Kürze *Erwin Dirscherl*, Die Konsequenz aus dem Glauben an Gott, der das Heil aller Menschen will. Das Bekenntnis der Kirche zur Religionsfreiheit und ihre geänderte Haltung zu den Religionen, in: RelliS 3/2012, 8-12.

schaftlicher Basis, über eine Didaktik der Weltreligionen aus konfessioneller Perspektive, bis schließlich hin zu neueren Ansätzen einer ausdrücklichen Didaktik interreligiösen Lernens.[3] Mit Blick auf die Bildungsstandards der Deutschen Bischofskonferenz zum Religionsunterricht der Primarstufe (2006) und Sekundarstufe I (2004) sowie auf ausgewählte Kerncurricula des konfessionellen Religionsunterrichts ist das Kennenlernen der Religionen meist eher *phänomenologisch* orientiert, um dann im grundlegenden Sinne *hermeneutisch* zu wirken: Die Schülerinnen und Schüler sollen fremde Religionen wahrnehmen, verstehen lernen und Kenntnisse über sie gewinnen, mitunter auch religionsvergleichend beurteilen.[4]

In den curricularen Vorgaben zeichnet sich allerdings nur zaghaft ein Aspekt ab, der inzwischen innerhalb der Religionspädagogik zum weitgehenden Konsens über die Ziele interreligiösen Lernens gehört: Über die wahrnehmende und deutende Begegnung mit Phänomenen und Zeugnissen anderer Religionen soll deren Fremdheit erstens ebenso akzeptiert wie zweitens für die eigene Weltsicht bzw. Religion schöpferisch verarbeitet werden.[5] Insbesondere diesem letzten Aspekt möchte ich mich hier ausdrücklich anschließen: Ein elementar verstandenes interreligiöses Lernen verfolgt den Anspruch, nicht zuerst nur das Andere verstehen und kennen zu lernen, sondern zugleich immer auch das Andere mit dem Eigenen, das Fremde mit dem Vertrauten in einen wechselseitigen Verstehensprozess zu bringen. So kann in der Zielperspektive des schulischen Religionsunterrichts ein Lernen stehen, das gleichermaßen und gleichzeitig sowohl das Fremde und Andere erschließen hilft (*inter*religiöse Dimension) als auch dazu anleitet, eine individuelle Positionierung in Sachen Religion zu entwickeln bzw. das eigene religiöse Bekenntnis besser zu verstehen (*intra*religiöse Dimension).[6] Mit dem neuerdings im deutschen Sprachraum verstärkt beachteten ‚Lernen an Zeugnissen fremder Religionen' können diese beiden zuletzt genannten Dimensionen gewinnbringend miteinander verschränkt werden. Im Folgenden möchte ich mich deshalb auf diesen didaktisch-methodischen Weg beschränken und davon ausgehend Chancen aufzeigen, wie interreligiöse Lernprozesse zu wichtigen Garanten religiöser Bildung im schulischen Religionsunterricht werden können.

---

[3] Vgl. zum Überblick *Stephan Leimgruber*, Interreligiöses Lernen, München 2007 einschließlich der hier vorgenommenen Unterscheidung zwischen einem interreligiösen Lernen im *weiteren* und im *engeren* Sinne (vgl. ebd., 20ff.).

[4] Vgl. exemplarisch die geltenden Bildungsstandards in Hessen oder Baden-Württemberg sowie in deutlicher Differenz dazu den aktuellen Kernlehrplan für die Sekundarstufe I des Gymnasiums in Nordrhein-Westfalen (www.standardsicherung.schulministerium.nrw.de) bzw. das entsprechende Kerncurriculum in Niedersachsen (www.nibis.de).

[5] Vgl. *Claudia Gärtner*, Interreligiöses Begegnungslernen – interdisziplinäre Anfragen und ästhetische Spurensuche, in: rhs 53 (2010) 149-159 sowie *Leimgruber* 2007 [Anm. 3], 108ff.

[6] Zur Unterscheidung von inter- und intrareligiösem Lernen vgl. *Hans-Georg Ziebertz*, Interreligiöses Lernen. Herausforderung der religiösen Erziehung durch Theologien des interreligiösen Dialogs, in: KatBl 116 (1991) 316-327.

2. Lernen an Zeugnissen fremder Religionen

Der „Ansatz der Gabe an das Kind"[7] wurde als eigener didaktischer Zugang ursprünglich unter dem Programm „A Gift to the Child" (*Michael Grimmitt/John Hull*) im multireligiösen bzw. multiethnischen Schulkontext Englands entwickelt und hat in der Folge als ‚Lernen an Zeugnissen' bzw. ‚Lernen mit Artefakten' Eingang in den deutschen Sprachraum gefunden. Der Ansatz verfolgt ein doppeltes didaktisches Anliegen, denn er verbindet deskriptive, religionskundliche Zugänge mit existenziellen, erfahrungsorientierten Elementen. Dadurch lässt sich die alleinige Perspektive einer distanzierten Religionskunde genauso vermeiden wie eine vereinnahmende Behandlung fremder Bekenntnisse. Differenz und Fremdheit bleiben dabei entscheidende Motoren eines Lernprozesses und zugleich anschlussfähig an die Erfahrungen und Deutungsmuster der Lernenden.

Im Zentrum des Ansatzes steht das religiöse Item, die ‚Gabe' oder das ‚Zeugnis' als Initiator des Lernprozesses. Das kann ein Kultgegenstand (z.B. Weihrauchfass, jüdischer Gebetsriemen) sein, ein Wort oder ein Klang (z.B. Gebetsruf des Muezzin), eine Statue (z.B. die hinduistische Gottheit Shiva) oder eine Person (z.B. buddhistischer Mönch). Die Auswahl soll durch drei Kriterien geleitet sein: Das Item soll erstens exemplarisch für die jeweilige Religionsgemeinschaft sein; es soll zweitens eine ‚numinose Aura des Heiligen' hervorrufen; und es soll drittens bedeutsam für Entwicklung und Lernprozess der Schülerinnen und Schüler sein. Das zu Grunde liegende methodische Grundgerüst besticht durch seine Einfachheit und eröffnet genau darin verschiedene Lernchancen. Es basiert nach Hull auf vier Phasen, die hier exemplarisch am Zeugnis der traditionell-jüdischen *Mesusa* vorgestellt werden.[8]

2.1. Phase der inneren Beteiligung (The Engagement Stage)

In dieser ersten Phase der inneren Beteiligung geht es darum, die Aufmerksamkeit und das Interesse der Lerngruppe für den inhaltlichen Kontext des Zeugnisses zu wecken. Das kann mit oder ohne das konkrete Zeugnis geschehen, wobei hier insofern die zweite Möglichkeit Realisierung findet, als die Begegnung mit dem Zeugnis zunächst auf der Erfahrungsebene der Schüler vorbereitet wird. Erreicht wird dies beispielsweise durch die vorgeschaltete Auseinandersetzung mit persönlichen Glücksbringern, mit Schutzamuletten oder mit Symbolen des eigenen religiösen bzw. quasireligiösen Lebensweges. Die Schüler stellen sich

---

[7] Vgl. zum Folgenden *Clauß Peter Sajak*, Das Fremde als Gabe begreifen. Auf dem Weg zu einer Didaktik der Religionen aus katholischer Perspektive, Berlin 2005 sowie *Clauß Peter Sajak*, Kippa, Kelch, Koran. Interreligiöses Lernen mit Zeugnissen der Weltreligionen. Ein Praxisbuch. Unter Mitarbeit von *Katrin Gergen-Woll*, *Barbara Huber-Rudolf* und *Jan Woppowa*, München 2010, 43-56.

[8] Zur inhaltlichen Orientierung über die Mesusa vgl. in aller Kürze http://de.wikipedia.org/wiki/Mesusa sowie ausführlich im Kontext des vorliegenden didaktischen Ansatzes: *Jan Woppowa*, Judentum, in: *Sajak* 2010 [Anm. 7], 107-152, hier insbesondere 121ff.

gegenseitig ihre persönlichen Gegenstände vor und versuchen erste Differenzierungen: *Wodurch werden Gegenstände zu Glücksbringern? Was unterscheidet ein Amulett von einem Talisman? Wie unterscheidet sich davon wiederum das christliche Symbol des Kreuzes? Wann, wo und wie spielt es für den Besitzer eine Rolle? Etc.*

Das Zeugnis ist bis hierher zwar noch nicht als Gegenstand, allerdings seiner Bedeutung und Funktion nach in den religiösen Lernprozess der Schüler eingetreten. Denn die Mesusa ist in ähnlicher Weise für gläubige Juden auch ein Symbol göttlichen Schutzes und weist durch ihren exponierten Ort am Eingang eines Hauses als „limitische Symbolik" (*Jan Assmann*) eine starke Alltagspräsenz auf.

2.2. Phase der Entdeckung (The Exploration Stage)

Anschließend wird die konkrete Begegnung mit dem Zeugnis initiiert. Das kann mehr oder weniger dramaturgisch inszeniert ablaufen, je nach Alter und Lerngewohnheiten der Lerngruppe. Wichtig allerdings ist das Vorzeigen eines realen Gegenstandes, denn er sollte von den Schülern selbst betrachtet, befühlt und erkundet werden. Ergänzend ist Bildmaterial einzusetzen, um die Vielfalt der Ausführungen, hier der Mesusa, deutlich zu machen. Schließlich werden Funktion und Verwendung des Zeugnisses erläutert bzw. durch weiteres Schülermaterial erschlossen. Dazu gehören hier die halachischen, d. h. religionsgesetzlichen Vorschriften zum Anbringen einer Mesusa sowie die mit ihr verbundenen alltagspraktischen Rituale.

2.3. Phase der Kontextualisierung (The Contextualization Stage)

In der dritten Phase wird das Zeugnis in seinen religiösen Kontext eingebettet und tiefgehender erschlossen. Dafür sind die in der Mesusa enthaltenen Bezugstexte aus der Jüdischen Bibel einzubeziehen, insbesondere das Sch'ma Israel (Dtn 6,4-9) mit seinen Kernaussagen über das Bekenntnis zum einen Gott Israels und über die Pflicht zur Erinnerung und Ausübung der religionsgesetzlichen Traditionen. Die Texte der Mesusa sollten von den Schülern laut gelesen werden, um deren alltagsrituelle Verwendung anzudeuten. Der biblische Horizont kann je nach Altersstufe und Lerngruppe erweitert werden. So kann durch Bezüge zu Offenbarungsgeschichten beispielsweise das biblische Gottesbild aus dem Buch Exodus (vgl. Ex 3,14) und dessen Bedeutung für das Leben der Menschen hinzugezogen werden. Besonders in dieser dritten Phase der Kontextualisierung muss der Lernprozess den jeweiligen entwicklungspsychologischen Bedingungen der Lernenden gerecht werden und Möglichkeiten von Individualisierung bzw. innerer Differenzierung in Betracht ziehen.[9]

---

[9] Vgl. auch *Gärtner* 2010 [Anm. 5] sowie *Sajak* 2005 [Anm. 7], 279ff.

2.4. *Phase der Reflexion (The Reflection Stage)*

In der letzten Phase erlangen nun zwei Aspekte besondere Bedeutung: Zum einen schließt diese Phase wieder an die erste an, denn sie versucht, eine Verknüpfung zwischen dem Zeugnis einerseits und den Erfahrungen der Schüler andererseits herzustellen. Bezogen auf den hier gewählten Einstieg sind nun Gemeinsamkeiten, Unterschiede, inhaltliche Parallelen und Widersprüchlichkeiten zwischen Glücksbringern bzw. Amuletten einerseits und der Mesusa andererseits zu reflektieren. Die Lernenden sollten herausarbeiten, dass dort gewisse magische Vorstellungen und Handlungen im Vordergrund stehen und hier der zentrale jüdisch-traditionelle Imperativ des Erinnerns als Lebensform schlechthin eine zentrale Rolle spielt. Zum anderen eröffnet gerade diese letzte Phase die für einen *interreligiösen* Lernprozess unverzichtbare Möglichkeit, Analogien in anderen Religionen zu entdecken. So bietet sich ein Vergleich mit dem Ritual katholischer Christen an, die sich beim Betreten und Verlassen einer katholischen Kirche mit Weihwasser bekreuzigen und sich darüber an die eigene Taufe bzw. an Gottes Gegenwart erinnern. Nicht zuletzt scheint besonders in dieser Phase die Möglichkeit auf, individuelle Erfahrungen und eigene religiöse Standpunkte der Schüler mit religiös-traditionellen Formen zu vergleichen und einen *intrareligiösen* Lernprozess zu verstärken.

2.5. *Kritische Würdigung*

Identifizierung und Distanzierung: Insgesamt gewährleistet der methodische Vierschritt bei konsequenter Durchführung einen ausgewogenen Wechsel von Möglichkeiten der Identifizierung und Distanzierung im Umgang mit einer fremden Tradition. Eine Identifizierung findet in der Regel in den ersten beiden Phasen statt, während die Distanzierung durch die dritte Phase der Kontextualisierung geleistet wird, insofern das Zeugnis in die Praxis einer konkreten religiösen Tradition eingebettet wird.[10] Aber auch der religionsvergleichende Blick in der letzten Phase verlangt von den Lernenden eine religionskundliche Distanz.

Exemplarisches Lernen: Hull selbst sieht in dieser Methode die Möglichkeit für ein früh angelegtes interreligiöses Lernen im Elementar- und Primarbereich. Während das Lernen im frühen Kindesalter abstrakte und systematisierende Ansätze eher verbiete, eröffne der Ansatz der Gabe vielmehr direkte Zugänge zu einem konkreten Zeugnis: „Der systematische Ansatz wie auch die aktuelle/themenbezogene Darstellung setzen die Fähigkeit zur Verallgemeinerung voraus. […] Der Ansatz der ‚Gabe' hingegen ist nicht nur konkret, er wendet sich ganz unmittelbar an die sinnliche Erfahrung der Kinder."[11] Der in diesem Zusammenhang von Karl-Ernst Nipkow formulierte kritische Vorwurf der *Ästhetisierung* von Religion kann unter Hinweis auf eine zu leistende *Elementarisierung* zurückgewiesen werden, denn der Ansatz macht die vereinfachende Auswahl komplexer religionstheologischer Inhalte angesichts einer konkreten

---

[10] Vgl. *Sajak* 2010 [Anm. 7], 48.

[11] *John Hull*, Glaube und Bildung. Ausgewählte Schriften, Bd. 1, Berg am Irchel 2000, 157.

Zielgruppe von jüngeren Kindern notwendig.[12] Elementarisierung sollte im didaktischen Verständnis auch nicht mit Trivialisierung oder gar banaler Ästhetisierung verwechselt werden. Vielmehr betont meines Erachtens der Ansatz das Prinzip des *Exemplarischen* im Sinne Wolfgang Klafkis: Denn das einzelne Zeugnis steht exemplarisch für Strukturen und Inhalte einer religiösen Tradition, ohne diese in ihrer ganzen Komplexität behandeln zu müssen. Das Zeugnis der Mesusa mag hier beispielsweise einen exemplarischen Einblick in das fundamentale jüdische Konzept der Erinnerung geben.

Aufbauend-vernetzender Kompetenzerwerb: Obwohl für das frühe Kindesalter entwickelt, verbietet sich die Verwendung des Ansatzes auch in den höheren Jahrgängen der Sekundarstufen in keiner Weise, denn die Methode schafft wie aufgezeigt gerade in den Phasen der Kontextualisierung und Reflexion genügend Möglichkeiten kognitiver Vertiefung. Der kontinuierlich verwendete Ansatz der Gabe kann so bis in die höheren Jahrgänge hinein nicht nur zu einem aufbauenden Kompetenzerwerb beitragen, sondern bietet darüber hinaus reiche Vernetzungsmöglichkeiten. Das gilt insbesondere mit Blick auf eine flexible themenbezogene Einsatzmöglichkeit, sei es als wiederholt anzuwendende Basismethode innerhalb von Unterrichtssequenzen zu den Weltreligionen, sei es als komplementäre Methode innerhalb eines religionsübergreifenden Oberthemas (hier etwa die Mesusa als Zeugnis eines monotheistischen Glaubens im Rahmen einer Unterrichtssequenz zu Gottesbildern).

3. Chancen für religiöse Bildung in der Schule

Bildung benennt sowohl die *Prozesse* als auch die *Inhalte* bzw. *Ergebnisse* der Prägung des Menschen durch Sozialisation und Erziehung. Im Sinne einer lebenslangen Lerngeschichte zielt Bildung auf die Mündigkeit des Heranwachsenden (Selbstbildung) und vollzieht sich in der Auseinandersetzung mit der sozialen, gesellschaftlichen und kulturellen Wirklichkeit, die den Menschen umgibt (Fremdbildung).[13] Darüber hinaus lässt sich mit dem deutsch-jüdischen Erziehungswissenschaftler Ernst Akiba Simon Bildung als eine *Haltung* des Subjekts charakterisieren, die sich durch Diskurs- und Kritikfähigkeit auszeichnet.[14] Im Hintergrund steht dabei ein traditioneller jüdischer Lernbegriff, demnach Lernen als eine Lebensform schlechthin begriffen wird. Denn das erlernte religiöse Wissen hat sich ständig in seiner alltagspraktischen Verwendung zu bewähren. Religiöses Wissen wird dann zu einem Bildungswissen, wenn es sich zugleich als Orientierungs- und Lebenswissen bewährt. Aus bildungstheoreti-

---

[12] Vgl. *Sajak* 2010 [Anm. 7], 52ff.

[13] Vgl. *Gottfried Bitter*, Bildung und Religion, ein Verhältnis in Kontakt und Distanz, in: ders. / Martina Blasberg-Kuhnke (Hg.), Religion und Bildung in Kirche und Gesellschaft (FS N. Mette), Würzburg 2011, 240-265, 251.

[14] Vgl. *Ernst Simon*, Gebildetenproblem (undatiertes handschriftliches Manuskript, Ernst Simon-Archiv Jerusalem Arc 4° 1751/N1) sowie *Jan Woppowa*, Widerstand und Toleranz. Grundlinien jüdischer Erwachsenenbildung bei Ernst Akiba Simion (1899-1988), Stuttgart 2005, 48-63.

scher Sicht ließe sich diesem jüdischen Lernbegriff die Vermittlung von *intelligentem Wissen* als „Grundlage des lebenslangen Lernens“[15] an die Seite stellen, was Franz E. Weinert als fundamentales Bildungsziel für die Schule formuliert hat.

Von diesem knapp umrissenen Bildungsverständnis ausgehend werde ich nachfolgend vier ausgewählte Aspekte eines Zielspektrums religiöser Bildung näher beleuchten, um den genuinen Beitrag *interreligiösen Lernens* zu einer *religiösen Bildung* insgesamt aufzuzeigen.

3.1. Befähigung zu Perspektivenübernahme und Differenz

Ein Ziel religiöser Bildungsarbeit ist es, die Fähigkeit zur Übernahme fremder Perspektiven zu erlangen. Angesichts einer religiösen und weltanschaulichen Pluralität, der sich Lernende heute ausgesetzt sehen, ist dieses Ziel aktueller denn je. Darüber hinaus gilt es aber, fremde Perspektiven nicht nur in der Absicht eines gegenseitigen Verstehens einnehmen zu können, sondern die eigene mit anderen Perspektiven zu verschränken und daraus neue Sichtweisen und Deutungsansätze über das eigene Leben zu entwickeln.[16]

Diese Fähigkeit zur Perspektivenübernahme korrespondiert mit einem Bildungsbegriff, den der Erziehungswissenschaftler Helmut Peukert unter Bezug auf das Bildungsideal Humboldts formuliert hat. Demzufolge versteht er „Bildung als Durchgang durch das Fremde“[17]. Mit dem jüdischen Philosophen Emmanuel Lévinas denkt Peukert Subjekt und Subjektwerdung radikal vom Anderen her: „Der Anspruch des Anderen macht mich, indem er mich verantwortlich für ihn macht, überhaupt erst zum Subjekt. Das Subjekt ist durch die Verantwortung konstituiert und kann nicht indifferent sein.“[18] Kurz gefasst versteht er Bildungsprozesse als „radikalisierende Prozesse der Wahrnehmung und Anerkennung anderer und der produktiven Verarbeitung von kultureller Differenz“[19]. Auch in der gegenwärtigen Religionspädagogik wird verstärkt auf die Bedeutung des Erwerbs von „Differenzkompetenz“[20] im schulischen Religionsunter-

---

[15] *Franz E. Weinert*, Lehren und Lernen für die Zukunft – Ansprüche an das Lernen in der Schule, in: Pädagogische Nachrichten Rheinland-Pfalz 2/2000, 1-16, 6.

[16] Vgl. die ähnlich gelagerte ‚perspektivische Verschränkung von Deutungsmustern‘ als didaktische Option und Zielhorizont religiöser Erwachsenenbildung bei *Rudolf Englert*, Religiöse Erwachsenenbildung. Situation – Probleme – Handlungsorientierung, Stuttgart-Berlin-Köln 1992, 91ff., 121ff., 251ff. u. ö.

[17] *Helmut Peukert*, Bildung als Wahrnehmen des Anderen. Der Dialog im Bildungsdenken der Moderne, in: Ingrid Lohmann / Wolfram Weiße (Hg.), Dialog zwischen den Kulturen. Erziehungstheoretische und religionspädagogische Gesichtspunkte interkultureller Bildung, Münster 1994, 1-14, 6.

[18] Ebd., 10.

[19] Ebd., 12.

[20] *Bernhard Grümme*, Alteritätstheoretische Religionsdidaktik, in: ders. / Hartmut Lenhard / Manfred L. Pirner (Hg.), Religionsunterricht neu denken. Innovative Ansätze und Perspektiven der Religionsdidaktik. Ein Arbeitsbuch, Stuttgart 2012a, 1-132, 131; vgl. a. *ders.*, Differenz denken? Überlegungen zu einer alteritätstheoretischen Dialogizität, in: Rudolf Englert / Ulrich Schwab / Friedrich Schweitzer / Hans-Georg Ziebertz (Hg.), Welche Religionspädagogik ist pluralitätsfähig? Kontroversen um einen Leitbegriff, Freiburg 2012b, 158-169; *Judith Könemann*, Glauben lernen als Ziel des Religionsunterrichts? Anmerkungen aus gesellschaftlich-bildungstheoretischer Sicht, in: Bitter / Blasberg-Kuhnke 2011 [Anm. 13], 180-186.

richt hingewiesen. Im Rahmen einer alteritätstheoretischen Religionsdidaktik hat neuestens etwa Bernhard Grümme gefordert, „Selbstwahrnehmung, Fremdwahrnehmung [...] und dabei den Wechsel von Innenperspektive und Außenperspektive spannungsvoll einzuüben“[21]. Meines Erachtens garantieren gerade interreligiöse Lernprozesse den Erwerb einer solchen Differenzkompetenz bzw. einer Fähigkeit zur Übernahme fremder Perspektiven. In ihnen kann gelernt werden, was es heißt, die Andersheit des Anderen wirklich anzuerkennen und kulturelle Differenz schöpferisch zu verarbeiten, auch für die jeweils eigene Perspektive. So kann man insbesondere auch mit Blick auf den Ansatz der Gabe der Vermutung Grümmes zustimmen: „Das Sperrige, das Fremde, das Anstößige, das etwa mit einer stark rituell geprägten Frömmigkeit für Heranwachsende verbunden sein mag, kann intensiver als in dialogischen Didaktiken gewürdigt [...] werden.“[22] Die Grundstruktur des aufgezeigten Zeugnislernens mit ihrer konstitutiven Komplementarität von Identifizierung und Distanzierung kann hier eine methodische Basis legen, um mit dem Fremden wertschätzend und produktiv umzugehen und es doch in seiner Differenz zum Eigenen zu belassen.

3.2. Befähigung zum geistigen Widerstehen

Insbesondere erweist sich in solchen Lernprozessen der Wahrnehmung, der Anerkennung und Akzeptanz sowie der Verarbeitung von Fremdheit eine weitere zentrale Dimension von religiöser Bildung, die ich das *geistige Widerstandspotenzial* von Bildung nennen möchte.[23] Religiöse Bildung als geistiger Widerstand basiert darauf, dass Differenzen zwischen religiösen Lebensformen bzw. zwischen individuellen und kollektiven Deutungsmustern nicht nur toleriert und akzeptiert werden, sondern dass diese Differenzen eine *kritische Produktivität* entwickeln. Widerständig wird eine so verstandene religiöse Bildung genau dann, wenn beispielsweise Bedrohungen des Humanums durch religiösen Fundamentalismus oder aggressiven Pluralismus offenbar werden. Lernende sind dann *aus der Sache heraus* aufgefordert, auch ihre eigenen bisherigen Lebensformen und Deutungsmuster zu überdenken, selbst ein kritisches Urteil zu fällen und darüber eine gesellschaftskritische Haltung zu entwickeln. Solche beinahe täglich wahrzunehmenden Bedrohungen des Humanums in den ausdifferenzierten Bereichen menschlichen Lebens (von Politik, Wirtschaft, Religion, Gesellschaft etc.) können als ein didaktisch aufzugreifendes „Anforderungsprofil gesellschaftlichen Lebens“[24] gelten, in dem Bildung gerade nicht affirmativ wird,

---

[21] *Grümme* 2012a [Anm. 20], 131.

[22] Ebd.

[23] Vgl. zu diesem Aspekt ausführlicher *Woppowa* 2005 [Anm. 14], 258-270 sowie *ders.*, Anwalt des Humanums. Geistiger Widerstand als Profil religiöser Erwachsenenbildung, in: RPäB 61/2008, 101-110.

[24] *Rudolf Englert*, Zum Bildungswert religiösen Lernens, in: ders., Religionspädagogische Grundfragen. Anstöße zur Urteilsbildung, Stuttgart 2007, 161-172, 163.

sondern vielmehr die Gegenwart kritisch-widerständig zu transformieren vermag und zum „Verwirklichungsprozeß des Menschen“[25] produktiv beitragen kann.

3.3. *Befähigung zum Fragen nach der Wahrheit*

Vor diesem Hintergrund können und dürfen interreligiöse Lernprozesse das Stellen der Wahrheitsfrage nicht ausblenden. Und das gilt im doppelten Sinne: Schülerinnen und Schüler müssen einerseits lernen, sich selbst und ihre eigenen Lebensüberzeugungen und Weltanschauungen der Wahrheitsfrage zu stellen. Andererseits müssen sie Kompetenzen erwerben, um selbst die philosophische bzw. theologische Wahrheitsfrage an fremde Religionen und Weltanschauungen zu stellen, wo immer sie relevant wird. So können gerade interreligiöse Lernprozesse den von Rudolf Englert zur Sprache gebrachten bildungsspezifischen Mehrwert eines „Maßnehmen[s] an verbindlicher Wahrheit“[26] zu Tage fördern, insofern sie die subjektiv bindenden und letztbedeutsamen Wahrheiten der Lernenden mit den objektiven Wahrheiten religiöser Traditionen in einen vernünftigen Kommunikationszusammenhang bringen.

Dem von Nipkow seinerzeit geäußerten Vorwurf, der Ansatz der Gabe blende mangels ausreichender Identifikationsmöglichkeiten mit einer konkreten religiösen Tradition in der frühen Kindheit die theologische Wahrheitsfrage aus,[27] lässt sich zunächst mit dem Hinweis begegnen, dass dieser als komplementärer Ansatz im institutionellen Rahmen des konfessionellen bzw. konfessionell-kooperativen Religionsunterrichts sehr wohl die Frage nach der Wahrheit eines konkreten Bekenntnisses stellt. Die Frage, wie dieser Anspruch weiterhin auch didaktisch zu modifizieren ist, kann mit einem Blick in jüdische Denkfiguren erhellt werden. Der Philosoph Franz Rosenzweig hat im Rahmen seiner Erkenntnistheorie *Wahrheit als Bewährung* begriffen, was der Rosenzweig-Interpret Stéphane Mosès wie folgt auf den Punkt bringt: „Eine Wahrheit glauben heißt für sie zeugen. […] Vom Standpunkt des Menschen ist wahr, wofür er lebt; indem er seinen Glauben lebt, bewährt er ihn, zeugt er dafür als für seinen Teil Wahrheit.“[28] Während für Rosenzweig das denkende Subjekt in das Zentrum seiner „Standpunktphilosophie“[29] gerückt ist, rückt für uns das lernende Subjekt neu in das Zentrum eines interreligiösen Lernprozesses. Jenseits eines

---

[25] *Heinz-Joachim Heydorn*, Überleben durch Bildung. Umriß einer Aussicht, in: ders., Ungleichheit für alle. Zur Neufassung des Bildungsbegriffs. Bildungstheoretische Schriften 3, Frankfurt 1980, 282-301, 285; vgl. auch das Anliegen der *EKD-Denkschrift* „Maße des Menschlichen. Evangelische Perspektiven zur Bildung in der Wissens- und Lerngesellschaft“ (Gütersloh 2003) sowie in fundamentaltheologischer Weise bereits *Edward Schillebeeckx*, Das Korrelationskriterium. Christliche Antwort auf eine menschliche Frage?, in: ders., Glaubensinterpretation. Beiträge zu einer hermeneutischen und kritischen Theologie, Mainz 1971, 83-109, 96.

[26] *Englert* 2007 [Anm. 24], 167.

[27] Vgl. *Karl-Ernst Nipkow*, Bildung in einer pluralen Welt, Bd. 2: Religionspädagogik im Pluralismus, Gütersloh 1998, 457ff. sowie *Sajak* 2010 [Anm. 7], 52ff.

[28] *Stéphane Mosès*, System und Offenbarung. Die Philosophie Franz Rosenzweigs. Mit einem Vorwort von Emmanuel Lévinas, München 1985, 214.

[29] *Franz Rosenzweig*, Der Stern der Erlösung. Mit einer Einführung von Reinhold Mayer und einer Gedenkrede von Gershom Scholem, Frankfurt 1988, 117.

korrespondenztheoretischen Wahrheitsbegriffs sollte innerhalb des Ansatzes der Gabe die theologische Wahrheitsfrage spätestens dann gestellt werden, wenn sich eine religiöse Tradition in ihrem praktischen Bewährungszusammenhang zu erweisen hat. So steht beispielsweise das christliche Zeugnis des Kreuzes nicht nur für den Ursprung einer Glaubenstradition, sondern ebenso für eine Nachfolgepraxis der Menschen. Die im Kern befreiende Botschaft von Kreuz und Auferstehung hat sich in ihrer Wahrheit praktisch zu bewähren; sie hat sich bis heute ständig neu dem „Wahrheitstest“[30] zu unterziehen. Die so ins Spiel gebrachte Wahrheitsfrage wäre damit etwa im Religionsunterricht der Oberstufe keine rein theoretische bzw. religionstheologische, sondern schließt vielmehr den Blick auf die Praxis einer Religion ebenso ein wie die Kritik an gewissen Fehlformen religiöser Traditionen hier wie dort.[31] Auch der Neuansatz einer komparativen Theologie mag mit seiner vergleichenden Hinwendung zum konkreten Einzelfall jenseits einer scheinbar objektiven religionstheologischen Vogelperspektive zwischen Inklusivismus, Exklusivismus und Pluralismus in diese Richtung weisen, insofern hier Theologen den Versuch unternehmen,

> „[...] die Bedeutung und Wahrheit der eigenen Tradition tiefer zu verstehen, indem sie sich anderen religiösen Traditionen annähern und in den interreligiösen Dialog einsteigen. Schulübergreifend gelten dabei Neuverstehen des Eigenen, Würdigung des Fremden und Suche nach der Wahrheit als ihre grundlegenden Ziele.“[32]

3.4. Befähigung zur persönlichen Positionierung

Nicht zuletzt geht einer Fähigkeit des Subjekts zum sachgerechten und reflektierten Umgang mit religiöser Pluralität wesentlich die Befähigung voraus, eine persönliche Positionierung bzw. einen eigenen selbst reflektierten sowie argumentativ kommunizierbaren Standpunkt zu erlangen. Auf diese Zielperspektive hat Englert schon vor zehn Jahren in seiner „Skizze einer pluralitätsfähigen Religionspädagogik“[33] hingewiesen und dies – so kann man mit Blick auf und zwischen die Zeilen wohl sagen – zu einem mehr oder weniger ausdrücklichen Grundmoment seiner religionspädagogischen Theoriebildung gemacht. So ließe sich

> „[...] die Ansicht überwinden, religiöse Pluralität bedeute das Nebeneinander durchwegs gleich gültiger Standpunkte. Religionspädagog/innen hätten von daher dazu beizutragen, dass

---

[30] *Papst Paul VI.* in seinem apostolischen Schreiben „Evangelii Nuntiandi“ (1975), hier: Nr. 24.

[31] Dieser Anspruch kann auch schon im RU der Primarstufe erhoben werden: vgl. dazu *Georg Hilger / Werner Ritter*, Religionsdidaktik Grundschule. Handbuch für die Praxis des evangelischen und katholischen Religionsunterrichts, München-Stuttgart ³2010, 261.

[32] *Klaus von Stosch*, Komparative Theologie als Wegweiser in der Welt der Religionen, Paderborn 2012, 154; vgl. in diesem Kontext auch die fundamentalen Forderungen bzgl. eines konfessionell-kooperativen Religionsunterrichts bei *Klaus von Stosch*, Dialog der Religionen im Religionsunterricht. Plädoyer für eine religionspädagogische Neubesinnung, in: Norbert Mette / Matthias Sellmann (Hg.), Religionsunterricht als Ort der Theologie, Freiburg 2012, 325-337.

[33] *Rudolf Englert*, Skizze einer pluralitätsfähigen Religionspädagogik, in: Friedrich Schweitzer / Rudolf Englert / Ulrich Schwab / Hans-Georg Ziebertz, Entwurf einer pluralitätsfähigen Religionspädagogik, Freiburg 2002, 89-106. Vgl. a. die aktuelle kritisch-bilanzierende Bestandsaufnahme zur Pluralitätsfähigkeit als Leitbegriff der Religionspädagogik bei *Englert u.a.* 2012 [Anm. 20].

sich ‚diffuse' bzw. unterscheidungsschwache in Richtung ‚markanter' bzw. unterscheidungsstarker Pluralität entwickeln kann."[34]

Ein religiöses Zeugnis im obigen Sinne kann m. E. zu einem so verstandenen ‚markanten Faktor' innerhalb religiöser Vielfalt werden. Es spricht die Lernenden unmittelbar an oder wirkt verstörend, mitunter sogar abstoßend; es kann mit Fremdheit konfrontieren oder Ähnlichkeit thematisieren. Das Zeugnis vermag allerdings umso mehr zur persönlichen Herausforderung für die Lernenden zu werden, je stärker die menschlichen Erfahrungsdimensionen des Zeugnisses einerseits und die Erfahrungen der Schülerinnen und Schüler andererseits in einen korrelativen Wechselbezug gebracht werden. Im obigen Beispiel ist es die Erfahrung von Schutzbedürftigkeit und Alltagsorientierung: Sie wird zum einen sichtbar im magisch-rituellen Berühren von Glücksbringern, zum anderen liegt sie auch dem kontextuell-erinnernden Berühren der Mesusa als anthropologische Konstante zu Grunde. Möglicherweise überdenkt ein Schüler nach einer vergleichenden Auseinandersetzung kritisch seinen eigenen Gebrauch von Amuletten; möglicherweise findet er im Anschluss daran aber auch einen ganz neuen Zugang zum christlichen Weihwasserbecken. Gerade weil ein didaktisch klug ausgewähltes Zeugnis auch auf eine religiöse Praxis hinweist, kann es zur Anfrage an die persönliche Positionierung der Lernenden werden. Im Letzten wäre somit ein *konfessorisch* ausgerichtetes Lernen zu initiieren, welches ein geistiges Widerstehen wie ein existenzielles Fragen nach der Wahrheit gerade nicht ausspart und so wiederum zur wesentlichen Voraussetzung für eine gelingende Perspektivenverschränkung wird.

4. Fazit

Stephan Leimgruber hat das personale Begegnungslernen von Mensch zu Mensch als den „Königsweg interreligiösen Lernens"[35] bezeichnet. Wo allerdings, wie mit Blick auf den schulischen Unterrichtsalltag so oft, kein *face-to-face*-Dialog möglich ist, muss dieser Weg hinter seinen Zielen und Ansprüchen zurückbleiben.[36] Der Ansatz der Gabe ist daher ein ebenso authentischer wie realistischer Weg, im schulischen Religionsunterricht fremden Religionen begegnen zu können – und möglicherweise fungiert er dann auch als Zustieg zu einem Königsweg der dialogischen Begegnung. Wenn darüber hinaus das oben skizzierte Zielspektrum zwischen Perspektivenwechsel und Positionalität in der Planung von Lehr- und Lernprozessen ausdrückliche Beachtung findet, kann gerade interreligiöses Lernen über seine Charakteristik als „dimensionale Religionsdidaktik"[37] hinaus zu einem unverzichtbaren Garanten religiöser Bildung insgesamt werden.

---

[34] Ebd., 102.
[35] *Leimgruber* 2007 [Anm. 3], 101.
[36] Vgl. auch *Gärtner* 2010 [Anm. 5].
[37] So neuestens *Rudolf Englert* in seinem bilanzierenden Resümee: Religionsdidaktik wohin? – Versuch einer Bilanz, in: Grümme u.a. (Hg.) 2012 [Anm. 20], 247-258, 248.

Theologie studieren im Plural. Theologien an der Universität im Horizont der abrahamischen Religionen

MARTINA BLASBERG-KUHNKE

1. „Hilfe, die glauben!" Religion und Glaube in Gesellschaften der entfalteten Moderne

„Hilfe, die glauben!", titelte „Die Zeit" im Juli 2012, angesichts der Diskussion um das Urteil zum Beschneidungsverbot. Der Autor Jan Ross konstatierte angesichts des neuerlichen Konflikts, der diesmal im Kern Juden und Muslime trifft: „Ob Vorhaut, Kopftuch oder Kruzifix – unserer Gesellschaft macht das Religiöse immer mehr Angst"[1]. Es sei nicht

> „[...] ein spezieller, unwillkommener Glaube, der mit der modernen Gesellschaft in Konflikt gerät; das Reibungspotential steckt im Glauben und im Glaubensleben überhaupt. [...] In allen drei Fällen lässt sich beobachten, dass bei den religionskritischen Maßregeln der Geist des Misstrauens und des Verdachts am Werk ist. Statt das Kreuz als Zeichen einer reichen, zum Nachdenken anregenden Überlieferung zu verstehen, sahen die Verfassungsrichter darin ein Missions- und Propagandawerkzeug, das auf andersgläubige Schüler geistigen Druck ausübt. Das Kopftuch ist für die Kopftuchgegner kein Ausdruck einer persönlichen Lebensentscheidung, sondern das quasi-politische Symbol einer freiheitsfeindlichen Ideologie. Und die Beschneidung, die man auch als physisch harmlosen Eingriff von großer ritueller Ehrwürdigkeit betrachten könnte, erscheint aus der Verbotsperspektive als Quälerei, die einem Wehrlosen angetan wird."[2]

Die Diskussion um Bedeutung und Grenzen der Religionsfreiheit muss offenkundig neu und anders geführt werden: Selbstdeutung der Gläubigen oder ihrer Glaubensgemeinschaft(en) in Synagogen, Kirchen oder Moscheen prallen auf verständnislose gesellschaftliche Außensichten. Die Gräben der Diskussion verlaufen mithin nicht mehr zwischen den Angehörigen verschiedener Religionen, wie sie der klassische interreligiöse Diskurs mit seinen Dialogmodellen vor Augen hatte, aufzunehmen und (möglichst) zu überwinden suchte, sondern zwischen Glaubenden und (desinteressiert oder auch aggressiv) Nichtglaubenden.

Angesichts einer Podiumsdiskussion der „Osnabrücker Friedensgespräche", einer Einrichtung der Universität und der Stadt Osnabrück, die sich als „Stadt des Westfälischen Friedens" versteht, zu „Staat und Religionen in Deutschland: Wie sollte das Verhältnis geregelt sein?"[3] ließ sich dasselbe Phänomen beobach-

---

[1] *Jan Ross*, Hilfe, die glauben!, in: Die Zeit vom 19. Juli 2012, 1.

[2] Ebd.

[3] Staat und Religionen in Deutschland: Wie sollte das Verhältnis geregelt sein? mit Hans Langendörfer, Ayyub Axel Köhler, Michael Schmidt-Salomon, unter Moderation von Martina Blasberg-Kuhnke, in: Der Oberbürgermeister der Stadt Osnabrück und der Präsident der Universität Osnabrück (Hg.), Neue Fragen an den Rechtsstaat. Wie begegnen Politik, Recht und Exekutive aktuellen Friedensgefährdungen? Osnabrücker Jahrbuch Frieden und Wissenschaft 16/2009, 37-58.

ten: Hinsichtlich der Stellung der Glaubensgemeinschaften im säkularen Staat, in Bezug auf Religionsunterricht und die Freiheit zur Seelsorge ‚verbündeten' sich – trotz der unterschiedlichen Situation der christlichen Kirchen als anerkannte, öffentlich-rechtliche Körperschaften und des Islam, der diese Anerkennung in Deutschland bisher nicht genießt – der damalige Sekretär der Deutschen Bischofskonferenz Pater Dr. Hans Langendörfer und Dr. Ayyub Axel Köhler, seinerzeit Vorsitzender des Zentralrats der Muslime, gegen die Position von Dr. Michael Schmidt-Salomon, der als überzeugter Atheist das Recht auf freie Religionsausübung deutlich beschnitten sehen wollte. So äußerte ein Diskutant aus dem Publikum: „Herr Schmidt-Salomon, nach ihrer harten Kritik fühle ich mich als Moslem hier mit den Christen sehr verbunden."[4]

Glaube, vor allem dann, wenn er gesellschaftlich sichtbar und wahrnehmbar ausgeübt wird, gerade auch im Religionsunterricht, löst offenkundig heftige emotionale Reaktionen aus, die im Kern der Frage gelten: Wohin gehören Religion und Glaube? Wohin gehört entsprechend die Theologie, genauer: Wohin gehören die Theologien?

Diese Fragen neu zu stellen impliziert die Verabschiedung der Säkularisierungsthese, die als „wahrscheinlich die letzte geschichtstheologische Theorie mit universaler Reichweite"[5] gelten durfte und höchstens hinsichtlich der Interpretation der vielgestaltigen Ablösungsprozesse zwischen Christentum und Moderne befragbar erschien. Peter Biehl ist Recht zu geben, wenn er konstatiert:

„Die Säkularisierungsthese hat ihre Plausibilität als universale Kategorie zur Deutung der Gegenwart nicht durch ihre theologischen und philosophischen Kritiker (H. Blumenberg) verloren, sondern durch eine empirisch gut belegte weltweite Renaissance gelebter Religion im letzten Viertel des 20. Jahrhunderts."[6]

Für den Wissenschaftsrat gründen seine „Empfehlungen zur Weiterentwicklung von Theologien und religionsbezogenen Wissenschaften an deutschen Hochschulen"[7] bereits u.a. auf der Prämisse der Unhaltbarkeit der Säkularisierungsthese, die der langjährige Präsident des Wissenschaftsrats Peter Strohschneider prägnant zusammenfasst:

„Dass sich Religion weiterhin wissenschaftlich erfolgreich als ein sozusagen alteuropäischer Rest würde behandeln lassen, welcher im Zuge von Prozessen der funktionalen Differenzierung moderner Gesellschaften endgültig in residualen Subsystemen eingekapselt (Niklas Luhmann) oder aber durch diskursethische Selbstaufklärung aufgelöst (Jürgen Habermas) werde – oder doch zumindest seine theoretische Begründbarkeit verliere – eine solche Annahme ist in den zurückliegenden Jahren zunehmend unwahrscheinlich geworden. Die ‚Säkularisierungsthese', also die Annahme eines progredierenden Relevanzverlustes des Religiösen

[4] Ebd., 51.
[5] *Peter Biehl*, Säkularisierung, in: LexRP 2, 1888-1892, 1888.
[6] Ebd., 1891.
[7] *Wissenschaftsrat*, Empfehlungen zur Weiterentwicklung von Theologien und religionsbezogenen Wissenschaften an deutschen Hochschulen (Berlin, 29.01.2010), online unter http://www.wissenschaftsrat.de/download/archiv/9678-10.pdf.

im öffentlichen Raum im Zuge der gesellschaftlichen, ökonomischen, technologischen Modernisierungsschübe der Gegenwart ist nicht haltbar."[8]

2. Theologien im Plural. Herausforderungen für die Theologien an der Universität

Auch in Gegenwart und Zukunft ist mit Religion und gelebtem Glauben zu rechnen; sie unter den Bedingungen der entfalteten Moderne ernst zu nehmen, verlangt, sie (auch weiterhin) in kritischer (Selbst-) Reflexion den Anfragen der zeitgenössischen Wissenschaften auszusetzen, von ihnen her ihre Fragen zu gewinnen und sich (selbst-) bewusst in den Diskurs um die Herausforderungen der Gegenwartsgesellschaft und der Menschheitsfamilie mit dem nur ihnen eigenen Potential der Glaubenstraditionen von Jahrhunderten einzubringen, sowie ihrerseits andere Wissenschaften auf ihre Prämissen, Werte und Ziele hin zu befragen. Für die christlichen Theologien gilt, dass sie sich als vernunftgeleitete vollziehen, methodisch, systematisch und intersubjektiv überprüfbare Ergebnisse gewinnen und sich kritisch-reflexiv dem interdisziplinären Diskurs stellen, eine Entwicklung, die durchaus Jahrhunderte gedauert hat und (für die katholische Kirche) bis zum Zweiten Vatikanischen Konzil keineswegs unumstritten war. Die junge islamische Theologie, die sich seit den Empfehlungen des Wissenschaftsrats in Deutschland im Aufbau befindet, will sich genau diesem Anspruch stellen.

Dass Theologien an die Universität gehören, begründet sich nicht nur aus diesem wissenschaftsförmigen Selbstverständnis, sondern auch aus dem, was *nur* die Theologien leisten. Magnus Striet macht als Mitverfasser der Empfehlungen des Wissenschaftsrats darauf aufmerksam, es gehe um den „opaken Kern der Religion" (Habermas), um jene unverfügbaren „Erfahrungen [...], die sich so rationalisieren lassen, dass es sie nur in der Form der Unverfügbarkeit geben kann".[9] Die Universität hat also ein genuines Eigeninteresse an der bleibenden Verankerung der (Selbst-) Reflexion religiöser Traditionen im Kanon ihrer Disziplinen:

> „Neben den ethisch-normativen Problemen, die sich aus der Dynamik von Forschung und damit einhergehenden Fragen der gesellschaftlichen Anwendungen von Forschungsresultaten ergeben, können [...] die Theologien einen grundsätzlichen Beitrag leisten: Dass nämlich das Bewusstsein von der Kontingenz menschlichen Handelns, und vor allem das Bewusstsein von

---

[8] *Peter Strohschneider*, Theologien und religionsbezogene Wissenschaften an der Universität, in: et studies. Zeitschrift der Europäischen Gesellschaft für Katholische Theologie 2 (1/2011) 135-142, 136.

[9] *Magnus Striet*, Keine Universität ohne Theologie. Die Empfehlungen des Wissenschaftsrates fordern heraus, in: HerKorr 64 (2010) 451-456, 453. Vgl. zum Kontext auch *Martina Blasberg-Kuhnke*, Dialog – Trialog – oder mehr? Islam in Deutschland und die Zukunft der Theologien in praktisch-theologischer Perspektive, in: Gottfried Bitter / Martina Blasberg-Kuhnke (Hg.), Religion und Bildung in Kirche und Gesellschaft, Würzburg 2011, 76-84, 80-82.

den Grenzen einer [...], wissenschaftsförmigen Selbstdeutung des erkennenden Menschen‘ aufrecht erhalten bleiben.“[10]

Dieses kritisch-reflexive Bewusstsein brauchen auch alle, die im Namen dieser durch ihre Theologien aufgeklärten Religionen professionelle Träger von Berufsrollen sein wollen, seien sie Religionslehrerinnen und -lehrer, Priester, Pfarrerinnen oder Imame.

Als die Universität Osnabrück im Sommersemester 2009 ihren Hochschulentwicklungsplan in Senat, Präsidium und Hochschulrat verabschiedet hat und als erstes angestrebtes Profilelement für die Zukunftsentwicklung der nächsten Jahre die Imamausbildung benannt hat,[11] war von den viel weiter gehenden Empfehlungen des Wissenschaftsrats noch nicht die Rede. Die Begründung für die Einrichtung der Imamausbildung deckt sich aber mit der des Wissenschaftsrats in seinem Selbstverständnis universitärer Bildung als Voraussetzung für die Wahrnehmung religiöser Berufsrollen in einer pluralen, freiheitlichen, demokratischen und rechtsstaatlichen (Bildungs-) Gesellschaft:

„Imame sind religiöse Repräsentanten und Leiter der islamischen Gemeinden und stellen eine theologische Instanz als Hauptakteure der religiösen Dienste und als lokale Vertreter der islamischen theologischen Gelehrsamkeit dar. Als theologisches und pastorales Fachpersonal erfüllen sie gottesdienstliche Aufgaben, vertreten den Islam nach außen und verantworten die religiös-ethische Bildung der Gemeindemitglieder. Akademische Kenntnisse der islamischen Wissenschaften und der islamischen Theologie, quantitativ und qualitativ vergleichbar mit der Ausbildung von Theologinnen und Theologen für pastorale Berufe in den christlichen Theologien, sind zur Wahrnehmung dieser Aufgaben unabdingbar.“[12]

Diese Schritte, die die vorgängigen Entwicklungen aufnehmen, sind drei Jahre später durch eine dynamische, oft sogar atemberaubende Entwicklung ‚überholt‘ worden: Es gibt nicht nur die angestrebte Fortbildung für Imame aus dem Ausland, vorrangig aus der Türkei, aber auch aus Bosnien und anderen Ländern, so wie für die ehrenamtlichen Imame der kleineren Moscheegemeinden, die in Deutschland aufgewachsen sind, jedoch über kein Theologiestudium verfügen, sondern auch den anvisierten Studiengang „Islamische Theologie“, der sich eben nicht nur an der (Aus-) Bildung künftiger Imame und Seelsorgerinnen in Moscheegemeinden ausrichtet, sondern grundständig Islamische Theologie mit dem Ziel der Bildung des eigenen wissenschaftlichen Nachwuchses bietet. Außerdem ist der Studiengang „Islamische Religion“, parallel zu den Studiengängen „Katholische“ und „Evangelische Religion“ für Grund-, Haupt- und Realschulen eingerichtet worden. Die im Hochschulentwicklungsplan angestrebten vier Lehrstühle sind bereits besetzt; in Kürze werden drei weitere dazukommen. Mit zwei wissenschaftlichen Nachwuchsgruppen, von denen eine interdisziplinär christliche und muslimische Theologinnen und Theologen, sowie Religionswissenschaftler zusammenführt und Wissenschaftlichen Mitarbeiterinnen und Mitarbeitern ist in weniger als drei Jahren eine große Zahl an Wissenschaftlern und

---

[10] *Striet* 2010 [Anm. 9], 454.

[11] Vgl. *Universität Osnabrück*, Hochschulentwicklungsplan. Teil 1: Institutionelle Entwicklungsziele, Osnabrück 2009, 41f.

[12] Ebd., 41.

wissenschaftlichem Nachwuchs gewonnen worden, die jetzt erst einmal ein Institut bilden und ihre Forschung und Lehre koordinieren müssen. Alle Beteiligten erleben eine extrem anstrengende und anspruchsvolle Zeit, muss doch unter intensiver Beobachtung des Bundesforschungsministeriums und der Landesministerien und einem unvergleichlichen öffentlichen Interesse und medialer Aufmerksamkeit aufgebaut werden, wozu die christlichen Theologien jahrhundertelang Zeit hatten. Allerdings stehen auch materielle Ressourcen zur Verfügung, die die benachbarten Theologischen Institute für Katholische und Evangelische Theologie und durchaus auch andere Disziplinen neidvoll auf die Möglichkeiten blicken lassen, die sich der islamischen Theologie derzeit bieten.

In der gegenwärtigen Situation, innerhalb weniger Jahre – die Förderung durch das BMBF ist zunächst auf fünf Jahre angelegt – ein Institut aufzubauen oder gar standortübergreifend ein Zentrum, wie, außer für Tübingen, für alle anderen, Münster und Osnabrück, Frankfurt mit Gießen und Erlangen und Nürnberg gefordert,[13] verlangt den beteiligten islamischen Theologen, aber auch ihren Universitäten in kürzester Zeit und unter erschwerten Bedingungen anspruchsvolle Leistungen ab: Lehrstühle zu besetzen, angesichts einer begrenzten Zahl qualifizierter Wissenschaftlerinnen und Wissenschaftler, Stipendiatinnen und wissenschaftliche Mitarbeiter auszuwählen, Studiengänge und Prüfungsordnungen zu entwickeln und Institutsstrukturen zu schaffen [...] Darin liegen Herausforderungen und Chancen, aber auch die Gefahr, kaum die Muße zur Reflexion über das eigene Handeln und seine Folgen zu haben.

Gewiss ist: In Deutschland entsteht gegenwärtig ein neuer Typus von Theologie, der von vornherein interdisziplinär, interkulturell und interreligiös angelegt ist. Interdisziplinarität als konstruktiv-fruchtbarer Austausch von Methoden und Erkenntnissen zwischen Islamwissenschaften, Orientalistik und Religionswissenschaften, sowie vor allem mit den christlichen Theologien, aber wie im Fall von Osnabrück im Blick auf die Lehrerbildung auch mit der interkulturellen Pädagogik und dem „Institut für Migrationsforschung und Interkulturelle Studien“ (IMIS)[14] generiert wissenschaftliche Fragen, Methoden und Forschungsdesigns, die es an den theologischen Fakultäten der Türkei etwa in dieser Weise nicht gibt, verbunden mit einem ambivalenten Echo zwischen Skepsis und Anerkennung aus Ländern, in denen die islamische Theologie seit langem zu Hause ist. Im günstigsten Fall fällt das Urteil so positiv aus wie bei dem muslimischen Theologen und Religionspädagogen Yasar Sarikaya:

> „Aus der heutigen Begegnung wird sich in Zusammenarbeit mit nichtislamischen Disziplinen eine wissenschaftliche, traditionskritische und funktionelle Theologie durchsetzen, die den Weg für ein tolerantes, selbstkritisches und rationalistisches Islamverständnis in Europa ebnen wird.“[15]

---

[13] *Stefan Orth*, Islam: Fortschritte bei den Theologischen Zentren, in: HerKorr 66 (2012) 171ff., 171.

[14] Andere Standorte haben je ihre eigenen Besonderheiten, die ihrerseits anspruchsvolle Kooperationen herausfordern.

[15] *Yasar Sarikaya*, Genese eines neuen Typs islamischer Theologie in Deutschland, in: Hikma. Journal of Islamic Theology and Religious Education 1 (2010) 32-43, 43.

Bis dahin bleibt ein anspruchsvoller Weg, der erst begonnen wurde: Die Entwicklung eines wissenschaftlich tragfähigen Verhältnisses der Theologien an der Universität, in der Perspektive, am Ende auf ‚Augenhöhe' zu kooperieren, angesichts der Notwendigkeit, in der Gegenwart vielfältige Unterstützung zu erfahren. Ein wenig erinnert die Situation an das von Helmut Peukert als „pädagogisches Paradox" gekennzeichnete Verhältnis von Ungleichen in der Erziehung: Wer Reziprozität – ‚Augenhöhe' – will, muss sie im kommunikativen Diskurs unterstellen, auch wenn sie verschiedentlich noch nicht greifen kann, damit sie möglich wird. Aus theologischer Sicht ist die Beziehungsarbeit im Verhältnis der etablierten christlichen Theologien mit der jungen islamischen Theologie ein eschatologisches Projekt, das aber den Kairos wahrnimmt, die wissenschaftsgestützte Frage nach Gott neu zu stellen. Angesichts eines Trends zur kulturellen Devilierung, die die Gefahr enthält, von fundamentalistischen Strömungen besetzt zu werden und am Ende das Fundament der demokratischen Kultur und Gesellschaft selbst zu gefährden, setzen die Theologien – und das können sie nur gemeinsam – der gefährlichen Entkoppelung von Religion und Theologie ihr gemeinsames Bemühen entgegen.[16]

3. Theologie studieren im Plural. Zur Bedeutung der Pluralisierung der Theologien für Theologiestudium und Religionslehrerbildung

Wie ernst das gemeinsame Unterfangen genommen wird, entscheidet sich vor allem daran, ob und in welcher Weise es bei den Studierenden der Theologien ankommt, in Studien- und Prüfungsordnungen Eingang findet und das Selbstverständnis der Theologiestudierenden identitätsbedeutsam erreicht. Als ich vor 15 Jahren, anlässlich der Aufnahme meiner Forschungs- und Lehrtätigkeit an der Universität Osnabrück, „Theologie studieren als Praxis" und „Theorie der Praxis" (Norbert Mette) angehender Religionslehrerinnen und -lehrer zu verstehen und anzulegen versucht habe, kam die Herausforderung der Interreligiosität noch nicht vor. Universitäre Theologie, die für den Religionsunterricht bilden soll, sollte als „Praxis einer persönlich-biografisch verantworteten christlichen Existenz unter den gesellschaftlichen und kirchlichen Bedingungen der Gegenwart und im Zugehen auf eine religionspädagogische Berufsrolle erfahrbar werden"[17]. Theologiestudierende sollten über ihr Studium die Chance erhalten, sich einzuüben in ein theologisches Selbstverständnis und Selbstbewusstsein, das den persönlichen Glauben und die kirchlich verbürgte Tradition gleichermaßen ernst

---

[16] Vgl. *Wolfgang Frühwald*, Im Zeichen der Pluralisierung. Theologie in Universität und Gesellschaft heute, in: HerKorr 64 (2010) 240-245, 242.

[17] *Martina Blasberg-Kuhnke*, Bilden für den Religionsunterricht – Theologie studieren zwischen Bologna-Prozess und Religionsunterricht in der Schule, in: Nobert Bezikofer / Martin Lätzel (Hg.), „Ihr sollt meine Zeugen sein" (Apg 1,8). Glauben leben und weitergeben, Münster 2009, 12-22, 18. Vgl. ausführlich *dies.*, Theologie studieren als Praxis. Ein Beitrag zur Korrelationsdiskussion, in: IJPT 1 (1999) 52-68.

zu nehmen gewillt ist. Die seinerzeit gerade von Rudolf Englert konstatierten Hindernisse nicht nur von Schülerinnen und Schülern, sondern auch vieler zukünftiger Religionslehrerinnen und -lehrer bei der „Einübung in die Suche nach einem eigenen Stil christlichen Glaubens“[18] sind nicht kleiner geworden; sie stellen sich vielmehr verschärft in der Begegnung und Auseinandersetzung mit Studierenden anderer Religionen. Katholische Theologiestudierende bekennen nicht selten offene Bewunderung für die (vermeintliche) Sicherheit, mit der gerade die islamischen Studierenden scheinbar mühelos den Glauben „im Kontext des Lebens vollziehbar und das Leben [...] im Licht des Glaubens verstehbar werden“[19] lassen.

Fragen nach der Vernunft des Glaubens als theologische Bildungsbemühungen sind so anzulegen, „dass diese sowohl den Sinn des christlichen Glaubens als auch gleichzeitig das Selbst der in diesen Lernprozessen interagierenden Subjekte erschließen helfen, in der Art einer Synchronisierung von Sinn-, (Welt-) und Selbsterschließung“.[20] Das aber geht unter den Gegenwartsbedingungen nicht mehr ohne die Einbeziehung der anderen Konfessionen und Religionen und deren Theologien. Es geht eben nicht nur um die Integration von Lehrinhalten zu den ‚Weltreligionen‘, sondern um eine Dialogfähigkeit, in der sich Lehrende und Lernende mit ihrem Selbst, das nach dem Sinn des jüdischen, christlichen oder muslimischen Glaubens für die Welt- und Selbsterschließung fragt, zu erkennen geben. Konrad Hilpert vermutet „für den durchschnittlichen Theologiestudierenden“ habe die Einrichtung von islamischer Theologie „keine unmittelbare Auswirkung“:

> „Aber die Sichtbarkeit anderer Religionen und die Differenz der Kulturen sind auch ihm jeden Tag real und nötigen ihn, über die anderen mehr zu wissen, als die üblichen Vorurteile und sich über das friedliche Zusammenleben in einer Gesellschaft, in der es verschiedene Überzeugungen, Glaubensorientierungen und Wertesysteme gibt, mehr Gedanken zu machen, als dies frühere Generationen tun mussten.“[21]

Erhöhtes Problembewusstsein für Fragen der Interreligiosität, Vergewisserung über das Eigene, religiöse Gewissheiten als Wissen um die Gewissheiten anderer und theologische Reflexion im Austausch mit anderen (Geistes-) Wissenschaften sollten die Folge für Theologiestudierende sein.[22] Diese Sichtbarkeit zu setzen, ist Aufgabe der Theologien, die sich angesichts der regelmäßigen Reakkreditierungen ihrer Studiengänge Lern-Gelegenheiten in Gestalt von interreligiösen Wahl- oder auch Pflichtmodulen zu schaffen haben, die im Team-Teaching von Lehrenden beider Religionen verantwortet werden. Gewiss müs-

---

[18] *Rudolf Englert*, Die Korrelationsdidaktik am Ausgang ihrer Epoche. Plädoyer für einen ehrenhaften Abgang, in: Georg Hilger / George Reilly (Hg.), Religionsunterricht im Abseits?, München 1993, 97-110, 101.

[19] *Gemeinsame Synode* der Bistümer in der Bundesrepublik Deutschland, Beschluss: Der Religionsunterricht in der Schule [1974], in: GSyn 1 (1976) 123-152, 136.

[20] *Gottfried Bitter / Rudolf Englert*, Religionspädagogik, in: Josef Wohlmuth (Hg.), Katholische Theologie heute. Eine Einführung, Würzburg 1990, 351-363, 356.

[21] *Konrad Hilpert*, Was kommt nach? Beobachtungen über Theologiestudierende heute, in: HerKorr 66 (2012) 243-248, 246.

[22] Vgl. ebd.

sen manche Theologiestudierende solche Kontexte vorfinden; die Mehrheit ist gerade an Fragen der ökumenischen und der interreligiösen Begegnung im oben beschriebenen anspruchsvollen Sinne interessiert.

Ihr Interesse deckt sich mit den Anforderungen, die die beiden großen christlichen Kirchen in Deutschland an den Religionsunterricht stellen. So benennt die EKD in Umsetzung der geforderten Kompetenzen für den evangelischen Religionsunterricht in der Sekundarstufe I als einen Standard, „mit Angehörigen anderer Religionen sowie mit Menschen mit anderen Weltanschauungen respektvoll zu kommunizieren und kooperieren“[23]. Den Deutschen Bischöfen zufolge fördert der katholische Religionsunterricht „die religiöse Dialog- und Urteilsfähigkeit der Schülerinnen und Schüler“[24] auch und gerade durch Perspektivenübernahme als didaktischem Grundprinzip, das die Berücksichtigung anderer „Sichtweisen und Gesichtspunkte in der eigenen Urteilsbildung“[25] aufnimmt und „sich zumindest ansatzweise in andere Lebens- und Erlebensweisen“[26] einfühlt. Anerkennung, Verständigung und sogar Selbstdistanz sind dazu unerlässlich[27], Anforderungen, die ‚Welten‘ entfernt sind von bloßen Kenntnissen über andere Kulturen und Religionen.

Das letzte Wort sollen die Theologiestudierenden selbst haben: von den 1.600 Studierenden der Katholischen und Evangelischen Theologie und Religionspädagogik in Deutschland, mit dem Ziel Religionslehrerin oder -lehrer werden zu wollen, setzt sich eine überwältigende Mehrheit für die Verstärkung der ökumenischen und interreligiösen Dimension im Religionsunterricht ein.[28] Sie darin zu bestärken und dazu zu befähigen, stellt eine vornehme Aufgabe eines Theologiestudiums im Plural dar.[29]

---

[23] *Kirchenamt der Evangelischen Kirche in Deutschland (EKD)* (Hg.), Kompetenzen und Standards für den Evangelischen Religionsunterricht in der Sekundarstufe I. Ein Orientierungsrahmen, Hannover 2010, 22.

[24] *Die deutschen Bischöfe (Hg.)*, Der Religionsunterricht vor neuen Herausforderungen, Bonn 2005, 27.

[25] Ebd., 29.

[26] Ebd.

[27] Vgl. ebd.

[28] Vgl. *Christhard Lück*, Religion studieren. Eine bundesweite empirische Untersuchung zu der Studienzufriedenheit und den Studienmotiven und -belastungen angehender Religionslehrer/innen, Münster 2012, 213f.

[29] Vgl. ebd., 229f.

„Doch sie hielten das alles für Geschwätz und glaubten ihnen nicht.“ – Ein Update zum Theorie-Praxis-Problem

GUIDO HUNZE

Während der Morgen noch die Nacht zurückdrängt, machen sich die Frauen auf, um dem Mann, dem sie bis zuletzt gefolgt waren, einen letzten Liebesdienst zu erweisen. Am Ziel angekommen erschrecken sie. Sie haben erwartet, dass ihnen der Weg versperrt sein wird. Doch der Weg in die letzte Sackgasse seines Lebens, das Grab, ist offen – für sie, um hineinzugehen und ihn nicht zu finden; für ihn, um voranzugehen und gefunden zu werden. Die Frauen machen eine *Erfahrung*, eine eindrückliche, alles verändernde Erfahrung, die mitgeteilt werden will. Wir wissen nicht genau, worum es sich dabei handelt – ein physisches Ereignis oder eine andere Begegnung mit einer Neues eröffnenden Wirklichkeit. Der Kern der Erzählung bleibt jedoch unverrückbar eine *Erfahrung*.

„Und sie kehrten vom Grab in die Stadt zurück und berichteten alles den Elf und den anderen Jüngern. Es waren Maria Magdalene, Johanna und Maria, die Mutter des Jakobus; auch die übrigen Frauen, die bei ihnen waren, erzählten es den Aposteln. Doch die Apostel hielten das alles für Geschwätz und glaubten ihnen nicht. Petrus aber stand auf und lief zum Grab. Er beugte sich vor, sah aber nur die Leinenbinden (dort liegen). Dann ging er nach Hause, voll Verwunderung über das, was geschehen war.“ (Lk 24, 9-12)

Zurück bei den Männern, die Jesus ebenfalls bis zum bitteren Ende gefolgt waren (vielleicht nicht ganz so weit), erzählen die Frauen von ihrer Erfahrung. Auch wenn sie erschreckt, sollen die Männer an ihr teilhaben, da sie zur Befreiung werden kann. Ihre Reaktion? Sie halten das alles für Geschwätz. Die Erzählungen der Frauen hören sie vor dem Hintergrund von Modellen, die sie in ihrem Kopf haben. Ein Toter kehrt nicht zu den Lebenden zurück. Ein leeres Grab bedeutet Grabräuberei. Eine Frau redet viel. Die Auferstehung der Toten geschieht am Tag des Weltgerichts. Manche Erklärungsmuster sind durch eigene Erfahrung bewährt, andere erfüllen sich durch ihre Konstruktion selbst, wieder andere sind eher spekulativ. Wie auch immer: Die *praktische Erfahrung* der Frauen passt nicht zum *theoretischen Hintergrund* der Männer – und das führt zu Unverständnis und Ablehnung. Erst das Hineinbeugen in die Praxis führt zum Sinneswandel, zur Veränderung der Modelle – und damit zur Ermöglichung neuer Hoffnung und eines verwandelten Glaubens. Eine *disclosure* Situation.

Mit dem fehlenden Auferstehungsbericht weist das Osterevangelium als Narration eine Leerstelle von lyrischer Qualität auf, die sonst eher zwischen den Zeilen eines Gedichts zu finden ist. Ihre „unspezifische Genauigkeit“ (Hilde Domin) lässt das Unsagbare greifbar werden – in der menschlichen *Erfahrung*, die am Anfang der christlichen Glaubensgeschichte steht. Anders gesagt: „Spiritualität als lebendige Wirklichkeit geht der theologischen Reflexion voraus“[1].

---

[1] *Bernhard Fraling*, Spiritualität, IV. Systematisch-theologisch, in: LThK³ 9 (2000) 856f., 856.

Entsprechend konstatiert Helmut Gollwitzer, die Theologie sei „ein nachträgliches Geschäft. Sie entsteht als Theorie zwischen Praxis und Praxis“[2]. Wenn Theologie also nicht „Gedankenspiel im Niemandsland“[3] sein will, gilt weiterhin Karl Rahners Forderung, die gesamte Theologie habe praktisch zu sein.[4]

Diese oft zitierte *Kurzformel des theologischen Erkenntnisinteresses* wirft die Frage auf, welche Aufgabe der Praktischen Theologie innerhalb einer praktisch gewordenen Theologie zukommt. Im Folgenden werden zunächst einige Wegmarken dieser Diskussion nachgezeichnet, die zu einer Beschreibung der Praktischen Theologie als Handlungstheorie führen (1.). Über dreißig Jahre später stellt Rudolf Englert einen Wandel vom (handlungsorientierten!) Bezeugen zum Beobachten fest, der zwar mit der Bestimmung der Praktischen Theologie zur Wahrnehmungslehre korrespondiert, darüber hinaus aber wohl praktische Ursachen hat (2.). Diese Beobachtung führt zurück zum Theorie-Praxis-Verhältnis in der Religionspädagogik, in dem die handlungstheoretische Orientierung noch nicht konsequent verwirklicht ist (3.). Hier gilt es schließlich, Konsequenzen für die Ausbildung der Religionslehrerinnen und Religionslehrer zu ziehen (4.).

1. Theologie als praxisinspirierte und praxisorientierte Glaubenswissenschaft

Die Wurzeln der Praktischen Theologie reichen bis in die ersten Jahrhunderte der Kirchengeschichte zurück. Im Vordergrund standen dabei ganz praktische Anlässe und Erfordernisse, etwa in der Katechese oder im Gemeindeleben. So reagiert Augustinus um das Jahr 400 mit seiner Abhandlung *Vom ersten katechetischen Unterricht* (De catechizandis rudibus) auf die Bedrängnis des befreundeten Diakons von Karthago:

> „Mein Bruder Deogratias, du hast mich gebeten, dir einiges zu schreiben, was du für den ersten katechetischen Unterricht gebrauchen könntest. [...] Diese Not sei denn auch daran schuld, daß du mich bei meiner Liebe zu dir darum batest, ich solle mich doch durch meine Berufsgeschäfte nicht davon abhalten lassen, dir über diesen Gegenstand [...] zu schreiben.“[5]

Praktische Erfahrungen wurden in Form von Anleitungen weitergegeben, parallel zur philosophisch-spekulativen, eigentlichen Theologie. Bis zur Etablierung der Praktischen Theologie als Universitätsdisziplin im 18. Jahrhundert war es ein langer Weg, der hier nicht im Detail nachgezeichnet werden soll.[6] Standen

---

[2] *Helmut Gollwitzer*, Was ist los mit der deutschen Theologie? Theorie und Praxis im theologischen Denken, in: EvKomm 10 (1977) 522-525, 522.

[3] *Gert Otto*, Grundlegung der Praktischen Theologie, München 1986, 250.

[4] Vgl. *Karl Rahner*, Neue Ansprüche der Pastoraltheologie an die Theologie als Ganze, in: ders., Schriften zur Theologie. Bd. 9, Einsiedeln 1970, 127-147.

[5] *Aurelius Augustinus*, De catechizandis rudibus, aus dem Lat. übersetzt: BKV², 1. Reihe, Bd. 49: http://www.unifr.ch/bkv/kapitel2254.htm (Stand: 02.04.2013).

[6] Vgl. hierzu die ausführlichen Darstellungen in *Norbert Mette*, Theorie der Praxis. Wissenschaftsgeschichtliche und methodologische Untersuchungen zur Theorie-Praxis-Problematik innerhalb der praktischen Theologie, Düsseldorf 1978, 19-159; *Wolfhart Pannenberg*, Wissenschafts-

dabei zunächst pragmatische Ziele im Vordergrund – eine bessere Vorbereitung der angehenden Kleriker auf die Praxis – so hat der von Norbert Mette als „hermeneutische Wende“[7] bezeichnete Paradigmenwechsel in der Theologie die Ausgangslage für die Grundlegung der Praktischen Theologie maßgeblich verändert. Dabei wird das geschichtliche Verständnis von Mensch und Welt radikal ernst genommen – letztlich gegen eine Zwei-Stockwerke-Dogmatik, deren geoffenbarte und der Vernunft zugängliche Wahrheit nur noch geschickt in die Praxis umgesetzt werden muss. Wie verhält sich nun eine so zu bestimmende Theologie zu der ihr eigenen Teilperspektive der Praktischen Theologie? Als Ausgangspunkt soll an dieser Stelle Gottfried Bitters Definition von Theologie wiedergegeben werden:

„Christliche Theologie als Glaubenswissenschaft hat [...] immer eine doppelte Blickrichtung: fragend, staunend schaut sie auf das Geheimnis Gottes *und* auf die Menschen heute und gestern, um Gott und sein verborgen gegenwärtiges Reich heute zur Sprache zu bringen. In dieser doppelten Blickrichtung und Wirkrichtung erweist sich die *christliche Theologie als eine praxisinspirierte und praxisorientierte Wissenschaft*: sie schaut aus nach der Praxis der geglaubten Menschenliebe Gottes und dazu zugleich nach der Praxis des Glaubens der Christen und Gemeinden. Aus diesem Selbstverständnis wachsen der christlichen Theologie vier *Aufgabenfelder* zu: das glaubenswissenschaftliche Nachdenken des Handelns Gottes in den biblischen Glaubenszeugnissen und in der Geschichte der Christen und Kirchen, das Bedenken der Lebens- und Glaubensbekenntnisse der Christen und Kirchen und endlich das glaubenswissenschaftliche Zusammendenken der christlich-kirchlichen Glaubenszeugnisse mit den geistig-kulturellen Herausforderungen unserer Tage“[8].

Die letztgenannte Aufgabe ist die der Praktischen Theologie. Was hier als ‚Zusammendenken‘ charakterisiert wird, hat einen starken praktischen Impetus – Praktische Theologie als „Suche nach einem anderen Leben aus der Inspiration des Evangeliums [...], nach einem neuen Format christlichen Lebens und Glaubens in vollendeter Säkularität“[9]. Stephanie Klein spitzt dieses praktische Veränderungspotenzial weiter zu in Richtung gesellschaftlich-sozialer Kritik.[10] In einem solchen Verständnis beschränkt sich Praktische Theologie offenkundig nicht auf die von Friedrich Schleiermacher gerade ausschließlich geforderte „Theorie der Praxis“[11], sondern sie versteht sich selbst als wirklichkeitsveränderndes Handeln. Auf der Grundlage des *handlungstheoretischen Verständnisses der Praktischen Theologie* geht es ihr nach Mette

---

theorie und Theologie, Frankfurt 1973, 426-442; *Dietrich Rössler*, Grundriß der Praktischen Theologie, Berlin 1986, 21-53.

[7] *Norbert Mette*, Einführung in die katholische Praktische Theologie, Darmstadt 2005, 32.

[8] *Gottfried Bitter*, Marginale Wünsche an die Praktische Theologie, in: Doris Nauer / Rainer Bucher / Franz Weber (Hg.), Praktische Theologie. Bestandsaufnahme und Zukunftsperspektiven, Stuttgart 2005, 35-43, 36f.

[9] Ebd., 41.

[10] Vgl. *Stephanie Klein*, Erfahrung – (auch) eine kritische Kategorie der Praktischen Theologie, in: Nauer u.a. (Hg.) 2005 [Anm. 8], 128-135, 133.

[11] *Friedrich Schleiermacher*, Die praktische Theologie nach den Grundsätzen der evangelischen Kirchen (Friedrich Schleiermacher's Sämmtliche Werke, Erste Abtheilung. Zur Theologie. 13. Band, hg. von Jacob Frerichs), Berlin 1850, 12.

„um die Mitteilung einer Wirklichkeit sowie die Klärung der Möglichkeit ihrer theoretischen Erfassung, die Ursprung für verändertes kommunikatives Verhalten ist. Damit ist die Vermittlung theologischer Inhalte an den Vollzug elementarer Weisen kommunikativen Handelns gebunden und stiftet zugleich dazu an."[12]

Diesen Ansatz hat Helmut Peukert mit seiner Bestimmung der Theologie als Handlungswissenschaft vorgeprägt. Demnach bringt die Theologie die geglaubte Wirklichkeit Gottes zur Sprache und öffnet das menschliche Handeln in Kommunikation für die prophetische und performative Kraft dieser Wirklichkeit. Das Handeln zielt auf die Durchbrechung der Faktizität des Todes in der geglaubten göttlichen Wirklichkeit, es ist ein kommunikatives, den zeitlichen Spannungsbogen von Vergangenheit, Gegenwart und Zukunft umgreifendes, solidarisches Handeln in Auseinandersetzung mit der Grenzerfahrung des Todes.

„Die Wirklichkeitsbehauptung ist enthalten in der kommunikativen Praxis und bleibt an sie gebunden. Das Reden von Gott leitet sich damit aus dieser Dimension des Handelns her und weist in dieses Handeln zurück. Theologie ist dann die Theorie dieses Handelns und der in ihm erschlossenen Wirklichkeit."[13]

Fundamentaltheologie und Praktische Theologie rücken in dieser radikalen Handlungsfundierung der Theologie eng zusammen. Praktische Theologie nimmt das individuelle und institutionelle Handeln der Menschen in den Blick – unter dem Aspekt der Eröffnung von Kommunikation, Solidarität und Freiheit. Dabei geht es nicht nur um die Wahrnehmung und modellhafte Beschreibung dieses Handelns (Theorie *der* Praxis), sondern auch um Anstöße zur Verwandlung aus der christlichen Überlieferung (Theorie *für die* Praxis), wodurch die Theorie selbst Teil der Praxis wird und diese unmittelbar transformiert (Theorie *als* Praxis). Im Bewusstsein der eigenen Praxiswirksamkeit darf Praktische Theologie nicht gegen ihre eigene ethische Grundnorm verstoßen und muss selbst „konsequent von jeglicher Form machtförmigen Denkens Abschied nehmen."[14]

2. Der aktuelle ‚Wandel vom Bezeugen zum Beobachten'

Diese ungeheuer folgenreiche Selbstbestimmung von (Praktischer) Theologie ist bis heute kaum eingelöst worden[15] und zudem nicht unwidersprochen geblieben.

---

[12] *Norbert Mette*, Praktische Theologie als Handlungswissenschaft. Begriff und Problematik, in: Diakonia 10 (1979) 190-203, 203.

[13] *Helmut Peukert*, Wissenschaftstheorie – Handlungstheorie – Fundamentale Theologie. Analysen zu Ansatz und Status theologischer Theoriebildung, Frankfurt ³2009, 346.

[14] *Norbert Mette*, Praktische Theologie – Ästhetische Theorie oder Handlungstheorie?, in: ders., Praktisch-Theologische Erkundungen 2, Berlin 2007, 367-376, 371.

[15] Vgl. hierzu *Martin Wichmann*, Das Verhältnis von Theorie und Praxis als wissenschaftstheoretische Grundfrage Praktischer Theologie. Freiburg (Univ., Diss.) 1999, 164-193: http://www.freidok.uni-freiburg.de/volltexte/6/pdf/6_1.pdf (Stand: 02.04.2013): „Die aus dieser Absicht resultierenden fundamentaltheologischen Aufgabenstellungen sind bestenfalls formuliert, die allererst zu führende Diskussion mit konkurrierenden wissenschaftstheoretischen Theorien noch längst nicht ausgestanden, und die von dieser Absicht erhoffte Neuorientierung Praktischer Theologie ist nicht eingetreten" (ebd., 195).

Vor allem im evangelischen Bereich bleibt Schleiermachers engere Bestimmung maßgeblich – gegen die Aufweichung der Unterscheidung von Theorie und Praxis.[16] In diesem Duktus lässt sich der Versuch, Praktische Theologie als ‚Wahrnehmungslehre' zu konturieren, fast als Gegenbewegung lesen – auch wenn dieser phänomenologisch orientierte Ansatz katholischerseits meist konstruktiv als Ergänzung verstanden wird. Es gilt, die Realität gelebten Glaubens in ihren Kontexten und Ausdrucksformen genau wahrzunehmen. Auch hier geht es nicht um bloße Deskription, sondern um einen hermeneutischen Verstehensprozess, der das Wahrgenommene nicht funktional vereinnahmt, sondern zu seinem Recht kommen lässt. Eine solch genaue Wahrnehmung hat Folgen für das Handeln – und so wird letzteres am handlungstheoretischen Ansatz auch nicht kritisch gesehen, vielmehr „dass eine umfassende Wirklichkeitserkundung ausbliebe"[17]. Die Bedeutung der systematischen Wahrnehmung war allerdings im Gefolge der ‚empirischen Wende' der Praktischen Theologie bereits ins Bewusstsein gerückt – 1968 wesentlich angestoßen von Hans-Dieter Bastian[18] und von Henning Schröer 1974 zur „Gretchenfrage an die Praktische Theologie"[19] erhoben. Damit ist das Anliegen des phänomenologischen Ansatzes jedoch bei Weitem nicht erschöpft. Die Bedeutung der Wahrnehmung rekurriert auf ein Verständnis des Ästhetischen (von gr. Aisthesis = sinnliche Wahrnehmung) als Erkenntnisweise und „ist ausgelegt auf sinnlich orientiertes und subjektbezogenes Wahrnehmen und Deuten von Wirklichkeit"[20].

Der handlungstheoretische Ansatz greift das phänomenologische Anliegen als Erinnerung an die Bedeutsamkeit des Wahrnehmungsvorgangs auf und erweitert so sein methodisches Spektrum.[21] Umgekehrt versteht sich der phänomenologische Ansatz aber nicht als Ergänzung zum handlungstheoretischen. Wie kommt es zu diesem Streit? Seitens der praktisch orientierten Religionspädagogik erscheint es nach einem derart intensivierten Wahrnehmungsprozess unrealistisch, am Ende tatsächlich bis zum konkreten Handeln vorzudringen. Eine genaue Wahrnehmung des religionsunterrichtlichen Handlungszusammenhangs in der Unterrichtsplanung (gegen funktionale, analytische Trennung didaktischer Bestimmungsfaktoren, die dann in einer quasi-linearen Schrittfolge geplant werden)[22] erscheint bereits „völlig realitätsfremd"[23]. Doch auch im aka-

---

[16] Vgl. *Wolfgang Steck*, Praktische Theologie. Horizonte der Religion – Konturen des neuzeitlichen Christentums – Strukturen der religiösen Lebenswelt, Stuttgart 2000, 21. Vgl. auch *Rössler* 1986 [Anm. 6], 7f.

[17] *Mette* 2005 [Anm. 7], 39.

[18] Vgl. *Hans-Dieter Bastian*, Vom Wort zu den Wörtern. Karl Barth und die Aufgaben der praktischen Theologie, in: EvTh 28 (1968) 25-55.

[19] *Henning Schröer*, Forschungsmethoden in der Praktischen Theologie, in: Ferdinand Klostermann / Rolf Zerfaß (Hg.), Praktische Theologie heute, München 1974, 206-224, 210.

[20] *Gottfried Bitter*, Ästhetische Bildung, in: NHRPG, 233-238, 234.

[21] Vgl. *Mette* 2005 [Anm. 7], 38-41.

[22] So die Forderung von *Hans Schmid*, Von der Logik des Unterrichtens, in: KatBl 131 (2006) 216-220; vgl. dazu die Diskussion mit *Georg Langenhorst*, Sie sollen wissen, was sie tun. Und warum, in: KatBl 131 (2006) 300-304.

[23] *Langenhorst* 2006 [Anm. 22], 302.

demisch-religionspädagogischen Diskurs regt sich Widerspruch. Rudolf Englert formuliert scharf:

„Manche Fachvertreter/innen sagen nun: Die Religionspädagogik sollte sich gar nicht die Theorie einer besseren Praxis abverlangen, sondern sich vor allem als eine verstehende Wissenschaft begreifen, als eine Disziplin, die vor allem genau wahrnimmt und interpretiert, was sie als Ausprägungen von Religion und Religiosität faktisch vorfindet."[24]

Diese Kritik würden die Protagonisten des Wahrnehmungs-Ansatzes selbstverständlich zurückweisen, was aus dem oben Gesagten leicht zu begründen wäre. Sie entzündet sich aber nicht an der *Theorie* des Ansatzes, sondern gerade an seinen *praktischen Konsequenzen*. Die theoretisch fundierte Fokussierung auf den Wahrnehmungsprozess trägt vielleicht zu der von Englert beobachteten immer stärkeren Ausprägung eines aktuellen Reaktionsmusters bei. Dieses „scheint mir für die religionspädagogische Entwicklung der letzten Jahrzehnte besonders charakteristisch zu sein. Ich möchte es den ‚Wandel vom Bezeugen zum Beobachten' nennen."[25]

Eigentlich müsste dieser Vorwurf überraschen, zumal die Praktische Theologie dem kraftvollen Dreischritt ‚Sehen – Urteilen – Handeln' von Joseph Cardijn[26] wesentliche Impulse zu verdanken hat.[27] Zu Recht weisen Reinhard Feiter und Stephanie Klein darauf hin, dass der Dreischritt seinen Ort in der Jugendverbandsarbeit hatte und keine wissenschaftliche Methode darstellt. Das „Verhältnis der ‚Schritte' [...] und ihre Voraussetzungen werfen Fragen auf. So wurden die Fragen nach dem Verhältnis zwischen der Situationsanalyse und der theologischen Reflexion nicht befriedigend geklärt."[28] Das bekannte Regelkreismodell von Rolf Zerfaß im Anschluss an Seward Hiltner[29] versucht hier Abhilfe zu schaffen, indem es die Bezugsgrößen ‚erhobene Situation' (korrespondierend mit dem ‚Sehen' des Dreischritts) und ‚geltende Überlieferung' (als wesentliche Quelle für den Maßstab des ‚Urteilens') in einer modellhaften Lernspirale verortet, die aus einer zu verändernden Praxis Impulse für eine erneuerte Praxis generiert. Kleins Kritik ist damit allerdings keineswegs aufgehoben:

„Zerfaß spricht davon, dass in dem Regelkreismodell das erhobene Datenmaterial mit dem Überlieferungsanspruch ‚konfrontiert' werden müsse. Es müsse nach Konvergenzen gefragt, ein gemeinsamer Boden ermittelt werden, von dem aus sich die Handlungsimpulse theologisch und humanwissenschaftlich verantworten ließen. Hier sind Überlieferung und Gegen-

---

[24] *Rudolf Englert*, Religion gibt zu denken. Eine Religionsdidaktik in 19 Lehrstücken, München 2013, 38.

[25] Ebd., 37.

[26] Vgl. *Joseph Cardijn*, Führe mein Volk in die Freiheit! Gedanken von Joseph Cardijn zu wesentlichen Themen unserer Zeit, hg. von Johann Ascherl u.a., Waldmünchen 1999.

[27] Neuerdings erlebt dieser eine unkritische Renaissance – so ist in einem neueren Lehrbuch zu lesen: „In der Religionspädagogik hat sich der Dreischritt [...] heutzutage weitgehend als Arbeitsprinzip durchgesetzt" (*Burkard Porzelt*, Grundlegung religiöses Lernen, Bad Heilbrunn 2009, 130).

[28] *Stephanie Klein*, Erkenntnis und Methode in der Praktische Theologie, Stuttgart 2005, 92. Vgl. auch *Reinhard Feiter*, Einführung in die Pastoraltheologie, in: Clauß Peter Sajak (Hg.), Praktische Theologie, Paderborn 2012, 15-63, 42; *Mette* 1978 [Anm. 6], 187.

[29] Vgl. den äußerst wirkmächtigen Aufsatz von *Rolf Zerfaß*, Inhalte der Praktischen Theologie, in: Günter Biemer / Albert Biesinger (Hg.), Theologie im Religionsunterricht. Zur Begründung der Inhalte des Religionsunterrichts aus der Theologie, München 1976, 92-107.

wartsanalyse als zwei verschiedene und getrennte Bereiche gedacht, die irgendwie miteinander zu verknüpfen sind – doch wie genau, bleibt offen."[30]

Wird die ‚geltende Überlieferung' nicht mehr als (biblisch oder dogmatisch) gegebener, gültiger Maßstab vorausgesetzt, sind hermeneutische Prozesse erforderlich. Diese erschweren die geforderte Verhältnisbestimmung und machen sie umgekehrt zu einer jeweils neu anzugehenden, kontinuierlichen Aufgabe. Wie gehen Lehramtsstudierende und gestandene Religionslehrerinnen und -lehrer mit dieser Herausforderung um? Im gegenwärtigen Kontext ist zu bedenken, dass deren christlich-kirchliche Sozialisation in kaum einer Weise vergleichbar ist zu der früherer Zeiten, was in den Erwartungen, die an Religionslehrkräfte gestellt werden, bislang praktisch nicht berücksichtigt wird. Damit ist die eigene Glaubensbiografie für die Studierenden wie auch schon für viele Lehrerinnen und Lehrer kein Rückhalt mehr, sondern trägt eher zur Verunsicherung bei. Zugleich (und davon nicht unabhängig!) ist bei Studierenden wieder verstärkt zu beobachten, dass der Blick auf die notwendige *Missio Canonica* im Umgang mit der Institution Kirche zu einer Angstbesetzung des Verhältnisses führt: Was kann, was darf ich eigentlich im Religionsunterricht sagen? Solange Instrumente wie die Missio Canonica im schulischen oder das Nihil Obstat im akademischen Bereich nicht auf Vertrauen aufbauen, sondern für denunziatorische Züge anfällig sind (wenn etwa auf anonyme Hinweise reagiert wird, wenn Verfahren systematisch im Intransparenten gehalten werden, wenn je nach Bistum, je nach Bischof, je nach betroffener Person unterschiedliche Maßstäbe angelegt werden ...), wird sich dieses Problem weiter verschärfen. Wer in lehramtlichen Texten nachlesen möchte, findet sich in einer theologischen Sprachwelt wieder, die aus längst vergangenen Zeiten stammt – bis hinein in Richtlinien und Lehrpläne.[31] Insofern ist das von Englert beobachtete „Zurücktreten theologischer Expertise im Religionsunterricht" nicht als bloßer Mangel an Fachwissen zu deuten:

> „Zugespitzt gefragt: Haben wir Religionspädagog/innen denn überhaupt noch eine Vorstellung davon, was ‚richtig' und ‚falsch' ist? Zeigt sich in der Bevorzugung des Zuhörens also möglicherweise nicht nur didaktisch motivierte theologische Askese, sondern vielleicht auch eine willkommene Möglichkeit, eigenes Angefragt-Sein zu vermeiden und eigene Auskunftsschwäche zu kaschieren?"[32]

Von dem eigentlich für die Praxis formulierten Dreischritt bleiben dann aber nur Rudimente übrig: Wer im Alltag weder Zeit noch eine Methodik des genauen Hinschauens hat, kommt über ein intuitiv-assoziierendes ‚Sehen' kaum hinaus; wer auf seine eigenen Urteilskriterien nicht vertrauen kann, wird sich kein ‚Urteilen' zutrauen – und ohne eine solch bewertende Entscheidung folglich auch zu keinem überzeugten und reflektierten ‚Handeln' kommen.

---

[30] *Klein* 2005 [Anm. 28], 92.

[31] Vgl. die Lehrplananalysen von *Hubertus Halbfas*, Religionsunterricht nach dem Glaubensverlust. Eine Fundamentalkritik, Ostfildern 2012, 89-137.

[32] *Englert* 2013 [Anm. 24], 41.

3. Ein dialogisches Theorie-Praxis-Verhältnis mit Folgen für die religionspädagogische Theorie und Praxis

Englert hat in seinen wissenschaftstheoretischen Überlegungen zur Religionspädagogik mehrfach für ein *dialogisches Theorie-Praxis-Verhältnis* votiert. Grundlage dafür ist, dass religionspädagogische Forschung „die Praxis als Entdeckungszusammenhang praktisch-theologischer Erkenntnis würdigt und sich herrschaftlicher Geltungsansprüche gegenüber der Praxis sozusagen freiwillig begibt."[33] Es ist erstaunlich, wie wenig die Grundbegriffe ‚Theorie' und ‚Praxis' selbst reflektiert werden. Der Universität wird zumeist die ‚Theorie' zugeordnet, oft synonym zu ‚Wissenschaft'. Dagegen wird ‚Praxis' auf das Berufsfeld bezogen und in diesem intuitiven Sinne weitgehend synonym zu ‚Realität' verwendet.[34] ‚Praxis' im handlungstheoretischen Ansatz bezieht sich aber auf einen aristotelischen Begriff von Praxis als sinnstiftendes Handeln (im Unterschied zu Poiesis als schaffendem, herstellendem Handeln).[35] Damit wird einem „zweckrationalen und nur-instrumentellen"[36] Verständnis eine Absage erteilt – mit Folgen für ein theologisches Wahrheitsverständnis, das Praxis „als äußere Realisierung des in der systematischen Theologie aufgedeckten Sollens"[37] versteht. Die Praxis, um die es der Religionspädagogik geht, ist nicht einfach die Realität des Faktischen, sondern menschliches Handeln im Hinblick auf seine inhärente Sinndimension; von daher ist jeder Zugriff hermeneutisch anzulegen. Feiter spitzt diesen Praxis-Begriff pointiert zu. Praxis

> „gelangt erst da in den Blick, wo sie als das wahrgenommen wird, wozu Menschen sich zwar nicht allein, aber immer nur selbst *bestimmen* und worin sie sich zwar nicht allein, aber immer nur selbst *begreifen* können und worin sie sich zwar nicht allein, aber immer nur *selbst bestimmen, indem sie sich darin selbst begreifen.* Kurz gesagt: Alle Praxis ist subjektiv."[38]

So wenig, wie „*Praxis* nicht bloß ein äußeres, sinnlich wahrnehmbares Verhalten"[39] bezeichnet, ist ‚Theorie' als nur-geistiges Durchdenken anzusehen. Dies ist unmittelbar einleuchtend: Auch das Denken ist eine Tätigkeit, die sinnstiftend sein kann und insofern Handeln. Eine Theorie ist vielmehr ein Modell, das als reflektierte Konstruktion an die Wirklichkeit herangetragen wird. Charakteristisch sind dabei logische Strukturen (die in der Wirklichkeit nicht handlungsleitend sein müssen!), Abstraktion und damit Verallgemeinerung sowie die notwendige Reduktion von Komplexität gegenüber der Realität. In Form der Theo-

---

[33] *Rudolf Englert*, Wissenschaftstheorie der Religionspädagogik, in: Hans-Georg Ziebertz / Werner Simon (Hg.), Bilanz der Religionspädagogik, Düsseldorf 1995, 147-174, 169. Vgl. auch *Rudolf Englert*, Wissenschaftstheorie der Religionspädagogik, in: HRPG 2 (1986) 424-432, 431.

[34] Vgl. *Mette* 1978 [Anm. 6], 218.

[35] Zur philosophischen Begriffsklärung vgl. ausführlich *Johannes Heinrichs*, Theorie welcher Praxis? Theorie-Praxis-Vermittlung als die Grundaufgabe Praktischer Theologie, in: Ludwig Bertsch (Hg.), Theologie zwischen Theorie und Praxis, Frankfurt 1975, 9-85.

[36] *Mette* 1978 [Anm. 6], 340.

[37] Ebd., 341.

[38] *Feiter* 2012 [Anm. 28], 43.

[39] *Hans Glöckel*, Das Theologie-Praxis-Problem aus allgemein-didaktischer Sicht, in: JRP 7/1990, 43-76, 45.

rie wird eine mögliche Wirklichkeitskonstruktion in die Welt eingeschrieben[40]; sie bildet nicht Praxis ab. Theorie und Praxis sind demnach wechselseitig aufeinander verwiesen. In einem spiralförmigen, hermeneutischen Prozess fortschreitender Reflexion transformieren sich beide gegenseitig. Mette fordert:

„Die Frage muß in der theologischen Didaktik den Vorrang bekommen vor immer schon gerechtfertigten Antworten. Theologen müssen lernen, in Modellen, Hypothesen und Utopien zu denken. Theologisches Denken muß Optionen und Präferenzstrukturen einüben; nur so sind operationale Zielvorstellungen aus der Fülle des Stoffes und der Anforderungen zu gewinnen. Es muß Entscheidungen ermöglichen, die nicht Endgültigkeit beanspruchen, sondern aufgrund besserer Einsicht revidiert werden können."[41]

Hinzu kommen, wenn tatsächlich ernst genommen wird, dass auch akademische Theologie und darin auch die Lehramtsausbildung selbst vollzogene Praxis sind, kommunikative Konsequenzen:

„Theologische Einsichten und Verfahrensweisen lassen sich nicht gewinnen, wenn Theologie nicht auf eine bestimmte persönliche und gemeinsame Art betrieben wird. Dialog und Kommunikation haben darum den Vorrang vor dem Monolog; die Gruppe ist die bevorzugte sozial-didaktische Lerngemeinschaft."[42]

4. Konsequenzen für die universitäre Ausbildung der Religionslehrerinnen und Religionslehrer

Wenigstens für die erste Phase der Ausbildung sollen hier abschließend einige Konkretionen erfolgen.[43] Inzwischen geht die Tendenz zu einer deutlichen Ausweitung der Praxisanteile im Studium. Für deren Effektivität ist nicht die Quantität der Praxisphasen (Dauer und Anzahl), sondern die Qualität der Begleitung entscheidend.[44] Erste Forschungsergebnisse sind zum Teil höchst ernüchternd:

„Die Theorie-Praxis-Verknüpfung geschieht auch in verlängerten, ins Studium integrierten Praxisphasen nicht automatisch, sondern ist auf Anregung zur theoriegeleiteten Praxisreflexion angewiesen. Eine solche wurde von den beteiligten Institutionen und Betreuer/innen zu wenig eingebracht."[45]

In der aktuellen Professionalisierungsforschung wird dem entsprechend der Reflexionskompetenz eine Schlüsselposition zugewiesen. Dabei geht es darum, durch Distanzierung zur eigenen Praxis „eine eigene Bewertung und Haltung

---

40 Vgl. *Niklas Luhmann*, Die Wissenschaft der Gesellschaft, Frankfurt 1990, 714.

41 *Mette* 1978 [Anm. 6], 236.

42 Ebd.

43 Eine Fülle konkreter Vorschläge von der Arbeit an Beispielen in Lehrveranstaltungen bis zur Anregung eines Sabbatjahres für Lehrkräfte findet sich bei *Glöckel* 1990 [Anm. 39].

44 Vgl. *AQAS / MIWFT / MSW* (Hg.), Ausbildung von Lehrerinnen und Lehrern in Nordrhein-Westfalen. Empfehlungen der Expertenkommission zur Ersten Phase, Düsseldorf 2007, 20-44.

45 *Margarete Dieck u.a.*, Kompetenzentwicklung von Lehramtsstudierenden in verlängerten Praxisphasen, in: Axel Gehrmann / Uwe Hericks / Manfred Lüders (Hg.), Bildungsstandards und Kompetenzmodelle. Beiträge zu einer aktuellen Diskussion über Schule, Lehrerbildung und Unterricht, Bad Heilbrunn 2010, 99-110, 109.

sowie Handlungsperspektiven auf der Basis eigener Erfahrung in Auseinandersetzung mit wissenschaftlichen Wissensbeständen"[46] zu entwickeln. Die darauf aufbauende Aktionsforschung ist darum ein Ansatz, der auf einem Theorie-Praxis-Verständnis beruht, das dem hier vorgestellten entspricht und in seiner eigenen Praxis kommunikatives Handeln methodisch realisiert.[47] Während diese in der Regel am Handlungsort Schule erfolgt, sind Projekte forschenden Lernens auch am Handlungsort Hochschule durchführbar. Der Erfolg des Praxissemesters wird daran zu messen sein, ob es gelingt, solche Perspektiven in der Praktikumsbegleitung zu realisieren. Auch projektorientierte Lehrveranstaltungen innerhalb der Universität tragen zu einem intensiven Theorie-Praxis-Lernen bei.[48] Dabei geht es nicht allein um die Optimierung des Studiums der angehenden Lehrkräfte, sondern um ein Theorie-Praxis-Verständnis, das auch die wissenschaftliche Forschung voranbringt.

Zuletzt soll noch einmal herausgestellt werden, dass der Qualität der Kommunikation (und der in ihr sich manifestierenden Beziehung zwischen den Beteiligten) pädagogisch und theologisch die wohl größte Bedeutung zukommt. In diesem Sinne betont Friedrich Johannsen:

> „Die Entscheidung für das *verstehende* Bemühen nimmt die Subjekthaftigkeit der beobachteten Personen ernst und qualifiziert Theorie-Praxis-Vermittlung als einen Prozeß wechselseitiger Kommunikation, in dem die Partner ihr unterschiedliches Vorwissen und Praxiserfahrungen in die Auseinandersetzung mit Unterricht einbringen."[49]

Gefordert sind Settings, die solche Kommunikation ermöglichen und fördern.[50] Eine so verstandene Ausbildung von Religionslehrerinnen und -lehrern muss nicht den reflexartigen Protestruf ‚Hier geht es um Bildung, nicht um Ausbildung!' hervorrufen. Sie ist in ihrer Beratungsorientierung auch keine ‚weiche' Ausbildung – sondern fordert umgekehrt Lehrende wie Studierende erheblich stärker, da zu dem nach wie vor unverzichtbaren Fachwissen (welches sich jetzt allerdings nicht mehr nur auf ‚Prüfungsstoffe' beschränkt!) eine existenzielle Komponente tritt und somit deutlich wird, dass es nicht um eine einfach abzuschließende Ausbildung, sondern um das eigene Leben geht.

---

[46] *Tobias Leonhard u.a.*, Zur Entwicklung von Reflexionskompetenz bei Lehramtsstudierenden, in: Gehrmann u.a. (Hg.) 2010 [Anm. 45], 111-127, 114. Vgl. auch: *Bianca Roters u.a.* (Hg.), Forschendes Lernen im Lehramtsstudium. Hochschuldidaktik – Professionalisierung – Kompetenzentwicklung, Bad Heilbrunn 2009.

[47] Vgl. die charakteristischen Merkmale bei *Herbert Altrichter / Dieter Posch*, Lehrerinnen und Lehrer erforschen ihren Unterricht, Bad Heilbrunn ^{4}2007, 15-21.

[48] Vgl. *Ehrenfried Schulz*, Der Praxisbezug der Theologie als Wissenschaft. Reflexionen zum Glauben Lernen an einer Theologischen Fakultät, in: MThZ 48 (1997) 265-285. Aktuelle Beispiele finden sich in *Guido Hunze*, Die Gretchenfrage der Lehramtsausbildung: Wie hältst Du's mit der Praxis? – oder: Wie verzahnen, was sich nicht trennen lassen dürfte?, in: Engagement o.Jg. (2010) 251-160.

[49] *Friedrich Johannsen*, Das Fachpraktikum als Ort sachgemäßer Theorie-Praxis-Vermittlung, in: JRP 7/1990, 197-208, 205.

[50] Zur Supervision vgl. schon *Mette* 1978 [Anm. 6], 224-227. Vgl. auch *Hans Schmid*, Ein Leitfaden für die Unterrichtsberatung, in: KatBl 130 (2005) 319-324.

Verzeichnis der Autorinnen und Autoren

Gottfried Adam, Dr. theol., Dr. theol. h.c., geb. 1939, ist em. Professor für Religionspädagogik an der Evangelisch-Theologischen Fakultät der Universität Wien (gottfried.adam@univie.ac.at).

Stefan Altmeyer, Dr. theol., geb. 1976, ist Privat-Dozent am Seminar für Religionspädagogik, religiöse Erwachsenenbildung und Homiletik der Katholisch-Theologischen Fakultät der Universität Bonn (s.altmeyer@uni-bonn.de).

Gottfried Bitter cssp, Dr. theol., geb. 1936, ist em. Professor für Religionspädagogik und Homiletik an der Katholisch-Theologischen Fakultät der Universität Bonn (gobi.cssp@t-online.de).

Martina Blasberg-Kuhnke, Dr. theol. habil., geb. 1958, ist Professorin für Praktische Theologie: Pastoraltheologie und Religionspädagogik am Institut für Kath. Theologie der Universität Osnabrück (mblasber@uni-osnabrueck.de).

Dominik Blum, Dipl. Theol., geb. 1969, ist Leiter des Referates Erwachsene und stellvertretender Leiter der Abteilung Seelsorge im Bischöflich Münsterschen Offizialat in Vechta (dominik.blum@bmo-vechta.de).

Reinhold Boschki, Dr. theol., Dipl.-Päd., geb. 1961, ist Professor für Religionspädagogik, religiöse Erwachsenenbildung und Homiletik an der Katholisch-Theologischen Fakultät der Universität Bonn (reinhold.boschki@uni-bonn.de).

Rita Burrichter, Dr. theol., geb. 1961, ist Professorin für Praktische Theologie an der Universität Paderborn (rita.burrichter@upb.de).

Ursula Frost, Dr. phil., geb. 1956, ist Professorin für Historisch-systematische Pädagogik an der Humanwissenschaftlichen Fakultät der Universität zu Köln (u.frost@uni-koeln.de).

Claudia Gärtner, Dr. theol., geb. 1971, ist Professorin für Praktische Theologie am Institut für Katholische Theologie der TU-Dortmund (Claudia.Gaertner@tu-dortmund.de).

David Hober, Dr. theol., geb. 1964, ist Geschäftsführer im katholischen Medienhaus der Deutschen Bischofskonferenz in Bonn und verantwortlich für das Internetportal katholisch.de (hober@katholisch.de).

Patrik C. Höring, Dr. theol. habil., geb. 1968, ist Professor für Katechetik und Didaktik des RU an der Phil.-Theol. Hochschule SVD St. Augustin und Referent für jugendpastorale Grundlagenarbeit im Erzbistum Köln (p.höring@pth-augustin.eu).

Guido Hunze, Dr. theol., geb. 1972, ist Akademischer Oberrat für Religionspädagogik und Fachdidaktik an der Katholisch-Theologischen Fakultät der Universität Münster (hunze@uni-muenster.de).

Helga Kohler-Spiegel, Dr. theol., geb. 1962, ist Professorin für Religionspädagogik und Päd. Psychologie an der Pädagogischen Hochschule Vorarlberg in Feldkirch/Österreich (h.kohler-spiegel@ksnet.at).

Wolfgang Krone, Dr. phil., geb. 1956, ist Lehrkraft für besondere Aufgaben an der Humanwissenschaftlichen Fakultät der Universität zu Köln (wolfgang.krone@gmx.de).

Rainer Lachmann, Dr. theol., Dr. h.c., geb. 1940, ist em. Professor für Religionspädagogik und Didaktik des Religionsunterrichts an der Universität Bamberg (rainer.lachmann@uni-bamberg.de).

Bernd Lutz, Dr. theol., geb. 1956, ist Professor für Pastoraltheologie an der Kath.-Theol. Hochschule SVD in Sankt Augustin und Dozent für Gemeindekatechese am Erzbischöflichen Priesterseminar in Köln (Lutz@PastTheol.de).

Hans Mendl, Dr. theol., geb. 1960, ist Professor für Religionspädagogik und Didaktik des Religionsunterrichts am Department für Katholische Theologie an der Universität Passau (mendl@uni-passau.de).

Norbert Mette, Dr. theol., Dr. theol. h.c., geb. 1946, ist Professor i. R. für Praktische Theologie an der TU Dortmund (norbert.mette@freenet.de).

Ralf Miggelbrink, Dr. theol., geb. 1959, ist Professor für Systematische Theologie an der Universität Duisburg-Essen (ralf.miggelbrink@uni-due.de).

Burkard Porzelt, Dr. theol., Dipl.-Päd., geb. 1962, ist Professor für Religionspädagogik und Didaktik des Religionsunterrichts an der Fakultät für Katholische Theologie der Universität Regensburg (burkard.porzelt@theologie.uni-r.de).

Andreas Prokopf, Dr. theol., geb. 1970, ist Lehrer am St. Ursula Berufskolleg Düsseldorf (prokopf@arcor.de).

Hans Schmid, Dr. phil, geb. 1952, Leiter der religionspädagogischen Ausbildung im Priesterseminar Bamberg (dha.schmid@t-online.de).

Friedrich Schweitzer, Dr. rer. soc. theol. habil., geb. 1954, ist Professor für Religionspädagogik/Praktische Theologie an der Evangelisch-Theologischen Fakultät der Universität Tübingen (Friedrich.Schweitzer@uni-tuebingen.de).

Werner Simon, Dr. theol., geb. 1950, ist Professor für Religionspädagogik, Katechetik und Fachdidaktik Religion an der Katholisch-Theologischen Fakultät der Johannes Gutenberg-Universität Mainz (wsimon@uni-mainz.de).

Monika Tautz, Dr. theol., geb. 1960, ist Studienrätin im Hochschuldienst für Religionspädagogik und -didaktik am Institut für Katholische Theologie der Universtität zu Köln (tautz.monika@uni-koeln.de).

Joachim Theis, Dr. theol., geb. 1955, ist Professor für Religionspädagogik mit Katechetik an der Theologischen Fakultät Trier (theisjo@uni-trier.de).

Joachim Windolph, Dr. theol., geb. 1960, ist Professor für theol. Anthropologie und Ethik am Fachbereich Sozialwesen der KatHO NRW, Abt. Köln, und Pfarrer im Jugendhilfezentrum Raphaelshaus in Dormagen (j.windolph@katho-nrw.de).

Jan Woppowa, Dr. theol., geb. 1974, ist Referent für Religionspädagogik in der Schulabteilung des Bischöflichen Generalvikariats im Bistum Osnabrück (j.woppowa@web.de).